Hans Fallada

Damals bei uns daheim

Erlebtes, Erfahrenes
und Erfundenes

Rowohlt

511.–513. Tausend Februar 1997

Veröffentlicht im Rowohlt Taschenbuch Verlag GmbH,
Hamburg, Januar 1955,
mit Genehmigung des Rowohlt Verlags GmbH,
Reinbek bei Hamburg
Umschlaggestaltung Britta Lembke
Gesetzt aus der Linotype-Cornelia
Gesamtherstellung Clausen & Bosse, Leck
Printed in Germany
1090-ISBN 3 499 10136 x

Liebe Verwandtschaft!

Meinen andern Lesern in der weiten Welt macht es nicht viel aus, ob auf den folgenden Blättern die vollkommene Genauigkeit vom Verfasser gewahrt ist. Ihnen ist Tante Gustchen Hekuba. Wie aber bestehe ich vor dir, sehr liebe Verwandtschaft —?! Wenn du findest, daß ich eine Geschichte von Tante Gustchen der Tante Wieke in die Schuhe geschoben habe — wenn du eine ganz neue Anekdote vom Vater hörst, und sie ist bestimmt erlogen! — und wenn der Schluß meines Berichtes von Großmutter nicht der familienkundigen Wahrheit entspricht — wie werde ich da vor dir bestehen?! Werdet ihr mich nicht einen Erzlügner schelten, einen gewissenlosen Verfälscher heiliger Familienüberlieferung? Werdet ihr mich nicht mehr auf der Straße grüßen, und werden meine Briefe keine Antwort mehr bei euch finden —? Ich denke doch nicht! Denn wenn ich im Kleinen sündigte, so bin ich doch im Großen getreu gewesen. Wenn ich bei den Taten erfand, so habe ich doch den Geist, so gut ich es vermochte, geschildert. Ja, ich glaube sogar, daß meine Freiheiten im Kleinen mir erst die Treue im Großen möglich gemacht haben. So habe ich die Eltern gesehen, so die Geschwister, so die gesamte Verwandt- und Bekanntschaft! Ihr seht sie anders? Geschwind, schreibet euer Buch! Meines bleibt mir darum doch lieb — als ein Gruß an die versunkenen Gärten der Kinderzeit.

Euer getreuer Sohn, Bruder, Neffe, Onkel und Schwager, dermaleinst hoffentlich auch Großvater   H. F.

Festessen

Feierliche Abendessen, zu jenen grauen Vorzeiten um das Jahr 1905 herum «Diners» genannt, waren der Schrecken meiner Eltern, aber die Wonne von uns Kindern. War das Weihnachtsfest vorüber, hatten zu Neujahr Portier, Briefträger, Schornsteinfeger, Waschfrau, der Milch- wie der Bäckerjunge ihren meist sowohl hinten gereimten wie auf buntes Papier gedruckten Neujahrswunsch abgegeben und dafür nach einer geheimnisvollen Preisskala Beträge von zwei bis zu zehn Mark empfangen, so fing meine gute Mutter erst sachte, bald dringlicher an zu mahnen: «Arthur, wir müssen wohl allmählich an unser Diner denken!»

Zuerst sagte mein Vater nur leichthin: «Das hat gottlob noch ein bißchen Zeit!» Später seufzte er, schließlich stimmte er bei: «Dann werden wir also wieder einmal in den sauren Apfel beißen müssen. Aber das sage ich dir, Louise: mehr als fünfundzwanzig Personen laden wir diesmal nicht ein! Das vorige Mal war eine Fülle, daß keiner bei Tisch die Ellbogen bewegen konnte!»

Worauf Mutter ihm zu bedenken gab, daß wir, bloß um uns zu «revanchieren», mindestens vierzig Personen einladen müßten. «Sonst müssen wir eben zwei Diners geben, und zweimal diesen Aufstand im Hause zu haben, das bringt dich und mich um! Außerdem würden die zum zweiten Diner Eingeladenen alle gekränkt sein, denn ein zweites Diner gilt doch nur als Lumpensammler!»

So glitten die Eltern ganz von selbst in immer häufigere eifrige Debatten über «unser Diner». Debatten, denen wir Kinder mit größter Anteilnahme lauschten. Noch nicht so wichtig war uns die Frage, wer geladen wurde, wer neben wem sitzen sollte, trotzdem grade diese Frage meinen Eltern besonderes Kopfzerbrechen machte. Denn einesteils waren Rangordnung und Dienstalter (unter Berücksichtigung etwaiger Ordensauszeichnungen) strengstens zu beachten, zum andern mußten auch persönliche Sym- und Antipathien bedacht werden. Und schließlich entstand die schwere Frage: Hatten die so für ein vierstündiges Essen aneinander Gebannten sich auch was zu erzählen? Frau Kammergerichtsrat Zehner schwärmte nur für den Tirpitzschen Flottenverein, und Herrn Kammergerichtsrat Siedeleben interessierten neben seiner Juristerei nur kirchliche Dinge — ein solches Paar würde nie guttun! Und der liebe Kammergerichtsrat Bumm war auf dem linken Ohre taub, wenn er es auch nicht wahr haben wollte: schon fünfmal hatte in diesem Winter bei andern Kammergerichtsdiners Frau Kammergerichtsrat Elbe (Gutsbesitzerstochter vom Lande) neben ihm gesessen. Es machte ihr nichts aus, auch mal ein bißchen zu schreien, aber konnte man es ihr wirklich ein sechstes Mal zumuten —?

Hatten die Eltern aber glücklich das kunstvolle Gebäude einer solchen Tischordnung errichtet und die Einladungen mit der mir sehr imponierenden Formel: U. A. w. g. (Um Antwort wird gebeten) durch Berlin versandt, so wurde unausbleiblich der Bau schon mit den ersten Antworten erschüttert bis in seine Grundfesten: der hatte die Influenza, dem war eben die Mutter gestorben, hier hatten die Kinder Diphtherie . . .

«Nein!» seufzte dann mein Vater, der sich immer am wohlsten über seinen Akten fühlte, «diese Abfütterungen sind etwas Schreckliches! Keiner schätzt sie. Warum verabreden wir uns nicht eigentlich alle, mit dem Unsinn Schluß zu machen —?!»

Aber dies war ein rein rhetorischer Ausruf. Mein Vater wußte wohl, solchen Gedanken auch nur zu hegen, grenzte an anarchistischen Umsturz. Alles, was sich in der Juristerei kannte, lud sich alle Winter gegenseitig ein, wie das Offizierskorps sich untereinander einlud, wie die Geistlichkeit zu einem Teller Suppe bat, der auch vier Stunden dauerte — alles schön nach Ämtern und Klassen getrennt, daß nur kein neuer Gedanke in die altgewohnten Kreise kam!

Doch, wie schon gesagt, diese Fragen interessierten uns Kinder nur als die Vorfragen der Hauptfrage: Was werden wir essen? Was werden wir trinken? Womit werden wir uns kleiden? (Nämlich die Mama, für den Papa war Gehrock mit weiß pikierter Weste selbstverständlich.) Oh, diese wichtige Frage: Koch oder Köchin? Jeder Koch war nach einem alten Glaubenssatz tüchtiger als jede Köchin, aber er war auch teurer und ließ sich nie etwas sagen. Mit der Köchin ließ sich angenehmer arbeiten, aber das letztemal war das Filet zäh gewesen, und die Eisbombe war ihr zusammengefallen.

Ganz Fortgeschrittene ließen das Essen auch schon aus einer Stadtküche kommen, das dann im Hause nur aufgewärmt wurde. Aber dafür war Mutter gar nicht: «Es ist nicht das richtige, Arthur. Es schmeckt eben doch aufgewärmt!»

In unserm Hause fiel nach langen Erörterungen die Entscheidung unweigerlich für die Köchin, trotz des zähen Filets und der zusammengefallenen Bombe. Dann erschien Frau Pikuweit eines Nachmittags zu einer Vorbesprechung mit Mutter, und wenn ich es irgend so einrichten konnte, schmuggelte ich mich zu dieser Besprechung ein. (Von daher datiere ich meine nie nachlassende Liebe für die guten Speisen dieser Erde.)

Da saß dann also die gute Frau Pikuweit vor meiner Mutter, sie sah in ihrer bürgerlichen Alltagstracht lange nicht so majestätisch aus wie am Tage ihres Wirkens in schneeigem Weiß mit einer immer rutschenden gestärkten Haube auf dem Kopf. Die beiden Frauen verhandelten immer eifriger und schließlich immer verzweifelter über die Gänge — nach einer heiligen Tradition mußten es sieben oder neun sein, ich weiß es so genau nicht mehr. Meine Mutter hatte alle Speisenfolgen — sprich Menüs — dieses Winters, durch die sie sich schon hindurchgegessen hatte, aufbewahrt —: es sollte doch auch etwas Abwechslung sein!

Und nun fielen geheimnisvolle Worte: Haricots verts, Sauce Béarnaise, Sauce Cumberland, Soupe à la Reine, Cremor tartari, Aspik — Worte, die mir märchenhafter vorkamen als jedes Märchen! Schon wenn ich den Ausdruck «Krebsnasen» hörte — man denke Nasen von Krebsen, man aß Nasen! —, wurde mir ganz anders, und ich sah die fette, weißgelbliche Sauce vor mir, mit den kleinen rötlichen Fettkreisen und den schwarzen Knopfaugen und langen roten Fühlern der Krebse . . .

Was die Speisenfolge anging, zeigte sich Vater uninteressierter. Er war so unglücklich, gallenleidend zu sein, und aß allwinterlich fünfundzwanzigmal seine vier Stunden ab, indem er nicht mehr als eine Scheibe Fleisch und einen Löffel Prinzeßbohnen aß, wozu er ein Glas Sauerbrunnen trank. Pro forma wurde ihm stets ein Glas Wein gefüllt, das er aber nur bei ganz feierlichen Toasten mit den Lippen berührte. Daß mein lieber Vater die lange Folterqual dieser ihm immer wieder neu servierten Schüsseln mit den verlockendsten Gerichten stets in bester Laune überstand, zeigt sowohl seinen Sinn für das Schickliche wie sein grundgütiges Herz, das gottlob alle Galle nicht hatte verderben können.

Beim Menü ratete und tatete mein Vater also nicht viel mit, außer daß er sich ein Vetorecht wegen zu hoher Kosten vorbehielt. Denn solche Abfütterung kostete immer drei- bis vierhundert Mark, und das spielte in dem Etat eines Kammergerichtsrats, der vier Kinder hochzubringen hatte, eine sehr erhebliche Rolle!

Dafür hatte aber Vater als rein männliches Geschäft den Wein zu besorgen. An sich wäre auch meine Mutter dafür die richtigere gewesen, denn sie trank wenigstens ab und zu ein Glas Wein. Aber die Zeiten waren nun einmal so, daß das Weibliche unter keinen Umständen in männliche Vorrechte eingreifen durfte: Männer tranchierten den Braten, rauchten und kauften den Wein, Frauen waren für Küche, Kinder und Dienstboten zuständig.

Ich fürchte, diese Weinkäufe von Vater sind nicht immer sehr erfolgreich gewesen. Vater, der ein sparsamer Mann war und es auch sein mußte, wählte den Wein mehr nach dem Preise als nach Lagen, und sein Weinhändler beriet ihn, wie es seinem Lager zur Räumung schwer verkäuflicher Reste gut tat. Vielleicht tue ich meinem Vater mit diesem Verdacht unrecht, aber ich erinnere mich, daß ich einmal im Badezimmer die beiden Lohndiener überraschte. In der Wanne des Badezimmers wurde nämlich der Weißwein kalt gestellt. Da standen, als ich aus unaufschiebbaren Gründen eilig hineinplatzte, die beiden Helden, jeder eine Flasche Wein am Munde, die sie bei meinem Erscheinen nicht übermäßig eilig absetzten.

«Sauer, wat?» fragte der eine trübsinnig.

«Sauer?!» gab der andere empört zurück. «Det nennste sauer?! Det is ne janze Essigfabrik in *eene* Pulle! Det wolln wa lieba de Jäste übalassen! Sauer, heeßt es doch, macht lustig!»

«Aber erst am dritten Tag», bemerkte der erste düster.

Danach ist es mir rätselhaft, wieso sich die beiden Lohndiener mit einer überraschenden Regelmäßigkeit bei jedem unserer Diners in mehr oder minder schwankende Gestalten verwandelten, die von meiner Mutter, je näher die Mitternachtsstunde rückte, mit empörten, von meinem Vater aber mit halb amüsierten, halb besorgten Blikken gemustert wurden. Alle Jahre wurden die Lohndiener gewechselt, und alle Jahre erlebten meine Eltern mit ihnen das gleiche. Alle schienen sie nach demselben Muster gearbeitet zu sein.

Auch behauptete meine Mutter von ihnen, daß die Taschen ihrer Fracks mit Wachstuch gefüttert seien: ganze Brathähnchen sollten in ihnen spurlos verschwinden und halbe Rinderfilets. Die schöne Sauce wurde gleich nachgegossen, klagte Mutter. Ihr Ziel war bei solchen Klagen, meinen Vater zu einer strengen Aktion gegen diese trunksüchtigen, räuberischen Diener zu veranlassen. Aber mein Vater war ein weiser Mann und sagte nie etwas, weil er gut wußte, er konnte nicht an einem Abend die Schattenseiten eines langen Berufslebens beseitigen oder auch nur mildern.

Wenn also Mutter am Morgen nach einem solchen Festessen darüber klagte, daß von den vielen schönen Resten kaum noch ein Mittagessen für die Familie zusammenzustellen sei, so sagte er nur leise lächelnd: «Laß es gut sein, Louise! Denke einfach, es hätte den Gästen noch besser geschmeckt, und sie hätten mit allem Rest gemacht!»

«Es war aber noch ein ganzes Filet da!» sagte meine Mutter empört.

«Auch ich bedaure sein Verschwinden», stimmte Vater milde bei. «Weil nämlich von allem Fleisch — nur den Kalbsbraten ausgenommen — mir Filet am besten schmeckt und bekommt. Ich bitte dich, mach uns also zum nächsten Sonntag ein Filet auf deine Art, die mir zehnmal lieber ist als die raffinierten Köchinnenkünste!»

Worauf meine Mutter durch dies wohl angebrachte Lob schon halb besänftigt war.

Im übrigen war das Kammergericht, und wer überhaupt zu jener Zeit solche Festessen gab, in genau der gleichen Lage mit seinen Lohndienern wie die Eltern. Verstohlen, aber darum nicht weniger teilnahmsvoll, beobachtete die ganze Tischrunde das Gehaben der beiden befrackten Gesellen, und manche Hausfrau fragte sich insgeheim: ‹Ob die wohl auch was für uns wären? Ich muß mir doch die Adresse von dem kleinen Dicken geben lassen — er scheint seine Sache zu verstehen.›

Leider war gerade dieser kleine Dicke ein besonders eklatanter Mißerfolg meiner Eltern: beim Abholen einer Platte aus der Küche fiel er über einen Abfalleimer, landete mit Mund und Nase auf der glühenden Kochplatte und erschreckte die ganze Festgesellschaft durch ein brüllendes Geheul: die olle Dicke (die Köchin Pikuweit) habe ihm den Eimer absichtlich in den Weg gesetzt, weil er ihr zu langsames Anrichten getadelt habe. Er verlange Schadenersatz, Körperverletzung sei das, und was derartige betrunkene Anschuldigungen mehr waren.

Er muß einen schrecklichen Anblick geboten haben. Nicht nur ein paar Zähne hatte er verloren, sondern seine Rotweinnase zierte auch eine ständig anschwellende Brandblase. Zu seinem Unheil aber sah er sich einer geschlossenen Front der gewiegtesten Juristen — sowohl Zivil- wie Strafrecht — gegenüber, und während die Damen ihm mitleidig den Gesichtserker mit geriebenen Kartoffeln kühlten, bewiesen die Herren ihm klipp und klar, daß er nicht nur keine Ansprüche zu stellen habe, sondern daß er froh sein könne, ohne Anzeige davon zu kommen. Denn Trunkenheit durch entwendeten Wein liege zweifelsfrei vor. Zum Schluß saß der Unselige bandagiert wie ein Student, dem auf der Mensur die Nasenspitze abgehauen ist, weinend in der Küche ... Er traute sich in diesem Zustand nicht nach Hause zu seiner Eheliebsten und flehte seine Feindin Pikuweit an, ihm doch ein paar Tage bei sich Quartier zu geben, bis er ein bißchen ausgeheilt sei. Dazwischen trank er zur Tröstung Vaters Wein ...

Dieses Diner war sicher auch für unsere Gäste eines der anregendsten in diesem Winter, nur meine Eltern schämten sich sehr, daß grade ihnen das passiert war. Sie trösteten sich endlich damit, daß auch andern Häusern solche Erlebnisse nicht fremd blieben. Beim Senatspräsidenten Flottwell war doch sogar einmal ein Lohndiener während des Diners spurlos verschwunden und erst morgens um halb vier Uhr gestiefelt und gespornt von der Präsidentin in ihrem eigenen Bett friedlich schlummernd aufgefunden worden!

Von all solchen erregenden Ereignissen blieben wir Kinder natürlich ausgeschlossen. Wir erfuhren sie erst so nach und nach aus den Gesprächen der Eltern oder, waren sie besonders schlimm, auch unter dem Siegel unverbrüchlicher Verschwiegenheit aus der Küche. Aber wir nahmen doch an allem in unsern Kinderzimmern lebhaftesten Anteil. Als ich noch klein war, mußte ich, Diner hin und Festessen her, genau wie sonst um acht Uhr im Bett liegen. Es dauerte dann oft eine lange Weile, bis mich der Schlaf überkam. Von halb neun Uhr ab ging fast ununterbrochen die Türklingel, ich hörte das Gemurmel der ankommenden Gäste. Die Schirme klapperten in den Ständern, Seide rauschte, ab und zu erhob ein Gast seine Stimme lauter, oder ich hörte auch ein fröhliches Begrüßungswort meines Vaters ...

Allmählich glitt ich dann ins Schlafland hinüber, aber bei jedem solchen Diner kam meine Mutter noch einmal zu meinem Bruder und mir ins Zimmer, legte uns von dem Festkonfekt und vor allem von den beliebten Knallbonbons einiges auf den Nachttisch und beugte sich zum Gute-Nacht-Kuß über mich. Dann erschien mir meine liebe Mutter im unsicheren Licht und halben Schlaf völlg verändert. Sonst war sie unermüdlich im großen Haushalt tätig, wir vier Kinder machten unendlich viel Arbeit und Unruhe, dazu brauchte mein zarter, oft kränklicher Vater ständige Pflege und Arbeitsfrieden. Sie kam eigentlich nie zur Ruhe, die Mutter, nur selten schlüpfte sie einmal aus ihrem Arbeitskleid.

Aber an solchen Festabenden trug sie ein tief ausgeschnittenes Seidenkleid, ihre weißen Schultern blinkten wie Schnee daraus. Sie roch so gut nach irgendeinem unbekannten Blumenduft, und ich bewunderte sie aus tiefstem Herzen mit ihrem blitzenden, funkelnden Familienschmuck: der Halskette, der perlenbesetzten Goldbrosche, den leise klingelnden Armreifen! Ach Gott, das arme bißchen Familienschmuck! Es ist dann im Weltkrieg den Weg «Gold gab ich für Eisen» gegangen, seit fünfundzwanzig Jahren habe ich ihn nicht mehr gesehen, und doch könnte ich ihn noch aufzeichnen, Stück für Stück — wenn ich bloß zeichnen könnte! Eigentlich hatte ich viel verloren, als ich nun, größer geworden, mit den älteren Schwestern bis elf Uhr abends zusammensitzen und mich mit Kostproben vom Tisch der

Großen füllen durfte. Aber ich wußte noch nicht, was ich verloren hatte: ein Kindheitsparadies, in dem meine Mutter eine richtige Fee war, schöner als alle Feen der Märchenbücher.

Solange man noch wirklich jung ist, denkt man weder an Vergangenheit noch Zukunft, man lebt nur der Stunde, und so fand ich es herrlich, wenn immer wieder die Tür bei uns aufging und ein Lohndiener oder auch die Kochfrau oder besonders unser Faktotum, die alte mürrische Minna, uns Teller hereinreichten, auf denen eilig die verschiedensten Speisen zusammengeworfen waren: Blätterteigpasteten schauten zwischen Stangenspargeln hervor; der Klecks Johannisbeergelee war statt auf die Rehkeule zwischen die Petersilienkartoffeln geraten; und einmal entdeckten wir sogar in einer Omelette soufflée statt der Champignonfüllung einen veritablen Salzstreuer aus Glas — ein Sturmsignal dafür, welch fieberhafte Aufregung in der Küche herrschte!

Das schwere, ungewohnt kräftig gewürzte Essen versetzte uns Kinder bald in eine gehobene Stimmung. Wir lachten und lärmten so sehr, daß manchmal mahnend gegen unsere Tür geklopft werden mußte. Dann war es nicht mehr weit, daß eine Raubexpedition in das Badezimmer erwogen wurde: so viel Essen macht Durst! Zwar war uns Alkohol von den Eltern streng verboten, aber in unserer Feststimmung waren wir geneigt, ein wenig lax über ein solches Veto zu denken. Und schon waren wir auf dem langen Gang, mit Horchposten sowohl gegen das Speisezimmer wie gegen die Küche. Alle Welt war unserm Labetrunk feindlich gesinnt! Wie oft mußten wir uns überstürzt wieder zurückziehen, wenn ein Lohndiener, geschirrbeladen, den endlosen, echt Berliner Gang entlang scheeste, oder wenn grade in der stets offenen Küchentür Minna erschien mit dem Ruf: «Wollt ihr Rabauters woll machen, daß ihr in euer Zimmer kömmt! Gleich gibt es Eis, und wenn ihr nicht artig seid, essen wir es alleine!»

Aber dann das Glück, wenn wir mit einer Flasche Rheinwein oder gar Burgunder wieder in unserm Zimmer anlangten! Große Unterschiede machten wir zwar in den Sorten nicht, Wein war uns Wein, ein Getränk, das einen unbegreiflich lustig und unternehmend machte! Wir tranken ihn in kleinen Schlucken aus den Zahnputzgläsern der Schwestern und fühlten uns wie Seeräuber, die eine feine Prise gemacht haben.

In einer solchen echten Räuberstimmung unternahmen einmal mein Bruder Ede und ich eine kühne Expedition in die Speisekammer, deren Eingang direkt neben der Küchentür lag, so daß wir jeden Augenblick überrascht werden konnten.

Als wir aber erst drin waren, vergaßen wir jede Gefahr: von weißem Zuckerguß glänzend standen vor uns die beiden großen Baumkuchen, die am Vormittag ein Konditorjunge gebracht und die seitdem mein und Edes Herz erregt hatten. Ich kannte als der Ältere sehr wohl meine Pflicht: ich streckte meine Hand aus, brach eine Zacke ab und schon war sie in meinem Munde!

«Mir auch eine Nase! Ich will auch solche Nase!» verlangte Ede, und schon um einen Mitschuldigen zu haben, sagte ich: «Brich dir selber eine ab!»

Aber bald dachten wir nicht mehr an Schuld und Unschuld. Diese Nasen schmeckten zu verführerisch, wir brachen immer mehr ab. Hielten wir uns zuerst an einen Baumkuchen, und zwar an seinen unteren Rand, so trieb uns bald die Lust immer weiter. Damit wir einander nicht ins Gehege kämen, teilten wir die Kuchen unter uns auf: Ede brach links, ich rechts die Nasen. Ein unheilvoller Stern stand in dieser Nacht über meinem Elternhaus: kein Mensch kam in die Speisekammer und störte uns bei unserm frevlen Beginnen.

Wie wir es — nach einem überreichlichen Nachtessen — geschafft haben, ist mir noch heute unerklärlich. Jedenfalls standen in Kürze die beiden Baumkuchen völlig nasenlos vor uns. Jetzt doch ein bißchen bedenklich, schauten wir einander an, selbst wir konnten nicht übersehen, daß dies Prachtgebäck erheblich an Schönheit eingebüßt hatte.

«Ich glaub', wir gehen gleich ins Bett», meinte ich schließlich.

«Und das Erdbeereis?» gab Ede zu bedenken.

«Wenn sie *das* sehen», sagte ich düster, «bekommen wir bestimmt kein Erdbeereis!»

«Vielleicht denken sie, Baumkuchen sind so?» schlug Ede vor.

Ich zuckte nur hoffnungslos die Achseln.

«Oder wir sagen einfach, der Konditorjunge hat's gemacht!»

«Am besten gehen wir ins Bett», wiederholte ich. «Ich stell mich schlafend.»

«Dann werde ich schnarchen», entschied Ede. «Du bist der Ältere, zu dir kommen sie überhaupt zuerst.»

Wir lagen noch nicht lange in unseren Betten, als wir eine gesteigerte Unruhe auf dem Gang bemerkten. Dann hörten wir die aufgeregte Stimme meiner Mutter von der Küche her. Wir machten, daß wir unter die Decken krochen. Ede fing sofort an, in der lächerlichsten Weise zu schnarchen. Es war oft, meistens sehr schön, der Ältere von uns beiden Brüdern zu sein, doch hätte ich in dieser Stunde mein Erstgeburtsrecht für noch weniger als ein Linsengericht gerne hergegeben. Später hörte ich sogar Vaters Stimme aus dem Küchenbezirk. Man bedenke, unser Verbrechen war so riesengroß, daß beide Gastgeber von der Tafel weggerufen wurden! Ich konnte mir den Umfang der uns drohenden Strafe nicht einmal ausdenken!

Aber was dann eintrat, war schlimmer als jede Strafe: es trat nämlich gar nichts ein. Ich lag mit immer stärker klopfendem Herzen in meinem Bett und erwartete das Jüngste Gericht. Aber niemand kam. Ich wartete, ich flehte fast um Erlösung: niemand kam. Ede war längst richtig eingeschlafen, und immer noch lag ich wach, schlaflos über tausend Möglichkeiten grübelnd. Ich lag, wie man so sagt, die ganze Nacht wach, schließlich wäre mir die schlimmste Strafe lieber gewesen als dieses Warten. Als ich dann hörte, wie sich Frau Pikuweit von unserer Minna und Charlotte verabschiedete, drehte ich mich mit einem tiefen Seufzer zur Wand. Ich war böse mit meinen Eltern, daß sie das Schwert der Rache so lange über mir schweben ließen.

Und der nächste Morgen kam, die Eltern schliefen noch. Als Frühstück bekamen wir Jungens Baumkuchen, die Schwestern aber Butterbrote. Sie wollten protestieren, Charlotte, übermüdet, sehr unwirsch, sagte nur, der Herr Rat habe es angeordnet. Als wir in der Schule unsere Frühstücksbrote auspackten, fanden wir keine Brote, sondern Baumkuchen. Beim Mittagessen — Vater war auf dem Gericht — blieb Mutter recht kühl zu uns, sagte aber kein Wort von Baumkuchen. Dafür mußten wir ihn essen, nur Baumkuchen, während die andern sich an den herrlichsten Resten delektierten. Sie bekamen auch Eis!

Vesper, Abendessen: unser Speisezettel blieb unverändert Baumkuchen. Der nächste Tag: Baumkuchen! Die andern aßen zu Mittag Brühkartoffeln mit schöner grüner Petersilie und schierem Rindfleisch, wir hatten Baumkuchen! Es wurde uns immer schwerer, unsern Hunger mit Baumkuchen zu stillen. Wir fanden, Baumkuchen war ein überschätztes Gebäck. Bald entdeckten wir, daß wir Baumkuchen haßten! Expeditionen nach Speisekammer und Küche blieben erfolglos: die Speisekammer war verschlossen, und aus der Küche wurden wir prompt verjagt.

Ein dritter Tag zog herauf — Baumkuchen! Wurden diese elenden beiden Baumkuchen denn nie alle? Und immer starrten uns die Bruchstellen, an denen die Nasen gesessen hatten, anklagend an. Wir wagten nicht zu meutern, wir wagten nicht einmal zu bitten... Mit immer lahmeren Kinnbacken kauten wir an unserm Baumkuchen...

Und das Allerschlimmste war dabei, daß nie jemand ein Wort über unsere etwas gleichförmige Speisenfolge verlor. Es schien das Selbstverständlichste, daß wir allein mit Baumkuchen ernährt wurden, von Urzeiten her, bis in alle Ewigkeiten! Wagten die Schwestern in ihrer albernen Gänsemanier wirklich einmal, über unsere Leidensmienen zu gniggern, so brachte sie ein strenger Blick meiner Eltern sofort wieder zur Ruhe. Selbst Minna und Charlotte, die sonst immer sofort bereit waren, uns zu bedauern, verloren nicht ein Wort über diese unsere Prüfung. Mein Vater sagte ihnen selten etwas, aber tat er es, so folgten sie ihm blindlings. Sie liebten ihn beide schwärmerisch wegen seiner Güte und Gerechtigkeitsliebe, die alte mürrische Minna ebensosehr wie die junge vergnügte Charlotte.

Ach Gott, was wären Ede und ich glücklich gewesen, wenn wir wie andere Jungens eine kräftige Tracht Prügel gekriegt hätten! Aber mein Vater war weder für Prügel noch für Schelten, alles Gewaltsame und Laute widerstrebte seiner Natur. Er strafte haargenau auf dem Gebiet, auf dem man gesündigt hatte. Die Gier nach Baumkuchen strafte er durch Übersättigung mit Baumkuchen. Auch der Dümmste begriff dies ohne ein Wort...

Und schließlich war der Baumkuchen dann alle. Den Mittag, ich weiß es noch, gab es westfälische dicke Bohnen, süßsauer, mit Räucherfleisch, ein Essen, dem ich bis dahin immer abgeneigt gewesen war. Ich aß davon wie ein Verhungerter. «Junge, du ißt dich ja wohl zuschanden!» rief meine Mutter, als ich mir den Teller zum drittenmal füllen ließ.

Vater aber sagte nur: «Sieh da! Sieh da!» und lächelte mit all den vielen Fältchen um seine Augenwinkel. —

Was aber wollte eine solche knabenhafte Leckerhaftigkeit besagen gegen ein geradezu geheimnisvolles Verbrechen, das bei einem Festessen ein oder zwei Jahre später geschah —?! Lange, lange blieb der Täter trotz allen strafrechtlichen Scharfblicks meines Vaters — er war auch ein bekannter und in gewissen Kreisen gefürchteter Untersuchungsrichter gewesen — unentdeckt, bis er sich sechs oder acht Jahre später selbst bekannte — und da lachten sogar meine Eltern mit!

Bei jenem Diner freilich waren sie vollkommen fassungslos und bekümmert, so etwas konnte auch nur in unserm Hause passieren! Mutter war immer besonders stolz auf unsern von einem Tafeldecker gerüsteten Festtisch. Zwar, Gläser und Bestecke mußten wir wie alle andern aus einem Verleihgeschäft entnehmen, das Service aber nicht, denn wir besaßen das weithin in der ganzen Bekanntschaft berühmte Wedgewoodservice für hundert Personen! Es war ein wahrhaft gargantuasisches Geschirr mit Bratenschüsseln, auf die man ganze Kälber legen konnte, mit Saucentöpfen, die zu Suppenschüsseln für mittlere Familien gereicht hätten, und einer verwirrenden Fülle von Tellern und Tassen aller Formate.

Dieses wahrhaft fürstliche Tafelgeschirr war wie vom Himmel gefallen in unserer gar nicht prunkhaften Familie gelandet. Als nämlich vor vielen, vielen Jahren ein Großonkel von mir durch die Stadt Aurich wandelte zu seinen Geschäftsräumen, die er als Justitiarius für das Publikum hielt, bemerkte er vor einer Haustür eine kleine Ansammlung von Menschen. Immer wißbegierig, was in seiner Heimatstadt vorging, trat er näher und erfuhr, daß hier der Nachlaß eines Seekapitäns versteigert wurde. Schon wollte er weitergehen, da trat der ihm wohlbekannte Auktionator Kötz vor die Tür, hielt meinem Onkel einen bläulichen Krug unter die Nase, über dessen Fond griechelnde weiße Gestalten feierlich wandelten, und sprach: «Das wäre was für Sie, Herr Justitiar!»

Mein Onkel sah kurzsichtig auf den Krug, seinem Auge tat das sanfte Blau wohl, er sagte: «Drei Taler, Kötz! Schaffen Sie ihn nur in meine Wohnung!» und ging an seine Dienstgeschäfte.

Wie aber ward ihm, als dem Heimkehrenden mittags sein Weib in einem Zustand völliger Auflösung entgegentrat! Die ganze Wohnung war von dem erstandenen Service überschwemmt. Es gab keine Stelle, wo es nicht sanftblau zuging, wo nicht weiße Gestalten in strengem Faltenwurf wandelten. Mein Onkel hatte gemeint, einen Krug erstanden zu haben, er hatte eine Töpferei gekauft. Eine Ausgabe zieht die andere nach sich: ein ungeheurer Eichenschrank mußte angefertigt werden, um diese Geschirrflut zu bändigen. Bis er fertig war, führten Onkel und Tante nur ein bedrängtes Leben in ihrem Heim.

Nach dem Tode des Onkels kam dieses Geschirr auf dem Wege der Erbschaft in unsere Familie mitsamt dem riesigen Eichenschrank, der nach meines Vaters Ausspruch jeden Gedanken an Umziehen unmöglich machte. Er sei eine weitläufige Burg, kein Schrank. Selbst Berliner Möbelleute seien ihm nicht gewachsen . . .

Es war übrigens die einzige Erbschaft, die uns der Onkel in Aurich vermachte, daher führt er bei uns den Beinamen «Der Familientäuscher»! Er, der nämlich Mitte der Dreißiger schon Witwer geworden war, schrieb uns zu jedem Geburtstage, zu jedem Weihnachtsfest: «Was soll ich euch schenken? Ihr erbt ja doch einmal alles!» Nachdem er aber fast vierzig Jahre im Witwerstand verharrt hatte, nahm er mit zweiundsiebzig Jahren ein junges Weib, dem er bald all sein irdisch Hab und Gut hinterließ, dieser Familientäuscher, der!

Aber wenigstens das Geschirr sandte uns die angeheiratete, unbekannte Tante, und dies wahrscheinlich auch nur, weil es ihr in seiner Überfülle lästig war, trotzdem nun schon manches Stück in den Händen der Abwaschenden das Zeitliche gesegnet hatte! Für vierzig Personen reichte es aber noch gut, und es machte sich wahrhaftig prächtig auf der von Gläsern funkelnden, von Neusilber-Leihbestecken blitzenden Tafel. Ihrer Gewohnheit nach warf Mutter noch einen Blick auf den Festtisch, kurz ehe die Gäste kamen. Es war alles in bester Ordnung, und zwar viel schöner als das Porzellanweiß bei den Kollegen. Dann verschwand Mutter nach der Küche hin, um die letzten Anweisungen für die große Saalschlacht zu geben.

Jetzt war der Augenblick für meine Schwester Fiete (von Frieda) gekommen. Ein Kompottschüsselchen Blaubeeren in der Hand, schlich sie in den Speisesaal, an die Tafel und ...

Ja, was tat sie nun eigentlich? Wie gesagt, sie hat es erst Jahre später gestanden, und hat uns auch erklärt, warum sie es tat. Aber damals erschien alles ganz rätselhaft und beinahe verbrecherisch ...

Meine Schwester Fiete war ein seltsames Kind. Meistens still und fast pomadig, war sie doch der lebhaftesten Zornesausbrüche fähig, besonders wenn man an «ihre Sachen» ging. Geschwister haben leicht eine etwas kommunistische Art, mit den Sachen ihrer Brüder und Schwestern umzugehen, bei Fiete war so etwas nicht empfehlenswert. Sie konnte dann in den unsinnigsten Zorn geraten. Ich erinnere mich noch sehr wohl, wie Fiete lauthals weinend ihre eigene Lieblingspuppe zertrampelte, bloß weil unsere älteste Schwester Itzenplitz — von Elisabeth — ihr einen Kuß gegeben hatte!

Wie mußte es also ein so veranlagtes Kind beunruhigen, daß meine Mutter, neben der sie bei Tisch saß, ständig «ihren» Löffel zum Kosten benutzte! Fiete war nämlich ausgesprochen kiesätig beim Essen. Immer hatte sie etwas auszusetzen, mal war ihr etwas zu salzig, mal zu süß, mal zu sauer, mal zu heiß, mal zu kalt, mal schmeckte es nach gar nichts. Es gab kein Essen, an dem Fiete nicht etwas auszusetzen gehabt hätte. Ich höre noch ihre hohe, gleichmäßig nörgelnde Stimme im Ohr, da ich dies schreibe, sie fing sofort damit an, sobald sie nur den ersten Löffelvoll im Munde hatte.

Dann nahm ihr Mutter einfach den Löffel aus der Hand, kostete von ihrem Teller und sagte gleichgültig: «Es ist alles in schönster Ordnung, Fiete. Du bist nur mal wieder kaufaul!»

Hundertmal hatte Fiete darauf die Mutter gebeten, doch den eigenen Löffel zum Kosten zu benutzen. Es half nichts, so hartnäckig wie Fiete meckerte, so hartnäckig nahm Mutter ihren Löffel, nicht als

Strafe, aus reiner Gewohnheit, weil sie auch schon längst nicht mehr auf das hörte, was Fiete vorbrachte.

Aber nun war Fiete zu einem großen Rachewerk entschlossen . . .

Eilig huscht sie um den Tisch. Bei jedem Gedeck bleibt sie stehen, nimmt Löffel für Löffel und zieht ihn sorgsam durch den Mund. Damit aber nicht nur in ihr das Gefühl, sich gerächt zu haben, lebe, nimmt sie ab und zu einen Mundvoll Blaubeerenkompott — die Großen sollen schon sehen, wie das ist, wenn man die Sachen der Kinder mißachtet!

Fiete hat ihr Werk vollendet. Sie steht noch einen Augenblick da und mustert es. Der Tisch sieht für ein prüfendes Auge nicht mehr ganz so schön aus wie vordem, alle Löffel tragen bläuliche und schwärzliche Spuren. Fiete hat das Gefühl, sie müsse noch ein Übriges tun: sie bückt sich und schneuzt die Nase in einer Ecke des Tischtuchs. Dasselbe wiederholt sie an den andern drei Ecken. Dann verschwindet sie lautlos . . .

Natürlich konnte auch der taktvollste Gast *dies* nicht übersehen. Wohl erhoben sie die Hände zum lecker bereiteten Mahle, und mit den Händen die Löffel, aber sie ließen sie wieder sinken, Staunen im Blick. Meine Mutter erglomm wie die Abendröte, mein Vater warf ihr einen beinahe strengen Blick zu.

«Ich verstehe es nicht», stammelte meine unselige Mutter. «Ich habe den Tisch eben noch nachgesehen. Wer mir diesen Tort angetan hat . . .»

Mutter war nahe am Weinen. Wären nur Freunde dagewesen, sie hätte geweint. Aber es war manch eine unter den weiblichen Gästen, der sie den Gefallen nicht tun wollte, sie weinen zu sehen.

«Schnell!» sagte mein Vater zu den Lohndienern. «Die Bestecke einsammeln und abwaschen lassen! Nein, alles, auch die Messer und Gabeln. . . man weiß ja nicht . . .»

Und mit einem Lächeln zu allen Gästen: «Kinder. . . Kinder. . . Sie wissen es ja alle, wie es ist, wo Kinder sind. Irgendein unbegreiflicher Kinderstreich!» Energischer: «Den ich aber bald begreifen werde!»

Aber nun erhob sich Widerspruch. Die meisten waren für einen Racheakt. Diese Dienstboten. . . ein uferloses Thema. Diese Lohndiener — ein ebenso uferloses Thema. Die Wartezeit, bis die Bestecke abgewaschen waren, verstrich auf das angenehmste, bis der Ruf «Attention, les servants!» erscholl.

Nur meine Mutter war ins Herz getroffen — wer konnte ihr dies nur angetan haben, wer nur —?! Auf Fiete riet sie nicht, auf Fiete riet keiner. Ihr Meckern über das Essen, ihre Klagen über die Löffelbenutzung waren so gewohnheitsmäßig, daß schon seit langem niemand sie mehr beachtete. Das Ereignis verlor sich allmählich im Strudel der Zeit, in dem alle Ereignisse, die einen schnell, die andern langsamer, untertauchen . . .

Freilich mußte an diesem Abend meine Mutter doch noch weinen. Die Kollegenfrau Siedeleben, die meiner Mutter wegen ihres patronisierenden Wesens besonders unangenehm war, sagte beim Abschied huldvoll: «Es war wirklich ganz reizend! Und immer passiert etwas Interessantes bei Ihnen, so etwas ganz außer dem Rahmen dessen, was wir hier in der Großstadt gewöhnt sind.» (Sie vergaß nie, meine Mutter daran zu erinnern, daß sie aus einer hannöverschen Kleinstadt stammte.) «Wirklich so anregend!»

Da weinte meine Mutter, Gott sei Dank erst, als alle gegangen waren, an Vaters Brust.

«Es passiert immer wieder etwas Neues, Louise!» sagte mein Vater tröstend. «Paß auf, in vier Wochen wird von etwas ganz anderem geredet! Warte, übernächsten Donnerstag ist Diner bei Siedelebens, vielleicht passiert bei denen auch mal was!»

«Bei denen nie!» rief meine Mutter weinend. «Diese kalte Person! Die ist nichts wie ein Anstandsbuch!»

«Wir wollen es ja nicht wünschen», meinte mein Vater. «Aber wer weiß, wer weiß...»

Doch ging das Siedelebensche Diner ohne jeden Zwischenfall vorüber. Alles lief wie am Schnürchen, es gab weder abgeleckte Löffel, noch fehlten Baumkuchennasen, auch war kein Lohndiener betrunken. Genau wie ein Uhrwerk rollte das Festessen ab. Die Weine waren vorzüglich, das Dessert bezaubernd, die Zigarren über jede Kritik erhaben. Meiner Mutter unausstehlich in ihrer Unfehlbarkeitspose, präsidierte Frau Kammergerichtsrätin Siedeleben, und streifte ihr Blick meine Mutter, so las diese in ihm: So müssen wirkliche Diners aufgezogen werden, meine kleine Landpomeranze!

Solche Makellosigkeit war wirklich kaum zu ertragen!

Bis sich am nächsten Tage die Kunde verbreitete... Zuerst schien sie völlig unglaubhaft, nahm dann festere Gestalt an, gewisse Tatsachen wurden als unumstößlich festgestellt... So viel war gewiß: mitten im Monat saß Frau Kammergerichtsrat Siedeleben ohne alle Dienstboten da, vor einem ungeheuren Aufwasch, in einer nahezu verwüsteten Wohnung!

Und der Grund —?! Aber, meine Liebe, der Grund —?!! Seit wann laufen Dienstboten noch in der Nacht hinter einem Diner fort —?! In solcher Nacht will doch jedes ein bißchen schlafen!

Es hatte eine Schlägerei gegeben, eine veritable Schlägerei zwischen den Lohndienern und den Dienstboten des Siedelebenschen Hauses!

Aber warum?! Sagen Sie doch bloß warum?!! Man schlägt sich doch nicht, todmüde nach einem Diner!

Mit geheimnisvoller, düsterer Stimme: Die Trinkgelder sollen ja verschwunden sein!

Und mit einem tiefen Aufatmen: Ach dann! Das erklärt freilich vieles!

Nicht ganz umsonst aßen Kammergerichtsräte festlich an der Tafel ihrer Kollegen. Mußten sich die Gastgeber Kosten machen, gingen auch die Gäste nicht frei aus. Schon während des Diners ruhte das Auge manchen Ehepaars nachdenklich auf den servierenden Gestalten, und beim Kaffee tauschten dann Mann und Frau geheimnisvolle Flüsterworte.

«Sieben!» sagte Vater.

«Fünf ist völlig genug», meinte meine Mutter. «Man soll die Leute auch nicht verwöhnen.»

«Aber es sind zwei Lohndiener, und drei sind in der Küche», wandte Vater ein. «Es müßten eigentlich sieben fünfzig sein.»

«Fünf sind genug», beharrte Mutter. «Du gibst immer zu viel, Arthur.»

«Nun», sagte mein Vater, «ich will sehen, was Präsident Cornils gibt. Schließlich sollen die Leute auch eine kleine Freude haben. Ihre Füße müssen nach all der Lauferei schrecklich weh tun.»

«Meine Füße tun auch oft weh», sagte Mutter kurz. «Nicht mehr als fünf, Arthur!»

Fuhren die Gäste dann in ihre Kleider, so stand auf dem Flur, diskret abseits auf einem Tischchen, ein Teller oder besser noch, weil unauffälliger, ein zinnernes Schüsselchen. Und während die Frauen vor dem Spiegel ihre Spitzentücher über der lockengebrannten Frisur zurechtlegten, traten die Herren sachte vor diese Opferschale und ließen so leise wie möglich ihren Beitrag hineingleiten. Dabei lag über dem Ganzen ein Anschein von etwas nahezu Verbotenem: das Geld durfte nicht klappern, der Herr tat so, als sei er mit seinen Handschuhen oder mit einem Bilde an der Wand über der Opferschale beschäftigt. Denn Trinkgelder, noch dazu im Hause eines Kollegen, zu geben, war nicht recht fein, wie auch Geldbesitzen zwar wünschenswert, aber davon zu reden als «shocking» galt.

Trotz all dieser Vorsicht war der Trinkgeldgeber sich völlig darüber klar, daß sein Tun diskret, aber genau beobachtet wurde, einmal von Kollegen, die sich über die Höhe ihres Beitrags nicht klar waren, zum andern aber von den in die Mäntel helfenden Lohndienern und den Dienstmädchen, die den Damen bei ihrer Toilette beistanden. Denn deren Ernte war es, die sich dort sammelte ...

War aber der letzte Gast gegangen, fielen alle Bande frommer Scheu. Schamlos offen wurde von den Lohndienern unter dem achtsamen Geleit der Mädchen der Teller in die Küche getragen und unter oft recht heftigen Wechselreden zur Teilung geschritten. Schon bei der Prozession wurden manchmal recht abfällige Reden laut, die «Popligkeit» und «Gnietschigkeit» mancher Gäste wurde heftig angeprangert: die Herrschaft tat gut, solchem zuchtlosen Treiben fern zu bleiben.

Freilich gab es bestimmte Hausfrauen, unter ihnen die Rätin Siedeleben, die es grade für ihre Pflicht erachteten, bei diesen Teilungen anwesend zu sein, damit es gerecht zugehe. (Und damit sie für ihre Freundinnen wertvolles Material sammelte. Y hatte nur zwei Mark hingelegt, aber nach Aussage des Lohndieners hatte er sich doch wahrhaftig die eigene Tasche mit der schönen Havanna des Hausherrn gefüllt. «Nicht, daß ich es behauptete, Liebe, denn ich habe es nicht gesehen. Aber der Lohndiener sagt es, und er hat es gesehen! — Und was meinen Sie dazu, Liebe, der Schulte hat zehn Mark auf den Teller gelegt, mehr als Präsident Cornils — und wie unterernährt sehen die Kinder von Schultes aus! Sie sagt immer, sie müssen sparen. Aber wenn sie sowas Sparen nennen, ich nenne es Protz!»)

Aber in dieser schrecklichen Nacht hatte Frau Kammergerichtsrat Siedeleben keine Gelegenheit, die Teilung zu überwachen: sofort nach dem Fortgang des letzten Gastes, des Kammergerichtsrates Elbe mit Frau, wurde entdeckt, daß der Teller mit den Trinkgeldern seines Inhalts beraubt worden war. Ratzekahl stand er da im diskreten Winkel, nicht eine jämmerliche Mark lag noch auf ihm!

Und ehe Frau Siedeleben noch ein Wort zu dieser Katastrophe hatte äußern können, war der wildeste Streit im Gange: die Mädchen beschuldigten die Lohndiener. Die Lohndiener aber waren gesonnen, gegen die Mädchen handgreiflich zu werden, um ihnen den vermeintlichen Raub abzujagen. Jede Partei kämpfte mit der äußersten Erbitterung, ging es doch um einen Gesamtbetrag von über hundert Mark, und das war damals noch sehr viel mehr Geld als heute. Die Mädchen bekamen Zuzug aus der Küche durch Köchin und Abwaschfrau, wild tobte der Kampf.

Aus der ehelichen Schlafstube fuhr ungnädig der Kammergerichtsrat, schon in Hosenträgern und Schlappen — er war aber nur ein Männchen. Ungehört verhallte das gefürchtete Befehlsorgan der Siedeleben; aus der Wohnung unten und aus der Wohnung oben wurde geschickt, daß dieser ruhestörende Lärm nachts um halb drei unbedingt abgestellt werden müsse... aber der Kampf tobte weiter.

Schließlich suchten sie einander die Kleider ab: ergebnislos. Dann kam die Wohnung daran, die bei dieser Gelegenheit in eine Wüste verwandelt wurde — ohne Resultat. In der Küche erneute sich, es war mittlerweile vier Uhr morgens geworden — der Streit.

Unterdes war der erschöpfte Herr Siedeleben dafür, den Leuten einen vernünftigen Abstand zu zahlen, das Geld werde sich schon wieder anfinden.

Frau Siedeleben sagte ganz unkammergerichtlich: «Quatsch! Sie sollen *mir* was zahlen für den Zustand, in den sie meine Wohnung versetzt haben! Und überhaupt gehe ich gleich mit allen Sechsen zur Polizei!»

Energischer verbat sich Herr Siedeleben, der wie die meisten erfahrenen Juristen Prozesse in eigener Sache nicht liebte, jede Einmischung der Polizei. «Tu was du willst, Friederike, aber du sollst den Abstand für die Leute ja nicht aus deiner Haushaltskasse bezahlen müssen, ich trage den Schaden. Ich will jetzt endlich ins Bett gehen können und meine Ruhe haben.»

«Und ich gehe doch zur Polizei! Einer von den Sechsen muß ja der Dieb sein!»

Zu dem Streit unter den Diensten kam der Streit unter den Eheleuten, der aber bald endete. Die Sechse klopften an die Tür, traten recht trotzig ein und teilten mit, daß sie jetzt der Ansicht seien, einer von den letzten Gästen müsse das Geld eingesteckt haben. Sie hätten alles bedacht, in den letzten fünf Minuten sei keiner von ihnen dem Teller auch nur nahe gekommen, sie verlangten Namen und Adresse der letzten Gäste.

Du lieber Himmel — wie flammte da das Ehepaar Siedeleben einträchtiglich auf! Die Ehre des Kammergerichts war beschmutzt, die

Achtung vor den Freunden des Hauses verletzt — und von wem? Von wem —?! Oh, es wurde nicht an Worten und Beschimpfungen gespart, alte Geschichten wurden ausgegraben, Haß entlud sich, heimliche Naschereien wurden zu Kriminalverbrechen — wer schließlich wen hinauswarf, wird ewig ungeklärt bleiben; ob die Dienstboten sich selbst entließen oder entlassen wurden, darüber gibt es zwei nicht zu vereinigende Lesarten.

Um sechs Uhr morgens saß Kammergerichtsrat Siedeleben völlig erledigt an seinem Schreibtisch, machte Gesindebücher fertig, zahlte Löhne aus (und eine Entschädigung für entgangenes Trinkgeld, von der seine Frau nichts wissen durfte), während seine Frau unterdes das Packen der Mädchensachen mit argwöhnischem Auge beaufsichtigte. Gegen sieben Uhr lag das Ehepaar endlich im Bett. Leider schlaflos — wo war das Geld? Wie bekam man die Wohnung wieder in Ordnung? Woher kriegte man mitten im Monat schnell Ersatz? Wie hielt man diesen Zwischenfall vor den Kollegen geheim? Würden die Mädchen und die Lohndiener denn den Mund halten?!

Besonders die Rätin Siedeleben hatte das Gefühl einer schweren Niederlage: diese jungen Gänschen im Senat würden es an Respekt fehlen lassen, wenn erst bekannt wurde, daß bei ihr so etwas geschehen konnte.

«Wann wirst du endlich Senatspräsident, Heinrich?» fragte sie.

Er fuhr aus seinen Gedanken auf. «Ich?» fragte er. «Ich Senatspräsident? Nie!! Und wenn ich ernannt werden sollte, würde ich es ablehnen! Ich bin völlig zufrieden mit dem, was ich erreicht habe!»

«Aber ich nicht! Du mußt einfach Senatspräsident werden... Nach dem heutigen Vorfall ist es noch zehnmal nötiger...»

So redete sie wenigstens noch ihren Gatten in Schlaf, sie selbst freilich blieb schlaflos. —

Manchmal, aber nicht sehr häufig, besuchten mein Bruder Ede und ich die Söhne vom Kollegen des Vaters, Kammergerichtsrat Elbe. Obwohl Elbes in der Luitpoldstraße nur wenig Häuser von uns wohnten und obwohl die Jungens fast gleichaltrig mit uns waren, verband uns keine natürliche Freundschaft, es war nur ein von den Eltern gestifteter Bund. Sie gingen auf eine Oberrealschule, während wir ein humanistisches Gymnasium besuchten — das war schon ein Abstand wie zwischen einem Kammergerichtsrat und einem Justizsekretär. Außerdem litt der ältere, Hellmuth, an Asthma und lag oft schnaufend und übellaunisch im Bett, wenn wir kamen. Wir waren Bücherratzen, sie Bastler, so trennte uns eine ganze Welt...

Entschlossen wir uns aber doch wieder einmal zu einem Besuch, so fanden wir ihn immer hochinteressant, nicht der Jungen, sondern des ganzen Hauses wegen. Hier betraten wir eine andere Welt... Bei uns zu Haus ging alles mit der größten Ordnung und Pünktlichkeit zu: Auf die Minute genau wurde gegessen, vor dem Essen hatten wir regelmäßig unsere Hände vorzuzeigen, in den Stunden, zu denen Vater arbeitete, hatte die größte Ruhe zu herrschen. Kurz, es gab bei uns nichts, bis zur Ordnung in Schränken und Fächern, was nicht vorausgesehen und bestimmt war.

Bei Elbes war alles ganz anders. Hatten die Jungen Hunger, so brachen sie in Küche und Speisekammer ein und aßen, was und wann es ihnen gefiel. Sie sangen, lachten, jagten, hämmerten zu jeder Stunde. Sollte der Eßtisch gedeckt werden, erwies er sich mit Soldaten vollgestellt. Eine Schlacht war im Gange, die unmöglich wegen einer so albernen Sache wie Mittagessen unterbrochen werden konnte — kurz, die Jungen taten, was sie wollten.

Aber alle taten in diesem Haushalt, was sie wollten: Köchin, Mädchen, auch Herr und Frau Elbe. Ganz unbekümmert und stets heiterster Laune schritt Frau Elbe, erstaunlich jung und hübsch anzusehen, durch alle Unordnung und Trubel, meistens eine Zigarette im Mund, was damals noch für ganz unfein galt. Irgendeine erkenntliche Beschäftigung hatte sie nie. Meist trug sie irgend etwas in der Hand: eine Männerhose, einen Suppenlöffel, eine Vase. Aber sie schien diese Dinge abzulegen, wie es grade kam, sobald sie lästig wurden. Meist gab es dann eine Suche, während der die Suppe kalt wurde, bis der Suppenlöffel gefunden war. Übrigens machte das weder ihr noch sonst einem in diesem Hause etwas aus.

Sie war als Tochter eines Gutsbesitzers auf dem Lande aufgewachsen, und am liebsten sprach sie auch jetzt noch vom Landleben. Mit Verachtung nur erwähnte sie die dunkle Enge ihrer Stadtwohnung, den Mangel an Platz, die Unmöglichkeit, sich ordentlich zu bewegen, sich auszuarbeiten. In der Stadt gab es überhaupt keine Arbeit, die wert war, angefaßt zu werden. Während meine Mutter ängstlich bemüht war, alles Kleinstädtische abzustreifen und völlig eine Berlinerin zu werden (obwohl auch sie Berlin nicht liebte), verleugnete Frau Elbe nie ihre ländliche Herkunft. Sie hatte es fertiggebracht, als bei einem besonders feierlichen Diner alle Gäste den ersten Gang erwartend fast stumm um den Tisch saßen, mit lauter, vergnügter Stimme zu sagen: «Genau wie in meines Vaters Kuhstall, ehe das Futter kommt!» — ein Ausspruch, der natürlich auch in duldsamen Gemütern einen kalten Schauder hervorgerufen hatte! Denn wie konnte man angesichts eines Kammergerichtsrats, eines Senatspräsidenten an einen Kuhstall denken?!

Sie war einfach das Enfant terrible des Kammergerichts. Es gab unendliche Geschichten über ihre Verstöße gegen Takt und gute Lebensart. Bei dem feierlichen Antrittsbesuch eines neuernannten Kammergerichtsrat hatte im «Salon» bei Elbes frei und unverhüllt und schamlos ein ominöses Gefäß gestanden — bei diesem Bericht erinnerten sich die ältesten Damen ihres Schulfranzösisch, um Unsagbares doch zu sagen: «Wirklich und wahrhaftig un pot de chambre! Und sie nahm nicht einmal Anstoß! Sie hat ihn lachend hinausgetragen!»

Einmal war sie mit dem Senatskollegen Becker in Streit geraten, ob Fliegenpilze wirklich «so» giftig seien oder nicht. Sie verfocht nämlich die Ansicht, man könne alles essen, was da wachse, in Feld und Wald sei alles gut. Und sie verschwor sich heilig, ihrer Familie zum Beweise dessen ein Gericht Fliegenpilze vorzusetzen.

Umsonst flehte sie der immer ängstlicher werdende Kammergerichtsrat Becker an, von diesem mörderischen Beginnen abzustehen.

Sie verschleppte an einem Sonntag ihre ganze Familie in den Grunewald, Fliegenpilze wurden gesammelt, und am Abend gab es bei Elbes Fliegenpilze mit Rührei und Bratkartoffeln! Freilich hatte sie die Vorsicht gebraucht, die Pilze mehrere Male abzukochen und das Kochwasser wegzugießen, so ging es denn mit gelinden Leibschmerzen ab.

«Und das nennen Sie Gift —?! Gift nenne ich, was einen wie ein Blitz zu Boden schlägt! Dann ist Rizinus auch Gift! Von Rizinus kriege ich genau solche Bauchschmerzen!»

(Daß sie es — zu allem andern — nun auch fertigbrachte, von Bauch und von Rizinus in Verbindung mit ihrem Bauch zu reden — shocking! Shocking!! Shocking!!!)

Was aber sagte Herr Kammergerichtsrat Elbe zu dieser Frau, zu dieser Unordnung, zu solcher Vermessenheit? Er sagte gar nichts dazu! Ich glaube, er merkte dies alles gar nicht. Er hatte nicht einmal eine Ahnung davon, daß eine Frau anders sein, ein Haushalt anders geführt werden, Kinder anders erzogen werden könnten. An Zerstreutheit und Weltfremdheit übertraf er jeden Professor aus den «Fliegenden» mühelos. Natürlich war er Zivilrechtler, immer über knifflichen Fragen brütend — für einen Strafrechtler lebte er zu wenig auf dieser Welt. Juristerei war ihm etwas Ähnliches wie Geometrie: rechte Winkel, zu konstruierende Dreiecke, das Berechnen von etwas Unbekanntem aus etwas Gegebenem (den Paragraphen).

Oft wenn wir Jungens ein wildes Spiel vorhatten, tat sich die Tür auf, und Herr Kammergerichtsrat Elbe trat ein. Er war ein kleiner, quittengelber, faltiger Mann mit einem kahlen Schädel, auch bartlos in jener Zeit der ungeheuren Vollbärte. Immer trug er zu Haus einen violetten, recht schäbigen Schlafrock, der ihm mit hundert Falten um die dürren Glieder hing. Meist hatte er Pantoffeln an, oft hatte er sie aber auch vergessen und ging achtlos barfuß.

Die Tür ließ er hinter sich offen und ging, ohne überhaupt zu bemerken, daß außer seinen Jungens auch noch andere anwesend waren, ans Fenster, gegen dessen Scheibe er zu trommeln anfing. Dabei sah er auf ein Blatt Papier, das er in der Hand hielt.

Oder er setzte sich ins Sofa und fing an zu lesen. Wir konnten schreien, johlen, über seine Beine fallen, nichts störte ihn. Im Gegenteil: ich glaube, er suchte grade bei seinen Grübeleien die menschliche Nähe, ohne jedoch von ihr irgendeinen sichtbaren Gebrauch zu machen. Zuerst war er uns Jungens unheimlich, später gewöhnten wir uns an ihn und beachteten ihn nicht mehr als einen Stuhl. Nie sprach er mit uns, ich bin überzeugt, nach drei Jahren wußte er immer noch nicht, wer wir waren. Wie dieser Mann dazu gekommen ist, zu heiraten und Kinder zu zeugen, kann ich mir auch in meinen wildesten Phantasien nicht vorstellen.

Ich las damals grade viel im E. T. A. Hoffmann, und all die durch seine Geschichten wimmelnden skurrilen Figuren nahmen für mich Gestalt und Wesen von Kammergerichtsrat Elbe an. Dabei soll er ein vorzüglicher Jurist gewesen sein, von einer unerschöpflichen Belesenheit — freilich ganz von der alten Observanz, für die Recht nichts Lebendiges, sondern eine Art Gedankenakrobatik bedeutete.

Ich erinnere mich besonders eines Osterfestes, bei dem seine Söhne sich den Scherz erlaubt hatten, dem Vater statt seines wegen des kahlen Schädels stets im Hause getragenen Käppis ein mit grüner Holzwolle gefülltes Ostereinest auf den Kopf zu stülpen. Ich sehe ihn da noch stehen, etwas verwirrt, aber milde verwirrt, in der einen Hand sein gewohntes Käppchen, auf dem sein erstaunter Blick ruht, mit der andern immer wieder vorsichtig das Geflecht auf seinem Kopf betastend, im Zweifel darüber, wieso er jetzt plötzlich zwei Käppchen besaß, und wieso das andere sich so ungewohnt anfaßte.

Und dieser selbe Mann war es gewesen, der bei Kammergerichtsrat Siedeleben den Trinkgeldteller entleert hatte — nicht aus schnöder Gewinnsucht natürlich, sondern aus reiner Zerstreutheit. Wie nicht anders zu erwarten, war dieser Mann in allem, was Geld anging, ein Kind. Er wußte es weder zu bewahren noch auszugeben, er konnte mit Geld überhaupt nichts anfangen. Jedesmal, wenn er auf das Kammergericht ging, legte ihm seine Frau das Fahrgeld auf die Spiegelkonsole des Flurs. Er war das so gewöhnt, daß er es, ganz ohne darüber nachzudenken, einsteckte.

Dann marschierte er zur Haltestelle der 51. Auf der 51 kannten ihn alle Schaffner und betreuten ihn mit jener gutmütig überlegenen Sorgfalt, die der Berliner für alle hat, denen er sich gewachsen fühlt. Sie nahmen ihm das Fahrgeld aus der Tasche und steckten ihm den Fahrschein dafür hinein. Dann setzten sie ihn an der Ecke der Voßstraße aus dem Wagen, wobei sie darauf achteten, daß er weder Schirm, noch Hut, noch Klemmer, noch Aktentasche vergaß, und noch im Wegfahren schauten sie ihm väterlich besorgt nach, ob er nun auch wirklich keine Dummheiten machte, sondern artig in die Voßstraße einbog.

In jener Nacht des Streits und Unheils nun hatte seine Frau ihm fünf Mark in die Hand gedrückt und ihm zugeflüstert, das Geld auf den Trinkgeldteller zu legen. Da Herr Kammergerichtsrat Elbe bereits viele Male einen solchen Auftrag fehlerlos erledigt hatte, sah sie ihm nicht nach, wie es die menschenkundigen Schaffner auf der Elektrischen taten, sondern ließ sich, auf das Freiwerden eines Spiegels wartend, in ein Gespräch ein.

Kammergerichtsrat Elbe seinerseits fand sich, ehe er zwei Schritte getan hatte, seinem Präsidenten gegenüber, der ihn ernst ermahnte, nach einem Aktenfaszikel, der unzweifelhaft in seinem Besitz sich befinden mußte, genaue Ausschau zu halten. Wieder frei geworden, fand er sich auf dem Flur, einem Teller gegenüber, der mit Silber gefüllt war. Während seine Gedanken bei dem vermißten Akt weilten, den gelesen zu haben er sich wohl erinnerte, gelang ihm, was keinem noch so geschickten Dieb unter so vielen Augen gelungen wäre: er entleerte den Teller in seine Tasche, rasch und lautlos wie ein Traumwandler. Es war eine rein mechanische Handlung, ohne wesentlichen Anteil des Hirns — dieses Geld auf dem Flur hatte ihn dämmerhaft an anderes Geld auf einem andern Flur erinnert, das er in seine Tasche zu tun hatte. So tat er's.

Es war am Tage nach jenem Diner, daß Kammergerichtsrat Elbe

verloren zu seiner Frau sagte: «Ich weiß nicht, meine Hosen sind so schwer . . .»

«Schwer?» fragte sie. «Wie können sie schwer sein? Was wirst du wieder hineingesteckt haben? Neulich hattest du im Mantel deinen Briefbeschwerer!»

«Den Briefbeschwerer —? Nein, der ist es nicht», sagte er und steckte die Hand in die Tasche. Er brachte sie mit Münzen gefüllt hervor. «Es scheint Geld zu sein», sagte er.

«Geld? Wie kommst du zu Geld?! Bist du bei meinem Geld gewesen?»

«Soviel ich weiß, nein. Das heißt, genau gesagt, ich erinnere mich dessen nicht, falls ich es gewesen sein sollte. Immerhin könnte es möglich sein . . .»

«Laß einmal sehen!» Sie entleerte seine Taschen. «Es sind über hundert Mark. Nein, das kann nicht Geld von mir sein. Wie kommst du zu dem Geld, Franz, denke bitte nach.»

Er rieb sich verlegen mit zwei Fingern das Kinn.

«Ich fürchte, auch ein intensives Nachdenken von mir führt nicht zum Ziel. Im Gegenteil glaube ich mich zu entsinnen, schon seit einem längeren Zeitraum nicht mit Geld in Berührung gekommen zu sein.» Er setzte nach einigem Nachdenken hinzu: «Um genau zu sein: außer mit meinem Fahrgeld.»

«Mit welchem Fahrgeld?»

«Mit dem Fahrgeld zum Gericht.»

«*Das* Fahrgeld sind zwanzig Pfennig, und dies sind über hundert Mark. Das ist ein ungeheurer Unterschied!»

«Ich sehe es ein, Liebe», sagte er kummervoll. «Es war mir ja selbst aufgefallen, wie schwer meine Taschen waren. Beim Fahrgeld habe ich so etwas noch nie beobachtet.»

«Hast du auf dem Gericht etwas ausbezahlt bekommen? Hast du der Juristischen Wochenschrift vielleicht einen Artikel geliefert? Bist du auf der Treppe dem Geldbriefträger begegnet? Hast du von einem Kollegen Geld bekommen?»

Alle diese Fragen glaubte Herr Kammergerichtsrat Elbe, mit gewissen Einschränkungen, die sein juristisches Gewissen bedingte, verneinen zu können.

«Nun, dann weiß ich auch nicht, woher das Geld kommt», schloß Frau Elbe die Vernehmung. «Ich werde es vorläufig in Verwahrung nehmen. Gehört es jemandem anders, wird er sich ja melden.»

Da aber Frau Elbe wenig Umgang mit Kollegenfrauen hatte, so erfuhr sie erst im Senatstee der nächsten Woche, was bei Siedelebens geschehen war. Sie wurde blaß und rot bei dem Bericht, denn schon nach den ersten zwanzig Worten war ihr klar geworden, wer der Täter war, und sie begriff, daß die glücklicherweise nicht anwesende Frau Siedeleben gesonnen sein würde, ihrem Manne ernstliche Schwierigkeiten zu machen. Zuerst war sie entschlossen, niemandem, nicht einmal dem eigenen Manne etwas von der schlimmen Sache zu sagen, sondern das Geld unter einem fingierten Absender an Frau Siedeleben zu senden.

Doch sah sie bald ein, daß dies unmöglich war. Einmal widerstrebte es ihrem freimütigen Wesen, zum andern würde es das Gerede um das Zehnfache verstärken. Wenn dann auf ihren Mann geraten wurde, war er wirklich verloren.

In dieser Bedrängnis wandte sich Frau Elbe an meine Mutter, die ihr wegen ihres sanften Wesens lieb war, obwohl die Zivilrechtlerin nicht eigentlich zum Verkehrskreis der Strafrechtlerin gehörte. Meine Mutter aber mochte in einer so wichtigen Sache nichts ohne den Rat meines Vaters sagen oder tun. Mein Vater hörte den Bericht ernst an. Ihm war die Ehre des Richterstandes eine wahre Herzenssache: ohne diese Ehre hätte er weder richten noch leben mögen. Kein Geschwätz durfte auch nur den Saum der Robe des Richters beschmutzen. Er konnte in einer solchen Sache nicht nach eigenem Gutdünken handeln, er setzte sich also mit seinem Senatspräsidenten in Verbindung. Dieser war der Ansicht, daß unbedingt der Vorsitzende des Elbeschen Zivilsenates gehört werden müsse. Der Vorsitzende des Zivilsenates setzte sich mit Herrn Kammergerichtsrat Siedeleben in Verbindung, der verblüfft sagte: «So hängt das zusammen! Daran hat natürlich kein Mensch gedacht! Ich bin froh, daß es sich so aufklärt, meine Frau freilich . . .»

Er versank in Nachdenken. Die Herren, zwischen ihnen die Rätin Elbe, betrachteten ihn mit Wohlwollen.

«Schließlich», sagte er, «habe ich den Betroffenen den Schaden aus meiner Privatkasse ersetzt, nicht völlig im Einverständnis mit meiner Frau. Sie sind in alle Winde zerstoben, die Mädchen haben andere Stellungen angenommen — am besten ist es vielleicht, wir lassen die Sache auf sich beruhen. Kollege Elbe ist ein verdienstvoller Mann . . .»

«Sie meinen . . .»

«Wenn ich Sie recht verstehe, Kollege Siedeleben . . .»

«Sie denken, auch Ihre Frau . . .»

«Richtig. Ich denke, auch meine Frau braucht nichts von der Aufklärung dieses Falles zu erfahren. Es könnte zu — Unfreundlichkeiten unter Kollegen führen. Außerdem behauptet sie, der erzwungene Dienstbotenwechsel sei ein Glückstreffer ersten Ranges gewesen. Sie hat da irgendeine Perle aus Ostpreußen gefunden . . .»

Alle lächelten, denn es war bekannt, daß die Siedelebenschen Perlen nur in den ersten Tagen glänzten, dann aber rasch ihren Schimmer verloren.

«Also die Sache bleibt unter uns . . .»

«Und Kollege Elbe —?»

«Was hat es für einen Zweck, ihm etwas zu sagen», sagte Frau Elbe. «Er grämt sich nur darüber, und über dem Grämen gibt es neue Konfusion.»

So geschah es, daß die Sache verschwiegen blieb, das heißt, soweit sie bei so viel Mitwissern verschwiegen bleiben konnte. Zwei aber erfuhren bestimmt nie etwas von ihr: Frau Kammergerichtsrat Siedeleben und Herr Kammergerichtsrat Elbe.

Wenn aber meine Mutter in der folgenden Zeit wieder einmal recht von oben herab durch die Kollegenfrau Siedeleben behandelt wurde, so dachte sie: ‹Wenn du wüßtest, was ich weiß — du würdest nicht so reden! Aber du weißt nichts, nichts, nichts!›

Prügel

Ich habe schon erzählt, daß mein Vater gar nicht dafür war, seine Kinder zu schlagen. In diesem Punkt hielt er es mit den Homöopathen, kurierte Gleiches mit Gleichem, similia similibus, und konnte im ganzen recht zufrieden mit den Ergebnissen seiner Erziehungsmethode sein, lag es nun an der Methode oder an den Kindern. Aber einmal habe ich doch herzhafte Prügel von meinem alten Herrn bezogen, und dieses einmalige Erlebnis hat einen so tiefen Eindruck auf mich gemacht, daß ich mich seiner in allen Einzelheiten heute noch erinnere.

Ich werde damals zehn oder elf Jahre alt gewesen sein, und mein Busenfreund war zu der Zeit Hans Fötsch, der Sohn unseres Hausarztes. Wir beiden Hansen steckten, obwohl wir nicht die gleiche Schule besuchten, den ganzen Nachmittag zusammen, sehr zum Schaden unserer Schularbeiten, klebten aus Pappe und Buntpapier die schönsten Ritterrüstungen, fertigten auf Anregung des streng verbotenen Karl May den Kriegsschmuck von Indianerhäuptlingen an und halfen uns mit den noch verboteneren Kolportageheften aus: Sitting Bull oder Nick Carter. Die Serien waren endlos: hundert, zweihundert, dreihundert Hefte, all unser Taschengeld ging dafür drauf.

Übrigens muß ich damals ein ungewöhnlich sittsamer Knabe gewesen sein. Ich weiß noch, daß ich mich, zum größten Ärger von Hans Fötsch, standhaft weigerte, ihm ein Fortsetzungsheft dieser Schmöker zu leihen, und zwar nur aus dem heimlichen, nie eingestandenen Grunde, weil dem Helden in einem Augenblick höchsten Zornes das Wort «Besch....» entfahren war. Ich schämte mich für meinen Helden, schämte mich für ihn vor Hans Fötsch.

Der Autor hatte zwar versucht, den Schaden dadurch wieder gut zu machen, daß er eilig versicherte, dem Helden sei dies Wort nur in unsinniger Empörung über die Schurkischkeit seines Gegners entfahren, aber meine verletzte Sittsamkeit nahm doch Anstoß. Wenn solche Ausdrücke von Schurken gebraucht wurden, mochte es allenfalls hingehen — aber von einem Helden!

Im allgemeinen aber kamen Hans Fötsch und ich ausgezeichnet miteinander aus. Er war ein eher stiller Junge, mit einem trockenen, wortkargen Witz, der immer geneigt war, meinem aufgeregten, phantastischen Geschwätz zu lauschen und jede neue Idee, die in meinem wirbligen Schädel auftauchte, in die Tat umzusetzen. Beide Elternpaare sahen unsern Umgang auch recht gerne. Mein Vater versprach sich wohl eine Dämpfung meines sprunghaften Wesens davon, Doktor Fötsch aber eine Aufmunterung seines stillen Jungen. Wir hatten es auch recht bequem, Fötschens wohnten wie wir in der Luitpoldstraße, sie auf der südlichen, damals noch nicht voll bebauten Seite.

Waren also auch die Vorbedingungen zu einem glücklichen Freundschaftsbund gegeben, so habe ich doch kein rechtes Glück mit Hans Fötsch gehabt. Ich verdanke ihm drei entscheidende Niederlagen meines Lebens, Prügel und eine recht arge Blamage, die noch jahrelang in unserer Familie nachspukte.

Bei der ersten Niederlage ging es noch einigermaßen gelinde ab, trotzdem sie schon beschämend genug war. Mein guter Vater, der, soweit es seine karge Zeit erlaubte, einem sanften Sammeltrieb huldigte, hatte im Laufe seines Lebens eine recht artige Briefmarkensammlung zusammengebracht. Ihren Grundstock bildete eine wirklich wertvolle Reihe alter deutscher Marken, die er einst auf dem Boden des Pflegevaters meiner Mutter beim Umherstöbern gefunden hatte. Denn dieser Pflegevater, ein uralter Notar, hatte auf dem Boden seines Hauses Akten über Akten seiner Vorgänger gestapelt, und in diesen Akten lagen Briefe, alte Briefe, mit Thurn-und-Taxis-Marken, mit dem mecklenburgischen Ochsenkopf, mit den roten Hamburger Türmen, wirklich kostbare Stücke.

Was später noch dazu gekommen war, konnte sich an Rang nicht mit diesen ersten Funden messen. Immerhin hatte mein Vater als Amtsrichter auf kleinen hannöverschen Gerichten immer wieder Gelegenheit, das eine oder andere schöne Stück aus halb vermoderten, von Mäusen angefressenen Akten dazuzutun. Da er nun ein von Natur sparsamer Mann war, auch dies Sammeln nie bei ihm zur wahren Leidenschaft wurde, hatte er stets die Anschaffung eines Briefmarkenalbums verschmäht. Auf einzelnen Blättern eines zart gelblichen Quartpapieres waren die Marken mit der saubersten Akkuratesse aufgeklebt, und mit seiner zierlichen Hand waren die Blätter beschriftet worden.

Schon einmal hatte mein Vater bei dieser Sammlung einen herben Verlust erlitten. Ein ihm leider beruflich vorgesetzter echter Sammler von der schamlosen Sorte hatte sich die Sammlung seines Untergebenen «zwecks Vergleichung» erbeten. Nie hatte mein Vater sie wieder vollständig zurückbekommen, viele der wertvollsten Stücke blieben fehlend, trotz allen Drängens — und zu sehr mochte mein Vater nicht drängen, im Interesse seines Vorwärtskommens. Auch in der angeblich guten alten Zeit konnte ein böswilliger Vorgesetzter einem jungen Landrichter manches nicht wieder gutzumachende Böse antun!

Aber das war nun schon seit vielen Jahren vergeben und vergessen. Über die häßlichen Lücken hatten sich andere, wenn auch nicht gleich wertvolle Marken hingezogen, zu kahl gewordene Blätter hatte Vater umgeklebt. Und nun war da ich, ein hoffnungsvoll heranwachsender Knabe, aber mit einer nicht zu übersehenden Neigung zur Unordnung und Grundsatzlosigkeit. Nie konnte ich genaue Angaben darüber machen, wo eigentlich mein horrendes Taschengeld von fünfzig Pfennigen in der Woche blieb, nie hatte ich Geld, stets verlangte ich Vorschüsse.

Mein Vater glaubte fest daran, daß jedem Menschen ein Spartrieb angeboren sei. Jeder wollte doch vorwärtskommen im Leben, und jeder sah gerne, wenn seine Kinder mehr wurden als er. Wie sollte da ich, sein und seiner ebenso sparsamen Frau Sohn, dieses urmenschlichen Triebes ganz entblößt sein —?! Er war da, er mußte da sein, meines Vaters Aufgabe war es, ihn zu entwickeln! Da dies mit Geld nicht gelang, trotzdem mir mein Vater ein Kontobüchlein geschenkt hatte, in das ich Einnahmen und Ausgaben eintragen sollte — ich benutzte das Heft alsbald als Bücherverzeichnis —, so gedachte Vater über den Sammeltrieb den Spartrieb zu entwickeln.

Wenn ich nun mit einer guten Zensur nach Hause kam, wenn ich beim Zahnarzt mutig gewesen war, wenn ich eine Woche lang meinen Lebertran ohne erhebliche Revolte genommen hatte, bei all solchen lobenswerten Anlässen überreichte mir mein Vater ein volleres oder leereres Blatt seiner Briefmarkensammlung. Erlaubte es ihm seine Zeit, erzählte er mir auch einiges, wie und wo er einzelne Marken «ergattert» hatte (es war sein Stolz, daß er nie einen Pfennig dafür ausgegeben hatte). Oder er berichtete mir auch von den Ländern, aus denen sie kamen, nahm Reisebeschreibungen aus seiner Bücherei und suchte so ein Band zwischen mir und den Marken zu knüpfen.

Zu Anfang schien ihm dies auch zu gelingen. Da er aus Vorsicht mit den weniger wertvollen Marken, späteren Erwerbungen durch Tausch, anfing, so sah ich mit Vergnügen die bunt bebilderten Marken Südamerikas an: mit Vögeln, Landkarten, Palmen, Affen, Städteansichten. Ab und zu wagte ich sogar ein oder zwei Groschen meines Taschengeldes daran und ergänzte einen «Satz». Dann lobte Vater mich.

Aber je höher wir mit der Zeit im Werte kamen, um so mehr langweilten mich die gezähnten und ungezähnten Papierstückchen. Zahlen, immer nur Zahlen standen darauf, und die leuchtenden Farben wurden immer stumpfer, gingen immer mehr ins Gräuliche und Bräunliche über. Sie langweilten mich, ich fand es je länger je mehr höchst betrübend, daß ich statt eines Talers für eine gute Zensur immer nur diese langweiligen Blättchen erhielt. Ich sah sie kaum noch an. Wenn ich mein artiges Danke schön, in dem doch schon Enttäuschung mitschwang, gesagt hatte, stopfte ich das Blatt achtlos zu den andern in eine Kommodenschieblade.

Ganz entgangen ist meinem Vater dieser Stimmungsumschwung wohl nicht. Eindringlicher als sonst suchte er mir begreiflich zu machen, wie kunstvoll diese kleinen Blättchen ausgeführt waren, wie sauber in Zeichnung und Stich. Und als dies nicht verfangen wollte, wies er auch — wenn schon widerstrebend, denn so etwas lag ihm gar nicht — auf den hohen Wert mancher Stücke hin, um meine Besitzerfreude anzustacheln.

Aber es half alles nichts. Heimlich grollte ich weiter mit Vater. Wie viele Wünsche hätte ich mir mit einem Taler erfüllen können! Ich törichter Tropf kam gar nicht auf den Gedanken, daß ich mir durch den Verkauf einer einzigen Marke die Wünsche eines Viertel-, eines halben Jahres hätte erfüllen können. Ich machte meine Dummheiten, wie auch später im Leben, unbegreiflich gründlich.

Da war nun mein Freund Hans Fötsch, und Fötsch war ein echter Sammler. Er sammelte sowohl Brief- wie Siegelmarken, wie Stollwerck-, wie Liebigbilder. Von diesem allen schienen mir die Liebigbilder am begehrenswertesten. Einmal waren sie selten, denn jedem so lange reichenden Fleischextrakttöpfchen lag nur ein Bild bei. Zum andern zeigten sie Szenen aus den Pampas, mit Toros, Haziendas, Gauchos, Lassos, Indios — alles Dinge, die meine Phantasie entzündeten. Viele hundert dieser Bilder hatte Hans Fötsch zusammengebracht, manche waren noch frisch wie aus der Presse, andere trugen die lebhaftesten Spuren von vielen schmierigen Jungenshänden, durch die sie gegangen waren, und dies schien sie mir noch begehrenswerter zu machen. Ich weiß nicht mehr, wer von uns beiden der Versucher war, aber eines Tages war das Geschäft gemacht: ich war der Besitzer eines dicken Stapels von Liebigbildern, meine Briefmarken aber waren sämtlich zu Hans Fötsch hinübergewechselt. Ganz wohl ist uns beiden bei diesem Tausch nicht gewesen. Wir schwuren uns strengste Geheimhaltung, und in der ersten Zeit verbarg ich auch meinen Bilderschatz ängstlich vor den Augen von Geschwistern und Eltern.

Aber ein Kind vergißt rasch, und so war der Tag nicht fern, da mich meine Mutter über meinen Bildern antraf.

«Wo hast du denn die alle her, Junge?» fragte sie, erst noch harmlos erstaunt.

«Och —!» sagte ich. «Sind sie nicht großartig? Kuck mal, Mutter, das ist 'ne Kaffeeplantage! Hast du gewußt, daß der Kaffee auf so kleinen Bäumen wächst?»

Aber meine Mutter kannte ihre Pappenheimer. Grade daß ich so harmlos tat, machte mich ihr verdächtig.

«Hübsch!» sagte sie. «Und von wem hast du all die Bilder? Es müssen doch ein paar hundert sein.»

«Fünfhundertdreißig!» sagte ich stolz.

«Und wer hat sie dir gegeben?»

«Och —!» sagte ich wieder. «So Jungens . . .»

«Was für Jungens?» fragte sie erbarmungslos weiter. «Wie heißen sie?»

Wieder nur: «Och!» Und schließlich: «So Schuljungens . . .»

Jetzt war meine Mutter fest davon überzeugt, daß etwas Verbotenes hinter der Sache steckte.

«Hans!» sagte sie fast aufgeregt, «da stimmt was nicht. Ich will die Namen von den Jungens wissen!» Und als ich noch immer zögerte: «Wenn du sie mir nicht sagst, gehen wir zusammen zu Vater! Vater wirst du sie schon sagen!»

Diese Drohung erschreckte mich sehr, denn ich gedachte der fehlenden Briefmarken. Ich bequemte mich also zu dem Geständnis, daß Hans Fötsch der Geber gewesen sei.

Meine Mutter atmete ein wenig auf. «Gottlob, der Hans Fötsch!» sagte sie. Dann nachdenklich: «Und was hast du Hans Fötsch dafür gegeben? Hans ist ein guter Junge, aber er schenkt nicht gerne was weg.»

«Er hat sie mir doch so gegeben, Mutter!»

«Du schwindelst, Hans, ich sehe es dir ja an!»

«Wirklich und wahrhaftig, Mutter!» versicherte ich und versuchte, nach dem Spiegel zu schielen, ob ich tatsächlich rot geworden war.

«Nein, du lügst, Hans», sagte meine Mutter, ihrer Sache jetzt ganz

30

sicher. «Und wenn du *mir* die Wahrheit nicht sagen willst, müssen wir doch zu Vater gehen.»

Nun versuchte ich, mich aufs Bitten zu legen. Ich wollte Mutter alles sagen, nur sollte sie mir versprechen, Vater nichts davon zu erzählen.

Aber Mutter ließ sich auf nichts ein. «Du weißt, ich habe nie Heimlichkeiten vor Vater. Und wenn es etwas Verbotenes ist, muß Vater es erst recht erfahren. Komm, Junge, wir gehen gleich zu Vater. Du weißt, Vater ist nie schlimm, wenn ihr offen und ehrlich gesteht, was ihr falsch gemacht habt. Nur Lügen haßt er . . .»

Aber ich zog es vor, erst einmal Mutter meine Schandtat zu gestehen. Ich wollte sehen, wie sie auf sie wirkte. Mutter war so erschrocken, daß sie sich glatt hinsetzte.

«Junge, Junge!» rief sie ganz ängstlich. «Wie konntest du das nur tun! Papas schöne, kostbare Briefmarkensammlung, auf die er so stolz ist! Für die dummen schmutzigen Bilder weggegeben! Ich weiß gar nicht, wie ich das Vater erzählen soll — er wird sehr traurig werden, Hans! Achtest du denn gar nicht, was Vater dir geschenkt hat —?!»

Ich bemühte mich, Tränen in den Augen, Mutter zu versichern, daß ich Vaters Geschenke sehr wohl schätze, daß ich aber Liebigbilder hübscher fände . . .

«Ach, Hans, wie dumm du bist!» rief Mutter. «Für ein Zehntel der Briefmarken hättest du dir Tausende und Tausende von solchen Bildern kaufen können! Dein Freund hat dich bei dem Tausch richtig reingelegt, ich finde das aber gar nicht hübsch von Hans Fötsch!»

Mutter dachte nach. Ich wartete angstvoll darauf, daß sie mit dem theoretischen Teil, nämlich mit den Vorwürfen, fertig sei und zu dem praktischen übergehen würde, nämlich ob sie es Vater sagen würde oder nicht. Aber Mutter fand eine andere, noch schlimmere Lösung. «Weißt du was, Junge», sagte sie ganz eifrig. «Nimm die Bilder und lauf gleich zu Hans Fötsch hinüber. Du kannst ihm ja meinetwegen sagen, deine Mutter erlaubt den Tausch nicht.»

«Aber Mutter!» rief ich erschrocken. «Das kann ich doch nicht! Ich hab ihm doch mein großes Ehrenwort gegeben, euch nichts davon zu erzählen. Wie stände ich denn da vor ihm —?!!»

Doch hielt meine Mutter von großen Ehrenwörtern nicht viel. «Ach, Unsinn, ihr mit euern Ehrenwörtern!» rief sie ärgerlich. «Ihr seid doch bloß Jungens, und du bist ein Junge, der tüchtig reingelegt worden ist! Gib deinem Herzen einen Stoß, Hans, und laufe zu Fötsch hinüber!»

«Er gibt mir die Marken bestimmt nicht wieder, Mutter.»

«Er muß es ja tun. Er wird ganz genau wissen, daß er dich reingelegt hat. Er hat auch Angst, daß seine Eltern was erfahren, verlaß dich drauf!»

Aber ich widerstand meiner Mutter hartnäckig. Ich wollte mich nicht vor dem Freund blamieren. Ich wollte nicht ‹ehrlos› vor ihm werden. Und außerdem, was ich Mutter aber nicht zu sagen wagte, hatte Vater mir die Marken doch richtig geschenkt, als Lohn für mancherlei vorzügliche Leistungen, und mit seinem Eigentum kann jeder machen, was er will. Fand Vater die Marken so kostbar, hätte er sie mir nicht schenken dürfen. *Ich* hatte ihn nicht darum gebeten! *Ich* fand die Bilder nun einmal noch immer schöner ...

So argumentierte ich und widerstand der Mutter. Traurig ging sie von mir fort, unverrichteter Sache. Und traurig verlief auch das Abendessen. Vater, der sicher schon alles wußte, war sehr still, sah mich nur manchmal prüfend an. Aber nach seiner Art enthielt er sich jeder Einmischung, die Sache war in Mutters Händen, er wartete still ab ... Nie erlaubten sich die Eltern Übergriffe eines in die Sphäre des andern. Sie halfen einander nur, wenn die Hilfe gewünscht wurde.

Schlimm war die Nacht. Manchmal fand auch ich, ich hätte diesen Tausch nicht ohne Vater zu befragen machen dürfen, und noch öfter entdeckte ich einen gewissen Zorn in meinem Herzen, daß Hans Fötsch mich so hereingelegt hatte. Dann hörte ich Vater singen, wie er es manchmal in seinem milden Spott tat: ‹Ja, ich bin klug und weise, und mich betrügt man nicht!› Ich kam mir wirklich nicht sehr klug vor.

Aber dann dachte ich wieder an die geliebten Liebigbilder. Ich machte mir klar, daß ich sie richtig würde weggeben müssen, für immer, und ich fand sie doch so schön! Nein, ich konnte es nicht! Ich brachte es nicht übers Herz! Es war ungerecht von Mutter, so etwas von mir zu verlangen. Nie würde ich mich von diesen Bildern trennen.

Am Nachmittag des nächsten Tages saß ich wieder über ihnen. Doppelt wert waren sie mir jetzt geworden! Ich ordnete sie nach einem ganz neuen Gesichtspunkt: Indios zu Indios, Toros zu Toros, Haziendas zu Haziendas. Da kam jemand ins Zimmer, sah über meine Schulter auf die Bilder, meiner Mutter Stimme sprach: «Junge, tu uns doch die Liebe! Überwinde dich dies eine Mal!»

Dabei hatte die Mutter die Hand sachte auf mein Haar gelegt.

Ich aber schwieg, und Mutter ging still, ohne ein weiteres Wort, aus der Stube.

Nun wollte ich die Bilder weiter ordnen, aber es gelang mir nicht. Ich machte einzelne Stöße aus ihnen, legte Gummibänder darum, sah sie eine Weile schweigend an. Dann stand ich auf, steckte, so viel hineingingen, in die Taschen, nahm die andern in meine Hände und machte mich auf den Weg zu Hans Fötsch.

Ach, mein Herz war gar nicht leicht, nicht im geringsten hatte ich das Gefühl, etwas Verdienstvolles zu tun. Aber da war eine Stimme in mir, die sagte, ich müsse es tun, auch wenn es schwer sei, ich dürfe die Eltern nicht so enttäuschen ... Ich könnte es nicht einmal, mein Herz sei nicht geschaffen dafür ... So ging ich, wider Willen ...

Ich kann nicht behaupten, daß Hans Fötsch mich mit meinem Anliegen freundlich aufnahm. Als geborener Optimist hatte ich mir eingebildet, er wenigstens werde mir jetzt keine Schwierigkeiten machen. Aber er versteifte sich auf den Satz «Geschäft ist Geschäft» und schlug mich mit meinen eigenen Argumenten, ich habe ihm mein Wort gegeben und ich habe stets behauptet, die Marken gehörten mir. Ins Eigentum aber habe selbst mein Vater mir nichts hineinzureden.

So mußte ich mit schwererem Geschütz auffahren: mit dem gegenwärtigen Zorn meines Vaters und dem zu erwartenden des seinen. Ich befand mich in einer recht zerrissenen Lage: wohl entfachte Fötschens Widerspruch meinen Eifer, ihn doch zu zwingen, aber im Innersten wünschte ich dabei, er möge sich nicht zwingen lassen, und ich könne dies meinen Eltern — immer noch Besitzer der Bilder — melden.

Aber er ließ sich leider zwingen. Er machte ein paar mürrische Redensarten, mit mir werde er auch nie wieder ein Geschäft machen, und er wisse jetzt, was von meinem großen Ehrenwort zu halten sei, aber er nahm doch die Liebigbilder in Empfang. Meine Marken freilich könne er mir nicht sofort zurückgeben, er habe sie in sein Album geklebt, da und dort, an vielen Stellen. Er müsse sie erst, wenn er Zeit habe, wieder ablösen. Einige Dubletten habe er auch getauscht, auf die könne ich keinesfalls rechnen.

Ziemlich kühl trennten wir uns. Zu Haus freilich wurde ich von der Mutter recht freundlich empfangen. Sie belobte mich, daß ich mein Herz überwunden habe, und auch der Vater schaute mich wieder gut wie sonst an. Beide Eltern waren immer bereit, den guten Willen für die Tat zu nehmen.

In der Folge aber ist es mir ergangen wie meinem Vater mit seinem Vorgesetzten: manchen Mahn- und Bittgang habe ich zu Hans Fötsch machen müssen, ehe er mir ein Häuflein Briefmarken aushändigte: «So, das ist alles! Mehr habe ich nicht von dir!»

Selbst mein unsammlerischer Sinn erkannte, daß nur die wenigsten Stücke in diesem Schurr-Murr aus Vaters Sammlung stammten. Aber ich war der ganzen Sache müde, ich mochte nicht weiter in Hans Fötsch dringen. Trübe sah auch Vater auf das Häuflein.

«Ja, Hans, meine schöne Sammlung ist nun endgültig dahin, und du wirst es mir in Zukunft nicht übel nehmen können, wenn ich es mir sehr überlege, ehe ich dir wieder etwas Gutes schenke. — Ich glaube, das beste ist, du gibst diese Marken deiner Schwester Itzenplitz. Sie hat schon eine ganz hübsche Sammlung und wird diese Reste besser verwenden können als du.»

So tat ich, und hatte nun weder Marken noch Bilder. Manchmal aber grübelte ich darüber nach, was nun eigentlich als Lohn meiner Selbstüberwindung herausgekommen war: Vater war doch ohne Sammlung, ich ohne Bilder, und der Freund war gekränkt. Es schien kein überzeugendes Resultat zu sein.

Hiernach waren meine Beziehungen zu Hans Fötsch eine Zeitlang recht kühl. Wir erwählten uns andere Busenfreunde und sprachen nur das Nötigste auf der Straße, trafen wir uns einmal. Aber in der Jugend vergißt man schnell, besonders ich habe schon früh die Neigung gehabt, alle unangenehmen, besonders aber die mich beschämenden Erlebnisse so schnell wie möglich zu vergessen. Und Hans Fötsch, der Gewinner bei diesem Zwischenfall, hatte ja kaum Ursache, länger mit mir böse zu sein.

So sind wir beide eines Tages wieder im besten Einvernehmen. Damals sprach ganz Berlin von dem Warenhausneubau, der am Leipziger Platz und in der Leipziger Straße entstanden war, rühmte den Bärenbrunnen und den Wintergarten, den ungeheuerlichen Luxus des

Lichthofes und pilgerte, sooft es irgend ging, dorthin, ob nun ein Einkauf nötig war oder nicht.

Und wir Jungen machten es nicht anders. Zwar hatten die Portiers Anweisung, allein kommende Kinder nicht in den Bau zu lassen, aber wir wußten uns schon zu helfen. Rasch wählten wir in der Vorhalle eine dickliche, nicht gar zu energisch aussehende Madam und gingen nun sittsam rechts und links von ihr durch die verbotene Pforte, wobei wir uns, an ihr vorbei, eifrig unterhielten.

Waren wir dann erst im Bau, so streiften wir ihn von oben bis unten ab. Lange schien es, als kämen wir nie mit ihm zu Ende. Immer wieder entdeckten wir neue Abteilungen, drangen in völlig Unbekanntes ein. Wir müssen dabei Ähnliches empfunden haben wie Livingstone oder Stanley, als sie in den Schwarzen Erdteil vorstießen. Und alles war mit den wunderbarsten Schätzen gefüllt. Wir träumten davon. Wir unterlagen derselben Verblendung wie ganz Berlin, das sich in jener Zeit, da solcher Prunk noch neu war, in den Gängen und vor den Tischen drängte: eine fieberische Besitzgier, eine wahre Kaufwut hatte alle erfaßt. Hier sah auch der Ärmste die Reichtümer der Welt vor sich ausgebreitet, nicht in Läden verstreut, die zu betreten er nie gewagt hätte, sondern gewissermaßen grade für ihn zurechtgelegt . . .

Noch als wir das ganze Warenhaus besser kannten als die dritte Konjugation mit monere, blieb es doch weiter das einzige Ziel unserer Spaziergänge. Es war ja ein ziemlich weiter Weg von der Luitpoldstraße bis zum Leipziger Platz, aber auch dieser Weg war nicht allen Zaubers bar. Wir liefen entweder durch die Martin-Luther-Straße über den Lützowplatz am Landwehrkanal entlang, den ich schon als Junge ganz besonders geliebt habe, oder wir gingen durch die Kleist- und Bülowstraße, wo die Riesenbuddeleien und Rammereien für den Bau der Hoch- und Untergrundbahn nicht enden zu wollen schienen. Dann bogen wir in die Potsdamer Straße ein, die mit ihren vielen Schaufenstern auch zum Verweilen lockte.

Im Warenhaus hatten wir unsere Lieblingslager, vor allem das Bücherlager selbstverständlich und die Spielwarenabteilung. Aber ich speziell bevorzugte besonders die vergleichsweise leere Bettenabteilung. Da ging ich gerne auf und ab. Ich liebte das Ansehen und den Geruch der steifen roten, blauen und gestreiften Inlettstoffe, ich liebte die großen Kästen, mit einer Glasscheibe an ihrer Vorderseite, in denen so leicht und duftig die Bettfedern lagen, von der feinsten Eiderdaune bis zur grob gesplissenen Hühnerfeder. War aber gar erst die große Maschine zum Reinigen der Bettfedern in Gang, und ich konnte hineinsehen in den tanzenden, sich drehenden Wirbel aus Federn und Staub, so kannte mein Entzücken keine Grenzen!

Hans Fötsch wieder bevorzugte die Lebensmittelabteilung. Da ging er mit seiner sommers wie winters sprossigen Nase genußsüchtig witternd auf und ab, sah andächtig zu, wie herkulische Fleischer mit Rindervierteln und Schweinehälften jonglierten, wie starke Hirsche ausgeworfen wurden, und stand zum Schluß am längsten vor den Glasbassins mit den lebenden Flußfischen. Blau- und gelbschuppige Karpfen bewegten sich dort, träge die Flossen rührend, während ihre

Erbfeinde, die Hechte, jetzt ohne alle Angriffsabsicht still und reglos über dem Grunde standen, auf dem sich Aale verknäult hatten.

Zum Schluß gingen wir meist noch in die Uhrenabteilung, die leider nur klein war. Wir lauschten andächtig dem Ticken vieler, vieler Uhren. Es schien hier gewissermaßen eine Werkstatt der Zeit zu sein, dieses unbegreifbaren Dinges Zeit, das wir nie verstehen konnten, das uns jeden Tag unfaßlich verwandelte, uns uns selber immer fremder machte. Dieser unheimlichen Zeit schienen wir hier näher gekommen beim Kuckucksruf der Schwarzwälder Uhr, beim Gongschlag der Standuhren und Regulatoren, und vor allem bei jenen Uhren, die wir «Schleifuhren» getauft hatten. Sie saßen unter einem Glassturz, und das blanke, messingpolierte Werk bewegte sich offen vor unsern Augen, vorwärts, rückwärts, immer eine halbe Drehung, völlig lautlos, aber eben sichtbar. So stellte ich mir «Zeit» vor: rückwärts, vorwärts, vor allem aber lautlos.

Sahen wir dann wirklich einmal auf das Zifferblatt dieser Uhren, so entdeckten wir oft, daß es zum Heimlaufen schon viel zu spät war. Willig opferten wir den letzten Groschen unseres Taschengeldes und fuhren mit der Elektrischen. Glücklich und strahlend kamen wir daheim an, verrieten aber, um einem etwaigen Verbot vorzubeugen, den Eltern nie das Ziel unserer Exkursionen. Wir waren ganz einfach spazieren gegangen. Wohin? Och ...

Dann kam ein Tag unter den Tagen, da der Zauber des Warenhauses für uns verblaßt war. Wir gingen ratlos darin umher und begriffen weder, warum wir alle einmal hinreißend schön gefunden hatten, noch warum es jetzt plötzlich nicht mehr schön sein sollte. Wir suchten unsere besten Attraktionen auf: sie blieben ohne alle Wirkung auf uns. Wir fanden alles einfach langweilig. Die Zauberbetten hatten jetzt die überzeugendste Ähnlichkeit mit unsern Betten zu Haus, in denen wir jede Nacht ohne Aufhebens schliefen. Der Käse stank, und die Karpfen riefen die Erinnerung an «Karpfen polnisch» wach, den es zu Silvester gab und der uns nicht grade besonders schmeckte.

War diese Entdeckung schon schlimm genug, so war die Lösung der Frage: Was fangen wir mit unserm langen freien Nachmittag an? noch viel heikler. Wir waren das Herumstromen so gewöhnt, daß uns bei dem Gedanken, daheim in unsern Buden über Büchern zu sitzen, entsetzte. Unser Sitzfleisch juckte uns.

Schließlich machte Hans Fötsch einen Vorschlag, der mir einleuchtete: «Wir gehen einfach durch die Linden zum Schloß, da bin ich lange nicht gewesen. Wollen doch mal sehen, ob SM zu Hause ist.»

Wir verließen also das Warenhaus durch den Ausgang nach der Voßstraße und gingen am düsteren Justizministerium vorbei durch die Wilhelmstraße zu den Linden. Es war ein trüber, aber trockener Nachmittag im November. Auf dem Mittelweg unter den mächtigen Linden klebte das feuchte, tote Laub sich an unsern Schuhen fest. Die prunkvollen Läden anzusehen, verschmähten wir, wir waren von Prunk gesättigt.

Als wir aber in die Nähe der Passage kamen, meinte Hans Fötsch, wir könnten uns wenigstens den Eingang von Kastans Panoptikum ansehen. Diese Wachsfigurenschau genoß damals bei den Berlinern großes Ansehen. Fötsch war schon ein paarmal darin gewesen, mich hatten noch immer Geldmangel und ein strenges Verbot vom Vater ferngehalten. Der dicke, goldbetreßte Portier imponierte mir schon sehr, als ich mich dann aber durch die Neugierigen vor dem Schaufenster gedrängt hatte, kannte mein Entzücken keine Grenzen.

Vor einem panoramaartig gemalten Hintergrund, der eine märkische Kiefernlandschaft zeigte, sogar mit einem azurblauen Seezipfel, stand ein schlanker Herr in schwarzem Gehrock mit grau gestreiften Hosen, auf dem Haupte einen Zylinderhut. Das etwas blasierte Gesicht hatte hübsche rote Bäckchen, im Auge trug der Herr ein blitzendes Monokel, und sein schöner brauner Vollbart lag so untadelig in Locken, als habe ihn eben erst der Hoffriseur des Kaisers, Herr Haby, gekräuselt.

In der Hand hielt dieser Herr einen Revolver, gesenkt zur Erde, und der Blick seiner etwas blöden Puppenaugen war auf einen ihm zu Füßen liegenden, ähnlich gekleideten Herrn gerichtet, auf dessen weißer Hemdenbrust ein bräunlich-roter Fleck sichtbar war. Dieser Erschossene, mit grauenhaft naturgetreu brechendem Blick, vertrat aber den schwarzen, bleichen Typus. Ein Kind sah sofort, daß dies der Schurke, der Blonde aber der Held war, der dem Schuft die verdiente Strafe erteilt hatte. Unter dem Ganzen stand «Der Rächer seiner Ehre», und die Szene war sicher eine Darstellung der damals recht häufigen Duelle, in denen der betrogene Gatte nicht so sehr die eigene Ehre wie die seiner Frau zu rächen meinte.

Wie gesagt, diese Gruppe machte in ihrer maskenhaften Starrheit und dabei doch mich völlig überzeugenden Lebendigkeit den tiefsten Eindruck auf meine Phantasie. Das Groteske in der Darstellung, vor allem, daß der Erschossene mit seinen Füßen gegen die Schuhe des Gegners stieß (was durch die Enge des Schaufensters bedingt war), störte mich gar nicht. Ich stand sehr lange vor der Gruppe, beobachtete jedes Detail: die am Boden liegende Pistole des Erschossenen, ein Bündel verstaubtes Heidekraut, das direkt neben der bleichen Wange der Leiche lag, die gelbliche Wachshand mit den langen bläulichen Wachsnägeln.

Dann begann meine Phantasie zu arbeiten, und ich stellte mir vor, was das überlebende Puppengesicht nun wohl tun würde. Die Frage, was er mit seiner Pistole tun sollte, beschäftigte mich sehr. Würde er sie zu der andern legen oder sie offen in der Hand nach Hause tragen? Wie kam er überhaupt nach Haus? Selbst wenn dies der Grunewald war, also nächste Nähe Berlins, schien mir seine Kleidung für einen Spaziergänger doch zu auffallend, auch wenn es ihm gelingen sollte, die Pistole in den Schößen seines Rockes zu verbergen.

Ich prüfte jede Einzelheit des Panoramas, es fand sich aber nicht die geringste Andeutung auf Sekundanten, einen wartenden Wagen. Aber — würde er überhaupt fliehen wollen? Oder würde er sich stellen? Ich wußte vom Vater, daß diese Art der Tötung beinahe erlaubt war. Es gab «bloß» Festung dafür, und Festung war nichts Ehrenrühriges. Ich überlegte mir, was ich in der Lage des Lockenbartes tun

36

würde, aber ich wußte es auch nicht ... Am besten fuhr man wohl rasch nach Hamburg und wurde Schiffsjunge, aber wenn man ein Monokel trug und einen Vollbart hatte, konnte man wohl kaum Schiffsjunge werden ...

Ich hätte wohl noch lange vor der Wachsfigurengruppe gestanden. Aber Hans Fötsch stieß mich an, und wir gingen weiter, auf das Schloß zu. Währenddessen erzählte mir mein Freund mancherlei aus dem Panoptikum. Es gab «saublöde» Sachen darin wie Schneewittchen mit den sieben Zwergen, so richtiger Weiberkram im offenem Haar und rosa Schleifen am Kleid, aber es gab auch eine Schreckenskammer zu sehen (für einen Groschen extra) und ein anatomisches Museum (zwei und einen halben Groschen extra), in dem man ganz genau sehen konnte, wie verschieden Männer und Frauen gebaut waren. Bei diesem Umstand verharrte Hans Fötsch mit einer gewissen Hartnäckigkeit, fand aber bei mir wenig Aufmerksamkeit. Dieses interessierte mich (noch) nicht. Immerhin faßte ich den Entschluß zu äußerster Sparsamkeit in den nächsten Wochen, um eines Tages viel an Kastans Panoptikum verschwenden zu können.

Das Schloß lag grau und düster unter dem grauen und düsteren Novemberhimmel. Unser Kaiser, den wir nach Berliner Gewohnheit nur SM — Abkürzung für Seine Majestät — nannten, war mal wieder unterwegs, keine Kaiserstandarte wehte auf dem Flaggenmast. Nun, es war kein Wunder. Nicht umsonst hieß er der Reisekaiser, er hielt es nirgendwo lange aus. Die Fanfare seines Autos Tatü! Tata! klang all seinen Untertanen mit «Bald hier, bald da!» in den Ohren.

Nach einem kurzen Zögern entschlossen wir uns, in ganz unbekannte Gegenden vorzustoßen, der Turm des Rathauses der Stadt Berlin, des Roten Schlosses, winkte uns. Wir folgten diesem Wink und pilgerten weiter bis zum Alexanderplatz, von wo uns der Zufall in das Scheunenviertel trieb.

Diese Unterwelt, die wir hier betraten, erregte unser lebhaftes Staunen, von diesem Berlin hatten wir noch nichts gesehen. Das ganze Leben seiner Bewohner schien sich auf der Straße abzuspielen, alles stand dort herum, in den unglaublichsten Aufzügen, schnatterte, stritt miteinander ... Jüdische Händler im Kaftan mit langen, schmierigen, gedrehten Löckchen, Kleider über dem Arm, strichen durch die Menge und flüsterten bald hier, bald dort Anpreisungen. Vor einem Kellereingang saß ein dickes, schmieriges Weib, hatte den Kopf eines jaulenden Pudels zwischen die Beine geklemmt und schor ihm mit einer Art Rasenschere den Hinterteil.

Und überall gab es Händler. Händler mit heißen Würstchen, mit «Boletten» aus prima kernfettem Roßfleisch, das Stück 'nen Sechser, mit Schlipsen (der janze Adel trägt meine Binder!), mit Seife und Parfüms. An einer Ecke prügelten sich ein paar Kerle, umringt von einem Kreis von Zuschauern, die, trotzdem schon Blut floß, weiter höchst amüsiert blieben. Mir, dem Juristensohn, fiel zuerst das völlige Fehlen von «Blauen» auf, von Schutzleuten also.

In diesen engen Gassen schien ein aller Ordnung und Gesetzmäßigkeit entzogenes Leben zu herrschen. Bisher hatte ich fest daran geglaubt, daß, was in der Luitpoldstraße galt, mit geringen, durch die Stufen reich und arm bedingten Abweichungen überall galt. Hier sah ich nun, wie der eine Kerl sich über den zu Boden gestürzten Gegner warf, der kaum noch bei Besinnung war, und ihm unter dem johlenden Beifallsgeschrei der Zuschauer immer wieder den blutigen Kopf gegen das Pflaster schlug.

Es wurde uns unheimlich, wir machten, daß wir davonkamen. Aber an der nächsten Straßenecke hielt uns ein Kaftanjude an, flüsternd, in einem kaum verständlichen Deutsch schlug er uns vor, ihm unsere Wintermäntel zu verkaufen. «Zwei Mork das Stück! Und eurer Momme seggt ihr, ihr hebbt se verloren . . .»

Dabei fing er schon an, mir meinen Mantel aufzuknöpfen.

Mit Mühe riß ich mich los, Fötsch und ich fingen an zu laufen. Aber das war nicht richtig. Denn nun fing die Jugend an, auf uns aufmerksam zu werden. Ein großer Junge, den ich angerannt hatte, rief: «Du bist wohl von jestern übrig jeblieben —?!» und gab damit das Signal zu einer Jagd auf uns.

Wir rannten, was wir konnten, durch ein Gewirr von Gassen und Sträßchen, ratlos, wann und wo dies einmal ein Ende nehmen würde. Eine ganze Horde stürzte schreiend, lachend, hetzend hinter uns her. Ein großer Kerl, durch den Lärm aufmerksam geworden, schlug nach Hans Fötsch. Aber der lief weiter, nur seine Mütze fiel verloren auf das Pflaster. Bei meinem Annähern zog eine Frau, die vor ihrer Tür an einem Strumpf strickte, sachte die Nadel aus der Strickerei und stach damit nach mir, mit der gleichgültigsten Miene von der Welt. Nur ein Sprung rettete mich . . .

Ich lief, was ich laufen konnte, wie ich noch nie gelaufen war. Ich wußte, hier galten weder Beruf noch Ansehen meines Vaters etwas, das doch in der Luitpoldstraße alle respektierten, hier galt es auch nichts, daß ich ein Gymnasiast war . . . Hier galten jetzt nur meine Beine. Ich! Ich selbst!

Und ich ließ die Beine laufen, immer einen halben Schritt hinter Hans Fötsch lief ich, mit keuchender Brust, mit Stichen in Herz und Brust, rannte immer weiter . . . Und so wirklich auch die Schmerzen waren, so wirklich die Verfolger uns auch immer näher rückten, so unwirklich kam mir doch alles vor. Es war wie ein Schreckenstraum, es war doch unmöglich, daß ich, der Sohn eines Kammergerichtsrates, hier in der Kaiserstadt Berlin um meine heilen Glieder, meine Kleider lief. Ich brauchte nur anzuhalten, die Verfolger heranzulassen, und alles würde sich mit einem Lächeln aufklären. Gefahr gab es nur in den Büchern, bei Karl May, Cooper und Marryat, nicht hier in Berlin, nicht für uns . . .

Gottlob lief ich trotz all dieser Unwirklichkeitsgefühle ganz wirklich weiter, und schließlich fand denn auch Hans Fötsch durch Zufall einen Ausgang aus dem Gewirre des Scheunenviertels. Aufatmend hielten wir auf einer breiten Straße an, in der jetzt schon die Gaslaternen brannten.

Wir lehnten uns in einen Hauseingang und spürten mit Zufriedenheit das langsamere Schlagen des Herzens, das ruhigere Atmen der

38

Brust. Nach einer langen Zeit sagte schließlich Hans Fötsch mit einem tiefen Seufzer: «Na, weißt du —!»

Ich stimmte ihm bei. «Ich hätte nie gedacht, daß es so etwas geben könnte! Und noch dazu in Berlin!»

«Das war das Scheunenviertel», erklärte Fötsch. «Vater hat mir davon erzählt. Da trauen sich Große nicht mal bei Tage rein. Dadrin leben bloß Verbrecher.»

Dies mußte ich als Juristensohn besser wissen als der Arztsprößling. «Das ist ausgeschlossen, Fötsch!» sagte ich. «Alle Verbrecher kommen immer gleich ins Gefängnis oder Zuchthaus. Ich will meinen Vater mal fragen, ob es so etwas überhaupt geben darf.»

«Deinem Vater sag lieber nichts, daß wir da drin gewesen sind. Sonst macht er Klamauk, und mit unserm Spazierengehen ist es alle!»

«Ich werd' so tun, als hätt' ich davon nur gehört.»

«Laß das lieber bleiben!» warnte mich Fötsch. «Du verquatschst dich bei sowas immer. — Und überhaupt ist es jetzt höchste Eisenbahn, daß wir nach Hause kommen. Was ist die Uhr? Halb sieben! Und ich sollte um sechs zu Haus sein!»

«Ich auch! Komm, laß uns laufen, Fötsch!»

«Laufen?» fragte er. «Was denkst du denn, wie lange wir laufen müssen, von hier bis nach Haus? Doch mindestens zwei Stunden! Und ich weiß den Weg auch gar nicht. Nein, wir fahren mit der Elektrischen, wir werden umsteigen müssen. Hast du noch Fahrgeld?»

«Ja, hab' ich noch.»

«Ich auch. Na, dann wollen wir mal sehen. Da vorne an der Ecke scheint eine vorbeizukommen. Mensch, heute abend hagelt es aber bei uns. Vor acht sind wir nicht zu Haus!»

«Ich sag einfach, ich bin bei euch gewesen, und eure Uhr hat gestanden.»

«Und ich sag's so von euch, daß du Bescheid weißt. — Na, was kommt denn da für eine Elektrische? Mensch, Hans, mit der können wir bis Potsdamer Platz fahren! Los, rein!»

Aber ich stieg nicht ein.

«Warte einen Augenblick», sagte ich fürchterlich aufgeregt zu Fötsch. «Steig nicht ein! Bitte, nicht! Wir nehmen die nächste! Bitte diese nicht!»

Denn mit mir war etwas ganz Seltsames geschehen. Als ich diese Elektrische näherkommen gesehen hatte, die nicht so aussah wie «unsere» Elektrischen im Westen, mit einem tief herabgezogenen Führerstand, der vorne ein Gitter hatte zum Auffangen Unvorsichtiger, die dem Wagen vor die Räder kamen — da war mir im selben Augenblick eine Notiz in der Zeitung eingefallen, die ich vor ein oder zwei Tagen gelesen hatte. Irgendwo in Berlins Osten oder Norden war eine Elektrische in Brand geraten, es hatte einen Toten und mehrere Schwerverletzte gegeben. Und nun plötzlich, beim Heranfahren dieses Wagens, war ich blitzartig von der Erkenntnis durchdrungen, daß es solch ein Wagen gewesen war, der gebrannt hatte, daß alle Wagen dieses Typs in Brand geraten würden, und daß wir keinesfalls mit einem derartigen Wagen fahren dürften ...

Weiß es der Himmel, was da plötzlich in meinem Kopf vorgegangen war! Bis dahin war ich ein wohl schwächliches, oft krankes Kind gewesen, aber von einer solchen Zwangsidee hatte noch nie jemand etwas bei mir bemerkt. Ich wußte natürlich auch jetzt nichts davon. Ich war fest überzeugt, daß ich recht hatte, daß ein Wagen dieser Bauart verbrannt war, daß alle Wagen dieser Bauart verbrennen würden, daß es mir *verboten* war, in ihm zu fahren ...

Und mit der eindringlichsten Beredsamkeit setzte ich dies alles Hans Fötsch auseinander. Schon beim Reden übertrieb ich. Ich behauptete, eine genaue Beschreibung des verunglückten Wagens in der Zeitung gelesen zu haben, ich wies auf die Merkmale hin: den herabgezogenen Führerstand, das Auffanggitter. Ich behauptete weiter, eine Warnung vor Wagen dieses Typs gelesen zu haben. Ich behauptete, der Wagen eben sei fast leer gewesen. Und in dem Augenblick, da ich diese Behauptungen aufstellte, glaubte ich auch schon an sie. Ich glaubte fest daran, dies gelesen, dies gesehen zu haben. Kein Mensch hätte mich noch in diesem Glauben erschüttern können.

Und so eindringlich war dieser Glaube, daß ich Hans Fötsch fast überzeugte. Er willigte ein, noch eine Elektrische abzuwarten, vielleicht würde die andere Formen zeigen. Aber auch sie kam mit einem Schutzgitter und herabgezogenen Führerstand. Wir ließen sie vorbei. Aber Hans Fötsch lag schon in einem schweren Kampf, was besser sei: noch später zu kommen oder die Fahrt zu wagen. Als auch die nächste Elektrische die gleiche Bauart wie ihre Vorgängerin aufwies, riß er sich von mir los und sprang auf.

«Hier fahren keine andern Wagen!» rief er mir von oben zu. «Ich *muß* nach Haus! Lauf hinterher, sonst stehst du um Mitternacht noch hier!»

Frierend, hungrig wartete ich noch zwei, drei Wagen ab: sie hatten alle das gleiche Aussehen. Dann entschloß ich mich, dem Rate Fötschens zu folgen und hinter dem Wagen her zu laufen, so lange ich ihn sehen konnte. Dann blieb ich stehen und wartete auf den nächsten. Es war eine anstrengende und zeitraubende Art, den Weg in den Westen zurückzulegen. Aber nicht einen Augenblick kam mir der Gedanke, mein unsinniges Tun aufzugeben. Ich hatte es doch recht sichtbar vor Augen, daß diese Wagen ohne alle Unglücksfälle regelmäßig verkehrten, aber daran dachte ich gar nicht. Ich war ganz im Banne meiner fixen Idee. Ja, als ich in bekanntere Gefilde kam, als Bahnen vertrauter Bauart fuhren, ich stieg nicht ein. Ich durfte nicht fahren, es war verboten. Ich lief weiter ...

Unterdes waren meine Eltern in immer größere Angst und Aufregung geraten. Als es halb sieben und sieben wurde, hatte meine Mutter noch ihre Sorge um mich für sich allein getragen. Später dann, als mit halb acht die Abendessensstunde heranrückte, hatte sie auch Vater benachrichtigen müssen. Vater hatte sofort die Schwere des Falles begriffen. In seinem überaus geordneten Haushalt, in dem schon eine Verspätung von zwei Minuten als Übertretung, von zehn Minuten als Vergehen und von einer Viertelstunde als Verbrechen angese-

40

hen wurde, hatte es eine Verspätung von anderthalb Stunden überhaupt noch nicht gegeben! Das konnte nur ein Unglück bedeuten . . .

Sofort wurden Boten an all die Stellen ausgesandt, wo ich vielleicht zu finden sein konnte, zu Elbes, Fötschens, Harringhausens, Dethleffsens . . . (Es gab wohl schon längst Telefon, aber nicht bei uns, überhaupt bei niemandem, den wir kannten, den Arzt Fötsch ausgenommen.) Mein Vater stieg die Treppe hinunter, sprach sorgenvoll mit dem Portier und veranlaßte ihn, das Haus heute auch noch nach acht Uhr aufzuhalten. Dann ging Vater wartend in der Luitpoldstraße auf und ab, immer das Stück zwischen Martin-Luther- und Eisenacher Straße.

Aber dann trieb ihn seine Ungeduld wieder nach oben. Er fand die ganze Familie verstört, niemand hatte zu Abend gegessen. Mutter war den Tränen nahe. Sie sah mich unter dem Omnibus (Pferdeomnibus bitte!), der Elektrischen, auf der Unfallwache . . . Vater redete ihr tröstend zu, aber ohne rechte Überzeugung.

Dann kamen die Boten zurück, ohne Nachricht! Nur das Mädchen, das bei Fötschens gewesen war, berichtete, daß Hans Fötsch auch fehle. (Da der Haushalt Fötsch — wie es bei einem Arzthaushalt ja auch nicht anders sein kann — kein sehr pünktlicher Haushalt war, wurde dies Ausbleiben dort nicht so tragisch genommen.)

In gewisser Weise beruhigte diese Nachricht meine Eltern etwas. Es war viel schwieriger, sich zwei auf einmal verunglückte Jungens vorzustellen als einen. Nachdem aber wieder eine halbe Stunde Wartens ergebnislos verstrichen war, als die Uhr schon fast neun zeigte, entschloß Vater sich, zu Fötschens hinüberzugehen. Dort war indes auch die Sorge eingekehrt. Die beiden Herren berieten sich untereinander und gingen dann, ohne Frau Fötsch etwas davon zu sagen, auf das nächste Polizeirevier.

Aber dort hatte man wenig Trost für sie. Jungens gingen nicht so leicht verloren, meinte der Wachthabende. Nein, irgendeine Meldung von verunglückten Kindern liege nicht vor. Die Herren sollten nur ruhig ins Bett gehen, meist erledigten sich solche Vermißtenmeldungen am nächsten Morgen von selbst . . .

Mein Vater war empört. Er glaubte unbedingt an den fürsorgenden Vater Staat (von dem er in seinem kleinen Bezirk wirklich das gütigste und hilfsbereiteste Muster war), und es tat ihm immer in der Seele weh, wenn er im rauhen Leben sah, daß dieser Vater manchmal gar nicht sehr fürsorglich, sondern oft gleichgültig, oft ungerecht, oft grob war.

Aber das alles war sofort vergessen, als sie wieder in Fötschens Wohnung kamen. Hans Fötsch war eingetroffen! Mein Vater erwartete, nun auch den eigenen Sohn daheim vorzufinden. Aber schon die ersten Worte des Jungen zerstörten diese Illusion. Zwar versuchte Hans Fötsch zu schwindeln, Ausflüchte zu machen, zu vertuschen, aber *sein* Vater war nicht gegen Prügel. Es regnete nur so Ohrfeigen, und schließlich erfuhren die Herren zwar etwas wirr, daß Fötsch mich irgendwo im Norden Berlins verlassen hatte, dicht beim Scheunenviertel, mich unbegreiflich weigernd, mit der Elektrischen zu fahren . . .

«Komm, Hans, mein Rabe!» sagte Doktor Fötsch bedeutungsvoll, und bei dem nun folgenden Strafgericht war mein Vater überflüssig.

Er mußte heim zur Mutter gehen, er mußte ihr die schlimme Botschaft bringen, daß ich im verrufensten Quartier Berlins zurückgeblieben sei, er mußte ihr sagen, daß sie nichts tun könnten, nur warten...

Und so warteten die beiden. Vergessen lagen die Akten, die Flickwäsche. Meine Geschwister waren ins Bett gesteckt worden, schliefen darum aber noch nicht. Sie fanden es angenehm erregend, einen verlorenen Bruder zu haben. Alle fünf Minuten erschien die alte Minna, in ihre Schürze schnüffelnd, und erkundigte sich nach Neuigkeiten.

Gegen zehn Uhr endlich klingelte es, meine Eltern stürzten auf den Flur — es war aber nur der Portier, der fragte, ob er das Haus *noch* länger offen halten solle. Er wäre gerne ins Bett gegangen. Mit einem silbernen Handschlag wurde ihm der Schlaf verscheucht.

Endlich, um halb elf, klingelte es wieder. Vater sagte mutlos: «Es wird noch mal der Portier sein. Gib ihm zwei Mark, Louise...»

Da hörten sie meine Stimme auf dem Flur...

Beide Eltern stürzten heraus, sie packten mich, zerrten mich in die Stube, ans Licht.

«Junge, wo kommst du her? — Wo bist du gewesen?! — Weißt du vielleicht, wie spät es ist —?!!»

Diese Fragen stürzten auf mich ein, ich sah wohl die Spuren der Angst in den Gesichtern der Eltern — und ich übergroßer Schafskopf sagte mit gespielter Gleichgültigkeit: «Ich war bei Hans Fötsch — und deren Uhr ist stehengeblieben!»

Batsch! — hatte ich eine Backpfeife links weg. Batsch! folgte ihr eine rechts.

«Warte, ich will dich lügen lehren, du infamer Bengel du!» rief mein Vater und machte mit diesem Ausruf all seiner Sorge, Angst und Kummer Luft. Er sah sich suchend um im Zimmer. Ach, mein armer guter Vater war nicht wie Doktor Fötsch für solche Strafgerichte eingerichtet, er fand weiter nichts als das schöne Weichselrohr seiner geliebten langen Pfeife. Aber mit diesem Rohr verwalkte er mich gründlich, zum ersten- und hoffentlich auch letztenmal in meinem Leben wurde ich über das Knie gelegt und nach Noten verdroschen. Es war eine überaus eindrückliche Belehrung, die ich nie vergessen habe. Und geschadet hat sie mir bestimmt nicht...

Und doch wäre vieles in meinem Leben vielleicht anders gekommen, wenn mein langmütiger Vater nicht gerade an diesem Abend die Geduld verloren hätte. Vielleicht hätte ich, nicht so summarisch abgestraft, den Mut gefunden, ihm von meinen Ideen über Elektrische mit Schutzgittern etwas zu erzählen, und vielleicht hätte er dabei doch — obwohl so etwas damals leicht als kindische Albernheit abgetan wurde — aufgehorcht und sich gesagt: «Dahinter steckt etwas anderes, und zwar leider noch etwas Schlimmeres als Unpünktlichkeit und Schwindeln.»

So habe ich meine ganze Jugend hindurch — und noch manches Jahr danach — an diesen immer wiederkehrenden fixen Ideen gelitten, und habe doch damals nie mit einem Menschen darüber sprechen können. Die Gelegenheit war mit jenem Prügelabend endgültig verpaßt.

Manchmal waren diese Ideen vergleichsweise harmlos. So wenn ich stundenlang im Bett wach lag und darüber grübelte: hast du auch einen Punkt hinter dem letzten Satz deines Exerzitiums gemacht? Schließlich mußte ich dann doch aufstehen und nachsehen, und natürlich war der Punkt immer gemacht.

Manchmal betrafen diese Ideen freilich auch Schlimmeres . . .

Über die dritte schwere Niederlage aber, die ich durch meine Freundschaft mit Hans Fötsch erfuhr, werde ich im nächsten Abschnitt berichten.

Penne

In der Schule, oder, wie wir sie nur nannten, in der Penne spielte ich zu jener Zeit eine höchst unselige Rolle. Ich ging auf das Prinz-Heinrich-Gymnasium in der Grunewaldstraße, und das war damals ein sehr feines Gymnasium, womit gesagt werden soll, daß dort in der Hauptsache die Söhne vom Offiziers- und Beamtenadel, auch von reichen Leuten die Schulbank drückten. Meine Eltern aber waren für äußerste Sparsamkeit, so kam es, daß ich, war eine Hose durchgerutscht, keine neue bekam, sondern daß meine Mutter ein paar handfeste Flicken in die arg verwundete setzte. Da sie nun aber oft keinen genau passenden Stoff hatte, so wurden ohne erhebliche Hemmung auch andere Stoffe dafür gewählt. Das ist nun gut fünfunddreißig Jahre her, und doch sehe ich diese Hose des Unheils noch genau vor mir: es war eine dunkelblaue Bleyle-Hose, und mit grauen Flicken wurde sie geziert.

Ach, über den Hohn und das Gespött, die mir diese Hose eingetragen hat! Es waren natürlich nicht die wirklich «Feinen» in der Klasse, die mich damit aufzogen. Die übersahen den Defekt vornehm, freilich war ich auch für jeden Umgang mit ihnen erledigt. Fragte ich sie etwas, so antworteten sie mir nur kurz mit geringschätziger Herablassung, was mich tief schmerzte und auch empörte. Aber die andern, die Coyoten der Wölfe gewissermaßen, wie offen und schamlos verhöhnten sie mich! Da war einer, ein langer Laban, über einen Kopf war er größer als ich, Friedemann hieß die Canaille, im Unterricht durch äußerste Unwissenheit ausgezeichnet, schon dreimal bei der Versetzung «kleben» geblieben — aber etwas verstand dieser Bursche ausgezeichnet: mich zu zwiebeln!

Wenn die große Pause gekommen war, die wir alle auf dem Schulhof verbringen mußten, machte er sich an mich heran, bugsierte mich viel Schwächeren in eine Ecke des Hofes, wo wir vor den Augen des aufsichtsführenden Lehrers einigermaßen sicher waren, und begann ein Gespräch mit mir, über Näh- und Flickarbeit etwa. Bald hatte sich ein ganzer Kreis von Zuhörern um uns gesammelt, die «Feinen» natürlich nur an seiner äußersten Peripherie. Bei besonders trefflichen Witzen wurde tobend gelacht und applaudiert, Friedemann auch zu noch besseren Leistungen angefeuert.

Ich sehe mich da noch stehen, blaß, kränklich, verzweifelt, in meinem Mauerwinkel. Die ganze Penne freute sich ihrer Freiviertelstunde, mir war sie eine Qual. Immer atmete ich auf, wenn es wieder zum Unterricht läutete. Listig versuchte ich, meinen Peinigern zu entgehen. Ach, ich war nicht so überaus listig! Versteckte ich mich beim Beginn der großen Pause im Klassenzimmer, so stöberte mich sicher in den ersten drei Minuten ein Lehrer auf und schickte mich mit einem strengen Verweis auf den Hof, denn wir sollten nun einmal in der großen Pause frische Luft schnappen. Riegelte ich mich aber auf der Toilette ein, so hatte mein Quälgeist das bald heraus. Er trommelte so lange gegen die Tür, bis ich klein beigeben und mich ihm stellen mußte.

Oh, wie ich ihn gehaßt habe, diesen langen Friedemann mit seinem weißen, pickligen Gesicht, mit den frechen blassen Augen hinter einer Nickelbrille! Wenn er da mit seiner näselnden, überlegenen Stimme anfing, mich nach meiner Ansicht über Flickschneiderei zu befragen, über die Farbwahl bei Flicken, ob ich Rot nicht für eine wunderschöne Farbe hielte, nein, nicht? Aber vielleicht Grün mit Rot, rechts Rot, links Grün, und ein gelber Flicken vorne —? (Beifallsgejohle der andern.) Mein Vater flickte ja wohl auch meine Schuhe, der Rüster an meinem rechten Schuh sehe ihm ganz danach aus! Da könne man eben nichts machen, es gebe heile Familien und es gebe geflickte Familien. Es sei nur gut, daß ein Exemplar der Flickfamilien auf diesem Gymnasium vertreten sei, als Anschauungsmaterial.

Auf all diese öden und bösen Scherze antwortete ich meinem Quälgeist nie mit einem Wort. Ich starrte ihn nur an, ich starrte den Kreis der Zuhörer an, Verzweiflung im Herzen und doch immer in der Hoffnung, mir werde ein Retter erstehen. Aber nie sprach auch nur einer von den Jungen für mich. Mit all der Grausamkeit der Jugend duldeten sie dieses endlose Verspotten, ermunterten es durch Zuhören, wurden seiner nie müde.

Man hatte damals eben sehr ausgesprochene Ansichten über das, was schicklich war. Und am Prinz-Heinrich-Gymnasium waren geflickte Hosen eben unschicklich, es war nur richtig, wenn mir das begreiflich gemacht wurde! Und meine gute Mutter war ohne alles Verständnis für meine Klagen.

«Sag nur deinen Jungens», meinte sie, «daß du drei Geschwister hast und daß wir sehr sparen müssen. Berlin ist schrecklich teuer, und Vater geht nicht davon ab, alle Jahre ein Prozent seines Einkommens zurückzulegen, für Notzeiten. Das kommt euch Kindern allen doch einmal zugute. Nein, dein Anzug ist heil und sauber, wo kämen wir da hin, wenn ich für jede durchgerutschte Hose eine neue kaufen sollte —?!»

Ich sah das ein, und ich sah es doch wieder nicht ein. Ich fand, meine Eltern sollten mich lieber nicht auf eine so feine Schule schicken, wenn sie nicht in der Lage waren, mich wie die andern Jungens zu halten. Ich versuchte auch, meiner Mutter wenigstens anzudeuten, wie sehr ich gequält wurde. Aber das nahm sie nur leicht, das verstand sie gar nicht.

«Das sind so Jungenswitze», meinte sie. «In einer Woche haben sie es über, dann kommt wieder etwas Neues. Und du bist auch viel zu empfindlich, Junge, du verstehst wirklich schlecht Spaß. Es ist ganz gut, wenn du dich mal an so etwas gewöhnst.»

Aber weder gewöhnte ich mich daran, noch kam etwas Neues, an dem Friedemann seinen Geist hätte laben können. Unerbittlich blieb ich das Ziel seines Spottes. Immer neue Versionen fand er, darin war sein Kopf recht anschlägig. Bis mich in irgendeiner Pause meine Verzweiflung zu einem Angriff auf den viel Stärkeren trieb, ich sprang an ihm hoch, warf ihm die Brille von der Nase und zerkratzte ihm das Gesicht. Er fiel hin, so überraschend war ihm mein Angriff gekommen. Ich lag auf ihm, mit einem Gefühl überwältigender Genugtuung verprügelte ich ihn, und er wagte nicht einen Schlag gegen mich, er, der große starke Kerl gegen mich Schwächling!

Ja, bei dieser Gelegenheit stellte es sich heraus, daß der Verhöhner Friedemann ein ausgemachter Feigling war. Die ganze Klasse sah es, und von diesem Moment an waren er und sein Spott für alle erledigt, das muß ich zugestehen. Er machte Tage später, als er sich von meinem Angriff erholt hatte, noch einen einzigen Versuch, wieder von meinen Flicken anzufangen, aber sofort verwies es ihm einer: «Du hältst die Klappe, Friedemann! Damit ist ein für allemal Schluß!»

Ich hatte mir Duldung meiner Flicken erkloppt, aber damit war noch nicht viel gewonnen. Ich blieb der Außenseiter. In den Pausen wollte keiner mit mir gehen, niemand mochte mein Freund sein. So geriet ich allmählich immer mehr in einen Zustand tiefster Niedergeschlagenheit, der meinen Leistungen im Unterricht nicht förderlich sein konnte. Und ich muß sagen, wir hatten, um das noch zu verschlimmern, damals einige Lehrer, die alles andere, nur keine Pädagogen waren. Jedem durchschnittlichen Beobachter hätte schließlich mein verschüchterter, elender Zustand auffallen müssen, doch nicht diesen Erziehern der Jugend.

Da war unser Deutschlehrer, ein noch jüngerer, mit sehr viel Schmissen gezierter Herr, der eine gewisse Vorliebe für mich hatte. Freilich äußerte er diese auf eine mir sehr peinliche Weise. Da ich zu den schlechtesten Schülern der Klasse gehörte, saß ich in der vordersten Bankreihe, direkt unter dem Lehrerpult. Herr Bräber, so hieß dieser Lehrer, verachtete es, oben auf dem Pult wie ein Gott über seinen Schülern zu thronen. Er begab sich mitten unter sie, wandelte die Gänge zwischen den Pulten auf und ab, stand aber am liebsten vor meinem Platz. Und während er nun von hier seine Knaben lebhaft und mit schallender Stimme unterrichtete, beschäftigten sich seine Hände pausenlos mit meiner Frisur ...

Trotzdem ich damals schon elf oder zwölf Jahre alt war, trug ich noch immer mein Haar lang. Meine Mutter hatte sich trotz all meiner Bitten nicht entschließen können, mein fast weißes Blondhaar der Schere eines Friseurs auszuliefern. So fielen mir lange blonde Locken fast bis auf die Schultern, und in der Stirn hatte ich etwas, das offiziell «Ponnies» hieß, das meine böswilligen Mitschüler aber «Simpelfransen» nannten. Diese Ponnies oder Simpelfransen übten eine geheimnisvolle Anziehungskraft auf die Finger von Herrn Gräber aus. Die ganze Unterrichtsstunde hindurch waren seine Finger nur damit beschäftigt, aus den Fransen Zöpfchen zu drehen, kleine, sehr feste, steif von der Stirn abstehende Zöpfchen. Das hatte wohl den nicht zu unterschätzenden Vorteil, daß Herr Gräber mich nie nach etwas fragte. Für die Deutschstunde war ich stets aufgabenfrei und bekam doch eine gute Zensur. Aber wenn Herr Gräber dann beim Schluß der Unterrichtsstunde aufforderte, mich zu erheben, und meinen Anblick der Klasse darbot, wenn dann die unausbleibliche Lachsalve losbrach, so hätte ich lieber eine Fünf statt dieser Heiterkeit hingenommen.

Selbst in meinem damaligen Zustande tiefster Niedergeschlagenheit war ich mir klar darüber, daß dies alles von seiten Herrn Gräbers ohne den geringsten bösen Willen geschah. Es war reine Spielerei von ihm, in die wohl auch ein Gutteil Nervosität gemengt war. Ihm bedeutete es nur Spaß, und er wäre sicher sehr erstaunt gewesen zu hören, daß ich diesen Spaß gar nicht sehr spaßhaft fand.

Wesentlich böser dachte ich über Professor Olearius, unsern Klassenlehrer, der uns in die Geheimnisse der lateinischen Sprache einführte. Das war ein langer, knochiger Mann, schwarzbärtig, mit einem hageren Gesicht und glühenden schwarzen Augen. Er war ein Altphilologe von reinstem Wasser. Für ihn hatte auf der Welt nur das Lateinische und Altgriechische Bedeutung, und den Schüler, der sich in diesen Sprachen untüchtig erwies, haßte er mit einem ausgesprochen persönlichen Haß, als habe der Schüler dem Lehrer eine schwere Beleidigung zugefügt. Er hatte eine verdammt höhnische Art, die schwächeren von uns aufzurufen und zu zwiebeln, die heute hoffentlich ausgestorben ist.

Da hieß es etwa: «Jetzt wollen wir mal unser Schwachköpfchen aufrufen. Zwar weiß es nichts und wird auch diesmal nichts wissen, aber er diene uns allen zum abschreckenden Beispiel.» Oder: «Der Fallada, der Fallada ist bloß zum Sitzenbleiben da!» Oder: «O Fallada, der du hangest! Wenn das dein Vater wüßte, das Schulgeld würde ihn reuen!»

Bei solchen ermunternden Aufrufen verflüchtete sich natürlich auch der letzte Rest meines Wissens, und ich stand wirklich da wie ein rechter Schwachkopf! Je mehr er auf diese höhnische Art fragte, um so tiefer versank ich im unergründlichen Sumpfe des Quatsches und muß ein wirklich klägliches Bild geboten haben. So konnte Professor Olearius mit einigem Recht sagen: «Seht ihn euch an! Was er hier eigentlich auf dem Gymnasium will, wird mir ewig rätselhaft bleiben!» Und mit allem dummstolzen Akademikerdünkel: «Die Pantinenschule wäre gerade das Rechte für ihn!»

Worauf ich prompt in Tränen ausbrach!

Überhaupt gewöhnte ich mir das Heulen bei Professor Olearius an. Es war das einzige Mittel, das ich entdeckte, seiner Anmaßung zu entgehen. Sobald er mich nur aufrief, fing ich an zu heulen. Ich machte überhaupt nicht mehr den Versuch, eine seiner Fragen zu beantworten. Er würde mich doch über kurz oder lang zum Heulen bringen, also heulte ich lieber gleich los. Dies kam so weit, daß die Klasse vor der Lateinstunde Wetten abschloß, ob ich heulen würde oder nicht. Ich wurde ermuntert, scharf gemacht: «Tu uns den einzigen

46

Gefallen und heul heute einmal nicht! Mensch, nimm dich doch einmal zusammen!»

Aber ich konnte mir noch so viel Mühe geben, ich heulte doch. Als Steigerung meiner Qualen hatte sich Professor Olearius ausgedacht, mich aufs Lehrerpult an die schwarze Wandtafel zu rufen. Da ich vor Heulen nicht sprechen konnte, sollte ich meine Antworten auf die Tafel schreiben. Wenn dann dort, statt amavissem, amatus essem stand, klopfte er mit seinem harten Knöchel kräftig gegen meinen Schädel, wobei er den Spruch zitierte: «Denn wer da anklopfet, dem wird aufgetan!»

Dieses Klopfen, das er so lange wiederholte, bis die richtige Antwort an der Tafel stand, tat ausgesprochen weh. An diesem feinen Gymnasium war alles Schlagen der Schüler dem Lehrer aufs strengste verboten — es ging das Gerücht von einem Professor, der einem Schüler eine Ohrfeige gehauen und ihm dabei mit dem Siegelring eine leichte Schramme versetzt hatte, dieser Lehrer sei sofort aus dem Schuldienst entlassen worden. Aber dieses neckische Klopfen von Professor Olearius konnte keinesfalls als körperliche Züchtigung gelten, obwohl es zweifelsohne eine war.

Einige Jahre später hat es der Zufall gefügt, daß ich mit Professor Olearius auf der Hinterplattform eines Straßenbahnwagens zusammentraf. Er erkannte mich sofort wieder, wie ich ihn sofort erkannte und sofort wieder den alten Haß gegen ihn im Herzen spürte. Damals ging ich längst auf ein anderes Gymnasium und war löblicher Obertertianer . . .

Mit der alten dünkelhaften Überlegenheit wandte sich Professor Olearius, ohne die geringste Rücksicht auf die andern Fahrgäste, an mich und sprach: «Nun, du beklagenswerter Fallada? — An welcher Erziehungsanstalt bringst du jetzt unselige Lehrer ihrem Grabe näher?»

Aber ich war nicht mehr der verschüchterte Junge aus der Quinta oder Quarta. Ich hatte mittlerweile die Erfahrung gemacht, daß ich nicht dümmer war als andere und bestimmt klüger als dieser alte Pauker, für den die Welt aus lateinischen und griechischen Verben bestand. So antwortete ich ganz laut: «Ich kenne Sie nicht, und wenn ich Sie kennen würde, würde ich einen Menschen wie Sie niemals grüßen!»

Sprach's, sah ihn bleich werden bei dieser öffentlichen Kränkung und sprang ab von der Elektrischen, Jubel über meine doch recht schülerhafte Rache im Herzen.

Aber damals war an Rache noch nicht zu denken. Jeden Morgen beim Aufwachen lag die ganze Penne mit Kameraden, Lehrern, Schularbeiten wie ein Alpdruck vor mir. Wenn ich mich irgend von ihr drücken konnte, tat ich es. Da ich sehr kränklich war und meine Eltern in steter Angst um meine Gesundheit lebten, war es nicht sehr schwer für mich, oft zu Haus bleiben zu dürfen. Sah ich gar zu wohl aus, und schien der Tag mir ganz unüberwindlich, so schlich ich mich heimlich in die Speisekammer und nahm ein paar kräftige Schlucke aus der Essigflasche. Dann wurde ich so geisterbleich, daß meine Mutter mich ganz von selbst ins Bett schickte.

47

Da lag ich dann Stunden und Tage und las und las. Ich wurde es nicht müde, meinen Marryat und meinen Gerstäcker und den heimlich geliehenen Karl May zu lesen. Je untragbarer mir mein Alltagsleben erschien, um so dringlicher suchte ich Zuflucht bei den Helden meiner Abenteuerbücher. Mit ihnen fuhr ich zur See, bestand die schwersten Stürme, auf einer Rahe beim Segelreffen schaukelnd (ich wäre beim leisesten Windstoß hinuntergeflogen!), schwamm zu einer wüsten Insel (ich konnte nicht schwimmen) und führte dort ein Robinsondasein, ferne allen geflickten Hosen, gedrehten Zöpfchen und Heulerchen im Latein.

Von diesen Träumen war es nur ein Schritt bis zu dem erst spielerischen Gedanken, all diesem Elend hier zu entfliehen, wirklich ein Schiffsjunge zu werden und wirklich Schiffbruch und Landung auf einer Insel zu erleben. Je öfter ich daran dachte, um so leichter erschien mir die Ausführung.

Erst nur andeutungsweise, dann schon ernster sprach ich mit Hans Fötsch darüber und fand zu meiner Überraschung bei ihm ein offenes Ohr. Auch Hans Fötsch war es müde, länger dieses ungerechte Dasein zu ertragen. Zwar in der Schule hatte er, wie er mir erzählte, keine Schwierigkeiten. Dafür aber war er «Schuß» mit seinem Vater, der den Sohn, mehr als dieser für angemessen hielt, mit Backpfeifen und Prügeln traktierte und überhaupt ein höchst ungerechter, tollwütiger Berserker war.

Allmählich nahmen unsere Pläne immer festere Gestalt an. Wir beschlossen, nach Hamburg zu fahren und uns dort als Schiffsjungen auf einer Bark oder Brigg anheuern zu lassen. Am schwierigsten schien es, nach Hamburg zu kommen. Waren wir erst einmal dort, würde alles schon glatt gehen. Nach dem, was wir gelesen hatten, war man in allen Häfen ganz wild nach Schiffsjungen aus den besseren Ständen. Wir erkundeten, daß ein Zug nach Hamburg um die Stunde ging, zu der wir uns morgens in der Schule einzufinden hatten, das war also in Ordnung. Auch die Beschaffung von Reiseproviant konnte im Hinblick auf die elterlichen Speisekammern nicht schwierig sein. Vorsorglich fingen wir schon an, Konserven aller Art zu klauen, und trugen dadurch lebhafte Unruhe und schwarze Verdächte in den Schoß unserer Familien...

Am schwierigsten erschien die Beschaffung des Reisegeldes. Wir setzten den Mindestbetrag, den wir brauchen würden, auf zwanzig Mark fest — aber zwanzig Mark waren eine ungeheure Summe, ferne allen Schülermöglichkeiten. Hans Fötsch verlegte sich darauf, die Taschen des väterlichen Mantels zu revidieren. Ich hielt fleißig Ausschau nach dem Portemonnaie meiner Mutter. Aber was wir erbeuteten, waren nur Groschen — nach drei Wochen kleiner Mausereien hatten wir noch keine zwei Mark zusammen.

Da entschloß ich mich zu einem großen Wagnis. Ich wußte, daß Vater das während des Monats benötigte Geld im Mittelfach seines Schreibtisches aufbewahrte: Silber und kleines Geld in einer offenen Drahtkassette, die Goldfüchse aber in zwei netten kleinen weißen Beutelchen, auf die Fiete im Kreuzstich «zehn Mark» und «zwanzig

Mark» gestickt hatte. Diese Schublade war zwar immer verschlossen, aber es gab soviel Schränke und Kommoden in unserm Haus, in denen Schlüssel steckten, daß ich überzeugt war, einer davon werde schon passen.

Morgens stand ich nun als allererster auf und schlich, während alles noch schlief, auf Socken durch die Wohnung, Schlüssel probierend. Schließlich paßte zu meinem Unheil wirklich einer. Die Geldschublade lag offen vor mir, und in den beiden kleinen Geldsäckchen klingelte es angenehm. Nach langem Überlegen entschloß ich mich, ein Zehn- und ein Zwanzig-Mark-Stück zu nehmen. Ich glaubte, mein Vater werde den Verlust weniger leicht merken, wenn in jedem Beutel nur ein, als wenn in einem Beutel zwei Goldstücke fehlten. Trotzdem Hans Fötsch und ich fest ausgemacht hatten, noch aus Hamburg von der Anzahlung auf unsere Heuer Vater das Geld zurückzusenden, klopfte bei dieser Zwangsanleihe mein Herz doch sehr. Wohl war mir dabei nicht zumute, und stumm saß ich, mit gesenkten Augen, beim Kaffeetisch.

Noch auf meinem Schulweg gelang es mir, Hans Fötsch abzufangen und ihm zu sagen, daß mein Vorhaben gelungen sei. Da uns beiden noch längeres Verweilen unter so drückenden Umständen unmöglich schien, wurde die Flucht schon auf den nächsten Morgen festgesetzt.

An diesem Nachmittag hatten wir unendlich viel zu tun. Mit einer wahren Wonne warfen wir die Bücher aus unserer Schultasche und füllten sie mit Konserven und sehr wenig Wäsche. Schularbeiten wurden natürlich nicht mehr gemacht, wir hatten unsere Schiffe hinter uns verbrannt. Vom Bäcker holten wir Schrippen und vom Fleischer Leberwurst, dies schien uns der richtige Reiseproviant. Das Geld wurde zwischen uns so geteilt, daß Hans Fötsch das Zehn-Mark-Stück, ich aber den Zwanzigmärker bekam. Am späten Abend erst trennten wir uns, beide sehr erregt. Als Zeit unseres Treffens am nächsten Morgen war halb acht Uhr festgesetzt.

Ob ich in dieser Nacht viel geschlafen habe, weiß ich nicht mehr. Jedenfalls werden durch meine Träume Briggs, die mit geblähten weißen Segeln vorm Winde dahinflogen, gespukt haben.

An der Frühstückstafel am nächsten Morgen nahm ganz ungewohnt mein Vater teil, der sonst immer erst um zehn, halb elf Uhr frühstückte, da er, der größeren Ruhe wegen, meistens nachts bis gegen zwei, drei Uhr morgens arbeitete. Aber ich achtete nicht auf diese befremdliche Änderung seiner Gewohnheiten, wie ich nicht auf seine Blicke achtete. Ich war viel zu sehr mit meinen Plänen und Hoffnungen beschäftigt. Endlich war es so weit!

Kurz vor halb acht Uhr schnappte ich meine ungewohnt schwere Tasche und rannte auf die Straße vor Fötschens Haus. Ich mußte fünf, ich mußte zehn Minuten warten — meine Aufregung wurde immer fieberhafter. War etwas dazwischen gekommen oder war es nur die gewöhnliche Bummelei von Hans Fötsch —?

Dann kam er — aber wie ward mir, als ich ihn an der Hand seiner Mutter daherwandeln sah —?! Zur Salzsäule erstarrt blickte ich auf meinen blassen, verheulten Freund und das strenge Gesicht seiner Mutter, die ihn eher als Gefangenen mit sich schleppte, denn wie eine Mutter ihren Sohn führte! Nahe, ganz nahe gingen die beiden an mir vorüber. Hans wagte mich nicht anzusehen, seine Mutter aber bedachte mich mit einem vor Empörung sprühenden Blick und zischte: «Du Bube du!»

Dann waren sie an mir vorüber, sie schritten die Luitpoldstraße hinab und verschwanden um die Ecke meinen Blicken. Ich war völlig zerschmettert. Also war unser Vorhaben doch verraten, und ich war dazu verurteilt, weiter die verhaßte Schulbank zu drücken, Spott und Kränkungen zu ertragen! Ade du freies Schiffsjungendasein! Ade fröhliche Fahrten vor dem Wind, während die Delphine um unser Schiff spielen! Ade ihr sonnigen Palmeninsel der Südsee!

Aber was sollte ich jetzt tun —? Was in aller Welt sollte ich jetzt tun —?! Ich konnte doch nicht wieder hinauf zu uns, den Inhalt meiner Schultasche wechseln und einfach in die Penne gehen? Ich hatte ja nicht einmal Schularbeiten gemacht!

Ich stand noch völlig unentschlossen, keines rechten Gedankens fähig, als mein Vater, der mich so lange hinter einer Litfaßsäule hervor beobachtet hatte, mich an der Schulter faßte. «Also ist es wirklich wahr», sagte er tieftraurig, «was mir Frau Fötsch erzählt hat, daß ihr ausreißen wolltet? Und mit gestohlenem Gelde —! Komm, Hans, du mußt jetzt deiner Mutter und mir erzählen, wie unser Junge zu etwas Derartigem kommen konnte. Du hast ja einen Diebstahl begangen, einen schweren Diebstahl sogar, du kennst doch die Unterscheidungen! Und Hans Fötsch hast du auch verführt!»

Wir waren oben. Mit angstvollem Gesicht hatte meine Mutter mich erwartet. Jetzt ging sie uns voran in meines Vaters Arbeitszimmer, die Tür schloß sich hinter uns, und ich stand als Angeklagter vor meinen Eltern. Jetzt half kein Lügen und Leugnen mehr, es gab zu viel Beweismittel gegen mich, denn Hans Fötsch hatte alles gestanden!

Am Abend zuvor war seiner Mutter zufällig die Schultasche in die Hand geraten, grade weil sie Hans an einem ungewohnten Platz aufbewahrt hatte, ihre Schwere hatte sie stutzig gemacht, und von da bis zu einem Geständnis war nur ein kurzer Schritt gewesen. Leider aber hatte sich Hans nicht als getreuer Freund erwiesen, sondern hatte sich völlig als den Verführten hingestellt, auch meinen Diebstahl gebührend angeprangert, während er seine eigenen kleinen Mausereien mit Stillschweigen übergangen hatte. Noch in der Nacht waren Fötschens zu meinen Eltern geeilt und hatten lebhafte Klage über mich geführt. Ihrem Sohn war jedenfalls aller weitere Verkehr mit mir untersagt worden.

All dies hatte meine Eltern natürlich sehr schwer gekränkt. Meinen Vater betrübte am meisten der Diebstahl, den er grade als Richter schwerer nahm als jeder unjuristische Vater. Mutter verstand nicht, daß mir bei all ihrer liebevollen Fürsorge die Verhältnisse im Elternhaus so unerträglich erschienen waren. Besonders mein Mangel an Vertrauen hatte sie tief verletzt.

Leider habe ich von Kind auf nie die Gabe besessen, mich ausspre-

50

chen zu können. Wie ich keinem, nicht einmal dem Freunde Hans Fötsch, etwas Näheres über meine Schulmiseren hatte erzählen können, so war es mir auch in dieser Stunde notwendiger Geständnisse nicht gegeben, meinen Eltern mehr als ein paar kümmerliche Fetzen von meinen Drangsalen zu berichten. Was sie da hörten, schien ihnen ganz unbefriedigend, keinesfalls ausreichend zur Begründung eines so wahnsinnigen Schrittes.

Immerhin hielt es mein Vater, der wohl wußte, daß ein Untersuchungsrichter Material nicht nur gegen, sondern auch für den Beschuldigten zusammenzutragen hat, es für seine Pflicht, sich erst einmal in der Schule zu erkundigen, was eigentlich mit mir los sei. Bis dahin wurde ich in meinem Zimmer bei hinreichend Schularbeiten eingeschlossen.

Mit inniger Befriedigung muß Professor Olearius den betrübten Bericht meines Vaters angehört haben. Dahin kamen also die Burschen, die sich weigerten, lateinische Verben zu lernen! Schiffsjunge — wahrhaftig! Und er gab meinem armen Vater die schwärzeste Schilderung von meinen Neigungen, Charakter, Fähigkeiten.

«Ich muß Ihnen empfehlen, mein sehr verehrter Herr Kammergerichtsrat», schloß Professor Olearius triumphierend, «Ihren Sohn sofort vom Gymnasium abzumelden. Schon damit er einem consilium abeundi entgeht, denn ich fühle mich verpflichtet, das mir von Ihnen Mitgeteilte dem Lehrerkollegium zu unterbreiten. Für die weitere Bildung Ihres Sohnes halte ich nun freilich eine Volksschule für das höchst Erreichbare, vielleicht wäre noch richtiger eine Anstalt für geistig zurückgebliebene Kinder. Dieses ewige Heulen, diese Unfähigkeit, auch die einfachsten lateinischen Formen zu erlernen, scheinen mir auf einen leichten Schwachsinn zu deuten.»

Mein Vater war geneigt gewesen, schwarz, sehr schwarz von meinen Vergehen zu denken. Aber diesen böswilligen Übertreibungen gegenüber empörte sich sein Vaterherz. Er meinte seinen Sohn anders und besser zu kennen. Und wenn dieser Lehrer seinen Sohn so beurteilte, sprach das nicht gegen den Sohn, sondern gegen den Lehrer!

Recht erregt antwortete er, daß er seinen Sohn allerdings mit sofortiger Wirkung vom Gymnasium abmelde, aber nur, um ihn sofort auf einem andern Gymnasium anzumelden. Er hoffe dort auf einsichtigere Pädagogen.

Mit unerschütterlicher Überlegenheit behauptete Professor Olearius, auch dort werde ich völlig versagen, ich sei nun einmal unheilbar schwach begabt . . .

Die Herren trennten sich in einiger Erregung, nicht sehr Gutes von einander denkend. Professor Olearius beklagte die Affenliebe mancher Väter, mein Vater die Einsichtslosigkeit des Schulmonarchen. Immerhin habe ich es aber nur den bösen Auskünften von Professor Olearius zu danken, daß mein Vater in wesentlich milderer Stimmung nach Haus kam. Der Diebstahl blieb wohl immer noch ein sehr dunkler Fleck, aber die Verzweiflung, in der ich mich bei einem so verständnislosen Lehrer befunden haben mußte, entschuldigte vieles.

Noch am gleichen Tage wurde ich beim Bismarck-Gymnasium in

Berlin-Wilmersdorf angemeldet. Vorsichtig ließ mein Vater ein paar Worte über meine Verschüchterung und Mutlosigkeit fallen. Und sie fielen bei meinen neuen Lehrern auf guten Grund. In der ersten Zeit ließen sie mich ganz zufrieden, und als sie mich dann langsam in das Wechselspiel von Frage und Antwort einbezogen, geschah dies mit solcher Vorsicht und Güte, daß ich nie mehr verschüchtert war, sondern sagen konnte, was ich wußte.

Da nun auch meine Klassenkameraden nicht ahnten, daß ich einmal der armselige Prügelesel einer Klasse gewesen war, und da am Bismarck-Gymnasium keinerlei Vorurteil gegen geflickte Hosen bestand, habe ich armer, schwachsinniger Knabe mir bald einen guten Platz erobert und war schon bei der nächsten Versetzung der Sechste unter Zweiunddreißig.

Mein lieber Vater aber, dessen Herz sonst nie etwas von Rache wußte, ließ eine beglaubigte Abschrift dieses Zeugnisses anfertigen und sandte sie an Professor Olearius mit einem kleinen Begleitschreiben, wie der Herr Professor jetzt über meine Fähigkeiten denke? Ob er nicht doch vielleicht einräume, sich mit seiner Beurteilung geirrt zu haben?

Natürlich ist nie eine Antwort gekommen.

Manchmal sahen Hans Fötsch und ich uns noch auf der Luitpoldstraße. Aber wir sprachen nie wieder ein Wort miteinander, wir wagten nicht einmal, einander ins Auge zu sehen ...

Prozesse

Mein Vater wir mit Leidenschaft nur eines, nämlich Jurist. Der Richterberuf schien ihm einer der edelsten und verantwortungsvollsten von allen. Schon sein Vater war Jurist gewesen und vor ihm der Vater seines Vaters und so fort; soweit Gedächtnis der Familie und Überlieferung reichten, war immer der älteste Sohn in unserer Familie ein Jurist gewesen, während im mütterlichen Stamm das Pastörliche überwog. Was Wunder, daß mein Vater den dringenden Wunsch hatte, auch aus mir, seinem ältesten Sohne, einen Juristen zu machen.

Schon früh erzählte mir mein Vater, wie er, damals Alumne der hochberühmten Schulpforta, die Gründung des Deutschen Reiches erlebte und die Errichtung eines Deutschen Reichsgerichts. Wie schon damals nicht nur der Wunsch, sondern der feste Vorsatz in ihm wach geworden sei, Richter an diesem Reichsgericht zu werden. Er stellte mir vor, welche Festigkeit dieser Entschluß seinem ganzen Lebensplan gegeben habe, und wenn ich ihm, der mir damals schon uralt erschien, vorhielt, daß er nun doch nicht Reichs-, sondern bloß Kammergerichtsrat geworden sei, so pflegte er ohne jede Kränkung mit seinen Augenwinkeln zu lächeln und sagte wohl: «Warte nur noch drei oder vier Jahre, mein Sohn Hans, und du wirst es erleben. Ich habe die allerbesten Aussichten, und so nehme ich an, daß die andern auch die nötige Einsicht haben werden.»

Und er hat recht behalten: ich war noch nicht fünfzehn, da wurde Vater Reichsgerichtsrat.

Unbegreiflich erschien mir bei einem so schwachen, von Krankheit ständig bedrohten Manne solches Festhalten an einem Jugendplan. Durch fast vierzig Jahre ein einziges, allerdings im Möglichen gestecktes Ziel zu verfolgen, kam mir nicht nur unmöglich, sondern auch geradezu langweilig vor. Ich war immer auf der Suche nach etwas Neuem, mit jeder so rasch wechselnden Stimmung kamen andere Gedanken und Vorsätze in mir auf, nichts dauerte bei mir . . .

Gewiß, ich hatte Zeiten, da ich jeden Morgen, wenn alle noch schliefen, in Vaters Arbeitszimmer schlich und seine Akten las. Aber mich interessierte nicht so sehr das Juristische wie das Menschliche in ihnen. Mit klopfendem Herzen las ich die Vernehmungsprotokolle des Untersuchungsrichters, eines nach dem andern, in denen der Beschuldigte leugnet, Ausflüchte macht, seine Unschuld beteuert. Bis dann schließlich in einem Protokoll, meist ganz überraschend, das Geständnis der Wahrheit hervorbricht, noch eingeschränkt durch Entschuldigungen, von Lügen verbrämt, aber doch endlich die Wahrheit —!

Dann konnte ich lange darüber grübeln, was zwischen dem vorletzten Protokoll, in dem der Häftling noch Alibizeugen benannte, noch heilig seine völlige Unschuld beteuert hatte, und diesem letzten Protokoll, in dem er selbst das so mühsam aufgebaute Gerüst seiner Verteidigung zerschlug, was in dieser kurzen Zwischenzeit wohl in ihm vorgegangen war? Ich war schon damals ein Skeptiker, ich glaubte nicht an die Macht des bösen Gewissens, nicht an Reue, nicht an die Vermahnungen des Gefängnisgeistlichen. In dem einen oder andern Falle mochte solch ein Anlaß zu einem Geständnis geführt haben, aber nur in Einzelfällen. Im allgemeinen, meinte ich, müsse es geheimnisvoller, tiefer, im Labyrinth der Brust nächtlich verborgen zugegangen sein.

Ja, in dieser Richtung interessierte mich die Juristerei schon, aber das war ganz und gar nicht das, was Vater wollte. Er suchte mich für die andere Seite des Falles zu interessieren, nicht wie es zu einem Verbrechen gekommen war, sondern was ein Richter nun mit einem solchen Verbrecher anzufangen hat, damit sollte ich mich beschäftigen! Nahm Vater an unserm häuslichen Mittagessen teil, was durchaus nicht immer der Fall war, da die Sitzungen seines Strafsenates sich oft von morgens bis in die tiefe Nacht hinzogen, so pflegte er uns Kindern gerne sogenannte Doktorfragen vorzulegen, an denen wir unsern Scharfsinn üben sollten. Doktorfragen waren eine Art juristischer Rätsel mit listigen Fallen, paßte man nicht gut auf, dachte nicht scharf nach, so konnte man sich niederträchtig blamieren.

Vater war ein glänzender Plauderer, im Fontane-Stil etwa, trug er uns etwas Derartiges vor, so hielt er uns alles trocken Lehrhafte fern. Es machte großen Spaß, ihm zuzuhören. Mit zwei Sätzen etwa belehrte er uns Kinder über die strafgesetzlichen Bestimmungen wegen Mundraub, daß, wer Lebens- oder Genußmittel zum sofortigen Verzehr stiehlt, nur wegen einer leichten Übertretung gestraft wird. Wer

53

aber eine Kiste Apfelsinen statt drei Stück nimmt, ein Vergehen begangen hat, das mit Gefängnis bestraft werden muß.

Und nachdem Vater so einen Grund bei uns gelegt hatte, ließ er schon einen Stromer am frühesten Morgen in ein Städtchen einrücken. Den Stromer peinigt ein schändlicher Durst, aber nicht von der Sorte, die ein Stadtbrunnen stillen kann.

Doch da kommt der Mann an einem Café vorüber, alle Fenster stehen auf, die Frauen sind beim Reinmachen und Aufräumen. Auf einem Marmortischchen am Fenster steht eine Flasche, das Schild verrät, es ist eine Kognakflasche, und sie scheint noch recht angenehm gefüllt. Der Stromer wagt den Griff, schon ist die Flasche in seiner Hand, und er stürzt mit ihr in den nächsten dunklen Torweg, setzt sie an die Lippen und tut einen kräftigen Zug.

Aber mit einem Fluch sprudelt er das Getränk wieder aus: das Schild hat gelogen, nicht Kognak, sondern Petroleum war in der Flasche!

«Nun, meine Kinder, gebraucht euern Scharfsinn! War dies nun ein Mundraub oder nicht? Wie hat der Richter zu erkennen? Auf der einen Seite erfüllt Petroleum keinesfalls den Wortlaut des Paragraphen, denn Petroleum ist weder ein Genuß- noch ein Nahrungsmittel. Andrerseits wäre die Flasche von dem Stromer nicht fortgenommen worden, hätte ihn nicht das Schild mit dem Worte ‹Kognak› verlockt. Wie denkt ihr?»

Da saßen wir dann mit nachdenklichen Gesichtern, und jedes überbot das andere an Scharfsinn. Ich aber war stolz, wenn Vater meiner Entscheidung, es sei doch ein Mundraub, da die Absicht des Täters entscheidend sei, beipflichtete. Ich war stolz, trotzdem ich diese Art Rätselraten, wobei mit dem Wortlaut des Paragraphen jongliert wurde, eigentlich etwas stupide fand.

Nie vergaß ich das Wort, das einmal einer meiner Lehrer gesagt hatte, der Juristenberuf sei der einzige unter allen Berufen, der überhaupt keine neuen Werte schaffe, der völlig unproduktiv sei. Der Richter müsse sich sein ganzes Leben lang damit begnügen, über Vergangenes zu urteilen: was schon tot ist, der Richter trägt's zu Grabe. Vergangenes läßt er noch vergangener werden . . .

Ich war damals noch zu jung, um einzusehen, wie ungerecht und falsch eine solche Beurteilung des Richterstandes war. Denn das Recht ist nichts Totes und Starres, es wandelt sich mit dem Gedeihen seiner Völker, es lebt ihr Leben mit. Es erkrankt, wie ein Volk erkranken kann, und es erreicht seine höchste Blüte in harten Notzeiten wie auch in glücklichen Tagen. Recht ist etwas Lebendiges, und zu allen Zeiten hat es besonders in unserm Volk Richter gegeben, die durch eine einzige Entscheidung alte Zöpfe abschnitten und dem Leben ihres Volkes dadurch neue Möglichkeiten eröffneten.

Ich war nur ein dummer Junge, und vor allem war ich nicht frei von der Neigung der Kinder, die jeden Beruf erstrebenswert finden, nur nicht den des Vaters. Trotzdem ich nie mit Vater von solchen Dingen sprach, fühlte er nur zu gut, daß seine Hoffnungen auf Fortsetzung der Juristentradition bei mir auf Sand gegründet waren. Aber

54

darum ließ er nicht nach in seinen Bemühungen, mich immer wieder für seinen Lieblingsberuf zu interessieren. Vater hatte eine unendliche Geduld.

Danach kann es nur den krassen Außenseiter überraschen, daß ein so begeisterter Jurist wie mein Vater es strikte ablehnte, je in eigener Sache einen Prozeß zu führen. Er wußte da zwei Sprüchlein: ‹Ein magerer Vergleich ist besser als ein fetter Prozeß› und ‹Wer einen Prozeß führt um eine Kuh, gibt noch die zweite dazu!›

Heiter pflegte er zu sagen: «Wenn jetzt ein Mann in mein Zimmer kommt und zu mir spricht: Aber, Herr Kammergerichtsrat, die Lampe da an der Decke, diese messingne Krone, die gehört mir und nicht Ihnen! Geben Sie mir die mal schnellstens heraus! — Dann würde ich diesem Manne zu beweisen suchen, daß diese Krone schon seit sechzehn Jahren in meiner Wohnung hängt, daß ich sie dort und dort gekauft habe, und ich würde sogar versuchen, die alte quittierte Rechnung wiederzufinden. Sollte sich der Mann aber uneinsichtig zeigen und sollte er sich gar zu der Drohung versteigen: Sie geben die Lampe her, Herr Kammergerichtsrat, oder ich hänge Ihnen einen Prozeß an! — so würde ich zu ihm sprechen: Lieber Mann, Sie dürfen gerne meine Krone mitnehmen. Sie ist mir den Frieden meines Hauses wert. — Denn —», setzte mein Vater milde lächelnd hinzu, «denn ich bin ein alter Richter und weiß, daß Prozesse Menschenfresser sind. Sie verschlingen nicht nur Geld, Glück, Frieden, sie verschlingen auch oft die Prozessierenden mit Haut und Haar.»

Oder aber mein Vater erzählte vergnügt von einem alten Amtsrichter im Hannöverschen, bei dem er als Assessor fungiert hatte. Zur damaligen Zeit lag es dem Richter noch ob, vor Beleidigungsklagen einen Sühnetermin abzuhalten. Jeder Richter weiß es, wie verhaßt solche Termine und Prozesse sind, wie sich aller menschliche Unflat, der sonst in dunklen Winkeln verborgen liegt, dann in der Gerichtsstube breit macht, mit einem üblen Geruch, der dem Richter mehr als diesen einen Tag vergällen kann.

Jener alte Amtsrichter nun hatte eine einzig dastehende Art, die streitenden Parteien zu einem Vergleich zu bringen. Er war ein Mann, der nicht nur die Wärme, sondern noch mehr die Hitze liebte, er hätte ganz gut einen der drei Männer aus dem feurigen Ofen abgeben können.

Stand nun ein solcher Sühnetermin an, so befahl er dem Gerichtsdiener, sei es nun Sommer oder Winter, den riesigen Kachelofen im Gerichtszimmer gewaltig zu heizen. Um diesen Kachelofen lief eine lange Ofenbank, und auf diese Ofenbank setzte der Richter die streitenden Parteien recht hübsch nebeneinander und ermahnte sie, ehe es zur Verhandlung komme, sich noch einmal alles gründlich zu überlegen, er habe noch ein Weilchen mit seinen Akten zu tun.

Damit vertiefte sich der Richter in sein Aktenstudium, tat aber von Zeit zu Zeit einen listigen raschen Blick auf die Parteien, freute sich, wenn sie an der glühenden Ofenwand unruhig hin und her zu wetzen anfingen, wenn ihre Gesichter immer röter wurden und sich mit

Schweiß bedeckten, und scheuchte Unruhige, die auf und ab zu wandeln begannen, mit einem Wort auf ihren Platz zurück.

Schienen ihm dann die armen Sünder genügend angebraten, so hob der Richter den Kopf und fragte, ob sie sich alles gut überlegt hätten und ob sie sich nicht doch lieber vergleichen wollten. Stieß er auf ein Nein, so sagte er gutmütig: «Nun, die Sache ist wohl noch nicht spruchreif, überlegt es euch noch ein bißchen!»

Und von neuem verschwand er hinter seinen Akten. In besonders hartnäckigen Fällen wurde auch noch nach dem Gerichtsdiener geschellt und Nachheizen im Ofen befohlen, denn es sei so bodenkalt in der Stube, und er, der Richter, leide an kalten Füßen. Aber solch ein äußerster Schritt war nur selten notwendig, und mein Vater versicherte, während der Amtsdauer dieses Richters sei es nie zur Erhebung einer Beleidigungsklage gekommen. Ja, als sich die Praxis des Richters erst in seinem Bezirk herumgesprochen hatte, seien sogar die Sühnetermine selten geworden, denn es lohne sich ja doch nicht, um einen ‹Esel› oder eine ‹Sau› vor Gericht zu gehen, man müsse sich doch immer vergleichen!

Zu meinem derart über Prozesse in eigener Sache denkenden Vater kam eines Tages ein Onkel von mir, der Oberstleutnant a. D. Albert von Rosen, der in einer ansehnlichen Villa in einem Harzstädtchen mit seinem Eheweib, der Schwester meines Vaters, die alten Tage recht angenehm verbrachte. Onkel Albert kam dieses Mal aber nicht in angenehmer Stimmung, im Gegenteil, mein Onkel war sehr erbittert und durchaus gesonnen, einen Prozeß zu führen, für den er den Rat meines Vaters wollte. Der Bericht aber, den Onkel Albert erstattete, war etwa folgender:

War das liebe Weihnachtsfest vorüber, das natürlich auf gut deutsche Art in deutschen Landen gefeiert werden mußte, und fing der weiße Winter an, in Nässe und Nebel auszuarten, so wurden alljährlich bei Onkel Albert die Koffer gepackt. Es ging in Gegenden, wo die Sonne schien: an die italienische oder die französische Riviera, nach Cannes oder Mentone, nach Nizza oder San Remo.

Sorgfältig wurde die hoch an einem Berghang thronende Villa eingemottet und abgeschlossen. Höchstpersönlich stellte mein Onkel die Haupthähne der Gas- und Wasserleitung ab. Die beiden Hausmädchen gingen in einen schönen, langen, von allen Kolleginnen beneideten Urlaub, und die Reise begann.

So war alles auch in diesem Jahre geschehen, alles hatte sich aufs beste angelassen. Und warum auch nicht? Es waren sichere Zeiten. Die entfernt und hoch über der Straße liegende Villa, durch einen Terrassengarten von ihr getrennt, durch Bäume und Buschwerk fast unsichtbar, schien keiner Gefahr ausgesetzt. Das Leben ging in dem kleinen, hauptsächlich von Pensionären bevölkerten Harzstädtchen behaglich und ein wenig verschlafen weiter, mit und ohne meinen Onkel.

Natürlich geschah auch dort immer wieder etwas Besonderes. So erfuhren in diesem Winter Onkel und Tante durch einen Brief, daß es in der Nachbarvilla gebrannt habe. Aber die Feuerwehr war pünktlich zur Stelle gewesen, hatte fleißig gespritzt, und so war größerer

56

Schaden nicht entstanden. Einen Tag lang redeten Onkel und Tante davon, was wohl gewesen wäre, wenn statt Gieseckes Villa die eigene gebrannt hätte. Da sie aber eben nicht gebrannt hatte, so trug diese Nachricht nur zur Erhöhung der Behaglichkeit bei.

Dann kam unausbleiblich die Zeit, wo die beiden Rivierabesucher empfanden, die Sonne meine es etwas zu gut mit ihnen. Es gab übermäßig viel Staub, die Palmen sahen fast besenartig aus, und das internationale Publikum wurde immer langweiliger und gemischter. Nun pfiffen im heimatlichen Garten wohl schon die Stare, die Störche hatten ihre Heimreise aus Ägyptenland angetreten, und die Schwalben rüsteten auch zur Heimfahrt.

Nicht anders machten es Rosens. Nach so viel Licht und Himmelsbläue sehnten sie sich nach einem deutschen Frühling mit zartem Grün, nach den weichen, wattigen Wolken des nördlicheren Himmels. Ein Brief an die getreue Auguste wurde geschrieben: nun sei es bald soweit. Auguste möge mit ihrer Kollegin die große Frühjahrsreinigung abhalten, die eingemottete Dunkelheit auslüften und aufhellen, den und den Tag kämen Rosens zurück.

Also hielten Auguste und Kollegin Einzug, um die Villa aus dem Winterschlaf zu erwecken. Als sie von der Straße her durch den in vielen Terrassen liegenden Garten zum Hause emporstiegen, fiel ihnen auf, wie sehr der Winter es in diesem Jahre mit Feuchtigkeit übertrieben hatte: der Weg war ins Grundlose aufgeweicht, Beete waren fortgespült, und noch immer floß es, gurgelte es, plätscherte es, allerorten! Da aber besonders die letzten Tage viel Regen gebracht hatten, schien dies den beiden Guten nicht absonderlich. Man werde bald den Gärtner bestellen müssen, meinten sie, und schritten an das große Reinigungswerk.

In Verfolg dieses Unternehmens wurde es auch nötig, in den Keller zu gehen. Auguste öffnete die Kellertür, stieß geistesgegenwärtig einen schrillen Schrei aus, der ihre Kollegin sofort zur Hilfe rief, und stand dann starr, einer Ohmacht nahe. Beide Wesen standen und starrten — auf die brodelnde, spülende Wasserwüste zu ihren Füßen. Die hölzerne Kellertreppe war verschwunden, auf einer graufarbigen Wasserflut tanzten Kartoffelkisten, Bretter, Weinflaschen, Einmachhäfen. Die Flut gurgelte und schäumte, es war ein unerschöpflicher Strudel.

Plötzlich stießen die beiden Weibsen, als hätten sie den Zeitpunkt untereinander verabredet, gemeinsam einen neuen schrillen Schrei aus und verließen, wie sie waren, mit Kopftüchern und Schürzen, das Haus. Rasch breiteten sie sich durch die Stadt aus, die ganze Freundschaft derer von Rosen wurde benachrichtigt, und so starrte bald eine ansehnliche Versammlung durch die Kellertür auf die Wasserfluten, die in der Zwischenzeit unverdrossen weitergegurgelt hatten.

Gottlob blieb es nicht nur beim Starren. Einige Erfahrene suchten den Haupthahn der Wasserleitung auf der Straße. Sie fanden ihn offen, obwohl mein Onkel ihn bei seiner Abreise geschlossen hatte, machten ihn von neuem zu, und gehorsam hörten die Fluten im Keller zuerst auf zu gurgeln und zu spülen, dann sanken sie. Jetzt erinnerte man sich des Brandes in der Nachbarvilla. Die Erklärung der geheimnisvollen Wassersnot war einfach: die Feuerwehr hatte den Haupthahn auf der Straße geöffnet, durch den starken, von der Spritze entwickelten Druck war ein Hauptrohr in meines Onkels Keller geborsten, und weil die Wehr bei ihrem Abrücken das Schließen des Haupthahns vergessen hatte, so hatten die Fluten gespült und gesprudelt — man rechnete nach — neunzehn Tage lang. Daß dies so lange hatte geschehen können, daran war nur der weitläufige Terrassengarten schuld, in ihm hatte das Wasser sich unbemerkt verlieren können.

Ja, langsam verloren sich die Fluten, aber je tiefer der Wasserspiegel sank, um so stärkere Verwüstungen zeigten sich: das Wasser hatte den Kellerboden an vielen Stellen fortgespült und hatte sich dann viele Auswege unter den Grundmauern des Hauses fort gesucht. Unterspült waren diese Grundmauern, auf denen ein zweistöckiger, solider Bau ruhte, lange Risse zeigten sie, das Haus schien bedroht.

Ein Telegramm rief den Onkel vor der Zeit aus der Winterfrische zurück. Ein alter Reiteroffizier trägt alles, und wenn auch nicht alles, so doch vieles mit Fassung. Der Onkel sprach: «Es sieht schlimm aus. Aber ich bin gegen Feuer- wie Wasserschaden versichert. Ich telegraphiere und schreibe sofort meiner Gesellschaft.»

Underdes sollte der Baumeister einen vorläufigen Kostenanschlag machen. Gebessert durfte noch nichts werden, denn ein Schaden muß erst vom Schätzer der Gesellschaft taxiert sein, ehe an ihm etwas geändert wird.

Trotz der Warnungen seiner Freunde schlief der Onkel in der bedrohten Villa, und er schlief ausgezeichnet, nichts geschah. Am nächsten Tage erwartete er den Schadenschätzer seiner Gesellschaft, aber umsonst. Nichts rührte sich in Halle an der Saale, dem Sitz der für ihn zuständigen Bezirksdirektion. Statt dessen kam der Baumeister mit dem Kostenvoranschlag, der auf eine hohe Summe lautete. Er stellte meinem Onkel eindringlich vor, daß sofort mit den Erneuerungsarbeiten begonnen werden müsse. Jede Stunde könne ein Teil der unterspülten Grundmauern einstürzen und das Unheil sich dadurch verzehnfachen.

Mein Onkel zuckte die Achseln. Die Versicherungsbedingungen seien eben so, daß vor der Taxe nichts geschehen dürfe, der Schätzer werde schon kommen. Sicherheitshalber sandte er noch ein Telegramm und schrieb einen Einschreibebrief, der nicht ganz so höflich gehalten war wie der erste.

In dieser zweiten Nacht schlief der Onkel schon etwas schlechter. Es knackte im Gebälk, seltsame Laute drangen durch die Nacht zu ihm. Die Treppenstufen knarrten, ohne daß ein menschlicher Fuß sie berührte. Am Morgen stellte es sich heraus, daß ein Stück der Grundmauer in das Loch eines Strudels gestürzt war, eine Ecke des Hauses schwebte nun frei in der Luft. Auguste und das Mädchen wurden bei Nachbarn untergebracht, mein Onkel freilich erklärte, nicht weichen zu wollen.

Dieser zweite Wartetag verstrich recht unangenehm zwischen beweglichen Klagen des Baumeisters, teilnehmend-neugierigen Besuchen der Freundschaft, einem ständigen, schon fast krankhaften Aufhorchen nach ungewohnten Geräuschen und Fragen nach Lebenszeichen aus Halle an der Saale.

In der Abendstunde sandte mein Onkel ein drittes Telegramm ab. Der Schalterbeamte hatte zuerst Bedenken, es weiter zu befördern, es schien ihm nicht ganz einwandfrei stilisiert. Aber mein Onkel bestand darauf, und mein Onkel war ein stadtbekannter Mann. Auch als Pensionär war er der Reiteroffizier geblieben, schlank, langbeinig, mit braunem Gesicht und schneeweißen Haaren. Im allgemeinen war er von den angenehmsten Umgangsformen, aber ein wahrer Ziethen aus dem Busch, wenn sein Blut in Wallung geriet. Und jetzt war es in Wallung geraten, er ärgerte sich, er giftete sich maßlos. Was dachten sich diese Brüder, diese Zivilisten, eigentlich?! Seit Jahrzehnten hatte er ihnen brav und pünktlich diese horrenden Prämien gezahlt, und jetzt, da er sie zum ersten Male brauchte, rührten sie sich nicht! Sie rührten sich nicht! Und dabei war sein Haus am Einstürzen!

Daß es dies wirklich war, zeigte ihm sein Baumeister am nächsten Morgen: in der freischwebenden Hausecke ließen sich die Fenster nicht mehr öffnen, die Türen klemmten, eine auf den Fußboden gelegte Kugel fing gespenstisch zu rollen an. Das Haus senkte sich! Jeden Tag, jede Stunde konnte es einstürzen!

Niemand sieht gerne das Haus einfallen, das er sich mit viel Liebe als Alterssitz erbaut hat. Und nicht nur das Haus, sondern in ihm alles, was er sich ein Leben hindurch an behaglichem, geliebtem Hausrat zusammengetragen hat. So entschloß sich der Onkel zu einem ungewöhnlichen Schritt: er ging aufs Postamt und bestellte ein Ferngespräch nach Halle/Saale. Bis dato hatte er diese moderne Erfindung strikte abgelehnt.

Mürrisch stand er auf dem Postamt herum, bis der Apparat klingelte. Ein Beamter geleitete ihn in einen kleinen Holzkäfig und quetschte sich noch dazu herein, denn er sollte dem Neuling bei etwa eintretenden Notständen helfen. Zuerst hörte der Onkel nur Knacken und Rasseln, dann plötzlich sagte eine sehr ungeduldige Frauenstimme: «Na, nun sprechen Sie doch endlich! Ihr Teilnehmer ist ja längst da!»

Worauf mein Onkel zu sprechen anfing, das heißt, sprechen konnte man es eigentlich nicht gut nennen. Mit überstürzter Hast schrie er all seinen Ärger und seine Ungeduld in das lächerliche Gehäuse. Er schrie immer lauter, immer schneller — vergeblich legte der Beamte hinter ihm die Hand beschwichtigend auf seine Schulter.

Als der Onkel endlich erschöpft schwieg, nahezu betäubt von seinem eigenen Geschrei in dem engen Kabuff, knackte und summte der Draht wieder friedlich. Dann fragte eine spitze Stimme: «Ist da jemand? Hier ist die Allgemeine Versicherungs-Gesellschaft Halle/Saale. Ist da jemand?»

Mein Onkel sah den Beamten vorwurfsvoll an. Derart also waren diese modernen postalischen Einrichtungen! Dann sagte er erschöpft: «Hier ist der Oberstleutnant von Rosen. Ich möchte wissen, ob Ihr Schadenschätzer heute noch kommt?»

«Unsern Schadenschätzer wollen Sie sprechen?»

59

«Nein! Ich will, daß er heute noch kommt! Na also, Fräulein, ich will ihn doch sprechen.»

«Einen Augenblick. Ich verbinde Sie . . .»

Friedlich knackte und brummte der Apparat. Mein Onkel betrachtete ihn, gegen die Wand des Kabuffs gelehnt, mit Abneigung.

Dann sagte eine männliche Stimme: «Hier ist die Allgemeine Versicherungs-Gesellschaft Halle/Saale. Ist da jemand?»

Verzweifelt gab der Onkel zu, daß da jemand sei. Er wünsche, den Schadenschätzer zu sprechen.

«Ja, welchen von unsern Herren meinen Sie denn? Herrn Martens oder Herrn Kollrepp oder Herrn Ihlenfeldt?»

«Ich wünsche den für mich zuständigen Herrn zu sprechen! Wie er heißt, ist mir schnurzegal!» Der Onkel erhitzte sich wieder langsam.

«Ja, was haben Sie denn für einen Schaden?»

«Mein Herr!» sprach der Onkel, bleich vor Wut. «Ich bin der Oberstleutnant von Rosen. Ich habe Ihnen drei Telegramme und zwei Einschreibebriefe gesandt, und wenn Sie jetzt immer noch nicht wissen, was für einen Schaden ich habe —!»

Der Onkel fing wieder an zu schreien: «Mein Haus stürzt ein, und durch Ihre Schuld! Seit drei Tagen müßte schon daran gearbeitet werden, und Sie sagen, Sie wissen von nichts! Das ist eine Schlamperei, eine zivilistische! Ich sage Ihnen aber . . .»

Und mein Onkel sagte sehr rasch, sehr laut, sehr vieles.

Als er Atem schöpfend innehielt, sagte die männliche Stimme: «Sie scheinen einen Wasserrohrbruch erlitten zu haben. Einen Augenblick, bitte, ich verbinde Sie mit Herrn Kollrepp . . .»

Hier flüchtete der mithelfende Beamte aus der Zelle, denn mein Onkel führte im engen Gelaß einen wahren Wuttanz auf, ohne Rücksicht auf die Beschränktheit des Raums und fremde Gliedmaßen.

Aber ohne alles Mitgefühl für das Leid der Kreatur knackte und summte der Draht, und friedlich sprach eine wieder weibliche Stimme: «Hier ist die Allgemeine Versicherungs-Gesellschaft Halle/Saale. Ist da jemand?»

Mein Onkel ließ sich auf nichts mehr ein. «Ich möchte Herrn Kollrepp sprechen!» sagte er.

«Herr Kollrepp ist leider im Moment nicht anwesend. Wollen Sie mir bitte sagen, um was es sich handelt. Mit wem spreche ich denn?»

Sachte hing mein Onkel den Hörer an den Haken. «Nie wieder!!!» flüsterte er, zahlte sieben Mark fünfzig und begab sich zu dem Büro seines Baumeisters. «Wir fangen sofort an», erklärte er. «Es wird nicht mehr gewartet.»

Und so fingen sie denn an, zu unterfangen, abzusteifen, Löcher in die Erde zu graben, Schutthaufen anzulegen, Rasen zu zertrampeln, Dreck zu entwickeln, Mörtel zu mischen . . .

Nachdem sie sich dieser Beschäftigung einige Tage lang gewidmet hatten, erschien ein rundlicher, vergnügt aussehender Herr mit Aktentasche an der Baustelle und stellte sich als Inspektor Kollrepp aus Halle an der Saale vor. Mein Onkel wurde herbeigerufen und erschien

60

finster wie eine Gewitterwolke . . . Doch wurden — für den Anfang jedenfalls — die schicklichen Formen gewahrt.

Der Onkel führte den Inspektor in den Keller und wies ihm die Schäden. Sachverständig, aber beunruhigend obenhin nickte Herr Kollrepp, murmelte bedauernd ‹schlimm, schlimm› und tauschte mit dem Polier ein paar Worte über die Vorzüge des Einziehens von Eisenträgern statt Holzbalken.

All dies schien nicht geradezu Schlimmes zu bedeuten. So führte der Onkel den Inspektor in sein Zimmer, bot ihm Wein und Zigarren an und verbreitete sich über die Entstehungsgeschichte des Schadens. Aufmerksam hörte ihm der Beamte zu, schüttelte entrüstet über die Nachlässigkeit der Menschen den Kopf, seufzte, strich die Zigarrenasche sorgfältig ab und sprach: «Ein betrübender Schaden, rein aus Bummelei entstanden. Ziemlich hoch, denke ich? Etwa soviel —?»

Und er nannte eine Summe.

«Sie werden noch mindestens fünfzehnhundert Mark drauflegen müssen», antwortete der Onkel heiterer. «Sie haben übersehen, daß der ganze Garten neu angelegt werden muß, und Terrassenbauten sind teuer.»

«Freilich! Freilich!» seufzte Herr Kollrepp. «Auch das kommt noch dazu! Wirklich ein *sehr* großer Schaden.»

«Und wie denken Sie sich die Regulierung?» fragte der Onkel, der nicht länger hinter Büschen hocken mochte, sondern zur offenen Reiterattacke vorging.

Der Inspektor sah meinen Onkel mit heiter prüfendem Blick an. «Und wie denken *Sie* sich diese Regulierung, Herr Oberstleutnant?» fragte er dagegen.

«Indem Sie mir die ganze Summe auf den Tisch des Hauses zahlen!» sagte mein Onkel stark.

«Das wäre schön — für Sie!» gab der Inspektor Kollrepp zu. «Aber leider wird das nicht gehen . . .»

«Es muß gehen!» verlangte der Onkel.

«. . . Weil wir vor jeder Zahlung erst die Höhe des Schadens feststellen müssen!»

«Sie haben den Schaden eben gesehen, Herr Inspektor!»

«Ich habe Bauarbeiten gesehen, die in Zusammenhang mit dem Schaden stehen sollen!»

«Ich lasse nichts bauen, was nicht nötig ist!»

«Sie lassen zum Beispiel Eisen- statt Holzträger einziehen, das ist schon eine verteuernde Verbesserung, die nichts mit dem Schaden zu tun hat. Nein, als Grundlage jeder Zahlung müssen wir eine genaue Schadentaxe haben, und die ist leider nicht mehr möglich. Sie sagen, die Hausecke hat sich gesenkt, aber eben war sie im Lot. Was soll ich da feststellen?»

«Warum ist keiner von Ihnen rechtzeitig gekommen?!» rief der Onkel zornentbrannt. «Ich habe Ihnen Briefe und Telegramme dutzendweis geschickt!»

«Ich weiß nur von drei Telegrammen und zwei Briefen, nicht von Dutzenden», sprach Herr Kollrepp kühl. «Unsere Gesellschaft ist groß, viele Schäden sind zu schätzen. Wann wir das tun, muß uns überlassen bleiben, denn wir tragen ja auch jeden aus der Verzögerung etwa entstehenden Schaden.»

«Aber das Haus wäre mir über dem Kopf zusammengefallen!» schrie der Onkel wieder.

«Das hat Ihnen Ihr Baumeister eingeredet», sagte lächelnd der Beamte. «Er brauchte wohl nötig einen Auftrag.»

«Was wollen Sie also zahlen?» fragte der Onkel verbissen.

«Sie wissen doch, Herr Oberstleutnant», sprach der Inspektor ausweichend, «daß Sie einen wichtigen Passus unserer Versicherungsbestimmungen verletzt haben. Ein Schaden darf nicht verändert werden, ehe wir ihn festgestellt haben.»

«Was Sie zahlen wollen, will ich wissen!» schrie der Onkel noch stärker.

«Vertraglich sind wir zu nichts verpflichtet», stellte der Inspektor fest. «Ich will sehen, daß ich unsere Herren zu einem Vergleich bewege, aber ich kann Ihnen heute und hier nichts fest versprechen, Herr Oberstleutnant!»

«Ich will keinen Vergleich, ich will das ganze Geld», sprach mein Onkel entschlossen. «Und bekomme ich es nicht, so werde ich Sie verklagen!»

«Sie werden es sich überlegen!» meinte Herr Kollrepp ganz friedlich. «Sprechen Sie mit Ihrem Anwalt. Das Recht ist klar gegen Sie! Wie schon gesagt, Herr Oberstleutnant, Sie haben einen schweren Fehler begangen. Ich bedaure das, rein menschlich tut es mir ungeheuer leid. Aber als Versicherungsfachmann muß ich Ihnen doch sagen, daß die Gesellschaften nicht dazu da sind, für die Fehler der Versicherten einzuspringen.»

«Ersparen Sie mir dieses Gewäsch!» sprach mein Onkel zornig. «Wir sehen uns an Gerichtsstelle wieder!»

«Sie werden es sich überlegen!» versicherte Herr Kollrepp noch einmal und zog sich Schritt für Schritt von Treppe und Haus zurück. «Aber selbst wenn es zu diesem Prozeß kommen sollte, würde ich es dankbar begrüßen, wenn unsere bisher so angenehmen geschäftlichen Beziehungen dadurch nicht getrübt würden. Es ist eine reine Rechtsfrage, die sine ira et studio ausgefochten werden kann. Ohne Zorn und Eifer, Herr Oberstleutnant —!»

Mein Onkel schüttelte sich vor Zorn. «Gehen Sie weg!» bat er. «Bitte, gehen Sie schnell von meinem Grundstück, oder unsere Beziehungen werden für Sie sehr unangenehm!»

In der nächsten Zeit vernachlässigte der Onkel die Aufsicht über die Bauarbeiten. Er befragte den Rechtsanwalt des Städtchens. Er fuhr nach Halle und befragte einen andern Anwalt. Dann fuhr er nach Magdeburg, und ein dritter mußte ihm dort Rede stehen. Schließlich erinnerte sich der Onkel seines kammergerichtsrätlichen Schwagers und fuhr nach Berlin.

Mit allem reiterlichen Elan legte er meinem Vater die Vorgeschichte seines Prozesses dar. Denn es war schon ‹sein Prozeß›, ehe noch die Klage erhoben war. Er schüttelte sich direkt vor Empörung, wenn er an diesen falsch-freundlichen Versicherungsinspektor Kollrepp dachte. Offiziell gab der Onkel vor, meines Vaters Rat wissen zu wollen. Aber mein Vater sah wohl, der Onkel würde den Prozeß führen, der Rat möge ausfallen, wie er wolle.

«Es ist eine Rechtsfrage», sagte mein Vater nachdenklich. «Es kommt ganz darauf an, auf welchen Standpunkt sich das erkennende Gericht stellt.»

«Aber der Fall ist doch klipp und klar!» rief der Onkel empört, immer wieder denselben Bedenken zu begegnen. «Unbestreitbar ist mir ein Schaden entstanden.»

«Doch war der Umfang des Schadens nicht mehr feststellbar. Eine grundlegende Bestimmung ist durch dich verletzt worden.»

«Sollte ich mein Haus einstürzen lassen, bloß weil diese Herren nicht kamen? Sie sind ganz absichtlich so spät gekommen, um sich ihren Verpflichtungen zu entziehen.»

«Das ist eine etwas gewagte Behauptung, und bestimmt ist sie nicht beweisbar. Darum ist es besser, sie gar nicht erst aufzustellen.»

«Aber sollte ich denn mein Haus wirklich einfallen lassen? Schwager, sag doch selbst!»

«Natürlich nicht!» gab mein Vater zu. «Aber du hättest durch zwei oder drei unparteiische Sachverständige den Schaden abschätzen lassen können. Dein Baumeister ist wirklich kein Zeuge, denn er ist Partei.»

«Wer konnte damals schon denken, daß die Brüder sich so aufführen würden!» rief mein Onkel zornig. «Ich bin ein offener, ehrlicher Mann. Ich hasse Hinterhältigkeiten!»

«Und weil du das bist», sagte mein Vater begütend, «bist du so ungeeignet wie nur möglich, einen solchen Prozeß anzustrengen. Hörst du, Schwager, einen Prozeß anstrengen sagt man, und es *ist* eine Anstrengung, für dich jedenfalls! Gegen wen wirst du denn kämpfen? Gegen eine Gesellschaft, das heißt gegen ein Gebilde ohne Leidenschaft, gegen Beamte, Syndizi, Anwälte, deren Herz wegen dieses Prozesses keinen schnelleren Schlag tut, die darum doch ausgezeichnet schlafen werden. Du wirst sehr viel schlechter schlafen — du, mit deinem Elan, deinem Temperament, deiner Fähigkeit, dich über alles gründlich zu ärgern! Nein, Schwager, wenn du meine ehrliche Meinung wissen willst: laß dich auf einen Vergleich ein!»

«Ich will doch sehen», sagte der Onkel verbissen, «ob Recht in Deutschland noch Recht ist.»

«Ach Gott!» antwortete mein Vater fast mitleidig. «Recht bleibt natürlich immer Recht. Aber selbst du wirst zugeben müssen, daß in deinem Falle die Rechtslage ein ganz klein wenig zweifelhaft ist, ja? — Nein, Schwager, du setzt besser dein geruhiges Alter nicht den Wechselfällen eines Prozesses aus. — Wie hoch ist denn die Schadensumme?»

Der Onkel nannte sie.

«Nun, es ist eine erhebliche Summe, aber du bist ein wohlhabender Mann. Du hast keine Kinder zu versorgen. Binde sie dir ans Bein, denke, du hast mit deiner Frau eine schöne Weltreise gemacht...»

«Du redest gegen deinen eigenen Vorteil», sagte der Onkel. «Das Erbteil deiner Kinder würde um diese Summe kleiner werden.»

«Du hast mich um meinen Rat gebeten, und ich gebe ihn, wie er dir heilsam ist, nicht meinen Kindern. Überlege es dir noch zehnmal, Schwager. Frage auch deine Frau um Rat . . .»

Der Schwager versprach alles, was er aber davon getan hat, wissen wir nicht. Jedenfalls erfuhr der Vater nach einiger Zeit, aber nicht durch seinen Schwager, sondern auf Umwegen durch die Verwandtschaft, daß der Prozeß angestrengt worden war. Von nun an war das Leben des Oberstleutnants völlig verändert. Nichts mehr von der alten Ruhe und Behaglichkeit, von der Freude an Haus und Garten, an Gesprächen mit alten Kriegskameraden. Sein Temperament verbot ihm, den Prozeß nur seinen Anwälten zu überlassen. Er mußte bei allem dabei sein, alle Schriftsätze selbst lesen, die Antworten eigenhändig entwerfen (die Anwälte steckten sie in den Papierkorb). Er, der ruhig im Alterssitz verharrt hatte, war jetzt ständig unterwegs, bald war er in Halle, bald war er in Magdeburg, bald war er in Berlin (aber ohne uns zu besuchen). Von überall holte er sich Rat, mit allen Leuten sprach er von seinem Prozeß. Erschien er wirklich einmal am Stammtisch, so machten seine alten Freunde verlegene Gesichter.

Zuerst hatten sie ihn teilnahmsvoll angehört und hatten auch gesagt, daß es ein Skandal sei und daß er ganz recht tue, dies auszufechten. Aber mit der Zeit wurde ihnen das ständige Gerede über den Prozeß lästig, sie wollten lieber von Regiments- und Kriegserinnerungen sprechen. Mein Onkel merkte dies bald und zog sich gekränkt zurück.

Nun blieb ihm noch die Tante, aber auch die Tante revoltierte, als sie nur noch vom Prozeß etwas hören sollte. Las er ihr Schriftsätze vor, schlief sie ein. Als fast ein Jahr verflossen war, fuhr die Tante allein an die Riviera. Der Onkel war unabkömmlich, sein Prozeß brauchte ihn. Jetzt konnte jeden Tag der Termin angesetzt werden, nach so viel Beweis- und Vertagungsanträgen von beiden Seiten.

Aber es war schon längst Frühling geworden, die Tante war zurück, die Obstbäume hatten ausgeblüht, und es gab sogar schon Kirschen, als die Sache Rosen kontra Allgemeine Versicherungs-Gesellschaft Halle/Saale zur Verhandlung anstand. Mein Onkel war in fieberhafter Aufregung. Ein schlimmes Jahr lag hinter ihm, der Magere hatte noch sieben Pfund abgenommen, sein Schlaf war schlecht geworden, und der neblige Nachwinter hatte ihm eine Dauererkältung eingetragen.

Aber nun war es soweit! Endlich! Endlich!

Strahlend besuchte der Onkel nach dem Termin meinen Vater in Berlin. Es war der erste Besuch wieder seit einem Jahr, der Onkel hatte den Prozeß gewonnen, er hatte dem schlechten Ratgeber verziehen. Er hatte meiner Mutter Pralinen mitgebracht, dem Vater eine Kiste Zigarren, den Schwestern Broschen, Ede und mir aber ein paar Bände Karl May. Mein Vater schoß einen raschen Blick auf unser Geschenk, aber er schwieg — solange der Onkel zu Besuch war.

Um so lebhafter sprach der Onkel. Für einen Mann, der so vom Sieg seines Rechtes überzeugt gewesen war wie er, zeigte er ein fast

64

unverständliches Maß an Freude. «Siehst du, Arthur!» triumphierte der Onkel. «Wenn ich nun deinem guten Rat gefolgt wäre, besäßen wir alle ein paar Tausender weniger!»

«Du hast sie teuer genug bezahlt. Schwager!» meinte mein Vater. «Mit einem ganzen Jahr voller Unruhe. Recht mager bist du geworden!»

«Aber jetzt werde ich mich erholen!» rief der Schwager. «Ich will nie wieder etwas von Prozessen hören!»

Mein Vater sah ihn erstaunt an.

«Was siehst du mich so an, Arthur —?! Stimmt was nicht?»

«Doch! Doch!» sagte mein Vater langsam. «Aber haben dir deine Anwälte nichts gesagt?»

«Glück gewünscht haben sie mir! Was sollen sie sonst sagen? Ihre Liquidationen werden schon von selbst kommen!»

Und der Onkel seufzte leise.

«Dann ist es ja gut», sagte der Vater.

Aber der Onkel sah wohl, daß der Vater es nicht gut fand. «Was hätten mir denn meine Rechtsanwälte denn noch sagen sollen, Schwager?» fragte er hartnäckig.

«Ach!» sagte Vater. «Ich bin eben ein alter Skeptiker in Prozessen. Ich habe nämlich noch nie gehört, daß der unterliegende Teil sich bei einem Prozeß dieser Art mit dem Urteil erster Instanz zufrieden gegeben hätte.»

«Du meinst —?» fragte der Onkel und starrte meinen Vater entgeistert an.

«Ich *meinte*», antwortete der betont, «daß die Versicherung Einspruch erheben wird. Aber da deine Anwälte dir nichts davon gesagt zu haben scheinen, ist das wohl kaum zu befürchten.»

Ein etwas unbehagliches Schweigen entstand.

«Mach dir bloß keine Gedanken, Schwager», fing Vater wieder an. «Ich war unbesonnen, dir davon gerade heute zu reden. Und wahrscheinlich ist meine Befürchtung ganz grundlos.»

Aber es war ihm anzusehen, daß er nicht ganz an die Grundlosigkeit seiner Befürchtung glaubte.

«Nun», sagte mein Onkel etwas matt, «diese zweite Entscheidung wäre ja nur eine Formsache. Mein Recht ist klipp und klar festgestellt.» Er sah meinen Vater herausfordernd an. Aber Vater schwieg. «Arthur!» fuhr der Onkel dringender fort. «Ich bitte dich um deine offene Meinung!»

Vorsichtig meinte mein Vater: «Auch Versicherungsgesellschaften wenden nicht gerne erhebliche Prozeßkosten auf, wenn sie nicht eine leise Hoffnung auf Gewinnen haben.»

«Den Teufel noch mal!» rief der Onkel zornig. «Das Recht ist klipp und klar auf meiner Seite! Es ist vom Landgericht bestätigt. Das werden die Richter nächster Instanz auch einsehen.»

Der Jurist kämpfte in meines Vaters Brust einen kurzen Kampf mit dem teilnahmsvollen Verwandten. In wenigen Sekunden hatte der Jurist den Sieg erfochten. «Ich will eine alte Erfahrung durch einen etwas blasphemischen Satz ausdrücken», sagte Vater. «Nämlich, daß die Richter beim Oberlandesgericht höher gestellte und schon darum weisere Richter sind als die beim Landgericht. Ich fürchte darum für deine Aussichten, Schwager.»

«Dann lege ich noch einmal Einspruch ein!» rief der Onkel zornig. «Ich kann das doch?»

«Du kannst es», bestätigte Vater. «Wenn du der Sache noch nicht überdrüssig bist, gehst du zum Kammergericht.»

«Und da bist du!» rief der Onkel erfreut aus.

«Aber in einem Strafsenat. Nehmen wir den gewagten Satz für wahr an, daß der höhere Richter auch der weisere ist, so wird das Kammergericht die Entscheidung des Oberlandesgerichts umstoßen, und wieder einmal wärst du der Sieger.»

«Ich werde also der Sieger!» sprach der Onkel feierlich. «Ich danke dir, Schwager, für deine Offenheit. Ich sehe, eine schwierige Zeit liegt noch vor mir, aber ich werde mir mein Recht schon erkämpfen . . .»

«Halt!» sagte mein Vater. «Mit dem Kammergericht aber wäre dein Prozeß noch nicht zu Ende . . .»

«Wie —?!» fragte der Onkel enttäuscht. «Ich denke, ihr seid die Obersten?!»

«In Preußen ja, aber über uns thront noch das Reichsgericht.»

«Und wie sind da meine Aussichten?»

«An das Reichsgericht wagen sich meine Ketzereien nicht», sprach mein Vater feierlich, aber mit Lächelfältchen um die Augen. «Denn ich bin noch kein Reichsgerichtsrat, sondern möchte erst einer werden. Beim Reichsgericht ist man sehr alt und weise. Beim Reichsgericht liegt alles im Dunkeln . . .»

«Und wie lange wird das alles zusammen dauern?» fragte der Onkel nach einem mißvergnügten Schweigen.

«Das kann man auch nicht annähernd bestimmen. Es kann zwei Jahre dauern. Es kann auch fünf Jahre dauern, auch zehn, alles ist ungewiß . . .»

Der Onkel stöhnte.

«Schwager!» sagte mein Vater überredend. «Verliere den Mut nicht. Versuch, dich mit den Leuten zu einigen. Beauftrage deinen Anwalt damit. Jetzt ist deine Situation verhältnismäßig günstig . . .»

«Ich mich mit diesen Kerlen einigen!» rief der Onkel neu ausbrechend. «Nie, Schwager, nie! Sie haben mir ein Jahr meines Lebens gestohlen, das sollen sie mir bezahlen!»

«Sie werden dir nie mehr bezahlen als deinen Wasserschaden und allenfalls die Prozeßkosten. Deine Lebensjahre, die du dran gibst, bleiben immer unbezahlt, einige dich!»

«Nie!!!» sprach der Oberstleutnant a. D. von Rosen, knirschend vor Entschlossenheit.

Und er einigte sich wirklich nicht. Er führte den Prozeß durch sämtliche Instanzen. Aus einem pensionierten, behaglich lebenden Offizier war er zu einer Art Anwalt in eigener Sache geworden. Seine Gedanken bewegten sich nur noch um den Prozeß, er las über Versicherungsrecht und wurde mit der Zeit darin so beschlagen, daß er seine Anwälte verblüffte.

Bei uns in Berlin ließ er sich in diesen Jahren nur selten sehen, und wenn er kam, lehnte er es ab, über seinen Prozeß zu sprechen. «Der läuft, Schwager», sagte er ausweichend. «Der läuft ausgezeichnet, besonders in die Kosten! Ich denke, in einem Jahre können wir den Schlußpunkt darunter setzen.»

Aber es vergingen im ganzen vier dreiviertel Jahre, ehe die Entscheidung des Reichsgerichtes fiel. Alle diese Jahre hindurch hatte der Onkel auf jede gewohnte Bequemlichkeit des Lebens verzichtet. Die Reisen nach der Riviera waren fortgefallen, die Stammtischrunden mit den Freunden, Auguste hatte von dem vernachlässigten Garten Besitz ergriffen und daraus eine Gemüsegärtnerei gemacht, und der Onkel war ein kränklicher, überanstrengter, vergrätzter alter Herr geworden. Von der strammen Haltung des gewesenen Offiziers war ihm nicht viel mehr anzumerken. Er ging vornübergebeugt und hüstelte.

Nun saß er in meines Vaters Zimmer und berichtete ihm von dem endgültigen, nicht wieder umzustoßenden Ausgang des Prozesses. Der Spruch des Reichsgerichts war gefallen: die Versicherungsgesellschaft hatte verloren und war auch in die gesamten Kosten verurteilt.

Aber dem Onkel war diesmal, da er nun endgültig gewonnen hatte, nichts von überströmender Freude anzumerken. «Ich bin froh, daß es vorbei ist, Schwager!» sagte er. «Ich glaube, ich wäre fast ebenso froh, wenn ich verloren hätte, nur vorbei mußte es sein. Ich kann dir gar nicht sagen, wie ich das alles in den letzten Jahren schon überhatte! Schließlich habe ich nur aus reiner Bockigkeit und Rechthaberei weiter gekämpft, im Grunde war es mir ganz egal, ob die recht bekamen oder ich. Nur, weil ich's einmal angefangen hatte. Hätte ich zu Anfang gewußt, was ich heute weiß, ich hätte es nie angefangen.»

Worauf mein Vater erst sein Sprichwort vom mageren Vergleich, der besser ist als ein fetter Prozeß, anbrachte, dann aber seine Geschichte vom Kronleuchter erzählte . . .

Mein Onkel nickte. «Recht hast du, Schwager. Ich würde dem Manne auch lieber meine Krone geben, als mich in einen Prozeß verwikkeln lassen. Aber ist das nicht eigentlich schrecklich? Als ich den Prozeß anfing, war ich felsenfest von meinem Recht überzeugt. Ganz langsam ist der Zweifel in mir wach geworden. Und heute, trotzdem mir das Reichsgericht mein Recht bestätigt hat, zweifle ich noch immer daran. Schließlich habe ich wirklich eine wichtige Vertragsbestimmung verletzt, und Verträge müssen gehalten werden.»

«Du hast die Unsicherheit aller menschlichen Einrichtungen kennengelernt, Schwager», sagte mein Vater. «Wir können uns wohl bemühen, das Recht zu finden, aber der Erfolg ist immer ungewiß. Rechne dies aber nicht nur uns Juristen an, auch der Feldherr gewinnt nicht immer seine Schlachten darum, weil seine Sache gerecht ist.»

Bis hierher geht die Geschichte des großen Prozesses vom Onkel Albert. Doch hätte ich sie wohl kaum erzählt, wenn sie hiermit zu Ende wäre. Aber das ist sie nicht, sondern der Prozeß hatte noch ein höchst beklagenswertes Nachspiel. Und um dieses Nachspiels willen habe ich überhaupt nur von ihm erzählt.

Denn als mein Onkel ein halbes Jahr nach dem Prozeß, nun schon wieder ganz erholt, im Turmzimmer seines Hauses saß, tat sich die Tür auf, Auguste rief: «Ein Herr möcht' Sie sprechen, Herr Oberstleutnant!» Der Onkel sagte: «Soll reinkommen!» und über die Schwelle trat ein Herr, bei dessen Anblick die Augen meines Onkels immer stärker zu funkeln, seine Stirn aber immer düsterer zu werden anfing.

«Guten Tag, Herr Oberstleutnant!» sagte der Versicherungsinspektor Kollrepp gewinnend und mit viel Freundlichkeit. «Ich freue mich, daß die Differenzen zwischen uns nun endlich aus der Welt geräumt sind. Und ich freue mich, obwohl ich ein getreuer Beamter meiner Gesellschaft bin, daß Sie gesiegt haben.»

Und mit anderer Stimme: «Es ist doch alles reguliert? Es ist doch alles zur Zufriedenheit und pünktlich bezahlt?» Und mit einem behaglichen Auflachen: «Aber natürlich! Ich habe ja selbst die Überweisungen an Sie und Ihre Anwälte gesehen! Stattliche Summen, Herr Oberstleutnant! Das Herz muß Ihnen im Leibe gelacht haben!»

Das Herz meines Onkels dachte nicht an Lachen. «Herr!» sagte er drohend. «Machen Sie schnell, daß Sie hier wieder verschwinden! Was wollen Sie überhaupt —?!»

«Aber Herr Oberstleutnant!» sagte der Inspektor erstaunt. «Sie werden doch nicht nachtragend sein? Sie haben ja Ihr Geld bekommen!» Mit ernsterer Stimme: «Ich komme mit einem Vorschlag zu Ihnen. Kurz und bündig: wollen Sie nicht wieder bei uns versichern?»

Mein Onkel konnte vor Wut und Erregung kaum sprechen.

«Das ist eine Frechheit!» stöhnte er. «Das ist die bodenloseste Unverschämtheit, die mir in meinem ganzen Leben geboten ist! Sie haben mir Jahre meines Lebens gestohlen, und Sie wagen es, hierher zu kommen und mich aufzufordern . . .»

Der Onkel konnte nicht weitersprechen. Zitternd vor Wut sah er auf seinen Besucher.

«Aber, Herr Oberstleutnant!» sagte der ehrlich erstaunt. «Wir haben Sie doch nicht um Ihre Lebensjahre gebracht, wie können Sie so etwas   sagen! Wir haben einen fraglichen Rechtsfall gehabt, wir haben die Sache durchgekämpft, sine ira et studio, nun gut, jetzt ist sie erledigt! Wir sind doch auch nicht böse auf Sie, weil wir verloren haben!»

Mein Onkel sah starr auf den Mann. Gegen diese Leute hatte er also gekämpft, für diese Leute sich geärgert, gegiftet, seine Ruhe und Behaglichkeit aufgegeben, kostbare Jahre seines zu Ende gehenden Lebens darangesetzt. Für diese Leute aber war so etwas nur ein fraglicher Rechtsfall!

Der Onkel kam aus einer andern Welt, er mußte alles, was er tat, cum ira aut studio, mit Zorn oder Liebe, tun, er glaubte, die heitere Unbekümmertheit dieses Mannes sei abgrundtiefe Verruchtheit.

«Raus!» stöhnte der Onkel nur. «Schnell raus, oder es passiert ein Unglück!»

Aber diesmal erkannte Herr Kollrepp die Gefahr nicht rechtzeitig. Er gedachte, den Onkel zu überreden. Der Onkel, in fieberhafter Erregung, schob den Besucher zur Tür. Die Tür war nur angelehnt, er schob den Inspektor weiter auf den Gang, der Treppe zu, Herr Kollrepp redete immer schneller, immer begütigender.

«Machen Sie, daß Sie aus meinem Haus kommen!» rief der Onkel und gab Herrn Kollrepp einen Stoß.

Herr Kollrepp fiel die Treppe hinunter und brach ein Bein. Das Bein heilte schlecht. Herr Kollrepp mußte von da an hinken. Mein Onkel wurde verurteilt, ihm eine lebenslängliche Rente zu zahlen. In allerletzter Instanz hatte der Onkel seinen Prozeß also doch verloren . . .

Wenn mein Vater diesen beklagenswerten Ausgang erzählte, war sein Gesicht sehr ernst. Aber um seine Augen spielten die Fältchen, die ich wohl sah. «Ich bin zu der Überzeugung gekommen», pflegte mein Vater zu schließen, «daß bestimmte Berufe besser keine Prozesse führen sollten. Zum Beispiel Richter. Oder Kavallerieoffiziere. Pastoren scheinen eher dafür geeignet. Aber bestimmt nicht die Künstler . . .»

Was den letzten Beruf angeht, so kann ich meinem Vater nur beipflichten.

Reisevorbereitungen

Kaum war das schöne Weihnachtsfest vorüber, so fingen die Eltern an, Pläne für die Sommerreise zu machen. Die Sommerreise war für uns alle etwas Selbstverständliches, für die Eltern, weil sie den Hauptteil ihres Lebens in kleinen, fast ländlichen Städten verbracht hatten und nie rechte Großstädter wurden. Immer sehnten sie sich nach mehr Licht, weniger Lärm, etwas Grünem. Wir Kinder aber wollten wenigstens einmal im Jahre «raus»; grade weil wir echte Großstadtkinder waren, hatte eine Sommerfrische auf dem Lande alle Reize einer Entdeckungsfahrt ins Ungewisse für uns.

Ich erinnere mich nur an ein einziges Mal, daß die Eltern eine Sommerreise ohne uns machten, sie fuhren nach Italien. Wir Kinder aber hatten zu Haus zu bleiben, und zwar unter der Obhut einer Nenntante, der Frau Kammergerichtsrat Tieto, genannt Tatie. Märchenhafte Belohnungen waren uns versprochen worden, wenn wir tadellos artig seien: zweimal in jeder Woche sollten wir in den Zoo geführt werden, jeden Sonntag in eine Konditorei, um einen Windbeutel mit Schlagsahne zu essen. Das Taschengeld aber wurde für diese Ferienzeit verdoppelt.

Die Eltern fuhren ab, und mit dieser Stunde brach das Chaos über unser Heim herein. Tatie, die nie eigene Kinder gehabt hatte, war wohl bisher der Ansicht gewesen, wir seien leidlich wohlerzogene Kinder. Ach, sie hatte uns nur unter der Peitsche unserer Dresseure gekannt! Wenn mich meine Erinnerung nicht täuscht, ist diese ganze Zeit mit einer nicht abbrechenden Serie von Prügeleien zwischen meinen Schwestern und uns Brüdern erfüllt gewesen. Prügeleien, denen die Tante hilflos, mit kleinen, erschreckten, hühnerhaft gluchsenden Schreien zusah, denen im Höhepunkt des Gefechtes Ausrufe folgten wie: «Ach, ihr seid doch ganz, ganz ahtige Kinder, ich weiß es doch! — Hans, du bist bestimmt ein ahtiges Kind, du verstellst dich bloß! —

Fiete, Itzenplitz, ihr seid doch Mädchen, Mädchen prügeln sich doch nicht! (Die Tatsachen sprachen augenblicklich stark gegen diesen Satz.) Prügeln ist doch igittigitt! — Kinder, Kinder, ihr wollt doch nicht, daß ich *dies* den Eltern schreibe, ihr würdet sie ja soooo betrüben!»

Aber wir vertrauten fest darauf, daß Tatie viel zu gutmütig war, den Eltern *dies* zu schreiben. Wir riefen ihr zu: «Pfui, Tatie, du wirst doch nicht petzen! Petzen ist sooo igittigitt!» und prügelten uns ruhig weiter. Irgendwelche grundlegenden Meinungsverschiedenheiten lagen dabei nicht mit den Schwestern vor. Es war die reine Freude an Krach und Klamauk — in Räumen, in denen wir Vaters wegen immer hatten leise sein müssen. Die Schwestern waren die Älteren und Stärkeren, aber ihre Kleidung behinderte sie. Nach der damaligen Mode trugen sie fast bis auf die Schuhe reichende Röcke und Korsetts, die wir Jungens die Stahlpanzer nannten.

Auch kämpften sie weiblich, das heißt, sie waren starken Schlägen abhold, dafür waren sie listig. Meistens entschieden sie das Gefecht dadurch für sich, daß sie beide — ohne Rücksicht auf den andern — über einen von uns herfielen, ihn zu Boden warfen und mit großer Eile einen Turm aus Stühlen und Tischchen über ihn bauten. Sofort kam dann der andere dran. Ehe wir uns noch aus dem schwankenden, über uns drohenden Stuhlgebäude befreit hatten, waren sie in ihr Zimmer geflüchtet und hatten hinter sich abgeschlossen. (Darauf kam es für sie an, so viel Zeit zu gewinnen, daß sie die Tür hinter sich abschließen konnten.)

Nun blieb uns Jungen nur das immer fruchtlose Poltern gegen die Tür, in Fällen besonderen Rachedurstes auch das Spritzen von Wasser durch das Schlüsselloch. Auch erinnere ich mich, daß Ede und ich einmal in der Speisekammer einen Schwefelfaden fanden und ihn den Schwestern brennend durchs Schlüsselloch hängten, um sie auszuräuchern. Aber grade bei dieser Gelegenheit erlebten wir einen folgenschweren Ausfall des belagerten Feindes und wurden schwer aufs Haupt geschlagen!

Zum Unheil für Tatie war auch unsere alte Minna in die Ferien gegangen, sie hätte nie eine solche Liederlichkeit in der elterlichen Wohnung geduldet. Das andere Mädchen, Christa Bartel, war ganz neu bei uns, sie kam vom Lande und war erst siebzehn Jahre alt. Sie war nicht der geringste Beistand für Tatie. Im Gegenteil, wir überzeugten sie rasch davon, daß unsere Art zu leben sehr viel amüsanter sei als das Reinmachen von Zimmern, und so hatten wir in ihr bald einen Bundesgenossen. In ihrem einfachen, durch die Großstadt arg verwirrten Kopf stellte es sich so dar, daß wir als Kinder reicher Leute — denn sie hielt die Eltern natürlich für ungeheuer reich — sehr wohl das Recht hatten, uns so zu benehmen, wie wir uns nun eben benahmen, und daß die Tante ganz unberechtigt versuchte, uns in unserm Recht zu beeinträchtigen.

Es war ja wirklich sehr viel kurzweiliger, das olle Messing in der Küche nicht zu putzen, sondern einen Besorgungsweg der Tante dazu zu verwenden, aus dem geheiligten Plüschsalon mit Benutzung sämtlicher Betten und Teppiche des Hauses den Serail von Harun al Raschid herzustellen. Sie und die Schwestern waren verschleierte Haremsdamen — Tüllgardinen gaben ausgezeichnete Schleier ab! —, Ede war der Wesir und ich natürlich Harun. Mit meinen Frauen wußte ich freilich nur wenig anzufangen. Ich war stets geneigt, sie beim kleinsten Versehen köpfen zu lassen, was die Mädchen, da dies Köpfen mit Vaters langem Papiermesser aus Bambus ausgeführt wurde, sich nicht recht willig gefallen ließen. Später gerieten wir dann aufs Säkken: ungehorsame Frauen wurden in einen Teppich gerollt, mit Bindfaden umschnürt und ins Meer versenkt, das heißt in die dunkle Besenkammer gerollt.

Einer der Meisterstreiche von Ede und mir war es, alle drei Mädchen sehr dauerhaft einzurollen. Erst kam die kräftige Christa daran, bei der uns noch Itzenplitz und Fiete halfen, dann Itzenplitz mit Hilfe von Fiete, schließlich Fiete, die wir Jungens gut allein bewältigten. Als wir uns überzeugt hatten, daß die «Weiber» sicher in ihren Teppichen steckten, stimmten wir einen Hohngesang über ihren Häuptern an, schlugen, ihr Flehen und ihre Drohungen mißachtend, die Tür zur Besenkammer zu und begaben uns auf die Straße, nach neuen Abenteuern dürstend.

Unterdes kam die gute Tatie an die Tür der Wohnung. Wie immer hatte sie ihre Schlüssel vergessen. Sie klingelte, sie klingelte viele Male, mit löblicher Geduld, aber ihr Klingeln blieb vergeblich. Die Wohnung, in der sie fünf blühende Menschen hinterlassen hatte, war grabesstill. Tatie war ein ängstliches Gemüt, sie dachte sofort an Gas, Einbrecher, Mörder . . .

Sie flog am ganzen Leibe, als sie den Portier benachrichtigte. Der Portier hatte nur uns Jungens weggehen sehen, neues gemeinschaftliches Klingeln blieb ebenso erfolglos wie Taties Klingelsolo. So wurde ein Schlosser geholt und die Tür geöffnet.

«Warraftig!» rief der Portier. «Hier haben Einbrecher gehaust!»

Und so sah die Wohnung auch wirklich aus. Verstreute Bettstücke, umgestürzte Stühle, heruntergerissene Gardinen, verschobene Tischdecken, umgestürzte Vasen waren unheilvolle Anzeichen. Die Tante lächelte wehmütig. Ähnliche Spuren hatte sie in letzter Zeit nicht selten gesehen, sie mußten nicht unbedingt auf Einbrecher weisen.

Aber die Stille in der Wohnung war beängstigend. Der Schlosser bewaffnete sich mit seinem Hammer, der Portier mit dem schönen Ebenholzstock des Vaters, die Tante aber hatte ein heruntergefallenes Aquarellbild aufgehoben — Motiv: Pfeiler der altrömischen Wasserleitung in der Campagna — und trug es unter dem Arm.

So durchwanderten sie die Wohnung, böser Ahnungen voll. Erst am äußersten Ende des langen Hinterflurs, bei der Besenkammer, hörten sie erschöpftes Geschrei. Vorsichtig wurde die Tür geöffnet, und die gesackten Haremsdamen waren entdeckt.

Sie hatten in dem fensterlosen, glutheißen Raum, in dicke Teppiche verpackt, einige recht unangenehme Stunden verbracht. Die Retter glaubten zuerst, dies sei ein Werk der entmenschten Einbrecher. Die Empörung war allgemein, als sie erfuhren, zwei schlichte, wohlerzogene Knaben hatten dies vollbracht.

Sofort erbot sich der Schlosser, hier zu bleiben und der Tante bei einer tüchtigen Abreibung zu helfen. Zu ihrem Unheil meinte die Tante, mit Rücksicht auf den guten Ruf meiner Eltern, dies Angebot ablehnen zu müssen. Sie hatte sich vorgenommen, bei unserer Rückkehr streng, ja, sogar sehr streng mit uns zu verfahren, sie wäre diesmal auch vor einer Backpfeife nicht zurückgeschreckt. Doch rechnete sie nicht mit dem Rachedurst der Mädchen!

Kaum waren wir in der Wohnung angekommen, kaum hatte Tatie zu einer Strafpredigt angesetzt, so stürzten sich die drei Mädchen über uns. Jawohl, auch die ländliche Christa beteiligte sich an der Ausprügelung der Söhne ihres Brotherrn! Die Tante war nur ein welkes Blatt auf dem Strome der Zeit, vergeblich versuchte sie, mit ihrer Stimme das Kampfgetöse zu übertönen, umsonst zerrte sie mit ihren schwachen, zitternden Händen hier an einem Ärmel, dort an einem im Gewühl auftauchenden Fuß — sie mußte weichen, schon war sie selbst bedroht, der Strudel sog sie an sich.

Bleich flüchtete sie hinter einen Tisch und sah dem Rasen der entfesselten Elemente zu. Nachdem wir genug verdroschen waren, schleppten uns die Mädchen ins Badezimmer und schlossen uns ein. Sie weigerten sich auch zur Abendessenszeit, uns freizulassen. Wir sollten nur hungern und in der Nacht ohne Bett bleiben, sie gaben den Schlüssel nicht her. Erst nach Mitternacht gelang es der Tante, ihn unter dem Kopfkissen von Itzenplitz fortzustehlen und uns zu befreien. Ede und ich hatten uns die Zeit unterdes mit Baden und Seeschlachten vertrieben — und genauso sah das Badezimmer auch aus!

Arme, nun schon längst verstorbene Tante! Ich fürchte, wir haben dir jene Sommerwochen mit all der unbedachten Grausamkeit von Kindern zu einem wahren Alpdruck gemacht! Du hattest damals grade deinen Mann verloren und fühltest dich sicher sehr einsam und verlassen in der Welt. Du brauchtest ein wenig Sympathie — und du warest unter die Räuber gefallen! Ich sehe dich noch vor mir in deinem schwarzen Kleid, eine kleine, dürftige Gestalt, mit einem blassen Gesicht, in dem nur die komisch aufgebogene Nasenspitze immer gerötet war. Wieviel Tränen haben wir dir wohl erpreßt, wie oft haben wir dich mit dieser Nase geneckt, Tatie! «Woher ist deine Nase so rot, Tatie? — Du trinkst doch nicht heimlich, Tatie? — Es ist eine Rotweinnase, Tatie! — Nein, es ist eine Schnapsnase! — Nein, es ist eine Karfunkelnase! — Tatie, erlaub mal, daß wir deine Nase mit Mehl einstäuben, wir wollen nur mal sehen, ob sie auch da durchleuchtet!» Schreckliche Kinder — und besonders ich schrecklich, der von meiner geflickten Hose her es hätte besser wissen sollen!

Aber, Tatie, ich muß dich loben: trotz all der Qualen und Ängste, die du durch uns ausstandest, hast du uns nicht bei den Eltern verpetzt. Du hast sie nicht zu Hilfe gerufen, du wolltest es durchhalten. Und wenn die Eltern doch überraschend und sehr viel früher als erwartet aus Italien zurückkamen, herbeigerufen von Unter- und Überbewohnern, die den Tumult nicht mehr ertragen konnten, du hast uns in Schutz genommen und alles geschehene Unheil nur deinem völligen Mangel an Fähigkeit, mit Kindern umzugehen, zugeschrieben. Du hast es erreicht, daß keinerlei peinliche Fragen an uns gestellt, kein strenges Strafgericht abgehalten wurde. Tiefes Schweigen nur herrschte über jenen Teil der Sommerferien. Und die aus Italien mitgebrachten Geschenke der Eltern für uns sahen wir wohl, aber kaum gesehen, verschwanden sie auch schon wieder. Viel, viel später erst, bei Gelegenheit überwältigender Leistungen fanden diese Geschenke ihren Weg zu uns!

Aber dies waren, wie schon gesagt, auch die einzigen Sommerferien, die wir auf diese wilde und freie, aber doch enttäuschende Art verbrachten. Die Eltern hatten ihre Erfahrungen gemacht, sie verzichteten auf Italienreisen, sie zogen es vor, in der Nähe zu bleiben und uns im Auge zu behalten. Wir machten unsere Sommerreisen wieder gemeinsam.

Die Wahl des Ortes war stets recht schwierig, denn er mußte billig sein, nicht zu weit von Berlin entfernt liegen, und er mußte dem Ideal entsprechen, das meine Eltern von ländlicher Stille und Schönheit hatten. So haben die Eltern Sommerfrischen entdeckt, in die damals noch kaum je ein Berliner gekommen war. Wir sind in Neu-Globsow gewesen, als es noch ein von seinen Glasarbeitern verlassenes, verfallenes Dorf war, und wir haben in Graal manchen Sommer die Ferien verbracht, als dort noch alles still und ländlich war, ohne Strandkörbe und ohne Kurtaxe. In Müritz gab es schon Berliner, Müritz war ein aufblühendes Seebad, aber in Graal herrschte noch der Friede.

War der Ort der künftigen Sommerfrische bestimmt, so war das erste, daß mein Vater sich Karten von ihm kaufte, Karten der Landesaufnahme, sogenannte Meßtischblätter. An manchem Winterabend, während der Schnee gegen die Fensterscheiben flog, saßen wir um Vater und folgten seinem Finger, der uns schon jetzt unsere Sommerwege wies. Das Bedürfnis nach Ordnung bei meinem Vater war so groß, daß er sich gescheut hätte, an einen Ort zu fahren, von dem er nicht schon vorher, ehe er ihn noch gesehen hatte, jeden Weg, jede Brücke, jeden Waldfleck kannte.

Unter seiner Leitung lernten wir unmerklich Karten lesen, wir kannten bald jedes Zeichen auf diesen Blättern. Wir wußten den Weg von Gelbensande nach Graal mit jeder Abzweigung, jeder Schonung. Wir konnten genau sagen, wann der Wald aufhörte und das langgestreckte Dorf sichtbar wurde. Und so gut wir das alles im voraus wußten, so überrascht waren wir doch immer wieder, wenn das auf dem schwarz-weißen Blatt Gesehene sich in die Wirklichkeit umsetzte. Die kleinen, mickrigen Waldzeichen auf der Karte wurden nun zu einem überwältigend hohen Buchendom, der Weg, der so klar und glatt vor uns gelegen hatte, mit einem Blick zu übersehen, wand sich nun in vielen Krümmungen, daß man keine hundert Schritte voraussehen konnte, durch den Wald. Er war auch nicht glatt, tief war er in den Sand eingeschnitten, und hob sich über Hügelchen, von denen die Karte nichts gewußt hatte.

Neben diesen Meßtischblättern kaufte mein Vater aber in einem andern Geschäft der Friedrichstadt, ich glaube, in der Mittelstraße,

Ansichtspostkarten unserer künftigen Sommerfrische. Ich bin nie selbst in diesem Geschäft gewesen, habe es auch später nie entdecken können und bezweifele, daß es noch existiert. Aber die Schilderungen, die uns Vater von diesem Geschäft entwarf, grenzten ans Wunderbare.

Man sollte in ihm nicht nur alle Ansichtskarten aller deutschen Orte kaufen können, sondern fast aller Reiseorte der ganzen Welt. Wenn Vater von der Bedienung «Graal» verlangte, beschäftigte sich sein einer Nachbar mit Marseille. Die Nachbarin auf der andern Seite aber wühlte in Karten von Cannes und behauptete hartnäckig, es müsse noch eine besonders hübsche Karte geben, mit drei Palmen hinten und zwei Palmen vorne! Und die Karte wurde gefunden! Niemand hätte sich mehr als Vater freuen können, daß die Karte gefunden wurde. Er war nun einmal sehr für Ordnung.

Und für Sparsamkeit. Darum kaufte er ja auch unsern Sommerbedarf an Ansichtskarten nicht in Graal, sondern in jenem Geschäft der Friedrichstadt, wo man das Dutzend für fünfzig Pfennige bekam, während es am Ort eine Mark kostete. Ansichtspostkarten mußten geschrieben werden, an jeden erdenklichen Bekannten und Verwandten. Sie waren ein Beweis, daß man in einer Sommerfrische gewesen war, und im übrigen schickte sich dieser Gruß aus Ferientagen. Aber wenn man auch knappes Geld für viel Feriengrüße ausgeben mußte, so wollte man sie doch so billig wie nur möglich haben. Man rechnete eben mit jedem Pfennig, und man war glücklich über jede neue Möglichkeit, wieder ein paar Pfennige zu sparen. Darum ging mein Vater in die Postkartenzentrale.

Wer es nicht selbst miterlebt hat, kann es sich gar nicht vorstellen, mit welcher Intensität die Generation um die Jahrhundertwende sparte. Das war nicht etwa Geiz, sondern es war eine tiefe Achtung vor dem Geld. Geld war Arbeit, oft sehr schwere Arbeit, oft sehr schlecht bezahlte Arbeit, und es war darum sündlich und verächtlich, mit Geld schlecht umzugehen.

Auch Vater war gar nicht geizig, ich habe es später oft erfahren, wie großzügig er war, wenn eines seiner Kinder Geld brauchte, wie glücklich er dann war, seine sauer ersparten Hunderte oder gar Tausende einem von uns zu schenken. Aber derselbe Vater konnte sehr, sehr ärgerlich werden, wenn er die Seife im Badezimmer «schwimmend» fand, so daß sie aufweichte und sich zu rasch verbrauchte. Beim Händewaschen hatte er einen besonderen Trick, die Seife fast trocken zwischen den Händen nur «durchwutschen» zu lassen, das sparte! Der Lack der selbst eingemachten Saftflaschen mußte immer in ein dazu bereit stehendes Töpfchen abgeklopft werden, im nächsten Jahre wurde er dann neu warm gemacht und tat seine Dienste wie zuvor. Nie zündete Vater, solange Glut in den Öfen war oder eine Lampe brannte, ein Streichholz an: er schnitt sich aus alten Postkarten «Fidibusse», schmale, lange Papierkeile, die er über der Glut entzündete und mit denen er seine Pfeife ansteckte. An jeder Drucksache, an jedem Brief schnitt er das ungebrauchte weiße Papier ab und brauchte diese Zettelchen zu Notizen.

So war er voll hundert Ideen, die Ausgaben einzuschränken, und ich muß gestehen, daß keine einzige dieser Sparmaßnahmen die Behaglichkeit des Hauses verminderte oder den Gedanken an Mangel aufkommen ließ (natürlich abgesehen von meinen geflickten Hosen). Sparsamkeit war in unserm Hause so selbstverständlich, daß wir — selbst ich geborener Verschwender — unsere Wünsche von selbst beschränkten. Mehr als drei der hauchdünnen Fleischscheiben bei Tisch zu fordern, wäre uns Kindern als Frevel erschienen.

Später haben wir dann — zu unserm Erstaunen — gehört, daß unser Vater ein recht wohlhabender, fast schon reicher Mann war, durch seine eiserne Sparsamkeit, die ihm half, einige Erbschaften zusammenzuhalten und zu vergrößern. Aber noch einmal muß ich sagen, wir Kinder haben nie etwas entbehren müssen, was andere Kinder hatten. War Vater vielleicht in manchen Dingen zu sparsam, betraf es bestimmt die eigene Person.

Eine meiner kläglichsten Erinnerungen aber ist, um vorzugreifen, jener Tag, als Vater nach Ablauf der Inflation von seiner Bank nach Hause kam. Man hatte ihn aufgefordert, das «Konto wegen Geringfügigkeit» aufzulösen. In einem Zigarrenkistchen trug er die kümmerlichen Reste seiner Ersparnisse aus fast fünfzig Lebensjahren nach Haus. Er saß lange darüber, blätterte in den Aktienbögen, murmelte: «Papier, Papier, nur noch Papier!»

Aber auch da verlor er den Mut nicht. Er war pensioniert, alt, krank, aber sofort begann er wieder, einen Teil seiner Pension zurückzulegen. Er dachte an seine so sehr viel jüngere Frau und an seine Kinder. Er sparte von neuem, jetzt mußte er sparen. Und als Vater dann vor ein paar Jahren starb, konnte er sich sagen: «Meine Frau braucht nichts von dem zu entbehren, was sie gewohnt ist. Sie kann auch gerne etwas verschenken, sie tut es doch nun einmal mit Vorliebe . . .»

Wie mein Vater das eigentliche Ziel unserer Sommerreise, das Haus, in dem wir wohnen sollten, ermittelte, weiß ich nicht mehr, jedenfalls hat er es nie vor unserer Ankunft gesehen, und es gab daher manchmal die seltsamsten Reinfälle, von denen noch berichtet werden soll. Jedenfalls waren Hotels und Pensionen nicht nur der Kosten wegen, sondern auch wegen der Galle meines Vaters ausgeschlossen. Auch in den Ferien mußte Mutter selbst kochen, die gleiche reizlose Diät, die wir alle mitaßen, an die wir völlig gewöhnt waren (noch heute habe ich eine tiefe Abneigung gegen alles starke Gewürz).

So landeten wir meist in einem Büdner- oder Bauernhaus, was für uns Kinder natürlich von Vorteil war. Denn da gab es Vieh, Reiten auf Pferden, Leiterwagenfahrten zur Roggenernte und ähnliche Genüsse mehr. Für Mutter bedeutete das natürlich auch in den Ferien reichliche Arbeit, zumal uns immer nur eines von unsern beiden Hausmädchen begleitete. Im Grunde war es nur der aufs Land versetzte städtische Haushalt, etwas erschwert durch die primitiven ländlichen Einkaufsgelegenheiten und das Kochen auf demselben Herd mit den Bauern. Doch hatte meine Mutter eine sehr selbstverständliche, unauffällige Art, all ihren vielen Pflichten gerecht zu werden. Uns Kindern ist es damals nie aufgefallen, daß Mutter eigentlich das ganze Jahr hindurch nie eine freie Minute hatte, und dabei war sie eigentlich immer fröhlicher Laune.

Solch ein Umzug für fünf bis sechs Wochen bedingte natürlich eine unendliche Packerei. Man fuhr nicht wie heute mit ein bißchen Kleidern, Wäsche und Schuhen, nein, es wurden auch Töpfe, Bestecke und Geschirr eingepackt, Konserven wanderten in Kisten, auch wurden leider die Schulsachen von uns Kindern nie vergessen, denn «eine Stunde Schularbeiten an jedem Ferientage hält den Kopf in Gang». Daneben aber spielte sich der alljährlich wiederholte Kampf zwischen Vater und Mutter wegen der Akten ab. Im allgemeinen kümmerte sich Vater überhaupt nicht um die Packerei. Ging sie aber ihrem Ende zu, verkündete Mutter schon ihre Absicht, Hilfe zu holen, die sich auf die Schließkörbe zu setzen hatte, damit sie auch zugingen, so wurde Vater unruhig. Mit Aktenbündeln unter dem Arm strich er herum und versuchte, sie unter Wäsche und Kleidern versteckt in die Koffer zu schmuggeln. Hier preßte er noch einen Band Reichsgerichtsentscheidungen hinein, dort ein begonnenes Manuskript über den Dreierlei Beweis im Strafverfahren.

Meiner Mutter entgingen diese heimlichen Machenschaften natürlich ganz und gar nicht, und nach kurzem stellte sie den Feind. «Vater, als du im vorigen Herbst so krank wurdest, hast du doch selbst gesagt, du wolltest in diesem Sommer einmal ganz ausspannen! Und nun steckst du schon wieder Arbeit in die Koffer!»

«Ich will ja gar nicht richtig arbeiten, Louise!» sagte Vater dann etwas verlegen. «Ich nehm mir nur so ein bißchen zum Schmökern mit.»

«Das kenne ich!» sagte Mutter. «Du sagst jetzt, ‹ein bißchen schmökern›, und am dritten Tag schon bist du den ganzen Nachmittag nicht mehr loszueisen. Nein, Vater, tu mir die Liebe, laß dieses eine Mal alle Arbeit zu Hause, sonst wird aus deiner ganzen Erholung nichts!»

Aber so sehr meine Mutter auch bat, in diesem Punkt war der sanfte Vater unnachgiebig, aus diesem Gefecht ging er stets siegreich hervor. Ja, schließlich holte Mutter noch selbst einen Handkoffer vom Boden, der ganz allein mit Vaters Büchern und Schriften gefüllt wurde. Still legte sie obenauf wenigstens noch ein paar Bände von Gustav Freytag zum Vorlesen an Regentagen. Dann faßte Vater Mutter um und sagte: «Sei bloß nicht traurig, Altchen. Ich will diesmal wirklich nur ganz wenig arbeiten.»

«Ich sage ja auch gar nichts mehr», meinte dann Mutter. «Ich weiß ja, du kannst gar nicht ganz ohne Arbeit leben. Aber laß es diesmal wirklich wenig sein — wir möchten dich doch noch lange, lange behalten.»

Neben dem Packen der Sachen mußten aber auch wir Kinder feriengerecht vorbereitet werden. Meine Mutter, die selbst sehr schlechte, brüchige Zähne hatte, war von einer panischen Angst vor Zahnschmerzen besessen. Kurz vor den Ferien führte sie uns alle vier zu unserm Zahnarzt in die Kleiststraße.

Herr Lenkstake war ein großer schöner Mann mit einem blonden Vollbart und Goldbrille. Er trug immer ein Samtjackett mit Verschnürungen und sah überhaupt nicht wie ein Zahnarzt aus. Ich fürchte auch, er war kein sehr tüchtiger Zahnarzt, denn ich erinnere mich, daß ich einmal, in seinem Vorzimmer sitzend, den fürchterlichen Schmerzensschrei einer Frauenstimme hörte, dem sofort ein ebenso gräßlicher aus Männermunde folgte, unzweifelhaft aus Herrn Lenkstakes Munde.

Dann folgte eine empörte Schimpferei, unterbrochen von kläglichem Weinen. Als dann Mutter und ich in das Behandlungszimmer kamen, erzählte uns Herr Lenkstake, noch zitternd vor Empörung, daß die Patientin eben ihm in die Hand gebissen habe!

«Einfach in die Hand! Und wie —! Sehen Sie bloß, Frau Rat! Sind das Manieren —?! Natürlich hat es ein bißchen weh getan — aber darum einfach zubeißen! Das ist eine Welt und das ist ein Beruf! Junge, mach den Mund weit auf, und wenn dir's auch weh tut, laß dir nicht einfallen mich zu beißen! Dir haue ich sofort eine!»

Seitdem habe ich von tüchtigeren Zahnärzten, als Herr Lenkstake einer war, gehört, daß er an seiner wirklich sehr häßlich aussehenden Wunde allein die Schuld getragen hat, sintemalen er den Zahnspiegel, der der Schutz der Zahnärzte gegen solche Übergriffe oder Überbisse seiner Patienten ist, nicht listig genug zwischen Ober- und Unterkiefer gehalten hat.

Aber nicht nur das Samtjackett deutete darauf hin, daß Herr Lenkstake den Beruf des Zahnarztes nur als Broterwerb betrieb. Sondern die ganze Wohnung war angefüllt mit Ölbildern, sehr bunten Bildern, über die meine Mutter regelmäßig den Kopf schüttelte.

«Sieh dir das an, Junge!» sagte sie dann wohl. «Da hat er doch wirklich eine grüne Kuh gemalt, eine grüne Kuh auf einer braunen Weide! Was das nun wieder soll!»

Ich fand diese Bilder überaus reizvoll und sehr ungewöhnlich, aber viel mehr interessierte es mich, daß alle Bilder in dieser Wohnung in ständiger Bewegung waren. Denn Herrn Lenkstakes Haus stand genau an jener Stelle der Kleiststraße, wo aus der Hochbahn eine Untergrundbahn wird (diese Strecke ist nun seit meinem Ausflug mit Fötsch fertiggeworden). Trat man ans Fenster, so sah man die Züge, mit plötzlich aufglänzendem Lichte, im Tunnelschlund verschwinden oder aus der Schwärze auftauchen, während das Licht ausging und der Zug langsamer zum Bahnhof Nollendorfplatz hinauffuhr. Und jedesmal, wenn ein Zug das Haus passierte, erzitterte es leise, und die Bilder an der Wand fingen an, sachte hin und her zu pendeln. Wegen dieser pendelnden Bilder bin ich meine ganze Berliner Zeit hindurch gerne zum Zahnarzt gegangen. Ich habe auch nicht eine Erinnerung daran, daß mir die Zahnbehandlung je weh getan hätte, die pendelnden Bilder allein halten mein Gedächtnis an Herrn Lenkstake wach.

Waren die Zähne dann in Ordnung, so wurden wir Jungens am letzten Tage vor der Reise zum Haarschneider geschickt, denn Vater mißtraute den ländlichen Haarkünstlern. Bei einem solchen Haarschnitt geschah mir einmal, halb mit, halb gegen meinen Willen, etwas Schreckliches. Ich habe schon früher erzählt, daß ich auf den Wunsch meiner Mutter lange Locken mit Ponnies trug — ich wage sie nicht golden zu nennen, sie werden wohl eher semmelblond gewesen sein. So schön in meiner Mutter Augen diese Locken nun auch gewesen sein mögen, für einen Jungen waren sie eine schreckliche Last — nicht nur wegen des Gespotts der Kameraden, sondern ewig waren sie auch verfitzt und in Unordnung. Abends wurden sie fast eine halbe Stunde lang gekämmt und gebürstet, und das allwöchentliche Waschen mit nachfolgendem Einsalben war eine Qual! Ich hatte Mutter hundertmal gebeten, mich von diesen Locken zu befreien, vergeblich! Sie sahen doch so hübsch aus —!

Aber daran dachte ich wirklich nicht, als ich an jenem Vorferiennachmittag zum Haarschneiden ging. Die Haare würden geschnitten werden wie sonst, das heißt, sie mußten etwa fünf Zentimeter über das Ohrläppchen hinabreichen, grade so weit gekürzt, daß sie den Waschkragen meiner Kieler Matrosenbluse nicht berührten. Die Ponnies aber hatten die obere Hälfte der Stirn zu bedecken.

Aus irgendeinem Grunde — wahrscheinlich hatten alle zu viel zu tun — ging ich an jenem Tage allein, nicht einmal Ede begleitete mich. Bei unserm gewohnten Friseur in der Martin-Luther-Straße war alles voll. Viele andere Jungens warteten dort schon auf ihren Ferienhaarschnitt. Aber ich entdeckte in der Winterfeldtstraße einen kleinen, etwas schäbig aussehenden Laden, in dem ich nicht lange würde warten müssen.

Der Meister, ein etwas vermickerter, aber wieselartig flinker Berliner, begrüßte jeden Jungen, der auf dem Sessel Platz nahm, mit dem Satz: «Also hinten kurz und vorne lang, wie jewohnt, wat? Macht zwanzig Pfennje, Jung. Aber allet rein runter, is 'en Jroschen billjer, wat meenste?»

Zu meinem Erstaunen wurde das «Allet rein runter» von sämtlichen Jungen glatt abgelehnt, mir erschien das Angebot eines Preisnachlasses um fünfzig Prozent höchst beachtenswert.

Mich sah der Meister schon beim Warten öfters recht mißgünstig von der Seite an und hieß mich weiter warten, als ich eigentlich schon an der Reihe war: «Nee, Junge, mit deine Puppenlocken, det dauert mir jetzt zu lange! Wart man noch een bißken, bis die *richtjen* Jungens fertig sind!»

Worauf die andern grinsten, ich aber wieder einmal bis tief ins Herz verletzt war.

Dann saß ich endlich auf meinem Thron — der Laden hatte sich mittlerweile ganz entleert —, und der Meister fing an, unzufrieden in meinen Haaren herumzukämmen. «Wat det olle Sauerkraut bloß soll?» schalt er dabei. «Findste denn det schön, Junge? Sowat tragen doch bloß die kleenen Meechen! Kiek nur mal, wenn ick's nur een bißken in die Stirne kämmen tu, siehste aus wie det Osterlamm von die ollen Jidden zu Pfingsten!»

Er gönnte mir meinen Anblick im Spiegel. Die Augen sahen durch einen Vorhang herabhängender Haare, ich meinte schon, den Ruf meiner Mutter, wenn ich so verwildert von einem Spiel heimkehrte, zu hören: «Junge, willst du dich wohl sofort mal kämmen?!!»

Der Versucher fuhr fort: «Det weeßte doch, for zwei jute Jroschen kann ick dir so 'n Puppenschnitt nich liefern! Det macht dreie. Haste denn ooch Jeld jenug bei dir?»

Das war wirklich der offizielle Satz, und so hatte Mutter mir auch drei Groschen mitgegeben. Ich zeigte sie dem Meister. Er sah unzufrieden darauf und fing von neuem an: «Ick rede jegen mein eijenet Jeschäft, aber ich sare dir, Junge, et is rausjeschmissenet Jeld! Ick rasiere dir die Haare mit meine Maschine uff' en zehntel Millimeter vom Kopfe wech — du sollst ma sehen, wie schön det dir kleidet! Und haste noch zwee Jroschen, von die Mutter nischt wissen broocht! Und denn, wat wird sich deine Mutta freuen, wenn se dir denn so sieht! Die hat ja noch keene Ahnung, wie du als richtjer Junge aussiehst! Wat meenste?»

Ich wagte, schüchtern zu sagen, daß, wenn ich die Frisur schon wechseln müsse, mir ein Scheitel wie bei den andern Jungens das richtige erschien. Doch war der Meister ganz dagegen. «Nee, Junge, jetzt mach man bloß keene halben Jeschichten! Du ahnst ja nich, wie schön det kühlt, so 'n nackter Kopp im Sommer! Du hast ja 'n Pelz wie 'n Hamster! Wie is det, wenn ick dir so ankieke, is mir immer so, ihr macht an die See? Hab ick recht oder hab ick nich recht?»

Ich bestätigte, daß der Meister recht hatte.

«Na siehste!» sagte er tief befriedigt. «Det isset, wat ick noch wissen wollte! Für den Harz oder Thüringen hätt ick noch nischt jegen den Scheitel jehabt, aber an de See, wo du ewig am Strand schmorst wie 'n Bratappel in de Röhre! Und denn immer rin int Wasser — aber wat bringste raus von deine Locken? Jekochtet Sauerkraut! Und denn kämmt dir deine Mutter 'ne halbe Stunde, wenn die andern alle fein im Sande spielen können. Und denn ziept et, und sie schimpft dir, det de nicht stille hältst! Na, wie isset, Junge, wolln wa 't mal vasuchen?»

Die letzte, genau der Wahrheit entsprechende Schilderung — denn ebenso hatte ich's im Vorjahr erlebt — gab meinem Entschluß die entscheidende Wendung. An die mildere Form, den Scheitel, dachte ich nun schon gar nicht mehr, alles oder nichts, hieß es bei mir. Der Versucher hatte auf der ganzen Linie gesiegt. Also nickte ich.

Im gleichen Augenblick hatte er auch seine kleine Haarschneidemaschine zur Hand und führte, im Nacken beginnend, eine breite Bahn, mitten durch meine Lockenpracht mähend, bis zur Stirne vor. Dann hielt er inne und sagte: «Na, Junge, wie jefällt dir det?!» Ich sah in den Spiegel, und Angst erfüllte mein Herz. So grauenvoll hatte ich mir den Anblick doch nicht gedacht! Rechts und links prunkten noch weitläufige Jagen mit der Pracht meines dichten Hochwaldes, aber eine breite Schneise, eine Landstraße, eine wahre Heerstraße führte nun mitten durch meine Wälder, und kein Gebet, keine Reue würde auch nur einen Baum aufwachsen lassen vor seiner Zeit! Ich wollte an die Eltern denken, aber ich konnte einfach nicht an sie denken. Bei diesem Anblick an die Eltern zu denken, war einfach Vermessenheit!

Der Meister hatte gespannt meinen Gesichtsausdruck beobachtet. Nun sagte er: «Meenste, det de Kloppe kriegst? Na, laß man, Kloppe is nicht schlimm. Die verjißt 'en richtjer Junge in ne halbe Stunde, und nu biste doch een richtjer Junge, keen Fatzke nich! Mit det olle Sauerkraut warste een Fatzke!»

Aber ich hörte gar nicht mehr auf ihn. Ich dachte nur an den Empfang, den ich zu Haus finden würde. Und zwischendurch erst fiel mir ein, daß der Meister mich richtig reingelegt hatte. Er hatte sehr wohl gewußt, daß Mutter die neue Haartracht — du lieber Gott, Haartracht bei einem Schädel, der immer mehr das Aussehen einer Kegelkugel annahm! —, also, er hatte wohl gewußt, daß Mutter mich abscheulich finden würde! Aber so war es immer bei mir: zu spät fing ich an, nachzudenken über das, was andere mir vorschlugen! Erst fiel ich immer darauf rein, ich dachte zu langsam. Jetzt sah ich auch erst, daß der kleine vermickerte Barbier ein richtiger Spaßvogel war. Er hatte sich einen Witz mit mir erlaubt! Das war eben so seine Art von Witzen!

Aber nun wollte ich ihm auch den Gefallen nicht tun und ihm eine ängstliche Miene zeigen! Jetzt wollte ich ihm seinen Witz verderben. Und ich gab mir die allergrößte Mühe, ein vergnügtes Gesicht zu machen. Ich scherzte sogar selbst über meine Ohren, die ganz überraschend immer abstehender und röter aus dem Lockenwall hervortraten!

Ob es mir gelungen ist, den Listigen wirklich zu täuschen, weiß ich nicht. Aber ich verblüffte ihn doch zum Schluß noch gründlich. Denn als ich ihm nach vollendetem Werke seinen Groschen aushändigen wollte und er ihn großartig zurückwies: «Det haste für umsonst, Junge! Det hat mir direkt Spaß jemacht! Und wenn de morjen kommst und du erzählst mir, wat deine Ollen dazu jesagt haben, denn schenk ich dir noch en Jroschen» — da sagte ich, auf meiner Zahlung bestehend: «Nehmen Sie nur, mir hat's auch Spaß gemacht, das ‹olle Sauerkraut› loszuwerden!»

Damit verließ ich den Laden — ein aufrechter Mann, stolz lieb ich den Spanier! Die viel zu weit gewordene Pennälermütze rutschte über den Schädel hinab, bis sie an den abstehenden Ohren ein natürliches Bollwerk fand. Ich schlug den Weg nach Haus ein.

Aber schon nach zwanzig Schritten hatte mich all mein Stolz verlassen. Mir war, als sehe mich jeder Entgegenkommende an und beginne sofort zu lächeln. Ich drückte mich an den Hauswänden entlang, und ich verwünschte den langen hellen Sommerabend, der mich dazu verdammte, bei vollem Tageslicht vor Mutter hinzutreten. Ich vermied die Luitpoldstraße mit den Kindern der Bekannten. Ich trieb mich so lange wie nur möglich in der Umgegend umher, und als mich die nahende Abendbrotzeit doch zur Heimkehr zwang, durcheilte ich die heimische Straße mit gesenktem Kopf so schnell wie möglich, ohne jemandem Rede zu stehen. Durch den dunklen Flur der Wohnung kam ich noch unentdeckt in mein Zimmer, und da saß ich nun, die unvermeidliche Enthüllung erwartend, unfähig, auch nur in einem Buche zu lesen!

80

Dann kam Mutter und rief mich zum Abendessen. Die so oft achtlos gebrauchte Redensart von dem «Nicht seinen Augen trauen» bekam hier tiefen Sinn für mich. Denn meine Mutter starrte mich so ungläubig an, als sei ich nicht ich, sondern irgendein unbekannter, gräßlich entstellter Doppelgänger, ein Phantom, ein Nachtmahr, irgendein Gespenst, vor dem man drei Kreuze schlagen mußte, und es löste sich in Rauch auf, während plötzlich ein holder blondlockiger Knabe auf seinem Stuhle saß . . .

Aber kein blondlockiger Knabe erschien, Mutter mochte ihre Augen noch so sehr reiben. Das Gespenst blieb. Da begriff sie, was geschehen war, sie brach in Tränen aus und rief: «Junge, Junge, was hast du da nur wieder gemacht! Deine schönen Haare! Wie siehst du nur aus?! Was hast du nur für Ohren?! Du siehst ja richtig wie ein Topf mit zwei Henkeln aus! Wenn du dir wenigstens einen Scheitel hättest schneiden lassen! Ich habe Vater schon vorbereitet, daß es mit deinen Locken nicht mehr lange gehen würde. Und nun hast du ihm das angetan! Wie bist du nur darauf gekommen?! Und ganz ohne uns zu fragen!»

Meine Mutter klagte noch lange fort, aber ich hörte kaum zu. Die Entdeckung, die sie mir gemacht hatte, daß nicht sie, daß es der Vater gewesen war, der auf meinen Locken bestanden hatte, verwirrte mich aufs äußerste. Mutter hatte also alle Mühen und Beschwerden wegen meiner Locken widerspruchslos hingenommen und hatte nicht einmal verraten, daß es nicht sie, sondern daß es der Vater war, der sie wünschte.

Plötzlich tat mir Mutter namenlos leid. Ich drängte mich an sie und sagte mit Tränen in den Augen: «Mutter, ich hab's wirklich nicht gewollt. Es ist rein durch Zufall gekommen, beim Friseur war so viel zu tun.»

Das Geständnis, daß ich gefragt worden war, daß ich mich hatte reinlegen lassen, widerstrebte meinem Stolz.

«Und sicher wachsen die Haare ganz schnell wieder, du weißt doch, meine Haare wachsen furchtbar schnell. Und dann will ich gerne immer Locken tragen und nie mehr darüber schimpfen . . .»

Aber Mutter schüttelte nur traurig den Kopf. «Siehst du, Hans», sagte sie. «So bist du immer: schnell mit der Reue bei der Hand, aber wenn du vorher lieber ein bißchen nachdenken wolltest! Mit deinen Locken ist es nun vorbei — für immer!»

Sie trocknete sich die Augen.

«Nun, jetzt hilft alles nichts mehr. Geschehen ist geschehen. Komm, Junge, wir wollen schnell in Vaters Zimmer gehen und es ihm noch vor dem Essen sagen, solange die andern noch nicht dabei sind . . .»

Und sie nahm mich bei der Hand und zog mich mit sich. So war Mutter immer. Sie kannte keinerlei Heimlichkeiten mit uns Kindern vor dem Mann; wenn wir sie nur um einen Groschen baten, fragte sie erst Vater. Aber sie war stets bereit, uns Kindern beizustehen und zu vermitteln. Willig nahm sie ein Gutteil des väterlichen Zorns auf ihre unschuldigen Schultern, ertrug den ersten Ausbruch an unserer Seite und redete hinterher unter vier Augen dem Vater unermüdlich zu.

Ich aber muß sagen, daß bei dieser besonderen Gelegenheit mich mein guter, sanfter Vater sehr enttäuschte. Sein Zorn über den Lockenraub schien mir in gar keinem Verhältnis zu stehen zu der Größe meines Vergehens. Er behauptete, ich sähe schmählich aus wie ein Zuchthäusler! Nur Zuchthäusler hätten so kahl geschorene Köpfe!! Kein Mensch könne sich mit mir auf der Straße sehen lassen!!! Vor Verwandten und Bekannten müsse ich versteckt werden! Und was die Fahrt in die Sommerfrische angehe, so weigere er sich, mit mir im gleichen Abteil zu fahren! Mutter könne ja tun, was sie wolle, aber er, er setze sich nicht mit einem Zuchthäusler auf die gleiche Bank!!

Das alles war so ungewohnt und überraschend, daß es einen tief verwirrenden Eindruck auf mich gemacht hat. Ich habe später viel schlimmere Dummheiten, auch Schlechtigkeiten begangen, aber mein Vater ist doch, nach anfänglicher Bestürzung und Erregung, immer der gleiche geduldige Vater geblieben, stets zur Hilfe bereit. Aber bei dieser Gelegenheit war er völlig anders: als ich den freilich recht ungeschickten Versuch machte, ihn durch den Hinweis auf die Billigkeit dieses Haarschnitts zu versöhnen und ihm die zwei ersparten Groschen darbot, schlug er sie mir zornig aus der Hand. Vater, der doch nie nachtragend war, hielt mir noch nach Wochen meinen «Zuchthäuslerkopf» in plötzlich wieder frisch erwachtem Grimm vor.

Wenn ich mir heute diesen sonst ganz unverständlichen Zorn meines Vaters überlege, glaube ich, dies Wort «Zuchthäusler» gibt einen Schlüssel zur Erklärung. Mein Vater war Jurist, er war Richter, er war Strafrichter, und zu den von ihm sehr schwer empfundenen Pflichten eines Strafrichters gehörte es, Todesurteile zu verhängen. Ich weiß wohl, wie still Mutter in solchen Tagen das Haus hielt. Offiziell wußten wir Kinder natürlich nicht, warum Vater plötzlich eine noch viel tiefere Ruhe als sonst brauchte. Aber wir erfuhren es stets, ich weiß nicht mehr wie, vielleicht durch meine heimliche Aktenschnüffelei oder durch ein Wort, das Mutter zu den Mädchen hatte fallen lassen.

Dann saßen wir so still in unsern Zimmern, und wenn es Nacht wurde und der Straßenlärm verstummte, hörten wir Vaters leisen, schnellen Schritt in seinem Zimmer, Stunden um Stunden, bis wir darüber einschliefen. Wir wußten, Vater maß dann Schuld und Strafe gegeneinander ab. Oft lag ja auch nur ein Indizienbeweis, kein Geständnis vor, und der Richter prüfte sein Herz, ob es auch ohne Zorn und Eifer urteile.

(Vielleicht verwundert es manchen, daß mein Vater, der so skeptisch über die Juristerei und über den Zivilprozeß im besonderen reden konnte, es so heilig ernst mit seiner Arbeit nahm. Aber bei meinem Vater durfte man nie auf die Worte, sondern mußte nur auf die Taten sehen. Er liebte Jean Paul, Wilhelm Raabe, Theodor Fontane, alles Leute, die es nie fertig gebracht haben, ein Witzwort zu unterdrücken, die sich an geistreichen Spielen erfreuten und die es darum doch mit ihrem Glauben an Wahrheit und Menschentum nicht weniger ernst nahmen.)

Aber mein Vater hatte nicht nur Todesurteile zu fällen, sondern er hatte ihnen auch, wie ich glaube, nach dem Brauch damaliger Zeit gelegentlich beizuwohnen. Welche Qual das für diesen zarten, überempfindlichen Menschen gewesen sein muß! Aber so zart er war, so mutig war er auch: er dachte nie daran, sich dieser Folge eines Urteilsspruches zu entziehen. Doch hat er bei diesen Gelegenheiten wohl Zuchthäusler in den abschreckendsten Situationen gesehen, und das Zeichen des Zuchthäuslers war eben der kahl geschorene Kopf!

Es ist nur eine Vermutung von mir, auf keine Überlieferung gestützt, aber ich habe doch, wie ich glaube, mit dieser Erklärung eine Begründung für den maßlosen Zorn meines Vaters gefunden, als er meinen kahlen Kopf sah. Daß er nur aus törichter Vatereitelkeit so grimmig geworden wäre, werde ich nie glauben. So war Vater gar nicht!

Familienfahrt

Dann ist es endlich soweit!

Obwohl unser Zug vom Stettiner Bahnhof erst gegen acht Uhr fährt, ist die ganze Familie, Vater einschließlich, schon um halb sechs aus den Betten gejagt worden, denn auch die Betten müssen noch eingepackt werden! Während Mutter sie mit der alten Minna in einen ungeheuren Bettsack aus rotem Segeltuch stopft und propft, ist Christa in der Küche damit beschäftigt, Stapel Butterbrote anzuhäufen. Brote mit Wurst. Brote mit Ei. Brote mit kaltem Braten. Brote mit Käse. Aber so eifrig Christa auch schmiert und belegt, die Stapel wollen nicht recht wachsen, denn immer wieder machen wir Kinder einen Einbruch in die Küche und holen uns neue Frühstücksbrote. Unser Appetit ist ebenso ungeheuer wie unsere Aufregung. Nun geht es also wirklich los!

Plötzlich fällt mir ein, daß ich noch mit dem Portier reden muß. Zur Freude aller Hausgenossen rasen Ede und ich morgens um halb sieben die Treppe mit Donnergepolter hinunter und begrüßen den immer recht griesgrämigen wahren Herren des Hauses. Kein Wunder, daß er griesgrämig ist — er fährt ja nicht an die See, er hat ja keine Ferien!

Zum zehnten Male mindestens lege ich ihm meine Kaninchen ans Herz, ich halte sie unten im Keller. Besonders, daß Mucki auch jeden Abend seine gewohnte Mohrrübe bekommt, ist so wichtig!

Der Portier ist eitel Ablehnung. «Ach, deine ollen Karnickel, die haben ja Läuse!»

Ich protestiere gekränkt.

«Und doch haben se Läuse! Wenn de keene Oojen nich hast, mußte sie mal mit de Lupe in de Ohren kieken! Det sind schon keene Läuse mehr, det is en janzet Läuseleum!»

Nachdem der Portier mich so zerschmettert hat, wendet er sich an meinen Bruder Ede. «Und du mit deinem Hamster! Ick sare dir, ich komme for nischt nich uff! Futtern will ick em woll und ooch Wasser

83

jeben, aber de Kiste is zu schwach, det sare ick dir! Wenn der stiften jeht, ick stifte nich hinterher! Ick nich!»

Wirklich hält Ede seit einem Vierteljahr in seiner Stube einen Hamster, der in einer drahtbespannten Kiste wohnt! Vater weiß offiziell nichts davon, wie Vater offiziell auch nichts von meiner Karnickelei weiß! Aber meine Karnickel sind sanfte anhängliche Tiere, während Edes Hamster, Maxe genannt, ein Ausbund von Bosheit ist. Bisher ist Ede von der Bestie nur angefaucht, angespuckt und gebissen worden, trotzdem hängt er mit tiefer Liebe an diesem Geschöpf. Er bildet sich ein, er werde dem Hamster mit der Zeit das Pfeifen und das Tanzen beibringen — wie einem Murmeltier!

Jetzt versichert Ede dem Portier, daß der Hamster sich in seiner Kiste sehr wohlfühle, er habe noch nicht einen Ausbruchversuch gemacht.

«Ach, red bloß keenen Stuß!» sagt der Portier mürrisch. «Wenn de erst weg bist, wird det Tier sich schon Jedanken machen. Ick hab keene Zeit, bei ihm zu sitzen und ihm Jeschichten zu erzählen, wie schön et in deine Kiste is! Wenn ick und wäre euer Vater, ick erloobte det nich, det jrenzt ja an Tierquälerei, die Karnickel in 'nem dunklen Keller und det Hamsterjeschöpf in 'ne Kiste! Aber mir jeht det nischt an. Ich bin nich im Tierschutz! Aber wat sonst mit die passiert, da bin ick Nante! Det vasteht ihr doch!?!»

Da wir's verstehen mußten und da ein anderer Tierfütterer nicht greifbar war, verstanden wir es auch. Etwas bedrückt stiegen wir die Treppe wieder hinauf. Als ich aber den herrlichen Wirrwarr in der Wohnung sah, vergaß ich sofort meinen Kummer. Der ganze Haushalt war in Auflösung begriffen. Fünf weibliche Wesen rannten — anscheinend ziellos — hin und her, setzten hier etwas ab, trugen dort etwas fort.

Minna rief: «Frau Rat, ich muß noch mal den Schlüssel haben für den großen Schließkorb!»

Fiete trug ein Zigarrenkistchen mit Puppenkleidern herbei und verlangte von Mutter, sie sollten noch in den verschlossenen Koffer. Itzenplitz suchte zwischen Vaters Büchern Reiselektüre. Christa schmierte noch immer Stullen.

Auf der Diele stand Vater und versuchte, das Gepäck zu zählen, ein fruchtloses Beginnen, denn immer wenn er die endgültige Zahl ermittelt zu haben glaubte, wurde ein Stück wieder weggeschleppt und zwei neue kamen hinzu.

«Louise!» rief Vater. «Es wird Zeit, die Gepäckdroschke zu holen! Kann ich Hans jetzt schicken?»

«Einen Augenblick noch, Arthur! Ich muß erst mal nachsehen, ob die Badetücher auch eingepackt sind.»

«Aber beeil dich!» rief Vater mahnend, und nun bestürmten Ede und ich ihn, wer von uns beiden bei dem Kutscher auf dem Bock fahren durfte. Vater wollte mal sehen; er war von dem ungewohnten Trubel bereits ziemlich nervös, wollte aber unbedingt seinen Ruf als glänzender Organisator, bei dem alles wie am Schnürchen geht, aufrechterhalten.

«Ich schicke jetzt Hans!» rief er nach einem neuen Blick auf die Uhr. «Es wird höchste Zeit!»

«Einen Augenblick bitte noch, Arthur! Wir kriegen den Bettsack nicht zu!»

«Lauf los, Hans!» sagte mein Vater leise und machte sich auf den Weg, beim Verschnüren des Bettsackes zu helfen.

Ich lief die Treppen hinunter. Ganz ohne Auftrag schloß sich Ede mir an. Ich mußte es schon dulden, aber lieb war es mir nicht. Es hatte so etwas Pompöses, wenn man allein in einer Droschke fuhr. Zu zweien wirkte es lange nicht so überwältigend.

Es war der erste Tag der großen Ferien. Ganz Berlin, soweit es Kinder hatte und es sich leisten konnte, war im Aufbruch. Wir sahen wohl Gepäckdroschken, aber sie waren alle besetzt. Wir liefen hin und her, wir suchten mit immer größerem Eifer, denn wir wußten, mit welcher Ungeduld der pünktliche Vater auf unsere Rückkehr wartete. Aber es war wie verhext. Leere Droschken sahen wir genug, aber keine, deren Fassungsvermögen unserm Auszug angemessen war. Es mußte durchaus eine Gepäckdroschke sein, also ein schwarzer verschlossener Kasten mit stabilem, von einem Gitter begrenzten Dach, auf das die Mehrzahl der Koffer zusammen mit dem Bettsack getürmt werden konnte.

Endlich erwischten wir am Nollendorfplatz solch Ungetüm. Stolz stiegen wir ein und ließen uns vornehm in die dunkelblauen Kissen zurücksinken. Aber gleich waren wir wieder aufrecht und sahen zu den Fenstern hinaus. Es war erhebend anzuschauen, wieviel schweißtriefende Familienväter, Jungen, Dienstmädchen und Portiers nach Gepäckdroschken liefen.

«Beati possidentes!» sagte ich zu Ede und war stolz, daß er noch nicht so viel Latein konnte, sondern daß ich es ihm übersetzen mußte. «Glücklich, wer da hat!»

Ja, wir waren viel beneidet. Überall standen auf den Bürgersteigen hinter Kofferbastionen Familientrupps. Alte Großmütter winkten unserm Kutscher verzweifelt mit Regenschirmen. Jungens sprangen einfach auf das Trittbrett unserer Droschke und boten dem Kutscher eine Mark extra, wenn er sie fuhr. Wir schlugen sie so lange auf die Finger, bis sie loslassen und abspringen mußten.

Auch Vater stand in der Luitpoldstraße hinter einigen Koffern, hielt nach uns Ausschau und wollte schelten, weil wir so spät kamen. Aber der Kutscher nahm uns in Schutz. «Lassen Se man die Jungens!» sagte er. «Die haben noch Schwein jehabt, det se mir jekriegt haben! Heute jibt's in janz Berlin keine freie Jepäckdroschke. — Na, Herr Portier», wandte er sich an unsern Hausgewaltigen, der eben mit Minna einen Riesenkoffer heranschleppte, «is det det jrößte Stück? Na, denn wolln wa mal anfangen mit's Bauen!»

Und sie fingen an, den Koffer über Rad und Bock auf das Verdeck hinaufzustemmen. Aus dem Hause kamen immer neue Familienmitglieder mit Gepäckstücken, Plaidrollen, Schirmbündeln, zwischen denen unsere Strandschippen vom Vorjahre steckten. Aber Ede und ich beteiligten uns nicht mehr an der Schlepperei, wir begutachteten «unsere Gäule». Winnetous berühmter Zucht entstammten sie bestimmt nicht, aber ich war dafür, daß es doch Ostpreußen seien, Ede stimmte für Hannoveraner — eine Ahnung hatten wir beide nicht.

Vater versuchte unterdes das Verstauen des Gepäcks durch Ratschläge zu unterstützen. Aber das Familienhaupt wurde jetzt nicht beachtet, selbst Minna hörte nicht auf seine Worte. So verschwand Vater plötzlich im Haus, um Mutter auf den Trab zu bringen.

Endlich waren alle unten, endlich waren alle Koffer verladen und festgebunden. Endlich saßen alle, ich recht schmollend, denn ich hatte mich in den Wagen zwischen die Schwestern klemmen müssen, während Ede auf dem Bock thronte. Aber auch nicht eigentlich auf dem Bock, sondern auf einigen neben dem Kutscher untergebrachten Koffern: das Fassungsvermögen des Wagenverdecks hatte sich doch als zu gering erwiesen.

Mutter lehnte aus dem Fenster und gab Minna, die erst die Wohnung in Ordnung bringen wollte, ehe sie auf Urlaub ging, jene letzten Ratschläge, die wohl schon vor einigen Jahrtausenden die verreisende Hausfrau ihrer Schaffnerin gegeben hat: «Und sehen Sie, Minna, daß die Wasserleitung nicht tropft. Und der Gashaupthahn muß noch zugemacht werden. Ehe Sie im Speisezimmer einwachsen, reiben Sie die Stelle auf dem Parkett, wo Christa Glut verloren hat, mit Stahlspänen ab. Hänschen holt sich Frau Tieto selbst. Und die Blumen stellen Sie alle zusammen auf den Boden vom Balkon, dann hat es Frau Markuleit einfacher mit dem Gießen. Es wird ja auch einmal regnen. Und vergessen Sie nicht, die Schrippen und die Milch abzubestellen. Und die Zeitung soll der Junge solange bei Eichenbergs abgeben . . .»

«Los!» rief Vater dem Kutscher zu, und mit dem Anziehen der Pferde sank Mutter in ihren Sitz zurück.

«Ach, Vater!» rief sie ängstlich. «Ich habe sicher noch was vergessen . . . Da war bestimmt noch was . . .»

«Wenn noch was ist», sagte Vater entschlossen, «kannst du ja Frau Tieto eine Karte schreiben. Wir müssen jetzt los, sonst versäumen wir den Zug!»

«Im nächsten Jahre werde ich noch eine Stunde früher aufstehen», sagte Mutter. «Man wird nie in Ruhe fertig. Ich bin ganz abgehetzt . . . Was ich nur vergessen habe? Da war doch noch was!»

Und sie versank in Grübeln.

Unterdes war die Droschke, ächzend und klappernd, die Martin-Luther-Straße hinaufgefahren und bog jetzt auf den Lützowplatz ein. Der lag ganz in der Morgensonne. Auf dem Herkulesbrunnen rauschte und strömte schon die Wasserkunst und blinkte im Licht mit tausend grünen, gelben und blauen Tropfen. Kinder saßen schon in den Sandkisten und spielten. Wir aber würden heute abend schon im Seesand spielen!

Und während der Wagen nun rascher die grüne Hofjägerallee hinunterrollte, kam mir plötzlich alles ganz unwirklich vor. Jawohl, ich saß hier in einer Droschke, ich fuhr mit den Eltern und Geschwistern in die Sommerfrische — aber tat ich das wirklich? Das ein Jahr hindurch gelebte Stadtleben saß so fest in mir, daß dies, was jetzt wirklich geschah, mir ganz unwirklich erschien.

Mir war so seltsam, als sei ich noch zu Haus in der Luitpoldstraße. Ich meinte, mich dort stehen zu sehen in meinem Zimmer, mich und doch nicht mich, denn ich fuhr ja auch hier in einer Droschke durch den Tiergarten! Und es überkam mich, wie es mir schon einige Male — aber nur schwach — geschehen war, daß es eigentlich zwei Hans Fallada gebe, zwei ganz gleiche Hans Fallada, und sie erlebten beide genau das gleiche, aber sie ertrugen es nicht gleich.

Ich hatte schon versucht, diesen Gedanken zu Ende zu denken, aber ich war nicht damit zustande gekommen. Denn wenn es zwei ganz gleiche Hansen gab, so mußten sie bei denselben Eltern in derselben Stadt leben, und nicht nur in derselben Stadt. In der gleichen Straße mußten sie wohnen, im gleichen Haus und — immer mehr verengte sich der Kreis — im gleichen Zimmer. Im gleichen Bett mußten sie schlafen, in der gleichen Haut stecken, mit dem gleichen Munde reden — der andere Hans Fallada mußte also auch in mir sein.

Aber das stimmte nicht, denn ich fühlte ihn nicht in mir, sondern ich sah ihn außer mir. Wohl war er ganz gleich, aber er war doch wieder ein anderer, denn ich konnte ihn mit meinem inneren Auge außerhalb von mir sehen. Er war auch ich, aber er war ein Ich, das nicht ganz so wirklich war wie ich, der hier in einer Droschke fuhr, er war wie ein Schatten oder ein Gespenst. Oder wie ein Doppelgänger.

Manchmal konnte diese Erscheinung etwas sehr Beängstigendes haben, so wenn dieses zweite Ich etwas tat, was mir gar nicht recht war, und mein erstes Ich hatte dafür einzustehen, als habe es dies selbst getan. Aber in diesem Augenblick, eingezwängt in der übervollen Droschke an einem noch frischen Sommermorgen, war es fast erlösend, daß ich dies andere Ich dort in der Wohnung zurückließ, mürrisch und unzufrieden. Ein tiefes Glück überkam mich, daß ich fort von ihm fuhr, in den Sommer hinein, an einen Ort, wo es dieses andere Ich bestimmt nicht gab.

Ich wußte, es würden glückliche Ferien. Ich sah auf die Bäume des Tiergartens, ich sah das Grün und die hellen Kleider, ich war plötzlich so fröhlich wie noch nie. In mir sang es: ‹Ich fahre in die Ferien! Berlin ist erledigt! Ich fahre von der Schule fort! In meinem Zimmer steht der andere Hans Fallada, dessen ich mich immer schämen muß, und ich fahre fort von ihm! Was bin ich glücklich!›

Ein deutliches Mal fühlte ich mich in diesen Jahren ganz im Einklang mit mir. Es gab keine Zerrissenheit, keinen Zweifel mehr . . . Ich war wirklich glücklich . . .

Wir sind noch manches Mal nach dieser Reise durch Berlin in einer Gepäckdroschke zur Sommerfrische gefahren. Jedesmal habe ich mich dieses Gefühls von damals erinnert. Ich habe versucht, es mir zurückzurufen. Ich habe mir vorgesagt: ‹Ich reise. Ich reise wirklich! Ich fahre in die Ferien! Ich fahre von allem fort!› Aber dieses Gefühl des Wirklich-Unwirklichen ist nie wieder in mir entstanden, nie wieder habe ich das gleiche Glück empfunden.

Auch an jenem Tage schwand es viel zu rasch dahin.

Wir nähern uns nun dem Stettiner Bahnhof. Wir sind nicht mehr nur eine einzelne Gepäckdroschke, wir sind ein ganzer Heerestroß geworden. Aus jeder Querstraße biegen sie in die Invalidenstraße ein.

Fiete und ich liegen halb aus den Fenstern, wir halten Ausschau nach einer noch höher geladenen Droschke, als unsere ist, aber wir entdecken keine, uns gebührt die Palme!

Mutter hat endlich gefunden, was sie vergessen hat: «Im Büfett steht noch ein halber Napfkuchen, ich wollte ihn doch auf die Reise mitnehmen! Ich werde sofort Tatie eine Karte schreiben, daß sie ihn sich holt. Schade —!»

Und Vater gibt etwas nervös seine Instruktionen. «Ihr Kinder bleibt alle bei Mutter! Sie auch, Christa! Louise, du bleibst mit den Kindern in der Halle am Fuß der Treppe. Die Gepäckaufgabe besorge ich allein. Hoffentlich hat sich niemand in unser bestelltes Abteil gesetzt!»

Und wir halten vor dem Stettiner.

«Gepäckträger!» ruft der Vater.

Aber der Stettiner Bahnhof ist ein wallender, wogender Strudel. Vor uns Gepäckdroschken, die halb ausgeladen sind, hinter uns Gepäckdroschken, die abladen wollen und schon zu drängeln beginnen. Und kein Gepäckträger, der auf Vaters Ruf hört!

«Ihr da, macht en bißken dalli, wat?!» ruft der Kutscher hinter uns. «Oder habt ihr Stehplatz bezahlt —?!!»

Vater wirft alle seine Dispositionen um.

«Kutscher, geben Sie die Koffer herunter. Christa, wir beide wollen sehen, daß wir sie ihm abnehmen. Louise, halte die Kinder bei dir und nimm das Handgepäck an dich. Zähle die Stücke!» Wir sind nur Teilchen einer wirbelnden, laufenden, scheltenden, lachenden Menge. Plötzlich stecke ich mit der Nase im Bauch eines Herrn. Der Bauch ist weich. Der Herr hebt mich in die Luft, ruft: «Junge, träume nicht!» und setzt mich auf einen Koffer, von dem ich sofort wieder weggejagt werde, denn es ist nicht unserer.

Papa müht sich im Verein mit Christa an dem Riesenkoffer. Seine Zähne sind zusammengebissen, seine spitzen Schnurrbartenden zittern.

«Achtung, Christa! Setzen Sie den Koffer doch nicht auf den Hund ab!»

Ein «Blauer» drängt sich gemächlich durch das Gewühl, nimmt grade bei uns Posto und sagt, meinem Vater auf die Schulter tippend: «He, Sie! Hier dürfen Sie Ihre Koffer aber nicht abstellen! Der Eingang muß freigehalten werden!»

Ich bin entsetzt, daß mein Vater von einem gewöhnlichen Schutzmann mit «He, Sie!» angesprochen und einfach auf die Schulter getippt wird. Wäre ich der Vater, würde ich mich mit einer großen Gebärde zu erkennen geben: «He, Sie! Ich bin Kammergerichtsrat!»

Aber Vater sagt nur ein wenig verzweifelt: «Es sind gar keine Gepäckträger zu kriegen!»

«Hätten Sie früher aufstehen müssen!» sagt der Schutzmann, ganz unberechtigt, denn wir sind sehr früh aufgestanden. «Jedenfalls müssen die Koffer hier weg! Und das dalli!»

Damit entschwindet der Blaue, ehe ihm Vater noch antworten kann.

Unterdes ist ein kleiner Streit zwischen Mutter und Ede ausgebrochen. Ede soll ein Handköfferchen und ein Schirmpaket tragen, weigert sich aber. Er trägt einen Arm, als sei er frisch geimpft, im Ausschnitt seines Sommermantels und behauptet, ihn sich oben auf der Droschke gestoßen zu haben. Er könnte mit ihm nichts tragen. Mutter will die gestoßene Stelle sehen, aber Ede weigert sich, öffentlich seinen Arm zu entblößen. Er hält sich fern von Mutter. Er kommt mir komisch vor, wie er da seinen Arm im Mantel hält . . .

Vater ist verschwunden, und wir müssen ohne männlichen Schutz die Beschimpfungen und Flüche der Kutscher und Mitreisenden ertragen. Ich zittere davor, daß der Blaue zurückkommt und uns noch immer bei diesem Kofferberg findet. Vorsichtshalber schiebe ich mich zwischen andere Leute, ich will lieber nicht zu einer so beschimpften Familie gehören. Aber Mutters scharfes Auge, das ununterbrochen die Küchlein zählt, merkt sofort mein Verschwinden. Sie ruft mich, und ich muß nun direkt neben ihr stehen, im Brennpunkt aller Beschimpfungen. Ich entdecke, daß ich Vater beschuldige, alles verkehrt zu machen. Bei uns geht immer alles schief, was bei andern glatt geht. Die hinter uns haben längst Gepäckträger . . .

Jetzt fängt auch der Kutscher an zu rebellieren. Er will und muß fortfahren, er verlangt von Mutter das Fahrgeld. Mutter wagt es ihm nicht ohne Vaters Einverständnis zu geben, vielleicht braucht Vater den Mann noch. Der Kutscher wird immer gröber, statt mich über ihn zu ärgern, schäme ich mich nun auch meiner Mutter . . .

Gottlob, da kommt Vater! Er ist begleitet von zwei Gepäckträgern, die einen großen Karren schieben. Vater wirkt etwas bleich und aufgelöst, aber seine Schnurrbartspitzen zittern nicht mehr. Im Umdrehen ist das Gepäck aufgeladen und rollt durch den Eingang. Unterdes hat Vater den Kutscher gelöhnt, der sich sofort aus einem groben in einen höflichen Mann verwandelt hat. Er tippt sogar zum Abschied an seinen Lackzylinder und wünscht uns Glückliche Reise und Gute Erholung.

Wir drängen uns unter Mutters Kommando an die Treppe, die zu den Bahnsteigen hinaufführt. Jedes von uns — außer Ede, der seinen Kopf durchgesetzt hat — trägt mindestens zwei Handgepäckstücke, Christa und Mutter sogar drei oder vier. Am Fuß der Treppe angekommen, wird alles abgesetzt, eine Bastion gebildet — und sofort wieder eingerissen, denn schon wieder werden wir als Verkehrshindernis beschimpft.

Ich klettere zwei oder drei Stufen hoch und halte mich an dem Geländer fest. So erhöht sehe ich auf die brausende Halle hinab, auf dieses endlose, immerfort wechselnde Gewühl von Köpfen. Ich versuche, an der langen Schranke der Gepäckabfertigung Vater zu erkennen unter den Hunderten, die dort in drei, vier Gliedern stehen. Aber das ist ein vergebliches Bemühen. Ungeheure Kofferberge versperren jede Aussicht. Dann blicke ich nach den Schaltern hin. Vor allen Schaltern drängen sich die Leute. Gottlob, dorthin braucht Vater wenigstens nicht. Wir haben schon unsere Fahrkarten, wir haben sogar ein bestelltes Abteil!

Aber wie, wenn sich andere hineingesetzt haben wie im vorigen Jahr? Es gab Schamlose, die rissen einfach den «Bestellt»-Zettel vom Fenster und behaupteten, es hätte nichts daran gestanden. Das führte dann immer zu endlosen, immer erregter werdenden Verhandlungen, denen Vater, wie ich fand, nie gewachsen war. Vater blieb immer leise und höflich, die andern konnten noch so sehr schimpfen. Ich hätte an Vaters Stelle noch doller geschimpft! Ach, es war nicht zu leugnen: so oft wir die manchmal lästig empfundene Ordnung des eigenen Heims verließen, war alles bedroht. Wir galten nichts mehr. Vor unserm uns solchen Respekt einflößenden Vater schien niemand Respekt zu empfinden, alles Sichere war unsicher geworden.

«Hans!» rief die Mutter und — siehe da! — Vater war wieder bei uns! Das Gepäck war aufgegeben. Noch erregt vom eben überstandenen Kampf erzählte Vater, daß es bestimmt noch mit diesem Zug mitkommen würde, die Gepäckträger hätten es ihm fest versprochen. «Und ich gehe, sobald ihr eure Plätze habt, sofort an den Packwagen und passe auf, daß es auch wirklich mitkommt!»

«Hoffentlich!» sagte Mutter mit einem tiefen Seufzer. «Wie sollen wir sonst nächste Nacht schlafen?»

Der Marsch zum Bahnsteig, zum Zuge beginnt. «Bahnsteig sieben!» ruft Vater noch der Mutter zu. Sie macht mit Fiete die Führerin, während Vater mit mir die Nachhut bildet. Es ist aber unmöglich, in geschlossener Formation zu marschieren. Immerzu drängen sich Leute dazwischen. Wir sammeln uns erst wieder am Häuschen des Billettknipsers. Vater zeigt das Fahrscheinheft und läßt uns vorangehen, während er die Häupter seiner Lieben zählt. Plötzlich stößt er einen Schrei aus. «Louise!» ruft er über die Sperre fort. «Wir müssen doch sieben sein und sind nur sechs! Wo ist Eduard?»

«Ede?!» ruft die Mutter. «Ede!! Er war doch vorhin noch da! Hast du ihn denn nicht auf der Treppe gesehen?»

«Ich weiß nicht!» ruft Vater und sieht sich verzweifelt um.

«Los! Los!» ruft der Billettknipser. «Machen Sie hier keine Verstopfungen! Sie müssen die Sperre freimachen!»

«Wann hast du Ede zum letztenmal gesehen?» ruft Vater.

«Ich weiß doch nicht! Als wir zur Treppe gingen, war er noch da — glaube ich!»

«Also jetzt raus oder rein!» wird dem Vater energisch gesagt. «Ihretwegen können wir nicht den ganzen Betrieb stillegen!»

«Ich suche den Jungen!» ruft der Vater wie ein letztes Vermächtnis. «Nehmt immer eure Plätze ein!»

Und er stürzt sich wie ein Schwimmer in die Fluten.

Sehr bedrückt gehen wir den endlosen Zug entlang. Mutter versucht durch Befragen festzustellen, wann wir Ede zum letztenmal gesehen haben, als ob das jetzt noch irgendeine Bedeutung hätte! «Ist denn sein Handkoffer da? Nein? Auch nicht! Ach Gott, der Junge, der Junge! Was er nur immer anstellt! Er wird doch nicht schlechten Leuten in die Hände gefallen sein! Und der arme Vater! Er hat es so gerne, wenn alles still und glatt zugeht! Und heute klappt rein gar nichts...»

«Mutter», sage ich. «Hier fangen die Bestellt-Abteile an. Wir wollen mal sehen, ob wir unsern Namen finden.»

Wirklich, wir brauchen gar nicht lange zu suchen, da steht schon unser Name an einer Scheibe.

«Gottlob!» sagt Mutter. «Ist wenigstens das in Ordnung! Und das Abteil scheint auch noch leer zu sein!»

Aber als wir die Tür öffnen, sitzt doch schon jemand drin, und wer kann das anders sein als unser lieber Bruder Ede —?!!

«Ede!» ruft die Mutter ganz verblüfft. «Wie kommst du denn hierher?»

«Och!» sagt Ede. «Auf der Treppe haben sie mich egalweg gestoßen. Da hab' ich gedacht, ich geh lieber voraus und halt uns das Abteil frei. Und das war gut, Mutter, dreimal haben hier andere einsteigen wollen!»

«Aber wie bist du denn ohne Karte durch die Sperre gekommen, Ede —?!»

«Och, Mutter», sagt Ede wieder. «Das war ganz einfach! Ich hab' dem Knipser gesagt, Vater kommt hinterher — und das war nicht gelogen. Vater ist doch hinterhergekommen!»

«Dein Vater ist nicht hinterhergekommen», sagt die Mutter streng. «Dein Vater sucht dich auf dem ganzen Bahnhof. — Hans, laufe los, und sage Vater... Nein, du bist noch zu klein. Fiete — nein, besser Itzenplitz — nein, du kannst auch nicht über die Leute wegsehen! Christa, gehen Sie und sagen Herrn Rat...»

«Ach, Frau Rat, bitte, bitte, lassen Sie mich nicht gehen! Ich verlauf mich sicher und ich find den Herrn Rat bestimmt nicht! Und dann fährt der Zug ab, und ich hab' keine Bekannten in Berlin, und nach der Luitpoldstraße finde ich auch nicht zurück...»

Sie weint schon.

«Also gehe ich!» sagt Mutter gottergeben. «Aber daß sich keines von euch aus dem Abteil rührt! Und wenn jemand einsteigen will, sagt, daß alle Plätze bezahlt und besetzt sind. Und wenn der Schaffner kommt und die Karten verlangt, sagt ihr, Vater kommt gleich. Und den Vordersitz in der Fensterecke kannst du nicht haben, Ede, den bekommt Vater...»

Ehe noch der Streit zwischen uns Geschwistern um die Fensterplätze recht in Gang ist, verschwindet Mutter im Gewühl des Bahnsteigs. Wir fühlen uns recht verloren und verlassen. Wenn der Zug nun abfährt, ehe die Eltern kommen? Kein Geld, keine Fahrkarten — was sollen wir denn nur machen?

«Hans!» tuschelt Ede mir geheimnisvoll zu. «Gib mir deinen Fensterplatz, ja —?»

«Ich denke ja gar nicht daran!»

«Doch!» sagt er bittend. «Ich muß ihn einfach haben! — Kuck mal hier runter!»

Und er zeigt unter den Fensterplatz, von dem ihn Mutter vertrieben hat.

Ich sehe darunter, und sofort tönt mir ein bekanntes, aber schwaches Fauchen entgegen. «Hast du wirklich deinen Hamster mitgenommen?» frage ich erstaunt.

«Aber klar doch, Mensch! Ich werde ihn doch dem Markuleit nicht lassen, wo er so dämlich geredet hat! Die ganze Fahrt habe ich ihn vorne im Mantel gehabt, die Schnauze natürlich mit einem Lappen zugebunden. Beißen kann er nicht, aber er kriegt genug Luft!»

«Wenn das Vater merkt —!»

«Och —! Wenn wir erst fahren, schmeißt ihn Vater bestimmt nicht mehr raus! Und wenn ich ihn erst in Graal habe, stört er überhaupt nicht mehr. Ich fang mir 'n Weibchen dazu, und wenn ich Junge kriege, verklopp ich sie an die Tierhandlung. Für junge Hamster gibt's 'ne Masse Geld!»

«Na, denn steck ihn unter meinen Platz!» sage ich entschlossen. «Aber paß auf, daß die Gänse nichts merken, die schnattern sonst gleich los!»

Die Gänse oder die Schwestern waren gottlob völlig damit beschäftigt, aus dem Fenster zu schauen, einerseits nach den Eltern, andererseits nach der Uhr.

«Nur noch acht Minuten!» sagt Itzenplitz. «Wenn sie nicht kommen, habe ich das Kommando. Ich bin die Älteste!»

«Bist du nicht!» sage ich. «Christa ist es!»

«Christa, willst du kommandieren?» fragt Itzenplitz unsere siebzehnjährige Seniorin. «Siehst du, Hans! Sie will gar nicht und sie kann auch nicht. Sie hat ja von nichts eine Ahnung!»

«Und was willst du kommandieren?»

«Daß wir alle noch schnell aussteigen, ehe der Zug abfährt!»

«So! Du bist ja mächtig helle heut!» sage ich mit aller brüderlichen Höflichkeit. «Wo Mutter uns extra verboten hat, aus dem Abteil zu gehen!»

«Aber wir können doch nicht ohne die Eltern fahren!»

«Und warum können wir es nicht? Lassen das Abteil leer fahren, wo Vater es bezahlt hat, und er muß für alle sieben noch einmal nachbezahlen, wo er ganz gut mit Mutter allein uns nachfahren kann. Vielleicht holt er uns vor Gelbensande sogar noch ein, wenn er D-Zug fährt. Ich finde es direkt schick, wenn wir mal allein fahren! Wir würden einen Deebs machen, was Ede —?»

«Natürlich!» echote Ede, der an seinen nun unter meinem Sitz verwahrten Hamster denkt. «Du kannst es mir zehnmal sagen, Itzenplitz, ich steig doch nicht aus, wo Mutter es uns extra verboten hat.»

«Und wir können doch nicht fahren!» springt Fiete jetzt ihrer Schwester bei. «Wir haben ja gar keine Fahrkarten!»

«Nur noch vier Minuten! Sieh mal, die Schaffner fangen schon an, die Türen zuzumachen! Christa, sollen wir fahren oder sollen wir aussteigen?»

«Ich weiß doch nicht!» jammert Christa los. «Aber wenn ich allein mit euch zu fremden Leuten gehen soll, das tue ich nicht! Und allein fahre ich auch nicht mit euch, ihr laßt euch ja doch nie was von mir sagen!»

«Siehst du, Hans», sagt Itzenplitz triumphierend. «Christa sagt auch, wir müssen aussteigen!»

«Nein, nein, ich steig nicht aus mit euch!» jammert die Heulliese. «Ich geh nicht mit euch unter die vielen Leute! Ihr lauft mir gleich alle weg, und ich steh da und weiß nicht wohin!»

«Ich stelle fest», verkünde ich, stolz auf meine Geistesschärfe, «daß Christa nicht mitfahren und nicht aussteigen will. Was willst du nun eigentlich, Christa?»

«Ich weiß doch nicht! Warum fragt ihr mich denn immerzu? Aber das sage ich euch, wenn der Herr Rat nicht gleich kommt, dann fahre ich nach Haus! Ich hab's nicht nötig, so in der Welt herumzufahren wie 'ne Waise, ich hab richtige Eltern, bei denen ich bleiben kann!»

Gottseidank kam der Herr Rat mit seiner Rätin nun wirklich gleich. Er war so froh, den Zug doch noch erreicht zu haben, daß Ede nicht mehr als ein paar scherzende Scheltworte abbekam, nebst einem Zupfen am Ohrläppchen. Während Mutter dem Vater seinen Eckplatz gemütlich mit Kissen herrichtete — wir fuhren selbstverständlich Dritter —, während Vater das schwere Tuchjackett mit einem leichten aus Lüster vertauschte und auf den Kopf statt des Filzhutes ein leichtes Käppi setzte, das den schon blaß zwischen licht werdenden Haarsträhnen durchschimmernden Schädel vor Erkältungen schützte, während Itzenplitz schon mit Marlitts Goldelse anfing und Fiete von Christa ihre große Puppe verlangte, die doch auch etwas von der Reise sehen sollte, während Ede ungewohnt steif auf «meinem» Eckplatz saß, die Beine gewissermaßen als Gitter vor dem Versteck des Hamsters, den er mit einem Bindfaden ans Heizrohr gebunden hatte, während ich zum offenen Türfenster hinausschaute — während alledem hatte es auf dem Bahnsteig einen letzten Tumult, ein letztes hastiges Rennen und Schleppen gegeben. Die letzten Türen waren zugeschlagen, die Pfeife des Zugführers hatte geschrillt, und mit lautem Puffen und Dampfausstoßen hatte die Lokomotive unsern Zug in Gang gebracht.

Nun rollte er schon etwas freier, klapperte aber immer noch über Dutzende von Weichen, und ich sah neugierig in all die engen, rauchgeschwärzten Hinterhöfe, die mir bei dieser Ferienfahrt ins Freie besonders abscheulich vorkamen. All die Leute, die in ihnen hausen mußten, schienen mir beklagenswert. Ich begriff fast nicht, daß wir fast ein ganzes Jahr im dritten Stock eines solchen Hauses an der Luitpoldstraße gewohnt hatten!

Nun wurde der Blick etwas freier, ich sah in den Friedhof der Französischen und Hedwigs-Gemeinde und — plötzlich ganz traurig — wendete ich mich ins Abteil zurück und sagte zu Vater: «Wenn wir den Kirchhof wiedersehen, sind die großen Ferien schon vorbei!»

«Und die nächsten sind dir sechs Wochen näher!» lachte Vater und streckte sich behaglich auf seinem Eckplatz aus. «Werde bloß nicht elegisch, mein Sohn, sondern freue dich dessen, was du hast! Das Dunkle der Zukunft, wie auch die unvermeidliche Fünf in deiner nächsten Algebraarbeit, darfst du jetzt ohne Sorge schlummern lassen. Sechs Wochen sind eine mächtig lange Zeit, Hans, und wir wollen sie genießen und uns nicht die Laune verderben lassen.»

Dieses mit einem Blick auf Ede, den Übeltäter.

Eben fuhr stolz in viel rascherem Tempo ein D-Zug an uns vorüber. Ich sah ihm neidisch nach, hatte schon wieder meinen kleinen Kummer über die Vergänglichkeit irdischer Freuden vergessen, und rief: «Ach, Vater, warum fahren wir eigentlich nie D-Zug? Ich würde furchtbar gern mal D-Zug fahren!»

Vater lächelte mit all seinen Augenfältchen. «Aber warum denn, mein Sohn? Du sitzt hier wie dort auf Holz, aber du mußt es teurer bezahlen und hast weniger davon, denn du bist drei Stunden eher am Ziel. Warum sollen wir der Eisenbahn drei Stunden schenken?»

Ich bin nicht einmal sicher, ob nicht Vater wirklich so dachte. Vielleicht war es nicht nur Sparsamkeit, daß er stets mit uns den Personenzug benutzte. Seine ganze Natur war allem Hasten und Hetzen abhold. Er liebte es wirklich, wenn der Zug an jedem kleinen Bahnhof hielt. Dann sah er gemächlich aus dem Fenster zu, wie ein paar Bauersfrauen mit ihren Körben sich beeilten einzusteigen, und zog er den Kopf zurück, hatte er immer eine kleine Beobachtung gemacht, aus der sich ein Geschichtchen spinnen ließ. Ein hastiges Abschiedswort, die schwerwiegende Frage, was die Frauen in ihren Körben gehabt hätten, eine einsame Kuh, die aus dem Türspalt des Güterwagens ihre feuchte Schnauze gesteckt hatte, all dies und tausend anderes gab ihm den Stoff, aus dem er seine Plaudereien spann.

Richtig, jetzt fällt es mir wieder ein, mein Vater hatte eine besondere Vorliebe für die Bücher von Heinrich Seidel, diesem Behaglichkeitsphilosophen der kleinen Leute, des Alltagsglücks, dessen gar zu billiger Optimismus uns heute schon ein wenig fade schmeckt. Aber wie Seidels Leberecht Hühnchen beim Verzehren eines einzigen Eis sich an dem Gedanken ergötzte, daß er mit diesem einen Ei Hunderte von Hühnergenerationen vom Erdball nur zur Ernährung seines Wanstes tilge (er nannte das Schlampampen) und sich dadurch seine überragende Stellung als fast gottgleicher Mensch bewies, so sog mein so selten von seiner Arbeit fortkommender Vater aus jeder Blume Honig. Jeder Mensch war ihm interessant, jeder Vogelruf freute ihn, und noch auf jedem Schutthaufen entdeckte er Blumen, die niemand sonst sah! Warum sollte er da nicht auch mit besonderem Vergnügen die dritte Klasse eines Personenzuges benutzen —?!

Meine Mutter kam von ihrer Entdeckungsreise zurück. Sie hatte nach der «Örtlichkeit» oder, wie wir Kinder es einfacher nannten, nach dem «Örtchen» gesucht. Wenn man mit vier, eigentlich mit fünf Kindern (denn Christa konnte man wirklich nicht für voll rechnen!) sieben bis acht Stunden auf der Bahn sitzt, war die Frage nach diesem Ort schon brennend. Aber Mutter brachte eben die beruhigendsten Nachrichten.

«Es liegt gleich hier nebenan», erzählte sie in dem halben Flüsterton der Diskretion, den das Thema gebot. «Wir teilen es nur mit den Leuten aus dem Abteil neben uns, da wird es doch nicht immer besetzt sein. Freilich, sie fahren mit fünf Kindern, und keines ist älter als zehn. Recht nette Leute, Vater, ich habe ein paar Worte mit ihnen geredet, aber die Frau trägt zu viel Schmuck, um wirklich fein zu sein. Sie fahren nach Brunshaupten, schon den fünften Sommer, denke dir! Sie sind sehr zufrieden mit Brunshaupten, Vater, sie sagen, es ist dort alles viel leichter zu kriegen als in Graal. Sie haben dort auch eine Landungsbrücke, so was macht den Kindern doch immer sehr viel Spaß, wenn ein Dampfer kommt, sagen sie. Wirklich angenehme Leute, trotz des vielen Schmucks. Kinder, ihr müßt im Nebenabteil ordentlich grüßen, wenn ihr ‹dahin› geht, hört ihr!»

Ich hörte es, aber ich war nur mit halbem Ohr bei Mutters Bericht über die Abteilnachbarn. Ich dachte an frühere Reisen, als wir noch kleiner waren. Zu den damaligen Zeiten muß noch keinesfalls jeder Bahnwagen über ein Örtchen verfügt haben, und was machte eine unselige Mutter mit ihren Kindern, wenn sie «dahin» müssen und es gibt kein «Dahin»!

Nun, wir fuhren mit einem Gerät, das wir das Gummipötterchen nannten. Wie es zu uns gekommen ist, ob durch Kauf oder Geschenk, das weiß ich nicht mehr. Aber jedenfalls war es da, war Familienbesitz, war sicher einmal nicht billig gewesen, und so blieb es denn auch bei uns, trotz offensichtlicher Fehler in der Konstruktion. Der Erfinder dieses Reisetopfes war nämlich von dem Gedanken beherrscht worden, daß Reisende wenig Platz in ihren Koffern haben. Er hatte also seinen Topf nach dem Prinzip des Chapeau claque konstruiert: auf einen Druck an den beiden Seitenrändern ließ er sich flach zusammenlegen wie solch ein Seidenhut. Drückte man wieder, so sprang er auf, seine derbe graue Gummihaut strammte sich, und er bot willig seine Wölbung – nebenbei ein sehr verlockendes, aber nie erlaubtes Spielzeug für uns Kinder.

Aber der Erfinder hatte nicht bedacht, daß die Benutzer diese Raumersparnis teuer mit großer Unsicherheit bezahlen mußten. Es war ein Reisetopf, Reisen werden aber vorwiegend in nicht stille stehenden Behausungen ausgeführt, sondern meist in Wägen, die sich, mit Rädern versehen, mehr oder weniger schnell fortbewegen. Selbst auf der Eisenbahn, deren Schienen den menschlich denkbar glattesten Weg darstellen, gibt es nicht selten häufig plötzliche Stöße, Schwankungen in Kurven, einen Ruck, den die auf der Lokomotive zu rasch gezogene Bremse auslöste.

Wohlan! Einen mäßigen gleichbleibenden Druck ertrug das Pötterchen willig, besonders dann, wenn sein Benutzer eine längere halb schwebende, halb hockende Stellung einzunehmen wußte. Verstärkte sich der Druck auf die Seitenwände aber plötzlich, hervorgerufen etwa durch das Schleudern des Wagens in einer Kurve, so wurde aus dem Töpfchen ein Chapeau claque. Plötzlich legte es sich zusammen und sein Inhalt...

Nein, ich muß sagen, ich hatte schon als Kind das Gefühl, es sei ein Pötterchen mit ausgesprochen boshaftem Charakter. Es wartete immer, bis sein Zusammenklappen auch Übles anrichtete. Es ertrug bis dahin auch stärkere Stöße willig, um seinen Benutzer in Sicherheit

zu wiegen, ihn zu einem «laisser faire laisser aller» zu verführen —
und alle schrien auf!

Meine hart geprüften Eltern hatten sich eine große Gewandtheit
im Umgang mit diesem Unhold angeeignet. Sie gaben uns Kindern
Hilfestellung. Eines hielt unter dem rechten, eines unter dem linken
Arm.

Vater sprach mahnend: «Mach nur schnell, Hans! Ich habe eben
aus dem Fenster gesehen, wir haben ein Stück ganz grade Strecke
vor uns!»

Und ehe wir uns noch versahen, bremste der Zug oder ging doch
in eine Kurve —, und wir schrien alle, alle auf!

Mancher wird fragen, warum meine Eltern nicht nach solchen Erfahrungen das moderne Gummitier verwarfen und zum bewährten
emaillierten Blech zurückkehrten, das wohl mehr Platz beanspruchte,
dafür aber auch größere Sicherheit bot. Ich weiß es eigentlich auch
nicht — aber der Mensch ist wohl so, daß er schließlich auch seine
Plagen lieben lernt und ohne sie nicht mehr leben mag. Und dann
wurden wir ja auch immer größer, das war nicht zu übersehen. Ein
Emailletopf wäre eine Neuanschaffung gewesen, zu Haus hatten wir
nur Steingut, das Porzellan genannt wurde und mit Blumen in ver-
schiedener Zusammenstellung geziert war. Mutter sagte: «Es ist ja
nur noch dieses eine Jahr, Vater. Dann sind die Kinder groß und
können an einer Station auf den Bahnsteig. Und wir werden besser
aufpassen . . .»

Ja, Pustekuchen, aufpassen! Das Pötterchen paßte viel besser auf.
Da haben wir wieder den Salat!

Nun haben wir schon zweimal gefrühstückt, wir haben bereits dreimal so viel gegessen wie sonst zu Haus, und sind alle recht schläfrig
oder schlafen auch schon. Mir gegenüber sitzt Christa, auf ihrem
Schoß liegt Fietes schlafender Kopf, an ihrer Schulter lehnt Itzenplitz, schlummernd, mit offenem Mund. Christa sitzt steil aufrecht.
Als Stab und Stütze hat sie vor sich zwischen den Knien ihren der-
ben, ländlichen Schirm eingepflanzt in den Boden des Abteils. Ihre
breiten roten Hände liegen fest auf dem Griff, der einen Vogelkopf
darstellt. Aber trotz dieser aufrechten Haltung schläft auch Christa.
Sie hat den Mund geschlossen und schnurkelt friedlich durch die
Nase.

Ede schläft in seiner Ecke, um sich vor der Sonne zu schützen, hat
er sich die Gardine über das Gesicht gelegt. Auch Vater hat die Augen
geschlossen und die Beine weit von sich ausgestreckt. Er kann das
gut, denn Mutter ist auf einen kleinen Plausch zu den Abteilnachbarn gegangen.

Der Zug fährt unermüdlich. Sein regelmäßiges «Rattata Rattata»
bilde ich mir im Einschlafen in «Bald sind wir da — bald sind wir
da!» um. Ich blinzle nur noch, ich werde auch sofort hinüber sein.

Aber ganz kann ich doch nicht zur Ruhe kommen. Da ist irgendein
Geräusch im Abteil, das mich stört. Es ist ein Geräusch, das hier nicht
hergehört. Ich sage mir vor: «Bald sind wir da! Rattata! Hurra!», aber
ich horche dabei schon wieder. Ich mache die Augen wieder auf, die

96

Der Mesocricetus auratus, vulgo Hamster...

... hat als vorsorglicher Sammler bei weitem nicht den guten Ruf des Eichhörnchens oder der Biene. Er ist in keiner pädagogischen Lehrfabel genannt; der Staat bedient sich seiner nicht, wenn er zur großen Sammelaktion ruft. Immer nur das putzige Eichhörnchen; nur die fleißige Imme.

Daran ist Gottfried Keller schuld. Im «Grünen Heinrich» hat er den Hamster ins schiefe Licht gebracht: «Als ein angehender Geldhamster nahm ich mir nun vor, nie mehr ohne Beutel zu wirtschaften.» Seitdem muß der Hamster für das maßlose Scheffeln herhalten. Sei's denn. Ob nun gehamstert oder geeichhörnt: Hauptsache, man sorgt überhaupt vor.

Pfandbrief und Kommunalobligation

Meistgekaufte deutsche Wertpapiere - hoher Zinsertrag - bei allen Banken und Sparkassen

Verbriefte Sicherheit

schon fest geschlossen waren. Ich sehe mich um, ich versuche festzustellen, woher dieses ungewohnte Geräusch kommt.

Da sehe ich etwas auf dem Boden des Abteils. Es sitzt da, hat einen
Griepsch in den Vorderpfoten und nagt daran, ganz schnell und stoß-
weise. O Gott, der Hamster! Wir haben ja ganz den Hamster vergessen, Ede wie ich! Der Hamster ist los!

Ich sehe nach Ede hin, aber Ede ist ganz hinter seiner Gardine verschwunden, er schläft tief. Wollte ich einen Versuch machen, ihn zu
wecken, würde eher das ganze Abteil wach. Ich kenne das bei Ede.
Wir haben schon eine Weckuhr neben ihm aufgebaut, die lauteste
Weckuhr des ganzen Hauses, und die haben wir auch noch auf einen
umgestülpten Teller gestellt, den Lärm zu erhöhen. Ede schläft immer weiter. Ede ist nur zu wecken, wenn man ihn mit reichlich Wasser begießt oder aus dem Bett auf den Fußboden rollt.

Nein, Ede kann ich nicht wecken, und will es auch nicht. Der Hamster sieht recht possierlich aus. Da ich doch nicht wieder einschlafen
kann, sehe ich ihm lieber zu. Die ungewohnte Lebenslage, das Poltern und Rollen des Zuges scheinen unsern Maxe nicht zu stören, er
benimmt sich friedlich und vertraut, als säße er vor der Tür seines
Baues im heimischen Weizenacker.

Der Apfelgriepsch hat seine Schuldigkeit getan, er ist hinüber. Der
Hamster nähert sich Christas Schuhen, beschnüffelt sie, wobei er seine
rosaweiße gespaltene Nase rasch über den langen gelben Schneide-
zähnen auf und ab zieht, und nun hat er entdeckt, daß zwischen
Christas Schuhen ein Weg hindurch in das Dunkel unter ihrem Sitz
führt! Er benutzt diesen Weg und verschwindet aus meinem Ge-
sichtsfeld.

Eine Weile horche ich. Aber nichts läßt sich vernehmen, nichts geschieht. Es ist ein ausgesprochen langweiliger Hamster, ich habe das
Ede schon immer gesagt. Ein Karnickel würde nie so lange tatenlos
im Dunkeln sitzen! Der Hamster kann ruhig etwas tun, um mir die
langweilig-schläfrige Mittagsstunde zu vertreiben, ich habe seinetwe-
gen meinen Eckplatz an Ede abgetreten!

Ich sehe mich suchend um. Über mir im Gepäcknetz liegt Vaters
Stock. Ich hole ihn mir, und nun versuche ich, durch Christas eng
beieinander stehende Beine ins Dunkle vorzustoßen. Hell erklingen
die Eisenrohre der Heizung, aber ein ärgerliches Fauchen verrät mir,
daß ich nicht nur sie getroffen habe. Der Hamster, der ein mutiges
Tier ist, erscheint wieder und attackiert meinen Stock. Er sitzt auf den
Hinterbeinen, zornig hat er die Zähne entblößt, er schnappt nach dem
Stock. Dieses große, braungelbe Dings kann ihn nicht in Schrecken
versetzen, es ärgert ihn, er wird immer wütender. Sieh da, diese
Handvoll Fett und Fleisch und Zähne möchte den meterlangen Stock
einfach verschlingen!

Ich ziehe den Stock vor und zurück, ich berühre den Hamster bald
am Kopf, bald an der Brust — wie er sich bläht vor Zorn, wie seine
Backentaschen anschwellen! Es ist ein wunderbares Spiel: ich bin ein
kleiner Herrgott. Ich bin mit etwas Neuem in diese kleine Hamster-
welt eingebrochen. Aber Maxe gibt sich nicht geschlagen, nein, im-

mer wieder nimmt er den Kampf mit dem nie gesehenen Ungeheuer auf. Er ist nicht feige. Ich aber bin ein milder Herrgott, der Hamster hat keine Ahnung, daß ein einziger Schlag dieses Stockes, gegen den er so verbissen kämpft, seinem kleinen Dasein für immer ein Ende bereiten würde — ich berühre ihn nur sanft ...

Dann lasse ich den Stock sinken. Maxe begreift nicht sofort, daß die Drohung vorbei ist. Mit seinen handförmigen Vorderpfoten schlägt er nach dem Stock, er zerrt an ihm mit den Zähnen ... Aber der Stock bleibt ruhig, er will nicht mehr. So wird auch der Hamster sachte friedlicher, er beschnuppert den Stock: ach, es ist nur so ein blödes totes Stück Holz, wie er es schon draußen auf den Feldern gefunden hat, es hat kein Leben in sich, es ist kein Gegner! Der Hamster dreht dem Stock verächtlich den Rücken.

Nun läuft er schnuppernd durch das Abteil. Wo es geht, bleibt er auf dem Boden, windet sich zwischen all den Schuhen hindurch, wo es nicht anders zu machen ist, überklettert er sie auch. Die Schläfer schlafen fest. Auf seinem Marsch findet der Hamster bald hier, bald dort ein paar Brotkrumen, die wir bei unserm Mahl verloren haben. Jedesmal beriecht er sie erst, dann schiebt er sie in seine Backentaschen.

Nachdem ich ihn als Gott in Zorn versetzt habe, bin ich jetzt gerne bereit, ihn zu füttern, denn sicher hat er Hunger. Aber er hat sich jetzt zu weit von mir entfernt, er ist am andern Ende des Abteils, in Vaters Nähe. Ich beobachte gespannt, was er nun tun wird, denn Vaters ausgestreckte Beine bilden eine Barriere.

Maxe beriecht zuerst Vaters Schuhe. Obwohl er mir den Rücken zukehrt, kann ich deutlich erkennen, wie sehr ihn der Geruch der Stiefelwichse anekelt. Einen Augenblick scheint er zu zögern, dann wendet er sich den Beinkleidern zu. Sie scheinen ihm sympathischer, vielleicht erinnern sie ihn an all das flockige weiche Zeug, das seine Hamsterin einst zum Wochenbett zusammentrug. Einen Augenblick wird meine Spannung riesengroß: der Hamster scheint bereit, in die warme dunkle Höhle von Vaters Hosenbein hineinzusteigen, aber Maxe entschließt sich dann doch anders. Er klettert auf den Fuß. Ich denke natürlich, er will die Barriere nur überqueren, wie er die Schuhe überquert hat, um an die Grenzen seines Reiches zu kommen. Aber Maxe ist von einem Drang zur Höhe erfaßt: er beginnt an Vaters Beinen hochzuklettern.

Es ist ein wahrer Jammer, daß Ede schläft, daß ich keinen Gefährten bei diesem Anblick habe, mit dem ich den Überschwang meiner Gefühle teilen kann. Hinterher wird es mir keiner glauben, daß Maxe an Vaters Beinen hochgeklettert ist, sie werden mich mal wieder ermahnen, meine Phantasie zu zügeln. Aber da ist er! Da ist er im schönsten Sonnenlicht, klar am Tage, ohne alle Phantasie, der Hamster, der an Vaters Bein hochklettert, an einem kammergerichtsrätlichen, freilich mageren Bein!

Vater ist ein leiser Schläfer, zwar erwacht er noch nicht, aber das Kitzeln beunruhigt seinen Schlaf; er bewegt das Bein, nimmt es aus der gestreckten Ruhelage und stellt es aufrecht. Fast wäre Maxe abgestürzt, aber seine Krallen haben sich im Stoff festgeklammert, er sitzt still da, überlegend, was nun eigentlich passiert ist.

Dann setzt er seinen Weg fort. Es gelingt ihm, die überhängende Wand der Kniescheibe zu bezwingen, nun ist er auf dem Knieplateau, sichtlich atemholend. Er überschaut, scheint's, die Landschaft, die sich von hier oben ihm darbietet. Es ist ihm nicht anzusehen, ob sie ihm zusagt, aber jedenfalls ist sein Wissensdurst noch nicht gestillt. Er setzt die Reise fort.

In meines Vaters Schoß liegen friedlich und entspannt die beiden Hände. Es sind sehr kleine, zierliche Hände, ich bewundere sie. Ich habe sie nie schmutzig gesehen, die Nägel waren immer gepflegt, während meine Hände Pfoten waren, und durchaus nicht immer sauber. Vielleicht lockt das Weiß dieser Hände Edes Hamster, vielleicht aber auch Vaters ererbter Siegelring mit dem schönen roten Stein, in den unser Familienwappen geschnitten ist. In vier Feldern sieht man darauf: einen Kesselhaken, ein Gartenhäuschen, auf das eine Baumreihe zuführt, eine Schafschere und den Reiher als Wächter: er hält einen Stein in der Kralle, schläft er ein, wird der Stein ihm auf den andern Fuß fallen und ihn wecken.

Sicher lockt den Hamster der Ring. Er huscht zu den Händen, eine Weile beschaut er sie, hebt die Nase und prüft den Geruch, dann senkt er sie und beschnobert die Hand. Diese Hand macht eine leise abwehrende Bewegung. Der Schläfer hat die Berührung der Nase gespürt, vielleicht meint er, eine Fliege zu verscheuchen.

Der Hamster sitzt sofort in Angriffsstellung da, aber die Hand schläft schon wieder mit dem ganzen Schläfer. Sie kann dem Maxe ganz und gar nicht unsympathisch sein, er schnobert noch einmal —. wieder leichte Bewegung der Hand —, dann erklettert sie der Hamster und sieht ins Ärmelloch.

In diesem Augenblick verläßt die Hand ihren Platz und schüttelt sich. Maxe ist in den Schoß gefallen. Die Hand hat ganz blind drei-, viermal zugeschlagen, der Hamster faucht, nun beißt er zu . . .

— — Und ganz schnell schließe ich die Augen, versinke in tiefen Schlaf . . .

Ich höre Vaters Ausruf: «Was ist denn das —?! Ich bin ja gebissen!»

Lauter: «Was ist das? Willst du mal loslassen, du kleine Bestie, du?!»

Ich höre ein leichtes Klacksen auf den Boden des Abteils, ein Quieken von Maxes Stimme, voller wütendem Protest, und nun sagt Vater höchst erstaunt: «Ein Hamster! Ein Hamster hier im Abteil! Gottlob! Ich dachte wahrhaftig schon, es wäre eine Ratte . . .»

An den Geräuschen merke ich, daß jetzt die Schwestern und wohl auch Christa erwacht sind, ich aber schlafe fort, und auch Ede scheint geruhig weiter zu schnurkeln.

«Ja, Kinder, ich bin gebissen!» sagt Vater. «Es ist aber nur ein Hamster gewesen. Ich will hoffen, daß er saubere Zähne hatte, sonst bekomme ich noch eine Blutvergiftung. — Nein, ihr könnt ihn nicht sehen, er ist irgendwo unter einen Sitz gekrochen. — Sagt mal, weiß jemand von euch, ob Eduard (siehe da! Schon wieder Eduard statt Ede!) seinen Hamster etwa mitgenommen hat? Aber ich bitte mir aus, daß ihr die Wahrheit sagt!»

«Eduards Hamster? Nein, Vater», sagt Itzenplitz. «Ich glaube das nicht. Er wollte ihn doch Herrn Markuleit in Pflege geben.»

«Ja, hat er das aber auch getan?»

«Runtergelaufen ist er heute früh noch mit Hans zu Markuleits», meldet Fiete. «Aber vielleicht, Vater . . . Wie wir auf dem Stettiner Bahnhof noch allein im Abteil waren, ohne dich, da hat Ede immerzu mit Hans getuschelt!»

Oh, du Petze, warte nur! Wenn wir erst in Graal sind, setze ich dir so viel Kletten in die Haare!

Vater hat nachgedacht, er ist ja nicht umsonst einmal Untersuchungsrichter gewesen. «Tat Ede nicht auf dem Stettiner so, als hätte er sich den Arm verletzt, trug ihn immer vorne im Mantel? Und nachher hier im Abteil hat er überhaupt nicht mehr über den verletzten Arm geklagt — das sieht Ede so gar nicht ähnlich!»

«Und, Vater, daß Ede vorausgelaufen ist auf den Bahnsteig — da hat er ihn doch sicher hier im Abteil versteckt», gibt nun auch Itzenplitz ihren Senf dazu. (Auch du wirst noch dein Teil bekommen! Bestimmt packen wir dir einen Regenwurm aufs Butterbrot!)

«Ja», sagte Vater. «Es scheint immerhin ein begründeter Verdacht vorzuliegen.»

Mit erhobener Stimme: «Ede!»

Schnurkeln.

«Ede!!»

Schnurkeln.

«Ede!!!»

Schnurkeln.

«Itzenplitz, sieh, daß du ihn wachschüttelst. Du darfst ihm ruhig stark auf den Fuß treten. Mein Finger tut ziemlich weh.»

Und lauter: «Und du, mein Sohn Hans, tu ruhig deine Guckäugelein auf! Ich sehe doch, daß du nicht schläfst, du mußt nicht so mit deinen Lidern zucken! — Nun, wie ist es, Hans? Hat Ede seinen Hamster hier ins Abteil gebracht?»

«Welchen Hamster?» frage ich und gähne dabei herzhaft. «Ist hier 'n Hamster? Das ist ja mächtig komisch!»

«Ich warne dich, Hans!» sagt mein Vater liebevoll. «Laß dich nicht in Lügen ein, du warst immer ein schlechter Lügner, wenn du nicht selbst an deine Lügen glaubtest. Und diesmal glaubst du nicht daran.»

«Aber ich habe wirklich keine Ahnung, Vater! Ein Hamster —? Ich habe ganz fest geschlafen . . .»

Gottlob erlöste mich Ede. Mit einem kombinierten Wut- und Schmerzensschrei fuhr er hinter der Gardine hervor.

«Du bist wohl verrückt geworden —?!!» schrie er seine Schwester Itzenplitz an. «Mich so in den Arm zu kneifen —! Warte mal, ich werde dich noch ganz anders kneifen —!»

«Ede!» sprach Vater streng. «Ede — wo ist dein Hamster?»

Ede warf einen ängstlich-raschen Blick durch das Abteil und schwieg.

«Ede!» fuhr Vater mit erhobener Stimme fort. «Ich frage dich: wo ist dein Hamster —?! Ist er, wie du deiner Mutter versprochen hast, bei Markuleits — oder ist er vielleicht unser Reisekamerad?»

Ede lief immer röter an. Ihm schwante, daß etwas geschehen war. Aber er war ganz unsicher, wie weit er sich schon in Geständnisse einlassen sollte.

«Ede!» rief der Vater jetzt. «Ich frage dich zum drittenmal: wo ist dein Hamster —?!!! Willst du ihn etwa verleugnen —? Sieh dir dies an!» Und Vater wickelte ein blutiges Taschentuch von seinem blutigen Finger. «Eduard, ein Hamster hat mich gebissen — war es vielleicht dein Hamster?!»

«Vater!» sagte Eduard etwas überstürzt. «Mein Hamster beißt keinen. Bestimmt nicht! Hat mich noch nie gebissen! Und Markuleit hat so gemein von ihm geredet, heute früh, sicher hätt' er ihn verhungern lassen. Das ist doch Tierquälerei, und da hab' ich gedacht . . .»

«Eduard!» sprach Vater. «Du hast heute bereits mehrfach gelogen. Weder war dein Arm verletzt, noch bist du in dieses Abteil vorausgegangen, um uns die Plätze zu sichern. Es ist nicht empfehlenswert für dich, auf dieser Bahn fortzuschreiten, eine starke Trübung deiner Ferien könnte eintreten. — Ede, sag ganz einfach: du hast uns angeschwindelt?»

«Ja, Vater.»

«War dir klar, daß ich nie erlauben würde, den Hamster auf die Reise mitzunehmen?»

«Ja, Vater.»

«Und ist es etwa keine Tierquälerei, einen Hamster in einer kleinen vergitterten Kiste zu halten? Überlege es dir gut, Ede!»

«Ja, Vater, vielleicht . . . Aber er kam mir immer ganz vergnügt vor — für einen Hamster, Vater. Ein bißchen brummig sind die alle . . .»

«Mir kam er nicht vergnügt vor», sagte der Vater und betrachtete seinen Finger. «Ede, du hast eine Viertelstunde Zeit, deine sämtlichen heutigen Vergehen zu tilgen. Du wirst den Hamster einfangen — nein, du allein! Nicht ihr alle! — und du wirst ihn auf der nächsten Station in Freiheit setzen. Wir halten jetzt nur an ländlichen Orten, da wird dein Hamster sich schon glücklicher fühlen . . .»

«Vater», bat Ede. «Darf ich ihn nicht wenigstens bis Graal mitnehmen? Ich dachte, wenn ich ein Weibchen für ihn fange, würde er sich nicht mehr so einsam fühlen . . .»

«Ich weigere mich», sagte Vater strenge, «ich weigere mich, mir unsern Berliner Haushalt als eine Hamsterhecke zu denken. Mein Kopf weigert sich, meine Phantasie weigert sich, mein ganzes Wesen empört sich dagegen. Du weißt Bescheid Ede! Eine Viertelstunde . . .»

Und Vater setzte sich. Er zog seine «Tägliche Rundschau» aus der Tasche und verschwand ganz hinter ihr, zum Zeichen, daß er jede weitere Diskussion über diesen Fall ablehne.

Das sah Ede auch ein. Seufzend beugte er sich unter die Sitze und fing an, den Hamster zu locken. Aber Maxe war verstimmt, er weigerte sich, auf die Stimme seines Herrn zu hören. Blind und taub wie alles Erdgeborene ahnte er nicht, daß diese Stimme ihm zum ersten Male Angenehmes verkündete: die nahe Freiheit. Er beharrte widerborstig in einem äußersten Winkel, wo ihm die Heizrohre einen fast unangreifbaren Schutz boten. Nur sein wütendes Fauchen war zu hören.

Ich bot Ede wortlos Vaters Stock an. Er stocherte, und das Fauchen wurde grimmiger. Dann gab der Hamster seine unhaltbar gewordene Position auf, aber nur, um unter Vaters Platz eine ganz ähnliche zu beziehen. Vater mußte in seiner Lektüre gestört werden. Schließlich erwies sich Vaters Befehl, Ede solle seinen Maxe allein fangen, als unhaltbar. Wir beteiligten uns alle an der Jagd, Vater nicht ausgenommen.

Es ist für sechs Personen nicht ganz leicht, im engen Abteil eines fahrenden Zuges ein zähnefletschendes, rasendes Ungeheuer einzufangen. In der Hauptsache mußte die Jagd auf den Knien durchgeführt werden, nicht zum Vorteil unserer Reisegarderobe, die wir am Morgen fleckenfrei angezogen hatten.

Das fand Mutter auch, als sie von ihrem nachbarlichen Plausch zurückkehrte. Sie stieß einen Schreckensschrei aus, als sie diesen staubaufwirbelnden Tumult sah, mit Stöcken und mit Stangen, den bösen Feind zu fangen . . .

«Aber Vater!» rief sie. «Itzenplitz, willst du mal! Fiete, dein Kleid! Hans, laß das, Ede, aber . . . Christa, nein, was macht ihr bloß —?!! Wir wundern uns schon immer nebenan über das Gepolter . . .»

Vater klärte Mutter auf, indes wir die Jagd fortsetzten. Mutter seufzte tief. «Junge, Junge, was machst du nur immer für Geschichten —!»

Der Zug fuhr langsamer, hielt. Wir warfen einen flüchtigen Blick hinaus: Kiefernwald. Ein kleiner Schuppen nur als Haltestelle.

«Macht doch mal die Tür auf!» rief einer.

Die Tür flog auf.

«Daß aber keiner hinausfällt!» warnte Mutter.

Schon fiel einer, aber es war nur der Hamster, den ein zielgerechter Stoß ins Freie befördert hatte. Einen Augenblick war er unsern Blicken durch die Trittbretter entzogen. Dann sahen wir ihn wieder. Rasch lief er über den gelblich bekiesten Bahnsteig und stutzte einen Augenblick vor dem Lattenzaun. Aber schon hatte er sich durchgezwängt . . .

Einen Augenblick sahen wir ihn noch, wie er die Böschung zum Walde hinauflief. Dann verschwand er zwischen Heidekraut und Ginster — in die Freiheit . . .

«So, Louise», sagte Vater und setzte sich wieder behaglich in seine Ecke, während der Zug schon weiter fuhr. «Und jetzt kannst du uns etwas zu Mittag geben. Ich habe von Brathühnchen flüstern gehört.

Ich glaube, wir könnten jetzt ungestört essen, falls du nicht deine Karnickel, Hans, noch irgendwo im Hintergrund hältst —?»

Ich protestierte entrüstet.

«Bei euch weiß es nie jemand», sagte Vater friedlich. «Am besten ist man immer auf das Schlimmste gefaßt und genießt die ruhigen Stunden bis dahin als unverdientes Glück. Meistens pflegst du doch in jeder Sommerfrische mit einem kleinen Unfall zu debütieren, Hans!»

Sommerfrische

Wenn Vater gemeint hatte, man solle den Tag nicht vor dem Abend loben, und ich habe bestimmt noch einen kleinen Unfall in der Reserve, so hatte er nicht ganz unrecht mit dieser Befürchtung. Ich bin wirklich meine ganze Jugend hindurch ein ungewöhnlicher Pechvogel gewesen. Eine seltene Begabung lag in mir, dort zu verunglücken, wo andere auch nicht die leichteste Möglichkeit dafür sahen. Man hätte mich ins Bett stecken können, wenn ich ein Bein brechen sollte, ich tat es doch!

Ich erinnere mich an eine Fahrt in die großen Ferien, bei der ein Sportangler unser Abteilgenosse war. Mein Vater, den alles wirkliche Leben nach seinen Akten brennend interessierte, ermunterte den Angler, uns von seiner Passion zu erzählen. Er tat es mit Leidenschaft und sicher einigem Petruslatein. Die Fische, die er mit Angelruten aus dem Wasser zog, waren nie unter Armeslänge, und wenn er weitererzählte, wuchsen sie sichtbar. Sie schwollen unter seinen Worten an und wurden aus stillen Seebewohnern zu lebensgefährlichen wilden Ungetümen.

Vater war der dankbarste Zuhörer solcher Übertreibungen, er hörte sie sich still lächelnd an. War er doch selber nicht frei von dieser Neigung. Mit den Geschichtchen, den Anekdoten, den Döneckens, die er erzählte, nahm er es auch nie genau. Wir haben, so oft wir bestimmte Geschichten aus Vaters Munde auch hörten, nie die gleiche Fassung vorgesetzt bekommen. Die nackte Wirklichkeit war für Vater nur der Rohstoff, aus dem er seine Werke knetete.

Die Geschichten wuchsen, sie bekamen neue Wendungen, eine ganz andere Pointe. War eine Geschichte aber gar zu sehr verändert, wuchs sie, wie etwa die halbpfündigen Hechte unseres Anglers zu kleinen Walfischen, dann rief sicher eines aus der Familie lachend das Wort «Bovist!» Und wir alle stimmten in diesen Ruf «Bovist!» ein.

Wir hatten nämlich einmal bei einer Harzwanderung Boviste gefunden von ganz ungewöhnlicher Größe. Es waren staunenswerte Boviste gewesen, die stattlichsten vielleicht von der Größe eines Kinderkopfes. Aber wenn Vater von ihnen berichtete, wuchsen sie von Mal zu Mal, Kinderköpfe genügten ihm nicht. Erst wurden kleine Kürbisse, dann große daraus. Als Vater schließlich mit ernster Miene berichtete, er sei beim Stolpern in einen solchen Bovist hereingetreten und tatsächlich bis zum Knie in ihm versunken, als er schilderte, wie er da hilflos gestanden hatte, eingehüllt in eine Wolke des gelbgrünen Samenstaubes, der ihn vollständig vor seiner Familie verbarg — da war das Wort «Bovist» gefunden als Ausdruck für alle väterliche Übertreibung!

Vater ertrug diesen Ruf mit lächelnder Gelassenheit. Das Übertreiben in harmlosen Anekdoten war der einzige Exzeß, den er seiner Phantasie erlaubte. «Was wollt ihr?!» konnte er lächelnd fragen. «Es geschieht niemandem ein Übel damit und amüsiert meine Zuhörer. Boviste so groß wie ein Kinderkopf hat jeder schon gesehen, aber ein Bovist, in dem ein Mann versinkt, den lob ich mir!»

Aber wenn Vater sich selbst solche Exzesse erlaubte, so war er auch völlig bereit, den Exzessen anderer mit der Miene tiefster Gläubigkeit zuzuhören. Unser Angler war ganz begeistert von seinem aufmerksamen Zuhörer. Er holte ein Köfferchen aus dem Netz und zeigte uns seine künstlichen Fliegen und Blinkfischchen, die er statt Regenwürmer als Köder auswarf. Und sowohl Eltern wie wir Kinder waren ehrlich begeistert von diesen künstlichen, farbenfrohen Gebilden. Besonders die Fliegen waren hinreißend. Sie hatten im Aussehen mit den Stubenfliegen nicht das geringste gemeinsam, sie waren, aus winzigen Vogelfedern geformt, am ersten bunten Kolibris vergleichbar, nur daß sie unter der bunten Hülle drei, vier silbrige Stahlhaken verbargen, mit Häkchen und Widerhaken.

Die Fliegen gingen von Hand zu Hand, es gab immer noch eine schönere, auf die wir einander aufmerksam machen mußten. Dabei erzählte uns der Angler, wie er sie so auswarf, daß sie direkt über der Wasserfläche dahinschwirrten. Der Fisch sprang danach, die bunte Hülle hatte ihre Dienste getan, die Haken traten in Tätigkeit, der Fisch saß fest.

Weiß es der Henker, wie ich es angefangen hatte: auch bei mir hatte die bunte Hülle ihre Dienste getan, auch ich saß fest! Eine schöne, braunrot gefiederte Fliege steckte mir bis zum Ende der Haken im Daumenballen. Ganz verblüfft starrte ich auf mein Werk. Im ersten Augenblick empfand ich nicht einmal so sehr den Schmerz wie ein tiefes Erstaunen, daß so etwas hatte passieren können! Ich hatte doch mit keinem Gedanken daran gedacht . . .

Dann entdeckte Mutter den fassungslosen Ausdruck auf meinem Gesicht, sah, wie ich töricht erstaunt die Fliege im Daumenballen anstarrte, und rief erschrocken: «Junge, wie hast du nun das wieder fertiggebracht? Es ist doch nicht zum Sagen!»

Der mütterliche Ausruf lenkte die allgemeine Aufmerksamkeit auf mich. Vater sagte ergebungsvoll: «Als wenn ich es mir nicht gedacht hätte! Dieser Tag verlief schon gar zu friedevoll. Tut es sehr weh, Hans? Zieh mal daran. Vielleicht sitzt es nicht tief und geht gleich heraus!»

Aber der Angler protestierte: «Mit Ziehen ist da nichts zu machen! Die Fliege muß richtig rausgeschnitten werden. Da sind Widerhaken daran. Und sie sitzt über einen Zentimeter tief! — Wie hast du das bloß angestellt, Junge —?!»

«Ich weiß es nicht!» antwortete ich schlicht und ziepte doch an der Fliege. Es tat gemein weh, und die Widerhaken bohrten sich davon eher tiefer ins Fleisch.

«Rausschneiden?» fragte mein Vater. «Das tut wohl am besten ein Arzt?»

«Aber wir fahren noch über fünf Stunden, und ich glaube nicht, daß es der Junge solange mit der Fliege im Ballen aushält! Sag, Junge, bist du ein mutiger Junge und hältst es solange aus, bis du bei Onkel Doktor bist?»

Bei diesem gut gemeinten, aber ungeschickten Appell schwand mein Mut mit Windeseile dahin. Die Fliege fing sofort stärker zu schmerzen an, das heißt natürlich nicht die Fliege . . .

«Nein!» sagte ich, schon schluckend. «Ich halte es bestimmt nicht aus! Und schneiden lasse ich mich auch nicht! Ich will, daß die olle Fliege rauskommt! Ich halte das nicht mehr aus!!»

«Hans!» sagte mein Vater streng. «Du wirst doch nicht weinen? Du wirst bestimmt nicht weinen! Ich weiß das! Du *bist* ein mutiger Junge!»

Da war es alle mit mir. Aufweinend warf ich mich gegen Mutters Brust und schrie: «Ich bin kein mutiger Junge! ich will gar kein mutiger Junge sein! Ich will, daß die olle Fliege rauskommt!»

(Ich darf bemerken, daß ich zur Zeit dieses Abenteuers neun Jahre alt war.)

Nun begann eine erregte Debatte unter den «Großen». Das beste wäre vielleicht, im nächsten Städtchen auszusteigen und zu einem Arzt zu gehen. Aber Vater widerstrebte diesem Ausmarsch der Sieben aus dem sicheren Ferienzug – es war fast sicher, daß wir heute und morgen bei diesem Andrang keine Plätze bekommen würden. Mutter war dafür, daß ich versuchen sollte, bis zur Zielstation die Fliege im Ballen zu tragen.

Aber das schien bei meinem sich immer steigernden Gebrüll fast ausgeschlossen. Hätten die Großen die Sache nicht so wichtig genommen und mich nicht so eindringlich ermahnt, mutig zu sein, hätte ich die Fliege wohl ganz standhaft ertragen. Als ich aber gesehen hatte, wie mir nach ihrer Ansicht etwas sehr Schmerzhaftes geschehen war, stiegen die Schmerzen, schwand der Mut . . . Ich brüllte!

So blieb nur eines, die Axt im Hause zu spielen, das heißt selbst zur Operation zu schreiten. Mein Vater war in solchen praktischen Dingen leicht hilflos, einesteils fürchtete er eine Blutvergiftung, auf der andern Seite mußte er erst die juristische Frage klären, wie der Angler eine Beschädigung seiner Fliege ertragen würde.

Der Angler tat dies Bedenken mit einem Achselzucken ab und bot meiner Mutter ein großes Messer mit Hirschhornschale: «Schneidet wie Gift! Machen Sie gleich einen tüchtigen Schnitt — tief genug! Alles andere ist bloß Quälerei!»

Diese Verhandlungen vor dem Ohr des Patienten machten mein Gebrüll zu einem schrillen Geschrei. Ich schloß die Hand und weigerte mich, sie wieder zu öffnen. Alle waren ratlos . . .

«Sei doch ein guter Junge, Hans», bat die Mutter schmeichelnd.

«Es tut ja nur einen Augenblick weh, und du bist das olle Ding los!»

«Ich weiß, daß du Mut hast», sagte mein Vater. «Du mußt nur wollen, Hans!»

«Wenn du dir die Fliege glatt rausschneiden läßt», versprach der Angler, «schenk ich dir mein Messer. So ein schönes Messer hast du sicher noch nie gehabt!»

Mein Heulen wurde leiser, durch Tränenschleier schielte ich nach dem Hirschhorn.

Aber in meinem Vater war der Sinn des Erziehers verletzt. «Nein», sagte er. «Sie sind sehr liebenswürdig, aber das geht nicht. Einmal wäre solch ein Messer — ich möchte es eher einen Dolch nennen — eine allgemeine Bedrohung in der Hand meines Sohnes. Zum andern aber widerspricht es aller Pädagogik, selbstverständliche Pflichterfüllung bei Kindern durch Belohnung zu erkaufen!»

Mein Gebrüll wurde wieder stärker.

«Hans!» sagte Vater. «Du weißt, was deine Pflicht ist! Deine Pflicht ist es, jetzt mutig zu sein. Durch deine Ungeschicklichkeit hast du den Schmerz selbst verschuldet, so mußt du ihn auch selbst ertragen!»

Ich brüllte wie am Spieße.

«Ich werde die Fliege selbst herausschneiden!» erklärte mein Vater sehr entschlossen, war aber recht bleich dabei. «Zeige die Hand, Hans. Ich will, daß du die Hand zeigst! Ich will es . . .»

Der Angler war tief beleidigt, daß mein Vater sein großzügiges Messerangebot so kurzweg abgelehnt hatte. Sicher hätte er sich von dem Hirschhorn nur schwer getrennt.

«Der Junge wird nie die Hand hinhalten», erklärte er, etwas hämisch. «Ich würd's auch nicht tun. Warum soll er eigentlich keine Belohnung haben? Wir kriegen ja auch eine Belohnung, wenn wir was Besonderes leisten.»

Mein Vater wankte unter diesem direkten Angriff. Aber er widerstand noch. «Pflicht darf nie erkauft werden», sagte er feierlich. «Du wirst jetzt deine Hand herhalten, Hans . . .»

Ich dachte gar nicht daran. Ich fühlte, wie schwach Vaters Position war. Hier, im fahrenden Zug, angesichts eines offen rebellierenden Mitfahrers, würde er die Operation nie erzwingen können. Ich widerstand ihm also, sah ihn nur weiterbrüllend trotzig an . . .

Vater sah erst ratlos auf mich, dann sagte er etwas pikiert: «Nun gut, dann behalte deine Fliege. Das scheint dir ja lieber zu sein.»

Und er lehnte sich in seinen Sitz zurück.

Einen Augenblick herrschte fast Schweigen im Abteil. Ich weinte leiser. Über meiner Weigerung, mich von Vater schneiden zu lassen, hatte ich fast vergessen, daß die Konsequenz dieser Weigerung war, ich würde die Fliege im Daumenballen behalten müssen.

Und jetzt fing die Stelle an, wirklich zu schmerzen. Eine erst leichte rote Schwellung war eingetreten. Wie häufig in meinem Leben fing ich nun an, darüber nachzudenken, wieso ich die Karre eigentlich derart verfahren hatte, nachdem ich sie verfahren hatte. Ich war immer geneigt, dem ersten Impuls zu folgen, dann aber vor einem Trümmerhaufen geduldig nachzudenken.

Meine Mutter flüsterte mir sanft ins Ohr: «Junge, wir gehen mal beide ‹dahin›. Vielleicht kriegen wir das Dings alleine 'raus!»

Dies war ein wahrhaft erlösender Vorschlag. Aber meine Ehre gebot, daß ich nicht sofort auf ihn einging. Mutter mußte mir erst sehr gut zureden, ehe ich auf das einging, was ich so gerne tun wollte. Unter dem völligen Schweigen der andern verließen wir das Abteil und gingen dahin.

«Setz dich nur ruhig hin», sagte Mutter. «Daß wir beide stehen, dafür ist nicht Platz genug hier. Jetzt laß mich mal deine Hand in aller Ruhe ansehen. Wir müssen doch 'rausbekommen, wie wir den Haken ohne viel Schmerz 'rauskriegen.»

«Es sind doch vier Haken!» bestand ich auf der Schwere meiner Verwundung. «Und jeder einzelne tut aasig weh, Mutter!»

«Das glaube ich», sagte Mutter mitleidig. «Mir wäre es viel lieber, ich hätte das Dings in der Hand, als du. — Wie ist es, Junge? Soll ich es jetzt mal mit einem Schnitt versuchen?»

Ich sah Mutter prüfend an. Dann sagte ich herrisch: «Na, schneid los, Mutter! Aber nicht gleich so tief! Ich will erst mal sehen, wie weh es tut!»

«Am besten wäre es wohl», meinte Mutter zweifelnd und sah das Messer in ihrer Hand ängstlich an, «ich schnitte mit einemmal tief genug . . .»

«Nein, erst ein bißchen!» befahl ich. «Ich weiß nicht, ob ich dann weiter schneiden lasse, wenn es sehr weh tut.»

Zögernd setzte Mutter das Messer an. Ich machte die Augen zu und öffnete sie doch sofort wieder, als die Messerspitze meine Haut berührte. Mutter seufzte tief auf und fing an zu schneiden.

«Aua!» sagte ich und riß die Hand fort.

«Ich habe kaum die Haut geritzt, Junge», protestierte Mutter.

«Aber es tut verdammt weh!» versicherte ich und betrachtete neugierig den Schnitt, aus dem langsam Tropfen für Tropfen Blut trat. Innerlich war ich überrascht, wie wenig weh es getan hatte. Ich zog probeweise an der Fliege. Sie saß unerschüttert fest. Aber dies Ziehen tat nun wirklich weh. «Na, schneid noch mal, Mutter!» sagte ich gnädig. «Aber wieder nur ein bißchen.»

Mutter nahm stillschweigend meine Hand, setzte das Messer an — und setzte es wieder ab.

«Ich kann es nicht, Junge!» rief sie verzweifelt. «Diese Stückelei! Entweder läßt du mich gleich richtig schneiden oder — — So kann ich es einfach nicht!»

Sie war ganz blaß geworden.

«Dann gib mir das Messer!» sagte ich. «Ich kann es schon. Wenn man sich selbst schneidet, tut es überhaupt nur halb so weh.»

Ich nahm das Messer, setzte es an und, da ich den zweifelnden Blick meiner Mutter fühlte, schnitt ich auch wirklich los. Es war ein krasser Irrtum von mir gewesen, daß sich selber schneiden weniger weh tue.

Es tat zehnmal so weh! Hundertmal! Und dazu war der Entschluß,

107

sich selbst Schmerzen zu bereiten, viel schwerer als das einfache Hinhalten der Hand.

Aber ich hatte mich selbst gefangen, und so saß ich denn auf meinem Klodeckel und schnitzelte auf Raten los. Jeden einzelnen Haken schnitt ich besonders frei. Vor ständig laufendem Blut konnte ich die Wunde schon längst nicht mehr sehen. Aber ich zog an der Fliege, und der brennende Schmerz an der Stelle, wo der Haken noch immer fest saß, verriet mir, wo ich weiter zu schneiden hatte.

Mutter hatte dies längst nicht mehr ansehen können. Sie hatte das Fenster ein wenig geöffnet und sah hinaus. Manchmal fragte sie verzweifelt: «Ist sie noch immer nicht los?» — ich aber ächzte nur zur Antwort.

Unter mir sauste es hohl über den Schienen, es klapperte auf Weichen, durch das offene Fenster drang Gesumm der Telegrafenleitungen, die vorbeihuschten — ich aber saß und schnitzelte eine Grube in mich, unter Schmerz und Verbissenheit. Es war ein Musterbeispiel heldischer Feigheit: um mir den einen raschen Schmerz des tiefen Schnitts zu ersparen, fügte ich mir hundert langsame Schmerzen zu! Feige und tapfer zugleich!

Dann war es soweit! Mit einem letzten Ruck riß ich die Fliege aus ihrer Verankerung. «Sie ist 'raus, Mutter!» sagte ich, und fühlte auch schon, wie mir schlecht wurde.

Nachher saß ich ein bißchen matt im Abteil bei den andern. Von meinem «Unfall» wurde nicht gesprochen. Nur manchmal sah eines neugierig auf meine verbundene Hand und dann ruhte der Blick auch auf mir. Der Angler hatte nur unsere Rückkunft abgewartet und war dann bei der nächsten Gelegenheit ausgestiegen oder besser in ein anderes Abteil umgestiegen, nach einem sehr mürrischen Gruß.

Vater hatte wohl auch kein Wort zu mir gesagt, aber er hatte mir einen Kognak gekauft, woraus ich schloß, daß er mit mir doch zufrieden war. Heute denke ich freilich, daß zu viel Zufriedenheit eigentlich nicht der geringste Anlaß vorlag. Den Kognak habe ich übrigens nicht trinken können, dann wäre mir erst richtig schlecht geworden.

Das war eines meiner Reise-Mißgeschicke. Leichtere und schwere blieben nie aus. Bei aller Anteilnahme waren meine Eltern doch geneigt, solch Unheil als nicht zu vermeidende Schickung des Himmels anzusehen. Einmal fuhren wir nach Neu-Globsow, das damals noch nicht von den Berlinern entdeckt, sondern ein in Wäldern verlorenes, von seinen früheren Bewohnern, Glasarbeitern, aufgegebenes Dorf war. Es lag ein wenig abseits vom Stechlin; enge, fast verwachsene Waldwege führten zu ihm.

Es war das Verlassenste, Einsamste, Schönste, was man sich nur denken konnte. Auf schmalen Fußpfaden war an seinen Ufern Stunde um Stunde zu gehen, ohne je einen Menschen zu treffen, auf Spuren menschlicher Ansiedlungen zu stoßen. Es gab da eine Stelle, wo ein halb verfallener Bootssteg ziemlich weit in den See ging. Auf dem saßen wir Kinder besonders gern, wir stocherten mit Zweigen oder Schilfhalmen nach den Krebsen, die man zu Dutzenden auf dem etwas schleimigen Seeboden sah. Oft hielt sich ein wütender Krebs an solchem Halm fest, und nicht selten gelang es uns dann, ihn auf den Steg zu ziehen.

Dann kreischten die Schwestern und flohen vor den «ekelhaften Tieren» — wir Jungen aber hatten es bald 'raus, die Krebse um die «Taille» zu fassen, das heißt, wir faßten sie direkt hinter den Scheren, daß sie uns nicht kneifen konnten, und trugen sie in einem Körbchen nach Haus. Dort aß sie abends mit Genuß Vater. Ich selbst lehnte sie trotz der verlockenden roten Farbe damals noch ab. Später habe ich mich erst zu Krebsnasen, dann zu ganzen Krebsen bekehrt. Heute äße ich gerne oft welche, leider bekomme ich sie nur selten . . .

Das Haus, in dem wir wohnten, war ganz allein mit seinen vier Zimmern und seiner Küche für uns da. Vater muß es gemietet haben, ohne es je gesehen zu haben. Wer der Vermieter war, weiß ich nicht mehr, er kann aber kaum am Ort gewohnt haben, sonst hätte selbst mein sanfter Vater ihm hart zugesetzt. Mit ein paar alten Linden davor und je zwei Fenstern rechts und links von der Haustür sah das gelb getünchte Häuschen hübsch genug aus, und der Gedanke, auch in den Ferien eine Küche ganz für sich allein zu haben, entzückte Mutter.

Aber nie vergesse ich die erste Nacht in diesem Hause. Es wehte und regnete draußen, und nur zu bald entdeckten wir behaglich in den Betten Liegenden, daß es nicht nur draußen regnete. Es tropfte, es tropfte immer schneller und stärker durch die Decke, bald rief dies, bald jenes der Kinder: «Mutter, mir tropft es jetzt ins Gesicht! — Mutter, ich bin schon ganz naß!»

Aus der Küche geholte Schüsseln und Töpfe erwiesen sich als ungeeignet, die Flut zu dämmen, denn wenn eines gerade im besten Einschlafen sich behaglich ausstreckte, kippte die auf seinem Deckbett stehende Schüssel und ergoß ihr Tropfwasser. Dann wurde wieder geschrien.

Außerdem waren wir aber bei weitem nicht die einzigen Bewohner des Hauses, wir waren sogar stark in der Minderzahl. Sobald Mutter die Nachtkerze löschte, verließen Ratten und Mäuse im trauten Verein ihre Löcher, stöberten und tanzten um uns. Sie schienen jedes Stück von unsern mitgebrachten Sachen zu revidieren und entblödeten sich schließlich nicht, über unsern Betten fortzulaufen. Dabei fegten die Gardinen mit einem widrigen Geräusch an den Wänden entlang, denn auch der Sturm draußen war nicht ausgeschlossen, durch die klaffenden Wände und Fenster drang er und pustete uns sogar in unsern Betten an.

Gewissermaßen als Schlußbild sehe ich uns alle halb sitzend in unsern Kissen, die Türen zwischen sämtlichen Zimmern stehen offen, auf daß wir einander mit Trost und Rat beistehen können. Bei jedem brennt eine Kerze (die Elektrizität war in Neu-Globsow noch nicht entdeckt), und über jedem Haupt ist ein Regenschirm aufgespannt, gegen den es regelmäßig tropft. Auf jeder Bettdecke aber liegen Wurfgeschosse bereit. Ab und zu raschelt es, dann schmeißen wir, und von Zeit zu Zeit wird einer von uns Jungen beordert, die Geschosse wieder einzusammeln und den Schützen zu fernerem Gebrauch zuzustellen.

Ich habe seitdem Neu-Globsow nicht wiedergesehen, habe aber gehört, daß es eine hochstehende Sommerfrische mit allem erdenklichen Komfort geworden ist. Ich bezweifle aber, daß Berliner Ferienjungen dort noch eine so vergnügte und anregende erste Nacht erleben wie wir Bengels.

Am nächsten Morgen — es regnete gottlob nicht mehr — ging mein Vater (der die Nacht nicht so interessant gefunden hatte) auf Einkauf aus. Er kehrte heim mit Gips und Flaschen. Die Flaschen wurden in kleine Scherben zerschlagen, in den weichen Gipsbrei eingebettet, und damit wurden außen und innen am Hause die Dutzende von Ratten- und Mauselöchern verschlossen.

«Durch den Gips würden sich die Ratten wieder durchfressen», erklärte mir Vater, «aber die Glassplitter muten sie ihren Zähnen doch nicht zu!»

Wie aber das tropfende Dach geheilt wurde, dessen erinnere ich mich nicht mehr.

Lange sahen wir Kinder unserm Vater bei seinem ungewohnten Werke zu. Ich weiß noch, wie sehr ich ihn bewunderte, daß er auch dies konnte. Glassplitter gegen Rattenzähne, wahrhaftig, Vater wußte doch einfach alles!

Als wir Vater genug bewundert hatten, gingen wir auf Entdeckungsreisen, einen der größten Genüsse des ersten Ferientages an unbekanntem Ort. Wir strolchten über ein Stück unbestelltes Land hinter dem Hause, auf dem es betäubend nach Sommer und Sonne roch, viele kleine scharf riechende Trockenheitspflanzen wie Thymian wuchsen dort. Wir drängten dem Waldrand zu, und an diesem Waldrand entdeckten wir etwas ganz Herrliches: eine Kreuzung von Laube und Gartenhäuschen, primitiv und nicht völlig gut erhalten, aber wie gemacht für eine Räuberburg.

Innen war es dunkel und kühl (auch dreckig), wir setzten uns alle auf eine Holzbank und waren einstimmig der Ansicht, daß die Sommerfrische diesmal einfach «pyramidal» sei und das allerbeste verspreche.

Vor unserer Bank lag ein großer alter Mühlstein. Er hatte wohl früher als Tisch gedient, aber das Stammende, auf dem er geruht hatte, war abgefault, und der Stein lag nun am Boden. Es war ein recht großer und schwerer Stein, einen Durchmesser von einem Meter wird er wohl gehabt haben, aber das bestärkte uns nur in dem Gedanken, daß dieser Mühlstein wie gemacht fürs Trudeln sei. Von unserer Räuberburg fiel das Land schwach ab bis zu dem Ferienhaus, an dessen Außenwand wir Vater etwa in Schirmgröße hantieren sahen. Wir dachten es uns herrlich, den Stein bis dorthin zu rollen.

«Und dann suchen wir uns einen festen Stamm und legen ihn darauf! Dann haben wir einen Tisch vor der Haustür, und abends spielen wir Halma und Salta daran!»

Dies Programm rief allgemeinen Beifall hervor. Mit schwerer Mühe wurde der Stein aufgerichtet und dann zur Tür gerollt. Das ging schon leichter. Itzenplitz und Ede rollten. Fiete stützte an der einen, ich auf der andern Seite. Die Tür hatte eine Schwelle, der ins Freie rollende Stein kippte —

«Halt ihn, Hans!» riefen die andern.

Aber wenn ein etwa anderthalb Zentner schwerer Mühlstein ins Fallen kommt, kann ihn ein zehnjähriger Junge nicht halten. Der Stein fiel, ich fiel, und als die Sachlage wieder klarer wurde, lag der Stein da, und unter dem Stein war meine Hand, mit den Fingerspitzen eigentlich nur, aber doch immerhin weit genug, daß ich sie nicht aus eigener Kraft hervorziehen konnte.

«Helft mir! Helft mir!» schrie ich. «Oh, ich halte es nicht aus! Es drückt mir die Finger ab!»

Meine lieben Geschwister hätten mit vereinten Kräften den Stein sehr wohl anheben können, aber das angerichtete Unheil und mein schmerzverzerrtes Gesicht machten sie kopflos. Erst lief Ede davon. Dann stürzte ihm Fiete nach. Itzenplitz murmelte noch: «Lieber Hans!» tätschelte meine Schulter, und schon verschwanden alle drei in wilder Panik, noch einmal rauschten die grünen Büsche, und weg waren sie. Verschwunden im Walde!

Ich aber lag halb kniend vor dem Mühlstein und versuchte vergeblich, mit meiner freien Hand den Stein so weit anzuheben, daß ich die Finger vorziehen konnte. Dies war nun wirklich ein wütender Schmerz; jeder, der die Finger einmal zwischen Tür und Türfutter gehabt hat, wird es mir bestätigen, und der Schmerz steigerte sich von Sekunde zu Sekunde.

Ich hatte alles Recht zu schreien, als ob ich am Spieß stäke, und wenn ich Vater auch in meiner Prometheuslage nicht sehen konnte, so war doch meine einzige Hoffnung, daß mein Schreien sein Ohr erreichen würde. Wirklich hörte ich ihn angelaufen kommen. Mit einem einzigen Griff, ohne ein Wort, hob er den Stein an, befreite mich, zog mich an sich und legte mich Wankenden gegen seinen Bauch. Dann nahm er meine Hand sanft in die seine.

«Mein armer Junge», sagte er. «Das sieht böse aus. Weine nur tüchtig, brülle — du hast ein Recht zu brüllen. Ich möchte wohl wissen, warum gerade du vom Schicksal so verfolgt wirst?!»

Ich schielte unter meinen Tränen hoch zu ihm und sah, daß auch ihm die Tränen nahe waren, daß auch er leichenblaß war. Ich fühlte, wie sehr Vater mich liebte, wie er mich wegen all meiner kleinen und großen Mißgeschicke vielleicht ganz anders als seine andern Kinder liebte, wie einem jeden ja auch schwer Erkämpftes teurer ist als das mühelos in den Schoß Gefallene.

«Es tut verdammt weh, Vater», sagte ich. «Aber ich will nicht mehr weinen.» Und mit plötzlichem Schrecken: «Die Finger werden doch nicht abgenommen werden?»

«Nein, bestimmt nicht!» sagte Vater beruhigend. «Freilich, diese drei Nägel, die jetzt ganz blauschwarz aussehen, wirst du erst einmal verlieren. Aber ich denke doch, sie werden wieder nachwachsen. Aber, wie ist denn das?» plauderte er fort und zog mich dabei unmerklich gegen das Haus, «es ist ja die rechte Hand, die du dir verletzt hast,

Hans! Das ist aber schlimm für dich, da wirst du gar keine Schularbeiten während dieser Ferien machen können! Das ist ja furchtbar traurig für dich!»

Wieder schielte ich nach Vater. Ich sah die Fältchen um seine Augen, und nun brach ich trotz aller Schmerzen doch in ein Lachen aus. «Ja, ich bin schrecklich traurig, Vater», sagte ich lachend. «Ich wollte eigentlich jeden Tag mindestens drei Stunden arbeiten!»

«Daraus wird nun freilich nichts», sagte Vater. «Nun, ich hoffe, du wirst auch das wie ein Mann tragen.»

Und Vater hat natürlich Wort gehalten. Trotzdem ich die Hand schon nach zwei Wochen wieder gebrauchen konnte, mußte ich die ganzen Ferien auch nicht einen Strich Schularbeiten machen. Meine Geschwister hingegen — Vater hatte sich nicht mit einem Wort nach ihrer Mitwirkung an dem Unfall erkundigt, aber er hatte sie wohl aus der Ferne weglaufen sehen —, jedoch meine Geschwister mußten in diesen Ferien besonders lange arbeiten, wohl kaum wegen ihres Anteils an dem Unfall, an dem wir ja alle gleich beteiligt waren, sondern mehr wegen ihrer kopflosen Flucht.

Gegen solche Unfälle genommen, war mein diesmaliges Debüt in Graal eine pure Harmlosigkeit! Ich rannte nur ein bißchen schnell um die Hausecke, und auf der andern Seite, um die Ecke herum, stand ein Fenster offen, wie Bauernfenster offenstehen: nach außen, nicht nach innen wie Stadtfenster. Und dieses Fenster war auch noch durch einen Sturmhaken gesichert.

Also: ich schoß um die Hausecke, in Stirnhöhe befand sich die breite untere Leiste des Fensters, der sogenannte Wasserschenkel, das Fenster erklirrte weit hinaus, der Sturmhaken aber hielt stand, der Angriff war abgeschlagen, und der Angreifer lag gefällt auf dem Boden, für etwa drei Minuten dem bewußten Sein entzogen, und mit einer ständig trotz allem Brotmesser-Auflegen anschwellenden Beule. «Der gehörnte Hans» hieß ich in diesen Ferien. «Wenn es diesmal aber damit abgeht», sagte Vater seufzend zur Mutter, «so will ich unserm Schöpfer danken.»

Und wenn ich mich recht erinnere, ist es in diesen Ferien damit abgegangen. Nicht des kleinsten Unfalls erinnere ich mich mehr aus ihnen.

Noch an demselben Abend ging der Vater nach dem Abendessen mit uns Kindern zum Strand, Mutter und Christa bereiteten unterdes die Schlafgelegenheiten vor. Es war fast noch hell, und wir liefen jubelnd vom Feldweg an die Ränder der Kornfelder. Wir pflückten roten Mohn und blaue Kornblumen, rosa Raden und weiße Margeriten. Wir waren Großstadtkinder, es schien uns unbegreiflich herrlich, daß dies alles «umsonst» wuchs, daß wir keiner Blumenfrau dafür Geld zu geben hatten.

Vater ging unterdes behaglich weiter, mit seinem gleichmäßigen Schritt, bald waren wir hinter ihm, bald ihm weit voraus. Er freute sich unseres Glücks, nur mit einem leisen Wort erinnerte er uns manchmal daran, daß wir auch um der schönsten Blumen willen kein Korn zertreten durften. Dann dachte ich an Andersens schönes Märchen von dem Mädchen, das auf das Brot trat, und begnügte mich gerne mit den Blumen am Feldrand. Noch heute empört und betrübt es mich, wenn ich achtlos zertretenes Korn sehe oder eine zerlegene Wiese. Das sitzt seit den Ermahnungen Vaters unverwischlich in mir!

Nun kommen wir in den Wald, und es wird dunkler um uns. Wir Kinder halten uns näher beim Vater und fangen an zu lauschen, ob wir schon die Brandung der See hören. Aber Vater sagt uns, es wird heute keine Brandung geben, es ist kaum Wind gewesen am Tage. Und trotzdem hoffen wir und lauschen wir weiter . . .

Allmählich wird der hochstämmige Kiefernwald niedriger, er flacht sich gegen die See ab wie ein ungeheures schräges Dach, die Bäume sind alle landeinwärts gewachsen. Immer niedriger werden sie, immer verkrüppelter, hell schimmert es schon vor uns durch sie hindurch.

Nun fangen wir doch wieder an zu laufen, jedes will zuerst die See sehen. Die Kiefern haben aufgehört, wir laufen nun mühsam im Dünensand bergan. Der Strandhafer raschelt, ein kühler Atem bläst uns sanft an.

Und dann stehe ich wieder oben auf der Düne und wie jedes Jahr, wenn wir an der See sind, überfällt mich das altvertraute, und doch immer wieder bestürzende Gefühl der ungeheuren Weite, die sich mir auftut. Zuerst sehe und fühle ich nichts anderes als dies, wie groß das ist, wie es immer weiter geht, auch dort, wo Horizont und Wasser ineinander verlaufen. Mein kleines Jungenherz pocht aufgeregt: hier stehe ich ja und ich sehe dies. Es ist auch für mich da, und ich gehöre dazu, fühle ich, ohne mich wäre es nicht so da, wie es jetzt ist. Es ist ein Ewigkeitsgefühl, ein Unvergänglichkeitsahnen, das mich überkommen hat. Ich könnte es nicht mit Worten beschreiben, aber ich fühle es . . .

Ich bin ein kleiner, kränklicher, von vielen Mißgeschicken verfolgter Junge . . . Aber hier stehe ich nun auf der Dünenkuppe wie die Gesündesten, und ich fühle dies . . . Jedes Jahr überkommt mich zwei-, dreimal angesichts der See dies Gefühl, daß ich da bin und daß ich da sein muß. Daß die Welt nicht ohne mich da wäre. Es ist ein dunkles stolzes Gefühl, das doch demütig macht.

Wenn ich jetzt hinunterlaufe von der Düne, wenn ich die kleinen Plätscherwellen sehe, die auf den flachen Sandstrand laufen, wenn ich Muscheln suche oder die kleinen, frisch gespülten, gelblichen Kiesel, die beinahe Bernstein sein könnten — dann wird auch dieses Gefühl vergessen sein. Wenn ich die Nähe der See anschaue, vergesse ich ihre Weite über den tausend Einzelheiten. Aber ich hatte es und ich habe es noch . . .

Und nun kommt Vater. Er nimmt mich bei der Hand und führt mich hinunter zu meinen drei Geschwistern, die längst vorausgelaufen sind, und während des Gehens sagt er leise zu mir: «Ist das schön, Hans?»

«Es ist so groß, Vater», antworte ich.

«Ja, es ist groß», bestätigt Vater. «Sehr groß. Wenn du wieder in Berlin bist, vergiß nicht, daß es etwas so Großes gibt. Es gibt viel Großes, Hans, für den Menschen, der es nur fühlen kann, nicht nur an der See oder in den Bergen. Auch in den Büchern und in der Musik, in Bildern und Plastik — aber besonders im Menschen. Es hat sehr große Menschen gegeben, Hans . . .»

Ich will Vater noch fragen, ob es denn heute keine großen Menschen mehr gibt, aber nun sind wir schon bei den Geschwistern, und alle Größe verschwindet über der wichtigen Frage, ob wir noch waten dürfen . . .

«Vater, nur fünf Minuten, bitte, bitte!»

Vater hat Bedenken, ob es Mutter auch recht sei. Er weiß auch nicht recht, wie wir uns abtrocknen sollen. Und werden wir uns auch nicht erkälten? Aber dann erlaubt er es uns doch, und einen Augenblick später sind wir im Wasser, fühlen die sanfte Kühle, gehen mit unsern befreiten, nackten Füßen über den weichen Sand, sind glücklich. Natürlich werden aus den fünf Minuten doch zehn Minuten, und natürlich taucht der Hans doch trotz aller Vorsicht die aufgekrempelten Hosenränder ins Wasser. Aber heute schadet alles nichts. Nicht einmal unter uns streitgewohnten Geschwistern gibt es ein unfreundliches Wort . . .

Eine Stunde später liege ich im Bett. Ede schläft schon, er war so früh aufgestanden und so spät ins Bett gekommen wie noch nie. Auch ich hatte gedacht, todmüde zu sein, aber nun ich im Bett liege, kann ich nicht einschlafen. Immerzu lausche ich auf die ungewohnten Geräusche. Das Fenster steht weit offen, und ich höre das leise Bewegen von Zweigen im kleinen bäuerlichen Blumengarten. Ich höre das Rasseln einer Kette im Kuhstall und ein paar Höfe weiterhin das Bellen eines Hundes. Ich bin so glücklich, daß ich gar nicht einschlafen möchte. Ich möchte immer so wach liegen, es ist schade darum, solch Glück zu verschlafen.

Aber dann rechne ich mir aus, daß noch neununddreißig solche Ferientage voller Glück vor mir liegen, den Abreisetag nicht gerechnet, und wenn ich fünfzehn Stunden an jedem Tag wach bin, so macht das fünfhundertfünfundachtzig Stunden Glück, ohne Schule und andere Sorgen. Das scheint mir eine so ungeheure Zahl, besonders wenn ich daran denke, wie lang eine Lateinstunde ist, daß die Ferienstunden eigentlich nie alle werden können. Abreise und Schulbeginn sind so fern wie der Mond, dessen Strahlen wie ein sanfter heller Schnee vor meinem Fenster leuchten.

Am andern Morgen wache ich auf, und noch ehe ich meine Augen geöffnet habe, verraten mir die Vögel im Garten, daß ich in den Ferien bin, daß ein unendlich langer seliger Tag vor mir liegt, einer von neununddreißig. Ich denke, es ist noch ganz früh, ich höre Edes sanften Schlafatem. Aber nun tut die Tür sich auf, Mutter kommt herein und ruft: «Aber nun aus den Betten, ihr Langschläfer! Es ist gleich neun! Wer von euch beiden will denn nun die Eier aus dem Hühnerstall holen —?!»

Da springen wir beide aus den Betten, und der erste Ferientag beginnt.

Sie haben es gehalten, diese Ferien, was sie versprachen, wie eigentlich alle mit den Eltern verbrachten Sommerferien herrlich waren.

Vater hatte trotz seines Aktenkoffers so viel Zeit für uns, und auch Mutter saß häufig bei uns, wenn sie meistens dabei auch Bohnen schnitzelte oder Erbsen pahlte. Die Ferien brachten alle Jahre Kinder und Eltern wieder näher zusammen. Es gab kaum noch Mißverständnisse und sehr wenig Unarten. Natürlich muckschten wir manchmal, wenn wir aus dem schönsten Spiel heraus an die Schularbeiten mußten — Vater hielt streng darauf, daß wenigstens etwas getan wurde —, aber das war im Augenblick, wenn wir unsere Hefte zusammenlegten, wieder vergessen.

Morgens ging es regelmäßig an den Strand, aber fast jeden Nachmittag wurde ein langer Spaziergang durch die Wälder gemacht. Vater war unermüdlich, immer neue Ziele zu entdecken oder neue Wege zu alten Zielen. War es aber eines Tages zu heiß, so suchten wir uns eine schattige Stelle am Waldrand und Vater fing an zu erzählen. Er konnte die herrlichsten Geschichten erzählen, und für uns Kinder einer neuen Generation war eine besondere Lichtseite dieser Geschichten, daß es nicht einfache Märchen waren, sondern daß sie alle Bezug auf unser Leben hatten. Sie erzählten uns von dieser Welt, die uns umgab, und machten sie uns faßlicher.

So erzählte uns Vater an einem Nachmittag die Geschichte von den vier Getreidearten, die sich stritten, welche dem Menschen am nötigsten sei. Er berichtete, wie die Getreidearten untereinander ausmachten, daß jede ein ganzes Jahr dem Menschen fehlen sollte, wie die Hühner plötzlich keine Gerste zu fressen fanden und wie die Pferde dem Menschen ohne Hafer fast ausgestorben wären. Dann wiederholte er, was die Berliner alles zu sagen hatten, als ihnen Schrippen und Knüppel fehlten, und wie traurig die Kinder wurden ohne allen Kuchen aus Weizenmehl. Aber am schlimmsten war es doch, als der Roggen nicht mehr wuchs, als kein Brotkorn mehr in die Mühlen kam, als die Bäcker kein Mehl mehr zum Brotbacken hatten. Wie anders redeten da die Berliner, als sie sich plötzlich nur mit Schrippen und Knüppeln ernähren sollten! Und wie weigerten sich die Kinder, ewig nur weißen Kuchen zu essen! Ja, es war eine schlimme, schreckliche Zeit, als Korn fehlte!

Auf dem Heimweg sahen wir Kinder mit besonderer Achtung auf jedes Getreidefeld. Wir wußten sie alle wohl zu unterscheiden: die gelbgoldene Rispe des Hafers von der flachen, begrannten Gerstenähre, den goldigen, fast viereckigen Weizenkolben von dem etwas fahlen hohen Stand des Roggens, in dem die graugrünlichen Körner, mit ihrer Spitze schräg zur Erde weisend, standen.

Oder Vater erzählte uns von der Elektrizität. Er wußte viele Geschichten von der Elektrizität, wie man sie zuerst entdeckt, wie einen Zwerg so klein und schwach, und wie man sie heute in Riesenwerken aus Kohlen oder Wasser hervorzauberte, und wie man sie sich auf tausend Arten dienstbar machte. Vater wußte immer neue Geschichten, und oft durften wir uns auch ganz einfach eine bestellen, wie es zugegangen war bei der Entdeckung Amerikas, und ob es wohl möglich sei, daß der Mensch fliegen lerne. Vater wußte alles ...

Mit Respekt dachte ich dann an eine technische Zeitschrift, «Prometheus» genannt, die allwöchentlich in unser Haus kam und die Vater regelmäßig las; wenn er auch ein Jurist war, er interessierte sich für alles. Er wollte nicht hinter seiner Zeit zurückbleiben, er wollte verstehen, was vorging . . .

Kam aber ein kalter regnerischer Tag und saßen wir in den engen Zimmern Mutter gar zu sehr im Wege und quälten sie mit unsern ewigen Wünschen, so nahm Vater ein Buch aus dem Aktenkoffer und zog mit uns auf den Heuboden oder auf die Scheunendiele, und dort las er uns vor, viele Stunden lang, bis er ganz heiser wurde. Wie viele Bücher habe ich so in den Ferien von Vater vorlesen hören: den Ivanhoe von Walter Scott und den ganzen Max Eyth, von Pyramiden und Dampfpflügen und dem armen kleinen Schneider Berblinger in Ulm, der so gerne das Fliegen erfunden hätte. Aber den tiefsten Eindruck hat mir doch das Buch «Soll und Haben» von Gustav Freytag gemacht. Vater las es in einer höchst dramatischen Weise vor. Er ließ den Veitel Itzig in der schrecklichsten Art kreischen und speicheln, der alte Baron Rothsattel bekam bei Vater etwas bärbeißig Kurzes wie mein Onkel Oberstleutnant von Rosen, wenn er sich ärgerte, der Wucherer Ehrenthal sprach ölig sanft, und nur die frische Stimme des Musterhelden aller Helden Anton Wohlfahrt hatte einige Ähnlichkeit mit der eigenen väterlichen Stimme.

Ab und zu unterbrach sich dann Vater und hielt uns unsere ersten Vorlesungen in Wechsel- und Pfandrecht, er belehrte uns, wie sich Pfandbriefe und Obligationen unterschieden. Ich war stolz darauf, daß ich alle diese verwickelten Geschäfte des alten Rothsattel genau verstehen konnte, und habe es nie vergessen, was mir mein Vater beiwegelang an Grundkenntnissen des Handels eintrichterte. Am meisten bewunderte ich aber in meinem Herzen doch den Herrn von Fink, trotzdem ich ihm manchmal wegen seines hochnäsigen, schnodderigen Tones grollte. Ich hätte für mein Leben gerne ein Herr von Fink werden mögen: ein unübertrefflicher Sportsmann, dabei reich, jeder Laune gewachsen — und doch so edelmütig!

Nein, wie eilig flogen die Ferientage dahin. Kaum waren wir erst so recht aufgestanden, so mußten wir schon wieder ins Bett! Nun wurden schon die Blaubeeren reif. Aus dem Walde kamen wir mit schwarzen Mündern heim und mit Flecken in unsern weißen oder weißblau gestreiften Sommerblusen, über die Mutter schalt. Und dann gab es nach ein paar Regentagen Pilze über Pilze. Überall drängte dies stämmige Geschlecht aus dem Waldboden, und Vater lehrte uns, die nützlichen von den Schädlingen zu unterscheiden.

Diese endlosen Jagden nach Pilzen, immer tiefer in das Herz des Waldes hinein, ohne Weg und Steg! Wenn man dann einen Augenblick stille stand, vom vielen Bücken sauste das Blut noch in den Ohren, aber man meinte das Sausen draußen zu hören, die Stimme des Waldes selbst, als sängen Sommer und Wald gemeinsam ein großes feierliches Lied zu Ehren der Schöpfung, und jede Mücke stimmte mit ihrem Sirr-Sirr darin ein!

Und das Glück, diese Entdeckerfreude, wenn man plötzlich, nach langem vergeblichem Umherstreifen, den Waldboden vor sich gelb werden sah von den Kolonien der Pfifferlinge! Manchmal war es, als bildeten sie fast kreisrunde Dörfer auf dem Waldboden, und dann wieder zogen sie in langen Straßen dahin, die plötzlich aufhörten, rätselhaft warum, und eine Viertelstunde lang wuchs dann weit und breit kein Pfifferling!

Einsam stand dagegen der Steinpilz, das waren ernste Gesellen mit braunem Hut, manchmal mit zwei, drei stämmigen Kindern, schräg gegen des Vaters Fuß gestellt. Mit welcher Spannung schnitt man sie ab und schaute auf die weiße Schnittfläche, ob sie auch madenfrei seien. Und dann wieder streiften wir weit über die Wiesen und suchten Champignons, und wir lernten die verschiedenen Arten genau unterscheiden, den Waldchampignon und den Wiesenchampignon und den Schafchampignon. Der letzte war aber bei uns der begehrteste, wenn auch sein Name fast verächtlich klingt.

Kamen wir dann abends müde und hungrig nach Haus, beladen mit Netzen und Körben, so seufzte Mutter wohl über die nicht abreißende Arbeit. Denn die Pilze mußten noch am gleichen Abend geputzt werden, damit sie in der Sommerhitze nicht verdürben. Dann saßen die weiblichen Familienmitglieder noch lange auf, sogar Itzenplitz und Fiete bekamen ein Küchenmesser in die Hand und mußten mithelfen. Wir Jungen aber wurden mit dicken Stopfnadeln bewaffnet und hatten die geputzten und zerschnittenen Pilze auf lange Schnüre zu reihen, an denen sie in der Sommerhitze getrocknet wurden. Wohl schrumpften sie dann ein, wurden schwärzlich und unansehnlich, aber wir wußten, daß sie im Winter in mancher Pilzsuppe, Pilzsauce, Pilzauflauf mit dem ganzen guten Geruch der feuchten Walderde ihre Auferstehung feiern würden!

Wie die Tage dahinfliegen! Baden wir denn eigentlich gar nicht in der See? Doch! Natürlich baden wir! Graal fängt schon schüchtern an, sich ein Seebad zu nennen, da wird man wohl schon baden müssen. Freilich, es sind fast vierzig Jahre seitdem vergangen, eigentlich keine so außerordentlich lange Zeitspanne, aber jedenfalls dachte man damals noch sehr viel anders über Baden als heute! Zu vieles Baden war ungesund, es «zehrte», man mußte sich mit dem Baden in acht nehmen, nicht zu lange und nicht zu häufig!

So kam es, daß wir höchstens zwei- oder dreimal in der Woche badeten, und ich kann eigentlich nicht sagen, daß dieses seltene Baden unser Ferienglück irgendwie beeinträchtigte. Schwimmen konnte keines von uns, außer vielleicht Vater, der aber wegen seiner schwachen Gesundheit überhaupt nicht baden durfte. So war uns das Baden eigentlich mehr eine lästige Pflicht. Gott ja, man war nun einmal an der See, und so gehörte es eben dazu, aber im Grunde genommen war Waten viel schöner!

Ich war dazu noch in einer besonders schwierigen Lage. Es gab zwei kleine Badeanstalten, ein Damen- und ein Herrenbad, und die Trennung nach Geschlechtern wurde aufs strengste durchgeführt. Der Gedanke, einfach vom Strand aus zu baden, war so sittenlos, daß er noch in keinem Schädel seine Sumpfblasen aufgetrieben hatte. Wohl kamen vereinzelt Entartete vor, die sich während der Badezeit

in den Dünen herumtrieben und sogar mit Ferngläsern die Damen-
badeanstalt beobachteten, aber das waren nur Ausnahmen, die bald
von wachthaltenden Fischern ermittelt wurden und der allgemeinen
Verachtung anheimfielen. Groß aber kann ihre Ausbeute an Ge-
nüssen selbst mit Ferngläsern nicht gewesen sein, denn die Damen
trugen ja damals noch diese seltsamen, meist roten Badeanzüge, bei
denen die Hosen bis weit über das Knie hinabreichten. Ein Rock fiel
noch darüber, und das Ganze saß, von einem Gürtel gehalten, teils
in glänzender Falte, teils wie angeklatscht am Leibe und sah eher
komisch aus als verführerisch.

Ich sagte, ich sei in einer schwierigen Lage gewesen. Denn eigentlich war ich schon zu groß für das Damenbad, mich aber allein ins
Herrenbad zu schicken und den treulosen Fluten anzuvertrauen, das
war erst recht untunlich! Manchmal gelang es Mutter, der Badefrau
einzureden, ich sei noch unter zehn, und wir vier umgaben dann
unsere Mutter wie vier Küchlein die Henne. Manchmal versuchten
wir auch ein klägliches Spritzen, das aber rasch verboten wurde, denn
der Kopf durfte nicht naß werden! Tiefer als bis zum Bauchnabel
durften wir nie ins Wasser. Uns wurde immer wieder eingeredet,
daß auch am ruhigsten Sommertage plötzlich eine große Welle da-
herkommen könne. Auch sei der Meeresboden gewissermaßen sieb-
artig von tiefen Löchern durchsetzt, in denen ein Kind ohne Laut
verschwinden könne!

So war die ganze Baderei eigentlich mehr Pflicht als Vergnügen,
und wir waren immer froh, wenn wir wieder in unsern Kleidern steckten und der heimischen Burg zustrebten, stets voller Spannung, ob
nicht ein Unbefugter unterdes Besitz von ihr ergriffen hätte. So wenig besucht damals Graal auch noch war, der Kampf um die schönste
Burg stand doch schon in voller Blüte, und wir wollten nicht umsonst in tagelangem Bemühen einen Wall und Graben angelegt haben, die auch der stärksten Sturmflut zu trotzen schienen!

Die Freude, wenn man zur heimischen Burg kam, und alles war
noch in bester Ordnung, die Empörung, wenn uns der Brettersteg
über den Graben gestohlen war (den wir erst gestohlen hatten), oder
gar der Balken, der Mutters Sitzplatz bildete! Aufklärungsfahrten
wurden organisiert, Spione ausgesandt, und war der Verbleib des
Diebesguts ermittelt, so wurde je nach Art und Kraft des neuen Be-
sitzers entweder Bitten oder offene Gewalt oder List beschlossen. Ja,
diese Sommerferien hatten auch noch das Gute zur Folge, daß wir
vier Geschwister plötzlich *einen* Heerbann bildeten. Wie uns die Ferien den Eltern näherbrachten, so schufen sie auch zwischen uns Geschwistern, wenigstens gegen die Umwelt, Einigkeit. In Berlin waren wir Vier zwei getrennte Großmächte gewesen, wir verbündeten
uns eins mit dem andern gegen diese zwei übrigen oder auch drei gegen eines, zu bestimmten Zwecken und Zielen. Aber war das Ziel
erreicht, so erlosch das Bündnis sofort, und wenn ich eben noch an
der Seite von Itzenplitz gegen Fiete und Ede gekämpft hatte, so
konnte ich schon eine halbe Stunde später einen räuberischen Über-
fall an Edes Seite gegen meine älteste Schwester unternehmen.

Hier in Graal war das ganz anders. Wollten wir etwas erreichen, mußten wir zusammenhalten. Zu Vieren waren wir eine Großmacht, mit der anzubinden auch der frechste Berliner «Straßenjunge» (die tiefste bei uns mögliche Einschätzung) sich sehr wohl überlegte. Die Frage des Oberkommandos war zweifellos immer schwierig, und Gehorsam war schwer zu erreichen, da jedes lieber befahl als gehorchte. Aber im allgemeinen ergab sich schon während des Kriegsrates, wer bei den Einzelaktionen Führer sein mußte: wer nämlich den besten Rat gab.

Mutter waren natürlich diese Kämpfe völlig verhaßt, jede Prügelei schickte sich einfach nicht für uns, aber man brauchte ja wirklich nicht die Schlachten im Angesicht schwacher Weiber zu schlagen! Die Dünen waren weit und einsam, und auch beim Waten fand sich leicht einmal die Gelegenheit, einen auf der Schwarzen Liste Stehenden plötzlich auf Grund zu setzen. Im allgemeinen waren Reklamationen der Herrn Eltern untereinander auch bei erwiesenen Schandtaten der Sprößlinge nicht üblich. Jede Familie hielt sich am liebsten allein, man «kannte die Leute doch nicht so!», allem Anschein nach waren sie «nichts wirklich Feines», am besten ließ man sich mit niemandem ein!

Fünfhundertundfünfundachtzig Stunden scheinen am ersten Ferientag eine endlose Zeit, aber wie rasch sind sie dahingeschwunden! Schon sagen wir manchmal: «Nächste Woche müssen wir nach Haus», schon fordert uns Vater bei den Spaziergängen manchmal auf: «Seht euch dies genau an, Kinder! In diesem Jahre werden wir es kaum wieder zu sehen kriegen!», und die Forderung, regelmäßig Schularbeiten zu machen, wird seltener gestellt. Beide Eltern sind geneigt, ein Auge zuzudrücken und uns den Ferienrest in vollen Zügen genießen zu lassen. Noch einmal wird besprochen, ob wir in diesem Jahr wirklich eine Segelbootfahrt mit Fischer Beider machen sollen. Vier Kinder bitten — wie jedes Jahr — sehr darum, aber es wird doch wieder nichts daraus: die gefürchtete Seekrankheit könnte vielleicht sogar eine pünktliche Rückreise unmöglich machen. (Täte sie es doch!)

«Im nächsten Jahr vielleicht, Kinder! Es ist wirklich zu spät geworden diesmal! Denkt doch, wenn Mutter nicht packen könnte! Mutter wird so leicht seekrank. Also im nächsten Jahr — denke ich . . .»

Worauf Mutter vorsichtig hinzusetzt: «Wenn wir im nächsten Jahr wieder hierher fahren. Es ist doch alles viel teurer geworden seit letztem Jahr. Ich habe mehr Haushaltsgeld als in Berlin verbraucht. Und ich glaube nicht, daß wir unsere Zimmer noch einmal zum alten Preis bekommen werden. Die haben mir schon so was angedeutet . . .»

Die letzten Tage, die allerletzten Tage! Jedes von uns hat ein Bedürfnis, sich abzusondern, heimlich und ganz allein geliebte Stellen aufzusuchen. Ich weiß da eine kleine Lichtung im Kiefernhochwald, zu der gehe ich nun. Es ist heiß, fast Mittagsstunde. Ich werfe mich auf den trockenen Waldboden, lege den Kopf zurück und blinzele mit halb geschlossenen Lidern in die strahlende Höhe. Über mir ist ein großer Kiefernast, zwischen den Nadeln, zwischen den Seitenzweigen sehe ich das Himmelsblau. Es flimmert vor Hitze. Eine kleine weiße Wolke steht darin, regungslos.

Wieder meine ich, das dumpfe Sommersummen des Waldes zu hören, es schwillt an und ab wie das Atmen in meiner Brust, wie das Meer es tut, und wie der Wind bläst, es schwillt und sinkt wie alles Lebendige. Mehr nicht? Nein, sonst nichts. Nur Stille und ein fern dahinstreichendes Sausen. Meine Glieder werden schlaff, sie scheinen von der Sonne gelöst, sie möchten hineinwachsen in den sommerwarmen Sand. Eltern und Geschwister, Schule und die Stadt Berlin sind nicht mehr, nur der Sommer, in dessen Wärme ich mich fühle, von dem ich ein Teil bin, in dem ich ganz aufgehen möchte!

Dann sitzen wir wieder im Zug, der uns heimwärts trägt. Heimwärts? Berlin ist kein Heim, Berlin ist nur ein Wohnort, ein Aufenthalt, nie ein Heim. Aber seltsam, je weiter uns das Rollen des Zuges von unserer Sommerfrische entfernt, um so leichter trennen sich die Gedanken von dem zurückbleibenden Ferienglück, wenden sich der Stadt zu. Ich denke daran, wie lange ich meine Bücher nicht in der Hand gehabt habe. In den Ferien ist mir eingefallen, daß ich sie nach einem ganz neuen Prinzip ordnen könnte, nicht alphabetisch nach Verfassernamen, sondern nach dem Inhalt: Entdeckungsreisen für sich, Märchen für sich. Indianergeschichten für sich. Ich sehne mich plötzlich danach, sie zu ordnen, und plötzlich fällt mir auch ein, daß ich vor den Ferien ein neues Buch zu lesen anfing. Endlich kann ich es zu Ende lesen!

Und ich werde morgen alle Freunde und Bekannten besuchen, denn morgen ist noch kein Schultag. Vater ist nicht dafür, am allerletzten Tag zu fahren. Die Kinder müssen doch auch Zeit haben, sich wieder einzugewöhnen, ehe die Schule anfängt! Ich werde also von den andern hören, was sie in den Ferien erlebten, und ich werde ihnen meine Erlebnisse erzählen. Ich beginne, mir zurechtzulegen, was erzählenswert erscheint.

Diesmal ist es kein Problem, eine Gepäckdroschke zu finden, wir brauchen nicht lange herumzulaufen. Die Koffer und der Bettsack wandern nach oben, und jetzt darf ich auf dem Bock sitzen, es geht alles nach der Gerechtigkeit. Zwischen meinen Beinen steht das rosa lackierte Blecheimerchen vom Strand. Ede und ich haben es noch am letzten Abend mit Muscheln gefüllt, nachdem Vater die Überführung von drei halbtoten Fischchen zur Begründung eines Aquariums in Berlin verboten hatte.

Ich sehe auf die Muscheln, ich sehe auf die Straße . . . Es ist erst Nachmittag, und die Sonne scheint, aber das Licht kommt mir blaß vor. Eine Häuserreihe liegt im Schatten und sieht grau und düster aus. Aber auch die im Licht liegende zeigt nicht so sehr Helligkeit wie mitleidslos entblößte Schäden in Putz und Farbe. Ein Unbehagen befällt mich, eben habe ich mich noch auf das Heimkommen gefreut, aber nun will etwas Düsteres Einzug in mir halten! Ich sehe wieder auf die Muscheln . . .

Minna und Herr Markuleit stehen vor der Tür. Wir sind pünktlich gekommen, und wir werden pünktlich erwartet, alles bekommt nun wieder seine gewohnte Ordnung. Kaum ist die erste Begrüßung vorbei, so gehe ich stracks in mein Zimmer. Ich ziehe die Tür leise hinter mir zu und betrachte es. Es ist so ungewohnt . . . Natürlich hat Minna hier unterdes groß reingemacht, es riecht nach Bohnerwachs und Schmierseife. Ein Stuhl steht falsch, und schon von der Tür aus kann ich sehen, daß meine Bücher kunterbunt im Regal stehen. Minna hat kein Verhältnis zu Büchern. Bismarcks Bild hängt schief . . .

Aber das alles ist es nicht . . .

Sondern es ist sonderbar . . . Es ist fast, als lehne meine Stube mich ab, als wolle sie nichts von mir wissen . . . Ich sehe zu dem Sessel hin, der vor meinem Schreibsekretär steht. Das Kissen ist zusammengedrückt, als habe eben einer darin gesessen, und dieser Eine ist mir feindlich gesinnt, das spüre ich! Ja, es ist wirklich sonderbar — was war es doch, das ich fühlte, als ich beim Ferienbeginn durch den Tiergarten fuhr? Ich versuche, mich zu erinnern. War es nicht damals so, als hätte ich mich selbst zurückgelassen, als sähe ich mich selbst mit einem Buch in der Hand am Fenster stehen?

Ich sehe scheu zum Fenster hin, aber da steht niemand. Und doch ist jemand hier! In den ganzen Ferien habe ich dieses andere Ich nie gespürt, ich habe nicht einmal daran gedacht! Doch nun, eben heimgekommen, begrüßt er mich, mit seiner kalten, ablehnenden Feindschaft, so empfängt er mich. Schon als in der Invalidenstraße das Licht fahl wurde, fühlte ich sein Kommen.

Und nun muß ich wieder mit ihm leben, ein ganzes langes Jahr hindurch, bis zu den nächsten großen Ferien! Und manchmal wird er ich selbst sein, so daß ich mein eigener Feind werde! Wie soll ich das ertragen —? Und niemand, dem ich davon sprechen kann! Keiner, der ein Wort davon verstehen würde!

Ich habe die Tür leise wieder hinter mir zugezogen. Im Augenblick war ich nicht mutig genug, den Kampf mit der feindlichen Atmosphäre meines Zimmers aufzunehmen. Ich überlege, wohin ich jetzt soll. Dann fallen mir meine Kaninchen ein, drei zutrauliche Tiere mit Schnobernasen, die mich lieben!

Ich stürze in den Keller hinunter, ich laufe auf die verlatteten Kisten zu. Aber die Kisten sind leer, ein wenig fauliges Stroh liegt darin, ein gelb gewordenes Kohlblatt, ein Mohrrübenende, in dem ich noch die Zahnspuren von Mucki sehe.

Langsam gehe ich über den Hinterhof zu der Portierloge. «Herr Markuleit», sage ich und versuche, mutig auszusehen. «Wo sind denn meine Kaninchen?»

«Deine Karnickel, Junge? Die sind futsch!» Herr Markuleit pfeift, um auszudrücken, wie sehr sie futsch sind. «Die Läuse haben se halb uffjefressen! Da hab ick's deinem Vater jeschrieben, und der hat mir wieda jeschrieben, ick soll se man vakoofen. Eins zwanzig hab' ick für se jekriegt im Kleinen Tierzoo in der Winterfeldtstraße. Nich mehr, weil se so verlaust waren. Hier is det Jeld. Junge, kiek bloß nich so belämmert . . .»

«Danke, Herr Markuleit», sage ich. «Behalten Sie das Geld nur für Ihre Mühe . . .»

Langsam gehe ich über den Hof wieder zum Keller. Ich setze mich auf eine Kiste und starre in die leeren Kaninchenställe. Langsam füllen sich meine Augen mit Tränen. Aber ich kann nicht richtig weinen, es ist alles so trostlos . . .

Die Ferien sind zu Ende . . .

Großmutter

Von den vier Großelternteilen, die jedem vom Weibe Geborenen zustehen, hatte der Himmel mir für meine Kinderjahre nur die Mutter meiner Mutter aufgespart. Die drei andern waren schon verstorben, ehe mein Gedächtnis auch nur die Spur einer Erinnerung an sie aufgenommen hatte. Aber dafür hatte es die uns verbliebene Großmutter auch in sich. Sie war eine Großmutter, wie sie eigentlich nur im Märchenbuch steht, es war, als habe sie alle Großelterneigenschaften der dahingegangenen drei in sich versammelt und strahle sie nun unermüdlich aus, in Fürsorge, Geduld und Liebe für alle ihre Enkelkinder, deren sie viele hatte.

Natürlich ist uns Kindern Großmutter immer uralt vorgekommen. Wie alle Kinder konnte ich kaum Unterschiede im Alter sehen, zwischen dreißig, vierzig und fünfzig Jahren sahen mir alle eigentlich gleich alt aus. Aber daß Großmutter uralt war, viel viel älter als Vater und Mutter, das sah ich doch. Sie ist mir in der Erinnerung als eine kleine, rasch bewegliche Frau, immer in Schwarz gekleidet, mit einem Häubchen aus schwarzen Spitzen und schwarzem Schmelz auf dem ach! so dünnen weißen Scheitel. Sie hatte eine helle, hohe Zwitscherstimme — wenn Großmutter sprach, klang es eigentlich immer, als sänge ein Vogel. Erzählte Großmutter Märchen, so wurde ich es schon wegen dieser Stimme nicht müde, ihr zuzuhören.

Später entdeckten wir Kinder, daß Großmutter nicht nur zwitscherte, sondern daß ihre Sprache auch eine andere Färbung hatte als bei allen andern, die wir kannten. Großmutter sprach nämlich Hannöversch, und wenn auch, nach Ansicht der Hannoveraner, sie, nämlich die Hannoveraner, das reinste Deutsch von der Welt sprechen, so war uns Kindern doch ihr spitzes «St» und das «A», das nicht wie «A» klang, sondern wie eine Mischung aus «A», «Ae» und «Oe», eine Quelle unerschöpflicher Erheiterung. Wie oft nahten wir uns bei Spaziergängen nicht der Großmutter mit der Miene scheinheiligster Dienstbereitschaft: «Großmutter, dörfen wir nicht doinen Schöl trögen?»

Und die gute Großmutter, deren Herz nie für den Gedanken Raum hatte, ein Enkelkind könne sich einen Spaß mit ihr erlauben, antwortete ganz freundlich: «Danke, mein lieber Djunge, üch wüll den Schöl doch lüber umbehalten, es üst eun wenüg kühl.»

Worauf der Übeltäter mit verhaltenem Prusten zu seinen Geschwistern zurückkehrte. Wir warteten nur drei Minuten, dann wurde der nächste ausgesandt: «Großmutter, dörf üch vülleicht doinen Schöl trögen?» Und unverändert liebevoll kam der Dank.

Oder wir überboten uns darin, s—pitz zu s—prechen, wir wurden so s—pitz, daß unsere Zunge immer an einen s—pitzen S—tein s—tieß. Großmutter hörte es gar nicht. Oder, wenn sie es hörte, und sie hörte es vielleicht manchmal doch, so lächelte sie nur darüber; das waren so Kinderspäße, ihre Enkel waren alle Muster an Artigkeit!

Dieses schlichte, einfache, gütige Herz, diese Ahnungslosigkeit von allem Bösen in der Welt sind Großmutters Schutzwehr gewesen gegen all das Schwere, was das Leben ihr brachte. Es gab schließlich nichts Schlechtes und Schweres für sie mehr. Alles konnte ertragen werden, denn niemandem wurde mehr aufgeladen, als er tragen konnte. Daß dies aber bei ihr so sein konnte, das machte ein schlichtes, einfältiges Christentum, das in ihrem Herzen wohnte, ein unerschütterlicher Glaube, daß sich alles doch endlich zum Guten wenden würde. Großmutter hatte jenes Christentum, das nie Worte machte, nie andern lästig fiel, nie muckerisch war. Sie handelte wie eine Christin, aber sie sprach nie von Christentum.

Ihre Tochter, meine beiden Eltern hatten sich der Kirche entfremdet, und wir Kinder waren ihren Spuren gefolgt, vielleicht, sicher hat ihr das Kummer bereitet. Aber sie sprach nicht davon. Gott mochte wissen, warum er dies zuließ; nicht ihre Sache war es, sich einzumischen. Wenn sie bei uns auf Besuch war, gab sie wohl nichts von ihren Gewohnheiten auf, aber alles geschah ganz unauffällig. Unauffällig verschwand sie am Sonntagmorgen zu ihrem Kirchgang, unauffällig neigte sie beim Mittag- und Abendessen den Kopf, faltete die Hände und flüsterte leise ihr Tischgebet. Und ich muß sagen, so geneigt wir Kinder auch waren, über Großmutters kleine Eigentümlichkeiten uns lustig zu machen, so still verhielten wir uns bei ihrem Gebet. Kaum, daß wir dann einmal zu ihr hin zu schielen wagten. Allerdings hätte uns Vater auch auf diesem Gebiet nicht die kleinste Unart durchgelassen. Er gehörte zu jenen Menschen, die einen jeden auf seine Fasson selig werden lassen, und besonders Bevormundung in Glaubenssachen erschien ihm unerträglich. Er hat uns immer so erzogen, daß auch wir die abweichendsten Ansichten anderer achteten, oder, wenn wir sie nicht achten konnten, doch zu ihnen schwiegen.

Großmutter ist sehr alt geworden, wirklich so alt, wie ich sie mir damals als Kind dachte, trotzdem sie in jener Zeit eine Frau in den besten Jahren war. Im Jahre 1838 geboren, hat sie vier Kriege miterlebt: den dänischen, den österreichischen, den französischen, den Weltkrieg. Zu allen diesen Kriegen sind Söhne, Enkel und Urenkel ausgezogen. Sie hat ihnen Briefe geschrieben, sie hat ihnen Päckchen gesandt, sie strickte und backte, und wenn sie fielen, hat Großmutter um sie geweint. Aber sie tröstete sich rasch wieder. Sie hatte so viele sterben sehen, Geschwister und Kinder und Kindeskinder; sie war wohl allein noch aufbewahrt, eine Uralte. Aber wie groß war die Familie geworden, die von ihr ausging! Einundzwanzig Enkel zählte sie und schon zwölf Urenkel. Nein, sie mußte sich nicht ängstigen, die Familie starb nicht aus. Das Blut war noch nicht müde, überall kämpfte es, drang vor, eroberte sich seinen Platz im Leben ...

Es hat mich immer tief gerührt, daß sie, die von einer sehr kümmerlichen Pension als Pastorenwitwe lebte und viel zu stolz war, je eine Unterstützung von ihren Kindern anzunehmen, daß sie, die sich selbst kaum das Nötigste gönnte und sich mit eiserner Sparsamkeit einrichtete, einrichten mußte, daß sie jedem von uns Enkel- und Urenkelkindern zu jedem Geburtstag und zu jedem Weihnachtsfest einen Taler sandte. Es sieht nicht nach viel aus, aber wenn man von dreihundert Talern im Jahre leben muß, und wenn man jedes Jahr zweimal dreißig Postanweisungen über einen Taler ausschreibt, dann ist es viel. Dann ist es viel zuviel, weil es ohne alles Aufheben aus dem Nötigsten geschenkt ist.

«Aber es macht mich doch so glücklich, Louise», sagte sie, wenn Mutter einmal protestierte. «Wenn ich nicht mehr schenken kann, mag ich auch nicht mehr leben. Und die Kinder sollen doch auch merken, daß sie eine Großmutter haben.»

Vor mir liegen zwei Bilder der Großmutter. Das eine stellt sie als junge Frau, das andere als neunzigjährige Witwe dar. Im Äußern, was die Kleidung angeht, sind die Bilder einander sehr ähnlich. Auf beiden ist Großmutter schwarz gekleidet – sie hat ihr ganzes Leben lang nur Schwarz getragen, anders schickte es sich nicht für eine Pastorenfrau und Witwe. Auch das Häubchen ist beide Male da. Bei der jungen Frau ist es noch eine schwarze, vielfach verschlungene Samtschleife, die oben auf den Haaren sitzt und ein schleierartiges Gewebe festhält, das in den Nacken fällt. Und die altgewordene trägt jenes Häubchen aus schwarzen Spitzen und schwarzem Schmelz, von dem ich schon sprach.

Aber das Gesicht, das Gesicht! Wie das Leben, selbst das schlichteste, demütigste, ganz der Liebe geweihte Leben, ein Gesicht verändern kann! Eine junge Frau mit einem starken Gesicht schaut mich an. Das Kinn ist fest, die nicht kleine Nase grade und bestimmt. Der leicht geschwungene Mund schließt fest die Lippen und hat doch etwas Liebenswürdiges, wie ein verborgenes Lächeln. Nur die Augen sehen ein wenig zu ernst aus. – Und nun das Bild der Greisin daneben, wüßte man es nicht, man glaubte nicht, daß es dasselbe, nur gealterte Gesicht ist. Der Mund hat sich auseinandergezogen, die Lippen sind ganz dünn geworden, das Kinn scheint kürzer und breiter. Es ist, als sei die starke Nase eingesunken, von allen Seiten sind die Falten und Runzeln gekommen, das Leben hat dies Fleisch mit unendlich vielen Furchen immer von neuem durchpflügt. Still Ertragenes, hier spricht es! Geheimer Kummer, hier liegt er am Tag. Verborgene Sorgen, nun sind sie aus dem Innern hervorgekommen! Ungesprochene Worte – der Mund scheint bitter von ihnen geworden. Aber die Augen, und das ist das Hinreißende, die Augen, die in der Jugend so ernst, fast traurig blickten, die Augen lächeln nun! Sie scheinen wohl kleiner geworden unter den schwer hängenden Lidern, über den dicken Wulsten der Tränensäcke, aber sie lächeln mit einer solchen Güte und Liebe, als habe der neunzig Jahre hindurch verschwenderisch ausgestreute Schatz an Liebe sich nicht vermindert, sondern vermehrt. Aus diesen Augen spricht der ewige Triumph des

Geistes über das Fleisch, der Liebe über die Vergänglichkeit. Ein uraltes Gesicht, fast schon nicht mehr menschlich, sondern eher der verwitterten, von Flechten überzogenen Rinde alter Bäume gleichend, aber die Augen leuchten wie an jenem ersten Tag, da der Geist sich seiner bewußt ward.

Ein langes Leben liegt dazwischen, zwischen diesen beiden Gesichtern, ein nicht sehr von äußerem Glück begünstigtes Leben. Die Tochter eines Landpastors heiratet wieder einen Landpastor. Glückliche Jahre auf dem Lande, stille, anspruchslose Jahre mit Kindern und Acker und Vieh und einer kleinen armen Gemeinde in der Heide. Aber vielleicht ist dem Mann die Aufgabe zu einfach, er vernimmt einen Ruf. Er will nach Celle, zu den Letzten der Letzten will er. Er möchte der Seelsorger des Zuchthauses werden.

Er wird gewarnt. Er ist lang aufgeschossen und schwächlich, auf seinen Wangen blühten oft die Kirchhofsrosen, wie man damals noch sagte, aber man sagte es lieber nicht. Er hört nicht, sie ziehen nach Celle, sie wohnen im Zuchthaus. Es gibt ein altes Lied, in dem diese beiden Zeilen stehen:

«In Celle steht ein festes Haus,
Mit unserer Liebe ist es aus . . .»

Das feste Haus in Celle hat den Mann nicht halten können, er ging. Aber mit der Liebe war es darum nicht aus, die sechzig Jahre dauernde Witwenschaft beginnt. Als der Mann starb, waren fünf Kinder da, und die Pension war so kärglich! Das Schwerste mußte geschehen und ertragen werden: drei der Kinder kamen aus dem Haus, zu gut gestellten Verwandten, unter ihnen meine Mutter. Mit einem Sohn und einer Tochter blieb die Witwe allein.

Ein Leben war zu Ende, das Frauenleben, die Gefährtin eines Mannes mußte lernen, Witwe zu sein, nur noch für andere zu leben, nie mehr an sich zu denken. Wieviel Wünsche und Hoffnungen mußten da begraben werden! Das alte Gesicht spricht von ihnen. Drei Kinder in der Fremde — wieviel Sehnsucht und Sorgen — auch davon spricht das Gesicht. Stets kaum das nötigste Geld im Hause, wieviel ängstliches, kleines Sparen — auch das weiß das alte Gesicht zu erzählen. Aber das Herz bleibt, die Liebe siegt, aus den Kindern wird etwas. Nun gibt es schon Enkel, und an die Enkel denkt das alte junge Herz anders als an die Kinder —!

Ich habe es immer als eine grausame, als eine sinnlose Härte empfunden, daß dies schlichte Herz nicht friedlich aufhören durfte zu schlagen. Diese stille Fromme glaubte in ihren letzten Lebensmonaten in der Hölle zu sein. Sie litt Schreckliches, Tag und Nacht wurde sie gequält. Gab man ihr einen kühlen Trunk, so schrie sie voller Grauen, es sei ihr glühendes Eisen in den Hals gegossen. Die um sie waren, wurden zu Teufeln, Gott hatte sie verstoßen. Sie war für immer verdammt — für ihre unermeßlichen Sünden. Sie würde nie ihren Mann und ihre Kinder wiedersehen, ewig brannten für sie die Höllenfeuer. Es war eine Erlösung für alle, als sie starb, in ihrem fünfundneunzigsten Lebensjahre. Ich denke, sie wird jetzt ihre Ruhe haben.

Und darum nehme ich auch keinen Anstand, einige Geschichten

125

aus dem Leben Großmutters zu erzählen, die sie in einem heiteren Lichte zeigen, aber nur für andere heiter. Für Großmutter waren es sehr ernste Geschichten; es konnte nach ihrer ganzen Veranlagung nicht anders sein, sie hatte nicht den geringsten Sinn für Humor. Was ein Witz war, hat sie nie verstanden.

Wollten wir Großmutter herausfordern, so bettelten wir sie an, sie möge uns doch die schreckliche Geschichte von der kleinen Elfriede erzählen. Elfriede war das jüngste Töchterchen von Großmutter, zur Zeit, da sich diese Tragödie ereignete, etwa zwei Jahre alt, und sie hatte einen vierjährigen Bruder, der Gotthold hieß. Gotthold, der angehende Mann von vier Jahren, mußte oft für seine viel beschäftigte Mutter Aufsichtspflichten bei seiner Schwester erfüllen. Im allgemeinen unterzog er sich dieser Aufgabe auch gerne und zur Zufriedenheit aller.

Aber an einem Tag unter den Tagen mußte Gotthold feststellen, daß sein Schwesterchen sich naß gemacht hatte. Nun war die Sache so, daß Gotthold sich nicht mehr naß machen durfte, und passierte es ihm doch noch einmal, so gab es Haue! Bei Elfriede, der kaum Zweijährigen, wäre ein Naßmachen grade noch hingegangen, Großmutter hätte wohl ein Auge zugedrückt. Aber das wußte Gotthold nicht, jedenfalls fürchtete er Haue für das Schwesterchen und überlegte, wie er sie vor den Schlägen bewahren könnte.

Es war Winterzeit, im Ofen brannte schon Feuer, die Ofentür war heiß, fast glühend. Gotthold war schon verständig genug, beobachtet zu haben, daß man Nasses mit Wärme trocknet, aber er war noch nicht so verständig, die Natur des zu Trocknenden und den Grad der Wärme in Betracht zu ziehen. Das einzige, an das Gotthold dachte, war, daß er Elfriede vor Schlägen erretten mußte.

So ergriff er sein Schwesterchen und drückte es mit dem Hinterteil fest gegen die heiße Ofentür. Einen Augenblick lang wurde die Wärme noch angenehm empfunden, aber nur einen sehr kurzen Augenblick, dann stieß Elfriede ein durchdringendes Schmerzensgeschrei aus. Gotthold redete ihr aufgeregt zu, daß das Höschen trocknen müsse, daß es sonst Schläge gebe, und drückte Elfriede nur noch fester gegen die Ofentür. Elfriede schrie wie am Spieß, und sie war ja auch nahe daran, von hinten gebraten zu werden!

Gottlob stürzte Großmutter herbei und erlöste die Unselige vom Märtyrerrost. Mit ernster Stimme und mit einem leisen Schlucken in der Kehle erzählte uns Großmutter, daß die arme Elfriede acht Wochen lang auf dem Bauch habe liegen müssen, und daß die Spuren der Ofentür nie ganz verschwunden seien.

Wir Kinder traten uns vor geheimer Wonne die Schienbeine unter dem Tische blau. Wenn aber die mittlerweile sehr erwachsene Tante Elfi, die recht kompakt geworden war, uns besuchte, pirschte sich oft eines von uns Geschwistern in ihre Rückfront und betrachtete sie nachdenklich. Gar zu gerne hätten wir Tante Elfi gebeten, uns einmal die Spuren der Ofentür zu zeigen, gottlob hielt aber ein guter Engel unsere Zungen im Zaum, denn Tante Elfi war sehr für Schicklichkeit! *Wir* sagten dazu ötepetöte!

Derselbe Onkel Gotthold scheint auch noch in reiferen Jahren sehr für drastische Erziehungsmethoden gewesen zu sein. Nur mit Schauder und Ingrimm hörte ich von seinen Kindern, wie er sie ein für allemal vom Spielen mit Feuer abhielt. Gewiß, der Onkel Gotthold saß auf einer Landpfarre, und das Pfarrhaus war mit Stroh gedeckt, und es gehörte auch noch ein Pfarrhof dazu, mit Scheunen und Viehställen, mit viel Heu und Stroh. Auf all solchen Höfen ist die Angst vor Feuer immer wach. Und alle Kinder spielen in einem gewissen Alter gerne mit Feuer. Wenn aber Onkel Gotthold dieses Alter gekommen glaubte, so rief er das betreffende Kind in sein Zimmer, brannte zwei oder drei Streichhölzer an, hielt ein Fingerchen des Kindes mit eiserner Hand über die Flamme, hatte auch kein Mitleid mit Angst, Geschrei, Brandwunde, sondern sprach: «So, nun weißt du, wie weh es tut, mit Feuer zu spielen. Spiele nie mit Feuer!»

Ich für meinen Teil würde es vorziehen abzubrennen, als meinen Kindern auf diese, milde gesagt drastische Art die Furcht vor dem Feuerspiel beizubringen. Dieses ganze Vorgehen, das der Onkel bei allen seinen sechs Kindern konsequent durchgeführt hat, will mir gar nicht recht zu seinem sonstigen Bilde passen. Denn an sich war er zwar ein großer robuster Mann, ein richtiger Landpastor niedersächsischen Schlages, der noch selber in Stulpenstiefeln seinen Pfarracker pflügte und mit seinen Bauern über Saat und Ernte zu reden wußte wie nur einer, aber dabei war er eigentlich ein fröhlicher, kinderlieber Mann, und gar nicht ganz ohne Humor. Ich denke mir beinahe, daß ein Jugenderlebnis ihm eine fast panische Angst vor Bränden eingeflößt hat, und da dieses Jugenderlebnis wieder mit der Großmutter, also seiner Mutter, zu tun hat, will ich es hier erzählen.

Das war noch in der Zeit, ehe die Großeltern nach Celle in das feste Haus zogen, da sie noch in einer Landpfarre wohnten, die auch mit Stroh gedeckt war. Es ist Mittagszeit, Vater und Mutter und die fünf Kinder sitzen am Tisch und mit ihnen die Knechte und Mägde des Pfarrhofs. Ein Gewitter ist am Himmel, blauschwarz stehen die Wolken vor den Scheiben, und in der Stube wird es immer dunkler, als wolle es Nacht werden.

Aber Großmutter läßt sich dadurch nicht stören: wir sind alle in Gottes Hand. Sie fängt an, aus der ungeheuren Terrine die Suppe aufzukellen. Da wird es blendend hell in der Stube, darauf knattert es wie aus tausend Feuerrohren. Alle sind aufgesprungen, alle schreien: «Das hat eingeschlagen!»

Und schon wird es auch hell im Zimmer, das nach dem Blitzschlag wieder ins Dunkel gesunken war, eine züngelnde, flackernde, rote Helligkeit. «Es brennt bei uns!» schreien sie und stürzen aus dem Haus.

Jawohl, es brannte bei ihnen, das ganze Strohdach ist schon eine flammende Glut. Im Dorf bimmelt die Feuerglocke, aber jeder, der in diese Glut starrt, weiß: da ist nichts mehr zu retten! Und wirklich ist das Haus in kürzester Frist bis auf die Grundmauern niedergebrannt, die Großeltern verloren alles!

Plötzlich aber fangen die in die Glut Starrenden an, einander anzusehen, sich anzustoßen: wo ist die Frau Pastern? In der ersten Aufregung hat niemand auf sie geachtet. Nun merken alle, daß sie fehlt. Sie rufen nach ihr, sie laufen in den Obstgarten, sie starren in die stumpfen, die Glut spiegelnden Scheiben. Es ist schon fast unmöglich, sich dem Hause zu nähern, so stark ist der Gluthauch des Brandes. Aber der Großvater will es doch tun, er ist verzweifelt, er will zurück ins Haus. Großmutter fehlt, die Mutter seiner Kinder ist nicht da!

Seine Knechte versuchen ihn zu halten: «Es ist doch nicht möglich, Herr Paster! Sie kommen nicht 'rein! Und wenn Sie 'reinkommen, kommen Sie nich wieder 'raus! Sehen Sie doch, das Dach fängt schon an zu rutschen! Denken Sie doch an Ihre Kinder, Herr Paster!»

Aber der Großvater will sich nicht halten lassen. Er reißt sich los, und läuft auf das brennende Haus zu . . .

Da tritt aus der offenen Tür die Großmutter! Sie hat es gar nicht eilig. Ruhig und bedächtig — das Häubchen sitzt unverrückt auf dem glatt gescheitelten Haar — schreitet sie durch den Gluthauch. Sie muß schon bedächtig gehen, denn sie trägt die große Suppenterrine in beiden Händen!

Sie wird stürmisch begrüßt, sie wird gefeiert, aber Großmutter versteht diese Aufregung nicht. Was kann ihr denn geschehen? Gott holt eine Mutter nicht von ihren fünf unversorgten Kindern fort! Und mit der gleichen Gelassenheit nimmt sie den Brand hin, der all ihr Hab und Gut vernichtet. Es soll so sein — er wird schon wissen, wozu das gut ist!

«Aber Mutter —!» rufen sie. «Was machst du denn mit der Suppenschüssel? Warum bringst du denn die Suppenschüssel mit —?!»

«Ja, Kinder», antwortet sie mit ihrer hellen, gelassenen Stimme, «wenn wir auch abbrennen, müßt ihr doch zu Mittag essen! Darum habe ich die Suppe mitgebracht.»

Alle freuen sich über die Geistesgegenwart der Frau Pastern, sie denkt doch wirklich an alles, und nie verliert sie die Fassung. Niemand kommt im ersten Augenblick auf den Gedanken, daß es vielleicht richtiger gewesen wäre, das bißchen Geld in der Schreibtischlade zu retten, oder den Kindern ein Mäntelchen gegen den jetzt niederstürzenden Regen mitzubringen. Mittagessen hätten die Pastorsleute in jedem Hofe der Gemeinde bekommen. Nein, Frau Pastern ist geistesgegenwärtig, die Ruhe selbst!

Aber dann erweist es sich, daß Großmutter doch nicht geistesgegenwärtig gewesen war, sie hatte auch die Ruhe verloren. Sie hatte, trotz allen äußeren Scheins, doch kopflos gehandelt . . . Der Deckel der Terrine wird abgehoben und . . .

Sie werden mittlerweile unter ein schützendes Dach geflohen sein, im Hause war doch nichts mehr zu retten . . . Und nun wird also der Deckel von der Terrine abgenommen, und mitten in der schönen hannöverschen Erbsensuppe mit Schwemmklößchen und Schinken schwimmt Großmutters Strickzeug! Ja, da hatte die Frau Pastor so ruhig ausgesehen, so gelassen war sie aus den Flammen geschritten.

Aber innerlich war sie völlig durcheinander gewesen, sie hatte gerettet, was ihr unter die Finger kam: aus einem häuslichen Urinstinkt hatte sie das Strickzeug ergriffen und in die Suppe gesteckt!

Oh, wie alle lachten — noch die Enkel lachten über ihre geistesgegenwärtige Großmutter! Großmutter aber lächelte nur, ohne jedes Beleidigtsein, aber auch ohne jede Einsicht in den Humor der Geschichte.

«Und ich habe den Strumpf für euern Großvater *doch* zu Ende gestrickt!» pflegte sie ganz stolz zu sagen.

«Und die Suppe, Großmutter? Sag doch, was ist aus der Suppe geworden?»

«Ich weiß es nicht mehr, liebe Kinder. Aber ich denke, wir werden sie aufgegessen haben. Es wäre doch schade um die schöne Suppe gewesen!»

Ist meine Vermutung richtig, so wird bei meinem Onkel Gotthold das heitere Erlebnis der geretteten Suppenschüssel weit zurückgetreten sein hinter dem schreckensvollen, daß alles Hab und Gut seiner Eltern in den Flammen aufging. Ich weiß nicht zu sagen, wie es mit ihrer Versicherung bestellt war, aber ich hörte von langen Jahren äußerster Entbehrung sprechen. Es scheint mir sehr wohl möglich, daß solch ein Brand, dem eine endlose Zeit der Not folgt, die diesen Brand nie vergessen läßt, in einem Kind einen so tiefen Eindruck hinterläßt, daß noch der Mann aus purer panischer Angst so handelt, wie es seinem Charakter gar nicht entspricht. Denn ich habe es schon gesagt, mein Onkel Gotthold war wohl ein lauter, aber auch ein fröhlicher Mann, und Fröhlichkeit verträgt sich kaum mit Brutalität. Ich persönlich, sagt meine liebe Mutter, soll ganz seinen Kopf auf meinen Schultern tragen, und der Gedanke ist mir nun ganz unbehaglich, mit dem Gesicht eines Wüterichs in der Welt umherzulaufen. Vielleicht habe ich aus diesem Gefühl heraus eine Erklärung jener Brutalität versucht.

Überhaupt ist die Erinnerung an jenen Onkel Gotthold nicht ganz behaglich. Denn der Onkel ist ein Mensch, der spurlos aus dem Leben verschwunden ist, von dem niemand zu sagen weiß, wann er starb und wo er begraben ist. Er lebte in Kraft und Fröhlichkeit in seiner hannöverschen Landgemeinde, in einem stattlichen, wohl begüterten Dorf, in dem ihn jeder kannte, jeder achtete. Er hatte keinen Feind. Er hatte auch keine Heimlichkeiten — sein Leben lag offen vor aller Augen.

Und dieser Onkel besteigt eines Tages den Zug nach Hannover, zu einer jener Pastorenkonferenzen zu fahren, die, wenn ich mich nicht irre, Synoden genannt werden. Die Teilnahme an diesen Synoden war Pflicht, aber es war eine Pflicht, die mein Onkel nur seufzend erfüllte. Nicht wegen der Reise in die große Stadt, auch nicht wegen des Treffens mit seinen Amtsbrüdern, auch nicht wegen all der Reden, die angehört werden mußten, sondern allein des Herrn Generalsuperintendenten wegen fuhr mein Onkel ungern.

Der Herr Generalsuperintendent war ein lieber alter Herr, mein Onkel hatte nichts gegen ihn, nur war er schon ein bißchen sehr alt.

Der Generalsuper mümmelte und speichelte, es war keineswegs empfehlenswert, in seine Rederichtung zu kommen, man hätte sich denn abwischen dürfen — und das durfte man doch nicht, aus Anstand! Und grade so ein alter und schon recht schadhaft gewordener Herr hatte es sich in den Kopf gesetzt, bei jeder Synode all seine Amtsbrüder mit einem Bruderkuß zu begrüßen, genau wie Christus seine Jünger beim Abendmahl geküßt hatte! Jedem seiner Pastoren näherte sich der alte Herr, lächelte greisenhaft freundlich — was nur noch die Maske eines Lächelns ist —, sprach: «Lieber Bruder, Gottes Segen sei mit dir!» und küßte den Bruder mitten auf den Mund!

Mein Onkel schauderte geradezu vor diesem Kuß. Ich habe dabei gesessen, wie er ihn der Tante zu schildern versuchte, aber als das Wort «Sabbern» fiel, erhob sich meine Tante entrüstet und sagte: «Gotthold, du vergißt dich! Und noch dazu vor den Kindern!» und ging.

Da aber mein Onkel das besaß, was man bei uns in Norddeutschland «Schlitzöhrigkeit» nennt, was etwa mit Gerissenheit übersetzt werden kann, so hatte er mit der Zeit eine gewisse Übung darin bekommen, den generalsuperintendentlichen Küssen zu entgehen. Er mischte sich in den dicksten Haufen seiner Amtsbrüder, trat geschäftig bald rechts, bald links, sobald die Kußszene begann, und kam dann der vorgesetzte Seelsorger auf ihn zu mit den salbungsvollen Worten: «Lieber Bruder, Gottes Segen sei mit dir!» — so lächelte der Onkel liebevoll ins Auge des Bruders und sprach mit gleicher Salbung: «Lieber Bruder — wir hatten schon!»

Aber an jenem Tage hatte es mein Onkel nicht nötig, zu solchen kleinen Notlügen seine Zuflucht zu nehmen, denn er ist nie auf der Synode angekommen. Kein Mensch hat je erfahren können, wo mein Onkel aus dem Zuge gestiegen ist, in den viele ihn einsteigen gesehen haben. Es war ein Personenzug, er ging nach Hannover, er hatte nur anderthalb Stunden Fahrzeit, es saßen viele Amtsbrüder und noch mehr bekannte Landleute in dem Zug, aber niemand hat den Onkel von der Minute seines Einsteigens an gesehen. Er ist von diesem Augenblick an verschwunden gewesen, als habe er sich in Rauch aufgelöst. Und der Onkel war ein großer, fast vierschrötiger Mann, keiner, den man leicht hätte übersehen können. Wenn er laut sprach, hörte man ihn am andern Ende des Dorfes. Wenn er ein Dorfmädchen auf seinem Studierzimmer wegen ihrer Sünden ausschalt, mußte die Tante alle ihre Kinder weit vom Hofe fortschicken — Kinder nehmen so leicht etwas an!

Und nie eine Spur von ihm. Nie auch nur der geringste Hinweis, der sonst doch — mit oder ohne Namensnennung — so gern bei solchen Gelegenheiten erfolgt. Keine Liebesgeschichte, kein Lebensüberdruß, keine Existenzsorgen, keine Laster, keine Reisevorbereitungen. Auf seinem Pult lag die Predigt für den kommenden Sonntag, zu drei Vierteln vollendet . . . Aber nie ein Zeichen von ihm, ausgelöscht, fort . . .

Vielleicht kann man es danach verstehen, daß es mir nicht übermäßig behaglich ist, den Rätseln dieser Welt mit dem Gesicht des verschwundenen Onkels zu begegnen. Niemand ist ganz frei von dem Aberglauben, daß gleiche Gesichter auch gleiche Schicksale bedeuten. Immer wieder liest man in den Zeitungen das Erstaunlichste über die Ähnlichkeit des Lebenslaufs bei Zwillingen. Wie habe ich als Junge darüber gegrübelt, was wohl aus dem Onkel geworden sein möchte! Lange Romane habe ich mir im Einschlafen ausgesponnen — kein Karl May konnte sie phantastischer erdenken! Wie habe ich mit seiner Familie gewartet, Wochen um Wochen, Monate um Monate, auf ein Lebenszeichen — und nie kam eines!

Bis aus den Monaten Jahre geworden waren, bis der Verschollene für tot erklärt war, bis er langsam vergessen wurde . . . Nur Großmutter vergaß ihn nicht. «Wer weiß», wisperte sie manchmal geheimnisvoll zu uns schon groß gewordenen Kindern, «wer weiß . . . Aber ich soll nicht darüber reden . . . Aber ich fühle es, Gotthold geht es gut, ich werde ihn bestimmt noch wiedersehen.»

Wenn dein Kinderglaube recht behalten hat, Großmutter, dann hast du ihn wiedergesehen, den Gotthold!

Manchmal, in den kleineren Ferien, besuchte Mutter mit einem von uns Kindern die Großmutter in der Stadt Celle, in der sie noch immer lebte. Eigentlich waren diese Besuche für Besucher wie Besuchte eine Last, denn Großmutter hatte nur zwei Stübchen und gar nicht die Mittel, ihre Gäste zu beköstigen. Aber sie hielt hartnäckig darauf, daß jeder Besuch, den sie uns in Berlin machte, auch erwidert wurde. In aller Demut war sie stolz. Sie wollte sich nichts schenken lassen.

Uns Kindern machte es natürlich Spaß, wie wir uns in den beiden winzigen, schon damals ganz altmodischen Stübchen einrichten mußten. Einmal war Knappheit an Schlafgelegenheiten, und so wurde mir auf drei aneinander geschobenen Stühlen eine Bettstatt bereitet. Sie sah recht vertrauenerweckend aus, aber mitten in der Nacht mißbrauchte sie dieses Vertrauen und sandte mich mit Donnergepolter zum Estrich. Den Rest der Feriennächte verbrachte ich dann gleich auf diesem Estrich. Ich fand das herrlich. Jedesmal beim Einschlafen stellte ich mir lebhaft vor, ich liege am Lagerfeuer auf der Prärie, mit wahrer Wonne fühlte ich den Druck der Dielen durch die dünne Unterlage.

Was allerdings das Essen anging, so mußte ich bei Großmutter Entbehrungen leiden, die einem vor seinen indianischen Feinden fliehenden Trapper alle Ehre gemacht hätten. Mutter hatte es mir streng eingeschärft, daß ich auf Großmutters Frage, ob ich auch satt sei, mit einem Ja zu antworten habe. Aber Großmutter hatte mit zunehmendem Alter so sehr jede Erinnerung an das verloren, was ein handfester Jungenshunger verlangt, daß es mit einem bloßen «Ja» nicht getan war.

So schwer es Mutter ankam, sie mußte sich zu kleinen Schwindeleien entschließen, und abends, wenn wir alle im Bett lagen, futterten Mutter und ich heimlich aus einer Bäckertüte und fettigem Schlachterpapier. Es war großartig, Mutter einmal als Gefährtin auf Schleichwegen zu haben. Mutter fand es entschieden nicht so großartig, einmal aus pädagogischen Gründen, zum andern, weil sie nicht gerne ihre Mutter täuschte. Aber was sollte sie tun, da Großmutter mit allem Starrsinn des Alters jeden Zuschuß, auch in Naturalien dargebracht, ablehnte —?! «Ihr seid meine Gäste!» flötete Großmutter empört. «Ich müßte mich ja schämen, wollte ich Geld von euch nehmen!»

Schon der Einkauf dieses zusätzlichen Proviants hatte seine großen Schwierigkeiten, denn Großmutter wurde schon unruhig, wenn sie uns nicht vor Augen hatte. Wir durften eigentlich nie von ihr fort. «Dü kurze Zeut wöllen wür doch röcht was von eunander höben!» sagte Großmutter. Hatten wir dann aber das Banngut wirklich heimlich erworben, fingen die richtigen Schwierigkeiten erst an, denn es mußte nun versteckt werden bis zum Abend, und Großmutter hatte eine ausgezeichnete Nase!

Ich erinnere mich eines Abends, da Großmutter immer wieder unruhig schnuppernd ihre Nase hob: «Üch weiß nücht, üch weiß nücht, es riecht hier so nach Löberwurst!»

Die Leberwurst lag oben auf dem kalten Kachelofen, und wir rochen nichts von ihr. Aber Großmutter roch sie, was mir ein Beweis dafür zu sein scheint, daß auch sie zu diesen Besuchszeiten ungewöhnlichen Hunger litt. Mutter versuchte, Großmutter in ein Gespräch zu verwickeln, aber es half nichts. Großmutter hob schon wieder die Nase: «Üch weiß nücht, üch weiß nücht, es rücht hier doch nach Löberwurst!»

Nun fing die Großmutter an, in der Stube hin und her zu gehen, sie «windete» dabei wie ein Hund auf der Spur. «Üch weiß nücht», murmelte sie und näherte sich dabei immer mehr dem Ofen.

Meine liebe Mutter stand Todesängste aus. Sie war nun selbst Mutter groß werdender Kinder, aber sie empfand vor ihrer Mutter noch immer denselben Respekt, den wir Kinder — vor Vater hatten. Ich aber amüsierte mich königlich. Dabei war Großmutter, ihrer Natur getreu, ohne den geringsten Argwohn gegen uns, es war nur das seltsame in ihrer Wohnung auftretende Geruchsphänomen, das sie interessierte. Großmutter war schon so nahe am Ofen, daß es zu «brennen» anfing, wie die Kinder bei ihren Suchspielen sagen, da kam Mutter auf den rettenden Gedanken, das Fenster zu öffnen . . . Der Geruch verlor sich, und Großmutter setzte sich wieder an ihre Stickerei . . .

Aber wir waren noch nicht ganz gerettet. Denn als wir endlich in der Nacht die Großmutter eingeschlafen wähnten und uns an unsere Leberwurst machten, tat sich plötzlich die Tür auf, wie ein Schemen stand Großmutter darin in Nachtjacke und Unterrock und murmelte: «Üch weiß nücht, üch weiß nücht, es riecht schon wieder nach Löberwurst! Schlöft ihr —?»

Wir regten uns nicht, jedes in einer Hand ein Rundstück, was auch Semmel heißt, in der andern die verräterische Leberwurst. Mutter hat mir gestanden, daß sie bereit gewesen wäre, die Leberwurst mit einem einzigen Bissen zu verschlingen, wenn Großmutter auf die Idee gekommen wäre, eine Kerze anzuzünden. Aber dafür war Großmutter zu rücksichtsvoll, sie achtete den Schlaf ihrer Gäste. Wir hörten sie noch eine Weile schnüffeln und brummeln, dann ging die Tür wieder zu, und die Bettstatt nebenan knackte leise. Von da an bestritten wir unsern Zusatzproviant mit nichtriechenden Viktualien.

Wenn nun noch alles, was Großmutter uns auf den Tisch setzte, genießbar gewesen wäre! Aber leider war dem nicht so! Nicht als ob Großmutter eine schlechte Köchin gewesen wäre, ganz im Gegenteil — aber sie war zu sparsam! Eine ganze Zeitlang erschien jeden Morgen auf dem Frühstückstisch eine selbstgekochte Apfelsinenmarmelade in einem Einmachglas, die Mutter schon auf den ersten Blick hin für völlig ungenießbar erklärt hatte. Sie war wirklich vollkommen verschimmelt. Auf Mutters sehr bestimmt abgegebenes Urteil hatte Großmutter nur ängstlich gesagt: «Meinst du, lübes Künd?» und an jenem Tage wurde nichts von dieser Marmelade gegessen.

Als sie am nächsten Morgen doch wieder erschien, war die oberste dicke Schimmelschicht entfernt, aber viel verschlug das nicht, denn die ganze Masse war mit Schimmel durchsetzt. «Du willst das doch nicht essen, Mutter!» rief meine Mutter entsetzt aus, als sich Großmutter eine Brotscheibe damit strich.

«Nur möl versuchen, lübes Künd!» sagte Großmutter beruhigend. «Es wöre doch schöde um dü gute Märmelöde!»

Mutter konnte reden, was sie wollte, Großmutter aß die Marmelade doch! An diesem Morgen hatten Mutter und ich «frei», denn Großmutter hatte Leibschmerzen. Sie kamen natürlich nicht von der Marmelade, aber wenigstens erschien sie nun nicht mehr auf dem Tisch. Trotzdem wiederholten sich Großmutters Leibschmerzen mit erstaunlicher Regelmäßigkeit. Schließlich entdeckte Mutter, daß die gute Ahne immer weiter verdorbene Marmelade aß: es sei doch schade um den schönen Zucker und die teuren Apfelsinen, es sei direkt eine Sünde, so etwas Gutes und Teures umkommen zu lassen! Und sie habe auch nur ganz wenig Leibschmerzen dadurch, völlig zum Ertragen ... Der Rest der Marmelade, den Mutter mit ungewohnter Energie vernichtete, war leider nur unbeträchtlich ...

Einmal erkundigte sich auch Großmutter, die gerade beim Kuchenbacken war, bei Mutter, ob dieses Ei hier schlecht sei. Mutter beroch es und erklärte es für völlig verdorben. Großmutter war sehr betrübt. Am Nachmittag dann gab es also Kuchen zum Kaffee, Napfkuchen, wie ich mich noch erinnere. Wir aßen ihn mit Appetit, besonders ich konnte nicht genug davon bekommen. Als wir dann fertig waren und Großmutter die nicht mehr erheblichen Reste des Kuchens hinaustrug, wandte sie sich noch in der Tür um und sagte zu ihrer Tochter mit einem gewissen Triumph: «Und das Ei war doch nicht schlöcht — habt ihr was geschmöckt am Kuchen?»

Sie hatte es doch genommen, und wenn der Kuchen nicht schlecht geschmeckt hatte, so wurde Mutter doch jetzt hinterher ziemlich übel. Das Ei hatte einen gar zu eindringlichen Geruch gehabt!

Über Großmutter wohnte in einer ähnlich winzigen Behausung ein uraltes Fräulein Amélie von Ramsberg, auch eine Tante von uns, wenn auch durch einen Scheffel Erbsen. Die beiden alten Frauchen, die sich zwar nicht vor Tod und Teufel, aber sehr vor Einbrechern fürchteten (was bei ihnen wohl einzubrechen war?!), hatten die seltsamste Alarmvorrichtung erfunden, die sich nur denken läßt. Durch die Decke von Großmutters Flur, die auch der Flurfußboden von Tante Amélie war, hatte man ein Loch gebrochen, und durch dieses Loch lief ein schöner, breiter, in Perlen gestickter Klingelzug, oben wie unten mit einer Glocke versehen. War nun im Erdgeschoß oder im ersten Stock ein Einbrecher in Sicht, so sollte das betroffene Weiblein das andere durch Ziehen des Klingelzuges herbeirufen, eine Einrichtung, deren Zweckmäßigkeit ich schon als Kind bezweifelt habe. Denn es schien mir doch fraglich, ob der Einbrecher der alten Dame die Benutzung des Zuges gestatten würde, auch der Wert der herbeigerufenen Hilfe schien mir recht ungewiß.

Wie es damit aber auch bestellt sein möge, den beiden alten Damen gab ihr Klingelzug ein Gefühl tiefer Sicherheit, und wenn er auch nie bei Einbrechern in Tätigkeit getreten ist, so wurde er doch um so eifriger bei freundnachbarlichem Meinungsaustausch gebraucht. Wie oft habe ich die Großmutter in der dunklen Flurecke stehen sehen, mit ihrer hellen Stimme zur Decke hinaufschreiend, denn Tante Amélie hörte schwer, während von oben die mehr grobe Stimme von Fräulein von Ramsberg, unheimlich verändert durch die passierte Höhlung, herabklang.

Mir selbst war diese Einrichtung oft unheimlich. Denn manchmal geschah es mir, daß ich ahnungslos bei irgendeiner jungenhaften Beschäftigung auf dem Flur zu Gange war, und plötzlich hatte ich das sichere Gefühl, ich wurde durch das Loch in der Decke von zwei mäuseflinken schwarzen Augen beobachtet! Ich hatte mir das Loch auch von oben angesehen, und ich war zum Schluß gekommen, daß solche Beobachtung nur durchführbar war, wenn die Beobachterin sich platterdings auf den Bauch legte. Es war ein grotesker Gedanke, sich Fräulein Amélie von Ramsberg, ganz in Schwarz wie Großmutter, aber sehr steif als Generalstochter und äußerst verhutzelt, auf dem Bauch liegend vorzustellen! Aber da waren die Augen im Loch, eine unleugbare Tatsache! Schließlich betrat ich den Flur nur mit dunkler Gespensterfurcht und wollte nie mehr dort allein sein.

Ich habe nie die leiseste Sympathie für Tante Amélie besessen und Mutter bestimmt auch nicht, aber das befreite uns natürlich nicht von der Verpflichtung, schon am ersten Tage unseres Cellenser Besuches bei ihr Besuch zu machen. Fräulein von Ramsbergs Zimmer waren womöglich noch verschollener, vollgestellter und vollgehäkelter als die Großmutters. Nur an den Wänden zeigte sich ein Unterschied. Während bei der Großmutter das Pastörliche mit einem Einschlag von Bibelsprüchen überwog, herrschte bei Tante Amélie das Militär mit meistens kolorierten Uniformen, untermischt mit Schlachtenbildern und Säbeln.

Tante Amélie saß stocksteif, als habe sie gerade eben einen dieser Säbel verschluckt, in ihrem Sessel, sie gehörte noch zu der alten Generation, die das Anlehnen in einem Stuhl als weichlich verwarf. Auf dem Tisch stand unabänderlich ein Teller mit Anisküchlein, von

134

denen Mutter und ich zu essen hatten. Ich datiere daher meine Abneigung gegen jeden Anisgeruch. Stets hatte ich das Gefühl, die Küchlein müßten etwa ebenso alt sein wie Tante Amélie, so morsch kamen sie mir vor. Ich brachte sie nur schwer hinunter.

Unterdes wurde meine Mutter vernommen. Tante Amélie fragte kurz und militärisch. Sie wollte alles wissen: wieviel Vater verdiente, was seine Aussichten auf Beförderung machten, ob er noch immer keinen Orden hätte, warum nicht, wieviel Haushaltsgeld er Mutter gäbe, ob sie die Wäsche selbst wüsche oder einem dieser wegen ihrer Gewissenlosigkeit bekannten Berliner Waschweiber anvertraue?

Mutter beantwortete alle diese Fragen halb lächelnd, halb befangen; suchte sie aber einer besonders indiskreten durch Ausflüchte zu entgehen, so wurde sofort ihre Verfolgung aufgenommen, sie wurde zu Paaren getrieben und mußte gnadenlos alle Forderungen des Feindes erfüllen.

War Mutter ganz ausgepumpt, so kam ich daran. Das lief etwa so:

«Wie alt bist du, Hans?»

«Elf . . .»

«Ich frage dich, wie alt du bist! Elf — was? Monate?»

«Och . . . Elf Jahre doch!»

«Siehst du, so mußt du antworten! Da hast du gleich etwas von deiner alten Tante gelernt!» Beiseite zu Mutter: «Ich wundere mich doch sehr, Louise, daß dein Mann nicht auf so etwas sieht!» Wieder zu mir: «Sitz grade, Hans! — Wie bist du in der Schule?»

«Och . . .»

«Was meinst du damit?»

«Er kommt ganz gut mit», sagte meine Mutter, um mir zu helfen.

«Ich danke dir, liebe Louise. Aber es wäre mir lieber, wenn Hans selbst antwortete. Ein deutscher Junge antwortet ohne Furcht, klar und deutlich. Wieviel seid ihr in der Klasse, Hans?»

«Zweiunddreißig.»

«Und der wievielte bist du?»

«Der dreiundzwanzigste.»

«In der schlechteren Hälfte!» sagte die Tante vernichtend. «Das nannte man zu meiner Zeit nicht gut mitkommen, Louise!» Mutter wurde mit einem scharfen Blick bedacht, als habe sie wissentlich versucht, die Tante zu täuschen. Nun kam ich wieder dran. «Was willst du werden, Hans?»

«Och, ich weiß nicht . . .»

«Ein Junge von elf Jahren weiß, was er werden will! Was willst du also werden, Hans?»

Da ich wußte, ich würde ihr doch nicht entgehen, sagte ich aufs Geratewohl: «Schornsteinfeger!»

Die Tante hob die Augen zur Decke. «Schornsteinfeger!» sagte sie. «Ich bitte dich, Louise, wie kommt der Junge nur auf solche vulgären Ideen?! Zu meiner Zeit wollten die Jungen Soldat werden, oder sie gingen auf die Universität! Ich habe nie gehört, daß jemand in *unserer* Familie Schornsteinfeger werden wollte! Es ist monströs, Louise!»

Erst bekam Mutter, dann ich einen empörten Blick. Mutter war ziemlich vernichtet, in ihrer Verwirrung sagte sie zu mir: «Sitz doch still, Hans! Halte deine Beine ruhig!»

«Louise!» schrie Tante fast vor Entsetzen. «Was sagst du —?!»

«Er soll die Beine ruhig halten, Tante Amélie», antwortete Mutter ganz bestürzt. Sie hatte keine Ahnung, was für ein Verbrechen sie nun wieder begangen hatte.

«Louise!!» rief die Tante noch einmal. Dann milder, fast abgeklärt: «Es muß die Großstadt sein, dieses Sündenbabel, du warst sonst ein braves Kind, Louise.» (Tante Amélie hatte es fertiggebracht, in Mutter das Gefühl zu erwecken, sie sei etwa gleichaltrig mit mir. Immer in Celle verjüngte Mutter sich rapide, wurde wieder zum Kinde.) Tante Amélie fuhr belehrend fort: «Eine wirkliche Dame erwähnt das da unten» — sie deutete mit den Augen auf meine Beine — «am besten gar nicht, Louise. Sie weiß am besten nichts davon, Louise! Muß sie es aber nennen, so sagt sie Piedestal oder allenfalls Ständer . . . Hans, halte deine Ständer ruhig, *das* klingt gebildet, Louise!»

Was war aber ein viertelstündlicher Besuch bei Tante Amélie gegen das zweimal wöchentlich sich ereignende Kaffeekränzchen in einem Garten an der Aller. Dort traf Großmutter «ihre Damen», wie das hieß, und dort wurden Mutter und ich vorgezeigt, denn Großmutter war sehr stolz auf uns! Zwar der Weg dorthin war für mich als Jungen eine Wonne, denn wir mußten dabei die Aller überschreiten, und das geschah auf einer Pontonbrücke, die die Pfennigbrücke hieß. Jeder, der diese Fußgängerbrücke überschritt, hatte dafür einen Pfennig zu zahlen. Das machte auf mich einen tiefen Eindruck. Ich bestand stets darauf, daß ich für uns drei bezahlte, und zwar in drei einzelnen Pfennigstücken, die ich stolz einem Kriegsinvaliden in die Hand legte.

Ich verstehe es heute eigentlich nicht mehr, warum die Pfennigbrücke mich so begeisterte, daß sie mich sogar mit dem Weg zum Kränzchen aussöhnte. Aber sie führt noch immer über die Aller, und vor ein oder zwei Jahren konnte ich feststellen, daß nun meine eigenen Kinder sie mit derselben Leidenschaft benützen wie einst ich. Die Pfennigbrücke war auch ihnen ein völlig befriedigendes Ziel für Spaziergänge.

War diese Brücke aber erst überschritten, so sank meine Stimmung rasch unter den Nullpunkt. Ich wußte nur zu gut, was mir bevorstand: ein zwei- bis dreistündiges Stillsitzen unter einem guten Dutzend alter Damen, ein gehorsames Antworten, das Trinken von Kaffee, den ich verabscheute. Dazu die Ermahnungen, artig zu sein, klar und deutlich zu antworten, mit einem ganzen Satz, nicht nur mit einem Wort, alle grade anzusehen, und vieles andere mehr, was mir Mutter und Großmutter auf diesem Anmarschweg versetzten. Nein, von gehobener Stimmung konnte da keine Rede sein.

Kurz vor der Gartenpforte wurden noch die Schuhe mit einem eigens dafür im Pompadour mitgebrachten Tuche abgestäubt, endlos an Kragen, Tüchern und Häubchen herumgerückt und herumgezupft, und dann erfolgte der Eintritt in den Kaffeegarten. Immer hatte ich die Hoffnung, wir wären die ersten, um der strengen Musterung so vieler Blicke bei der Ankunft zu entgehen, und immer saßen schon sechs oder sieben Damen da, alle begierig, die «Berliner» zu betrachten, Fehler an ihnen zu finden.

Es war ja damals noch nicht so überaus lange her, daß das Königreich Hannover aufgehört hatte, ein selbständiges Königreich zu sein, und in den Besitz Preußens übergegangen war. Alle diese alten Damen hingen noch ihrem alten Königshause an, sie waren «Welfen», und meine Eltern, die auch gebürtige Hannoveraner waren, galten als Abtrünnige, da Vater im Dienst der verhaßten Preußen tätig war. Dieser Preußenhaß und diese Welfenliebe, die beide mit der alten Generation ausgestorben sind, trieben damals noch seltsame Blüten. Viel bewundert in dem kleinen Kreis wurde ein altes adliges Fräulein, das es nicht hatte ertragen wollen, daß die mit den guten welfischen Farben bemalten Schilderhäuser vor dem Cellenser Schloß preußisch schwarz-weiß bemalt wurden. Sie hatte sie aufgekauft, und sie dienten auf ihrer Diele nun als Kleiderschränke. Das war Welfentreue!

Aber Vater war nicht treu gewesen, und Mutter und ich hatten das nun zu entgelten! Sehr sanft gesprochene, aber sehr spitz gemeinte Bemerkungen fehlten nie, Preußisch war schon schlimm, aber Berlinisch war der Inbegriff alles Verabscheuungswürdigen! Meine sanfte Mutter, die ziemlich hilflos gegen solche Spitzen war, hat bei diesen Kaffeeklätschen nicht weniger ausgestanden als ich, aber sie ertrug es mit Fassung. Sie wußte, es hätte Großmutters Herz gebrochen, wenn sie uns nicht hätte herumzeigen können. Daß die gute Großmutter all diesen Spitzen fremd war, sie überhaupt nicht verstand, brauche ich wohl kaum zu sagen.

Erst wenn alle Damen versammelt waren, wurde nach längerer Beratung der Kaffee bestellt. Jede hatte erst anzugeben, wieviel Tassen sie trinken würde, dies entschied über die Größe der Kanne und des zu zahlenden Anteils. Daß auch hierbei eine gewisse Rangordnung bewahrt wurde und daß die Witwe eines Pastors nicht mehr Kaffee trinken durfte als eine Generalstochter, versteht sich.

Sobald der Kaffee auf dem Tisch stand, wurden alle Pompadours geöffnet, und der Kuchen erschien. Kuchen in einer Wirtschaft zu kaufen, war Frevel, außerdem taugte kein Bäckerkuchen was, selbstgebacken mußte er sein. Jede musterte genau, was die andere hatte und wieviel sie hatte. Ach, ich sah Pompadoure, aus denen nur Bröcklein und Brosamen erschienen! All diese Damen lebten wohl von kleinsten Pensionen, aus milden Familienstiftungen. Sparen war eine Selbstverständlichkeit und Hungern nichts Seltenes. Aber die Fassade wurde gewahrt, ein hungriger Magen war zu ertragen, aber ein nicht ganz einwandfreies Kleid hätte seine Trägerin sofort aus ihrer Kaste ausgestoßen.

Die Vernehmung von Mutter und mir spielte sich in ganz ähnlichen Formen ab wie bei Tante Amélie, nur sind zwölf Untersuchungsrichter eben immer schlimmer als einer! Dann wandte sich die Unterhaltung regelmäßig der Stadt Berlin zu. Nach den Fragen der Damen hatte man den Eindruck, daß Berlin etwa in Innerafrika läge. Die Hörerinnen taten sehr erstaunt, daß man in Berlin etwa so äße und lebte wie in Hannover. Wenn aber Mutter, nun doch in einiger Erregung, behauptete, auch in Berlin gebe es schöne Parks und auch in Berlin finde man Läden mit wirklich eleganten Sachen, so tauschten die Damen Blicke untereinander, voll lächelnden Mitleids, und Tante Amélie sagte: «Wie du es verstehst, liebe Louise. Gott, du bist ja deiner Heimat völlig entfremdet. Du hast so lange nicht mehr etwas wirklich Schönes und Elegantes gesehen!»

Und sie sprachen voller Diskretion von etwas anderem.

Mutter kämpfte dann oft mit Tränen, ich sah es wohl. Aber sie hatte sich zu beherrschen, genau wie ich. Wir waren beide nur unvernünftige Kinder, aber ich sah mit Staunen, daß auch diese alten Damen untereinander sehr genaue Altersunterschiede machten. Auch unter ihnen schien es fast Unmündige zu geben, dabei natürlich meine liebe Großmutter. Das Recht, die andere «Meine Liebe» oder «Mein gutes Kind» anzureden, hatten nur wenige, die Ältesten und die Vornehmsten.

Oh, wie sie mich langweilten mit ihrem Geschnatter! Wie wenig ich ihren liebevoll süßen Worten traute! Und doch haben sie mir auch imponiert, ich hätte nie gewagt, mich offen gegen sie aufzulehnen. Ich ahnte vielleicht schon dunkel, welche Kraft in diesen verbogenen, zerknitterten, skurrilen Existenzen steckte. Kraft, Schweres zu ertragen, Kraft, auch das Liebste zu opfern, Kraft einer unerschütterlichen Überzeugung. Sie war nur fehlgeleitet, diese Kraft, sie hatte keine Aufgaben gefunden in einem leeren, losgelösten Kastendasein. Wenn sie aber gebraucht wurde, war sie immer noch da, diese Kraft!

Manchmal saßen noch andere Kinder mit an dem Kaffeetisch, von andern Damen mitgebracht, furchtbar artige Kinder in fleckenlosen Gewändern, die immer laut und deutlich mit einem ganzen Satz antworteten und nie mit ihren «Ständern» wippten, sie auch nicht um die Stuhlbeine schlangen. Ich haßte diese «Fratzen», wie ich sie bei mir nannte, heute aber glaube ich, ich bin ebenso unheimlich artig vorgekommen wie mir. Einmal gelang es mir, in einem unbewachten Moment ein kleines Mädchen in rosenrotem Kleid zu einer Flucht zu verführen. Wir liefen Hand in Hand in jenen Teil des Gartens, in dem ein uns streng verbotener Kinderspielplatz war.

Da gab es eine Schaukel und eine Wippe, auch ein Reck und einen Barren. Ich schlug die Schaukel vor, sie wurde aber abgelehnt, meine Begleiterin hatte Angst vor dem Schwindligwerden. Ungefährlicher erschien ihr die Wippe. Ich ließ die Kleine auf dem einen Ende Platz nehmen und zog das andere Ende kräftig herunter, um mich darauf zu setzen. Die kleine Sechsjährige flog wie ein Ball in die Luft, verlor das Gleichgewicht und stürzte in den Sand, der stark mit nichtsandigen, sprich dreckigen Bestandteilen durchsetzt war. Sie schrie, ihr rosenrotes Kleid sah wirklich beklagenswert aus. Ich versuchte, sie zu trösten, aber sie schrie nur immer lauter, riß sich von mir los und lief zum Kaffeetisch zurück. Sie hatte das ganz richtige Gefühl, ihre einzige Rettung würde sein, mich als Verführer hinzustellen. In solchen Lagen treffen weibliche Wesen von Natur schon im frühesten Alter das Richtige.

Da doch alles verdorben war, machte ich noch eine Exkursion in jenen Teil des Gartens, wo die Aller an ihm entlang fließt. Man hat von dort einen prächtigen Blick auf das Stauwehr, über das die Aller hinabstürzt. Ich wußte, auch dieser Platz war mir streng verboten, sowohl der Wassernähe wegen als auch aus dem Vorwand, die feuchte Luft sei ungesund. (Auch Schaukeln war ungesund, auch Laufen, eigentlich jedes kindliche Spiel. Nur grade gehen und sich gemessen bewegen, das geziemte einem Kinde!)

Ich hatte noch nicht lange dagestanden und auf die stürzenden Wasser geschaut, da kam Mutter und legte mir die Hand auf die Schulter. «Ach, Junge!» sagte sie leise. «Was hast du nun wieder getan? Das süße Kleid von Aimée ist ganz verdorben!»

Ich sah wohl, daß Mutter gerötete Augen hatte. «Es tut mir leid, Mutter», sagte ich darum. «Aber ich konnte wirklich nichts dafür. Die Wippe ging wie ein Blitz in die Luft, und sie hielt sich nicht fest.»

«Immer so unbedacht und wild, Hans!» meinte Mutter leise. Sie fuhr mir durchs Haar. «Na, nun hilft es nichts mehr. Komm zurück zum Kaffeetisch und bitte Frau von Habercron um Verzeihung.»

«Mutter», sagte ich eifrig, «die haben dich doch auch schon gepiesackt, ich seh es doch! Warum piesacken die dich, wenn ich was ausgefressen habe?! Das sind überhaupt alles alte Scharteken hier. Die haben alle keine Ahnung davon, wie ein Junge manchmal in was reingerät und will es gar nicht. Weißt du was, Mutter, wir laufen einfach beide heimlich weg. Großmutter wird schon unsern Kaffee bezahlen.»

Mutter aber schüttelte nur den Kopf. «Nein, nein, Hans, das geht nicht. Wir würden Großmutter zu sehr betrüben. Und du darfst auch nie so ein häßliches Wort von den Damen gebrauchen. Sie sind alle sehr liebenswürdig und meinen es gut mit dir!»

«Sie meinen es gar nicht gut mit mir, Mutter!» rief ich. «Und das weißt du auch sehr gut. Sie wollen immer bloß zeigen, wie fein sie sind und wie gut alles früher war, und daß wir gar nichts wert sind. Ich kann sie alle nicht ausstehen, außer Großmutter natürlich!»

«O Gott, Junge!» rief Mutter ganz erschrocken aus. «Wie kommst du nur auf so was?! So was darfst du nicht einmal denken! Aber von mir hast du es nicht», setzte sie nachdenklich hinzu, «und von Vater auch nicht. Ich möchte wohl wissen, woher du dieses Widerspenstige hast! Nein, komm», brach sie ab. «Und vergiß nicht, um Verzeihung zu bitten! Tu mir die Liebe!»

Auf dem Rückweg kämpften Jungenstolz und Liebe zur Mutter in mir. Schließlich aber siegte die Liebe, trotzdem es mich hart ankam, meinen Stolz so vor einer ganzen Kaffeetafel zu demütigen. Unser Erscheinen wie meine ungeschickte Entschuldigung bei Frau von Habercron wurden mit frostigem Schweigen aufgenommen. Großmutter schnüffelte kummervoll und sagte, auf Zustimmung hoffend: «Er üst aber doch ein lüber Djunge!»

Aber niemand stimmte zu.

«Nun entschuldige dich noch bei Aimée, Hans!» sagte Mutter.

Ich gab dem kleinen verdreckten, rosenroten Äffchen die Pfote und sagte mein Verschen. Während ich dies tat, streckte mir der Fratz triumphierend die Zunge heraus. Die andern konnten es nicht sehen, weil ich vor ihr stand. Ich war völlig davon überzeugt, daß alle Weiber minderwertige Geschöpfe seien, irgendeiner Beachtung durch richtige Jungens nicht wert. (Mutter war natürlich ausgenommen. Aber Mutter war auch kein Weib. Mutter war Mutter!)

Auf dem Heimweg hatte Großmutter schon wieder ihren Kummer überwunden. «Ös war doch ein sehr dlüblicher Nachmittög, Louise!» sagte sie. «Und alle so dlübenswürdig, findest du nicht? — Und dein Djunge wör auch sör nett — er hat ös sücher nücht tun wollen, nücht wahr, mein dlüber Djunge?!»

«Doch!» sagte ich, plötzlich wieder wütend. «Am liebsten hätte ich das kleine Biest in die Aller geschmissen! Sie hat mir die Zunge herausgesteckt!»

Diesmal war Großmutter so ehrlich empört über mich, daß sie einen ganzen Tag nicht mit mir sprach. —

Als Großmutter uns zum letzten Male besuchte, war sie schon Mitte der Achtzig, und wir wohnten nun in Leipzig. Vater war Reichsgerichtsrat geworden. Großmutter hätte nicht Großmutter sein müssen, ohne das lebhafteste Verlangen zu empfinden, solcher Reichsgerichtssitzung einmal zuzuhören. Umsonst stellte ihr mein Vater vor, daß es dabei höchst langweilig zugehe: im allgemeinen träten weder Parteien noch Anwälte auf, alles sei vorher schon schriftlich erledigt, und die Richter säßen gewissermaßen ganz unter sich, prüften nur, ob das Urteil der Vorinstanz den gesetzlichen Bestimmungen entspreche.

Großmutter wußte es besser. Sie würde sich nicht langweilen, und außerdem müsse sie doch einmal ihren Schwiegersohn in der roten Robe eines Reichsgerichtsrates sehen!

Also gab Vater nach und nahm Großmutter eines Tages in das Reichsgericht mit. Im Vorsaal übergab er sie einem Diener mit der Weisung, die alte Dame sicher in den Zuhörerraum des sechsten Strafsenates zu bringen. Dort erwies sich, daß Großmutter wirklich die einzige Zuhörerin war. Sie richtete sich mit Schal und Pompadour gemütlich ein und musterte dabei neugierig den nicht sehr großen Sitzungssaal, der aber mit seiner dunklen Täfelung, den bunt verglasten Fenstern und vor allem mit seiner Atmosphäre aus Strenge, Leere und Widerhall einen tiefen Eindruck auf sie machte.

Grade ihr gegenüber, aber durch die ganze Länge des Saals getrennt, saßen an einem dunklen Tisch sieben alte Herren, und wirklich hatten sie weinrote Seidenroben an und trugen auf dem Kopf Samtbarette von einem dunkleren Rot. Alle waren sie schon weißbärtig und weißhaarig, fast alle trugen Brillen, und alle saßen eigentlich so da, als hätten sie seit Urzeiten schon dort gesessen und würden ewig so weitersitzen. Einige hatten den Kopf in eine Hand gestützt, andere spielten mit Bleistiften oder dem Pincenez. Einer kritzelte, einer hustete, und alle hatten viele Akten vor sich liegen, der

140

aber den höchsten Aktenstoß hatte, brabbelte halblaut den andern was vor.

Großmutter schien das Reichsgericht mit seinen alten weißhaarigen Richtern eine höchst erfreuliche Einrichtung. Es schien ihr den ewigen Bestand des Reiches zu verbürgen, und in solchen leidenschaftslosen Händen mußte das Recht gut aufgehoben sein. Besonders erfreulich aber erschien ihr der Schwiegersohn, er wirkte eigentlich trotz seines weißen Spitz- und Schnurrbartes am jugendlichsten und frischsten, meinte sie, auch stand ihm die rote Robe am besten.

Daß Großmutter nichts von dem, was gesprochen wurde, verstand, störte sie gar nicht. Sie war allgemach in die tauben Jahre gekommen, daran hatte sie sich gewöhnt. Ihre Augen waren noch gut, dem Herrn sei Dank, und sie gaben ihr hier genug zu sehen. Großmutter hatte die Absicht, noch eine ganze Weile sitzen zu bleiben. Im Innern überlegte sie schon, ob es wohl zulässig sei, ihr Strickzeug aus dem Pompadour zu holen und ein bißchen weiter zu stricken. Es würde die Herren bestimmt nicht stören.

Unterdes hatte sich oben an dem Richtertisch die Situation ein wenig verändert. Der Brabbler war verstummt, die Herren hatten jeder ein paar Worte gesagt, etwas war aufgeschrieben worden. Und nun hatte der Herr in der Mitte des Tisches sich erhoben und hatte etwas in den Saal hinein gesagt, eigentlich nach Großmutter hin. Großmutter überlegte rasch, was das wohl zu bedeuten habe, vielleicht hatte der Schwiegersohn den Herren ihre Anwesenheit verraten, und sie war von ihnen begrüßt worden. Für alle Fälle machte Großmutter einen Knicks und setzte sich wieder.

Was aber der Vorsitzende des Senats in Wahrheit gesagt hatte, war dies: «Ich schließe die Öffentlichkeit wegen Gefährdung der Sittlichkeit aus.»

Denn eine «Sache» war eben beendet, eine neue sollte daran kommen, irgendein Vergehen gegen Paragraph 175 oder Paragraph 176 des Strafgesetzbuches. Die Öffentlichkeit war auszuschließen, Großmutter war die Öffentlichkeit, Großmutter sollte gehen. Aber Großmutter, die nichts von allem verstanden hatte, blieb. Sie war sehr zufrieden, daß sie doch ins Reichsgericht gegangen war, sie lächelte...

Die Herren Richter saßen abwartend da, ob die Alte dort unten sich endlich entschließen würde zu gehen. Es kam so selten vor, daß bei einer der üblichen Sitzungen ein Zuhörer anwesend war, daß nicht einmal ein Gerichtsdiener zur Hand war, meist blieben die Herren unter sich. Und mein guter Vater hatte plötzlich Hemmungen, seinen Kollegen zu gestehen, daß das alte Weiblein dort unten seine Schwiegermutter sei...

Nun erhob sich der Senatsvorsitzende noch einmal und wiederholte mit fast drohender Stimme den Spruch von der auszuschließenden Öffentlichkeit. Meine Großmutter erhob sich gleichfalls, machte wiederum einen Knicks und blieb abwartend stehen, wie weit die Ovationen noch gehen sollten, denn auch der Richter stand noch immer. Der Vorsitzende, der annahm, die Alte werde jetzt abziehen, setzte sich wieder. A tempo setzte sich auch die Großmutter!

Jetzt begann der Richtertisch sich zu erregen. Die einen waren der Ansicht, die Alte müsse verrückt sein, die andern...

Mein Vater, der eingesehen hatte, daß Versteckspielen hier nichts mehr half, hatte sich von hinten dem Vorsitzenden genähert und hatte ihm ins Ohr geflüstert, daß dies die Großmutter seines Hauses und daß sie dazu ein wenig taub sei...

Der Vorsitzende, der auch nicht mehr gut hörte, besonders wenn ihm ins Ohr geflüstert wurde, rief entrüstet: «Sie haben ganz recht, Kollege. Sie könnte schon dreimal Großmutter sein und will sich hier an Unsittlichkeitsgeschichten ergötzen! Ich lasse die Alte 'rauswerfen, wenn sie nicht gleich geht!»

Und nochmals aufstehend verfügte er mit Donnerstimme die Räumung des Saals wegen Gefährdung der Sittlichkeit. Großmutter erschien dies nun doch etwas übertrieben, aber nochmals stand sie auf und knickste, wenn auch nur verwirrt.

Der Vorsitzende war nahe an einem Ausbruch, da hielt mein Vater ihm einen Zettel vor die Augen: «Meine Schwiegermutter! Stocktaub!»

Sofort glätteten sich die Züge des Zürnenden, der Harthörige freute sich, eine Stocktaube gefunden zu haben. Sofort wurde nach einem Diener geklingelt und die Großmutter in aller Freundlichkeit aus dem Saal geführt. Da es nahe an der Mittagszeit war, machte sich Großmutter keine weiteren Gedanken über diese Exmittierung. Sie kam sehr vergnügt zu Haus an und erzählte uns beim Mittagessen, wie interessant es im Reichsgericht gewesen sei, und wie höflich sich die Herren zu ihr benommen hätten.

Wie aber ward ihr, als mein heimgekehrter Vater ihr beim Abendessen den wahren Verlauf der Geschichte berichtete. Mein Vater hatte unterdes jede Hemmung überwunden und fand die Geschichte nur äußerst amüsant. Großmutter aber war völlig gebrochen. So war sie auf ihre alten Tage noch in den Geruch der Sittenlosigkeit geraten! Sieben, nein, sechs alte Herren hatten sie im Verdacht gehabt, «so eine» zu sein! Dreimal war sie aufgefordert, den Saal zu verlassen, und nun hatte sie die öffentliche Sittlichkeit gefährdet!

Vergeblich suchte ihr Vater darzustellen, daß alles längst aufgeklärt sei, daß niemand sie ernstlich in einem so ehrenrührigen Verdacht gehabt habe! Großmutter flog am ganzen Leibe und weinte. In der Nacht konnte sie nicht schlafen. Mit dem Frühesten am nächsten Morgen drang sie an Vaters Bett vor und verlangte die Adressen der sechs Herren: sie wollte sie sofort aufsuchen, sich entschuldigen und alles erklären.

Als ihr dies ernst verboten wurde, entschloß sie sich zu schreiben. Aber Vater verwarf auch das und bat sie, sich doch zu beruhigen. Großmutter aber blieb noch länger verstört. Auf der Straße schrak sie beim Anblick älterer weißbehaarter Herren zusammen und behauptete, der habe sie so «komisch» angesehen. Sicher sei er vom Reichsgericht. Wenn ein Kollege Vaters zu Besuch kam, schloß sie sich in ihrem Gastzimmerchen ein. Sie überwand nur schwer diesen Makel auf ihrem reinen Leben. Noch lange hörte sie nicht gerne vom Reichsgericht sprechen.

Vater bereute es tief, sie so verstört zu haben. «Es ist seltsam», konnte er zu Mutter sagen, «wie gering in deiner Familie der Sinn für Humor entwickelt ist. In *meiner* Familie würde man über so was nur lachen!»

Mutter, die sehr gut wußte, wie peinlich dem Vater auch nur die kleinste «Blamage» war, zog es vor zu schweigen.

Familienbräuche

Es gibt Steckenpferde, die nur den einzelnen befallen, es gibt aber auch Steckenpferde, von denen ganze Familien heimgesucht werden. In unserer Familie haben alle bevorzugt ein und dasselbe Steckenpferd geritten, das war die Leidenschaft für Bücher. Dies Steckenpferd ritten wir alle zur Vollendung. Vater wie Mutter, Schwestern und Brüder. Als wir noch sehr klein waren, hatten wir doch schon ein Bücherbrett für unsere Bilderbücher, und dies Brett wuchs mit uns, es wurde zum Regal, dann holte es uns ein und wuchs uns über den Kopf. So sparsam Vater auch war, ein gutes Buch zu kaufen, reute ihn nie; ein Buch zu verschenken, freute ihn ebenso wie den Beschenkten.

Da Vater auf Ordnung hielt, wurde es in unserm Hause nie so schlimm wie bei einem Manne, den ich in späteren Jahren kennenlernte und der ein wahrer Büchernarr war. Ihn freute es schon, Bücher zu besitzen, er mußte sie nicht etwa auch lesen. Er füllte sein ganzes, nicht ungeräumiges Haus mit Büchern, für die Menschen war keine bleibende Stätte mehr darin. Die Bücher breiteten sich über das ganze Haus aus wie die Wasserpest in einem Teich.

Seine Frau focht manchen wackeren Streit mit dem Narren, aber sie unterlag immer. Die Bücher verdrängten sie aus Kleider- und Wäscheschränken, sie lagen unter den Betten und auf allen Tischen, sie häuften sich auf den Teppichen, sie besetzten jeden Stuhl. Die Frau brauchte nur einmal einkaufen zu gehen, so hatten die Bücher schon wieder eine Position erobert.

Als sie einmal bei ihrer Heimkehr auch die Speisekammer von Büchern besetzt und erste Vortrupps schon in den Küchenschrank eingedrungen sah, gab sie den Kampf auf und verließ das Haus. Ich weiß nicht, ob ihr Mann dies schon gemerkt hat, er besaß die seltene Fähigkeit, nur von Brot und Äpfeln zu leben. Ich denke ihn mir gerne, wie er allmählich von seinen Büchern begraben wird. In tausend Jahren wird man ihn vielleicht platt gedrückt, aber wohl mumifiziert unter einem Berg von Broschüren finden, die immer noch darauf warten, von ihm gelesen zu werden.

Von solchen Ausartungen eines an sich löblichen Steckenpferdes konnte in unserer Familie nicht die Rede sein. Bei uns wurden Bücher nicht nur gesammelt, sondern auch gelesen. Um sie zu diesem Zweck jederzeit auffinden zu können, mußten sie in Reihen übersichtlich aufgestellt werden. Schon Doppelreihen waren verpönt, so sehr auch Platzmangel wie Tiefe mancher Regale dazu verlocken mochte. Das

Auge mußte alle Schätze stets vor sich haben, es genügte nicht, sie im Dunkel hinter einer andern Bücherreihe vegetierend zu wissen. Auch Bücher hinter Glas oder gar hinter Schranktüren durften nicht sein, ein Buch wollte nicht gesucht werden, es mußte für die Hand bereit stehen. Alle diese Leitsätze der Bücheraufstellung waren vom Vater praktisch erprobt, er konnte auch sehr fließend darüber sprechen, wie Bücher zu ordnen seien . . .

Infolge dieser etwas weitläufigen Aufstellung breiteten sich auch bei uns die Bücher allmählich über die ganze Wohnung aus, es gab in jedem Zimmer welche, und mein Auge hat sich von Kind auf so daran gewöhnt, daß mir noch heute ein Zimmer ohne Bücher nicht so sehr nackt wie vielmehr unbekleidet vorkommt. Vater besaß — sein juristisches Rüstzeug nicht gerechnet, das auch beträchtlich war — etwa dreitausend Bände, Itzenplitz reichte an die tausend, Fiete, die das Steckenpferd am wenigsten leidenschaftlich ritt, etwa vierhundert, ich, obwohl drei Jahre jünger, etwa ebensoviel, und der kleine Ede auch schon über zweihundert Bände. Da also etwa fünftausend Bände in unserer Berliner Wohnung versammelt waren, so konnte es vorkommen, daß trotz aller Ordnung manchmal das eine oder andere grade begehrte Buch nicht sofort gefunden wurde. Man beruhigte sich dann im allgemeinen damit, daß irgendein anderes Familienmitglied das Buch wohl grade lese, und fand es denn auch nach kürzerer oder längerer Zeit wieder an seinem Platze vor.

Zu einem gewissen Zeitpunkt unseres Berliner Aufenthaltes aber nahmen diese Fehlstellen in unser aller Regalen einen derartigen Umfang an, daß die Bücherreihen wie durch Zahnlückigkeit entstellt aussahen. Jedes wunderte sich, fragte bei den andern herum und fand doch keinen Leser der fehlenden Bände. In einem abendlichen Kolloquium mit dem Vater wurde unzweifelhaft festgestellt, daß Bücher regelmäßig verschwanden und ebenso regelmäßig wieder heimkehrten, ohne daß über den Ort, wo sie sich während ihrer Abwesenheit aufhielten, das geringste festzustellen war.

Unsere beiden Hausgeister zu verdächtigen, lag nicht der geringste Anlaß vor, denn einmal waren sie schon lange Jahre bei uns, während die Bücherreisen erst seit kurzer Zeit in größerem Umfang stattfanden. Zum andern aber waren Minna und Charlotte Büchern ausgesprochen abgeneigt, schon weil sie beim Reinmachen unendliche Mehrarbeit verursachten. Unsere sämtlichen Freunde und Freundinnen wurden ohne Unterschied von Alter und Konfession unter die schärfste Kontrolle gestellt, aber ohne jedes Ergebnis: Die Bücher entflogen und kehrten heim in ihren Schlag wie die Tauben. Wo am Abend noch eine lückenlose Reihe gestanden hatte, gab es am Morgen Mankos; je mehr wir aufpaßten, um so weniger fanden wir, um so rätselvoller wurde die Geschichte. Fast hätten wir schon an Geister geglaubt. Gewisse Vorlieben waren feststellbar, zum Beispiel, daß der geheime Leser Romane bevorzugte, Geschichtliches nur selten nahm, Klassiker aber nie. . . Doch führte das alles nicht weiter, sondern verwirrte uns eigentlich nur noch mehr . . .

Wir waren alle, Vater und Mutter eingerechnet, schon in heftige

Erregung geraten. Die Frühmeldungen von den Bücherregalen beschäftigten uns am Frühstückstisch. Beim Mittagessen ergingen wir uns in den ausschweifendsten Vermutungen, und das Abendessen verdarb die Befürchtung vor dem, was morgen fehlen würde. Es war eine wirklich erregende Zeit, geheimnisvoll wie kein Kriminalroman, und die Schularbeiten litten darunter. Vater sah ein, daß ein Ende gemacht werden mußte, er hätte nur auch gerne gewußt, wie —?

Da fand zu guter Stunde Itzenplitz, die unbestrittene Rekordleserin der Familie, in Gustav Freytags Ahnen, dritter Band: Die Brüder vom deutschen Hause, einen Zettel dieses Inhalts:

Werte Frau Brüning!
Dies ist mir zu fromm! Das nächste Mal lieber wieder was mit Liebe, am liebsten französisch.   Ihre Anna Bemeyer

Itzenplitz trug den Zettel eiligst zum Vater. Wer Anna Bemeyer war, war uns allen völlig unbewußt. Frau Brüning aber kannten wir, wenn wir sie auch nur selten sahen, denn sie war unsere Frühaufwartung, die von halb sechs bis halb acht Uhr der Charlotte beim Reinmachen half.

Vater strich den Zettel mit gerunzelter Stirn glatt und sagte: «Na schön, Itzenplitz, wir werden ja sehen... Sprich aber noch mit niemandem davon!»

Worauf Itzenplitz stracks zu uns enteilte und uns von dem Zettel berichtete.

Es ist wohl unnötig zu sagen, daß wir Kinder am nächsten Morgen alle um halb sechs Uhr nicht nur wach, sondern auch schon in den Kleidern waren. Wir wagten uns aber nicht so recht aus unsern Stuben, spähten nur durch die Türritzen und sahen die statiöse Frau Brüning mit Teppichroller und Bohnerbesen in Vaters Arbeitszimmer verschwinden. Sie trug ein graues Tuch über den Haaren.

Die nächste Bewegung auf dem Kriegsschauplatz war das Auftauchen von Mutter, fünfviertel Stunden vor ihrer gewohnten Zeit, ein Zeichen, daß heute früh die Schlacht wirklich geschlagen werden sollte. Zu unserer Enttäuschung ging sie aber nicht in das Arbeitszimmer, sondern verschwand in der Küchenregion. Ede und ich berieten eifrig, ob es tunlich sei, jetzt noch in Vaters Zimmer Horchposten zu beziehen, es erschien aber untunlich.

Kurz vor sechs Uhr erschien dann Vater, völlig angekleidet, vier Stunden vor seiner gewohnten Zeit. Wir hielten den Atem an und beobachteten ihn, wie er vor dem Spiegel auf dem Flur haltmachte, an seiner Krawatte rückte, dann leise hüstelte und mit zögerndem Schritt zu seinem Arbeitszimmer ging. Die Tür schloß sich hinter ihm.

Wir warteten zwei, vielleicht sogar fünf Minuten. Dann hielten wir es nicht länger aus, sondern schlichen an Vaters Tür. Hierbei begegneten wir den Schwestern, die sich von der andern Seite in gleicher Absicht heranpirschten. Vier Ohren legten sich an die Tür. Aber, ach! sie war, wie wir wohl wußten, im Interesse von Vaters Arbeitsruhe gepolstert, kein Laut drang zu uns. Doch verharrten wir immerhin so lange an dieser Tür, um von Mutter überrascht zu werden. Mit leisen Worten verwies sie uns das Schmähliche unseres Tuns und schickte uns in unsere Zimmer zurück. Wir sahen sie gerade noch in Vaters Zimmer eintreten, und erst jetzt fiel uns auf, daß sie einen Stoß Bücher unter dem Arm trug.

Lange, lange Zeit verging. Für Kinder ist Warten immer etwas Schreckliches. Was nicht sofort geschieht, geschieht nie, und nun gar Warten in einem solchen Moment, nachdem wir schon Wochen auf die Lösung des Rätsels gewartet hatten! Charlotte erschien und erkundigte sich etwas pikiert nach dem Verbleib Frau Brünings. Wie sie ihre Arbeit schaffen solle?

Wir waren froh, ein Opfer gefunden zu haben, deuteten geheimnisvoll vieles an, das wir nicht wußten, und hatten die Freude, Charlotte völlig verwirrt an ihre Arbeit zurückkehren zu sehen.

Dann endlich, kurz nach halb sieben, öffnete sich die Tür von Vaters Arbeitszimmer! In ihr erschien zuerst Frau Brüning. Das graue Kopftuch hatte seinen Sitz im Haar verlassen und wurde jetzt vor das Gesicht gehalten. Trotzdem sah und vor allem hörte man, daß seine Besitzerin heulte. Dann erschien Vater. Er sagte ernst: «Also heute noch, Frau Brüning! Unbedingt heute noch!»

Stärker schluchzend öffnete Frau Brüning sich die Vordertür und ging die Herrschaftstreppe hinab. Die Tür hinter ihr blieb offen. Wir waren entsetzt über diese Verletzung der Hausordnung! Wenn der Portier Markuleit sie auf der Vordertreppe ertappte, würde sie einiges zu hören bekommen! Denn die Lieblingsbeschäftigung Markuleits, die er mit vielen Kollegen damals teilte, war es, seiner Ansicht nach unwürdige Personen von der Herrschaftstreppe herunterzujagen und die Lieferantentreppe hinaufzuschicken!

Vater stand einen Augenblick auf dem Flur, stampfte mit dem Fuß auf und rief: «Teufel! Teufel!» Dann ging er zur Vordertür und schloß sie. (Wir verschlangen ihn mit unsern Augen.) Nun wandte sich Vater wieder seinem Arbeitszimmer zu. Er war schon fast darin verschwunden, da drehte er sich noch einmal um und rief ganz heiter: «Na, kommt nur hervor, ihr Strabanter! Glaubt ihr, ich hätte eure Schöpfe und eure Augen nicht gesehen?!»

Wir brachen in Lachen aus. Wir begriffen sofort, daß Vater uns eben mit seinem «Teufel! Teufel!» eine kleine Komödie vorgespielt hatte. Zugleich aber begriffen wir auch, daß Frau Brünings Verbrechen nicht so schwer sein konnte, wie nach ihrem starken Weinen zu schließen gewesen war. Und so war es auch wirklich. Frau Brüning, die selbst gerne Bücher las, hatte damit begonnen, sich einiges für ihren Privatbedarf ohne unser Vorwissen zu entleihen. Dies sparte ihr auch Geld, denn nun konnte sie ihr Abonnement in der Leihbibliothek abbestellen. Allmählich ging sie dazu über, auch ihre Freundschaft und Bekanntschaft mit Büchern zu versorgen. Der Kreis ihrer Leser breitete sich aus, das Besorgen der Bücher machte eine gewisse Arbeit, was war natürlicher, als daß Frau Brüning sich diese Arbeit bezahlen ließ —?!

«Ja», sagte Vater lächelnd. «Es ist nicht zu leugnen, daß Frau Brüning eine gewisse, wenn auch irregeleitete Geschäftstüchtigkeit besitzt. Sie selbst hat mir zwar versichert, daß sie in der Woche nicht mehr als eine Mark eingenommen hat. Da sie aber allein heute neun Bände zurückbrachte und da sie, ihrer eigenen Angabe nach, fünf Pfennige Leihgebühr pro Band erhob, sie wird aber, wie ich vermute, einen Groschen genommen haben, so hat sie wohl drei bis fünf Mark in der Woche mit unsern Büchern verdient!»

«Das Geld muß sie aber an uns abliefern, Vater!» rief Ede, und ich war seiner Ansicht.

«Nein, danke, mein Sohn!» sagte Vater kurz. «Ich bin froh, wenn sie heute noch die fehlenden Bücher bringt, womit ihre Tätigkeit in unserm Hause beendigt ist.» Vater sah zu Mutter hinüber. «Ich fürchte, Louise, du verlierst eine tüchtige Kraft.»

«Zu tüchtig!» lächelte Mutter. «Ich finde schon jemand anders. Und jetzt werde ich einen Besen ergreifen, sonst schafft Charlotte ihre Arbeit nicht.»

«Der eine Gedanke aber tröstet mich», sagte Vater nachdenklich. «All diese Leser haben aus unserer Leihbibliothek nicht ein schlechtes Buch bekommen. Damit stehen wir hoch über der ganzen Konkurrenz. Denn was da jene Bemeyer von französischen Büchern schreibt, so leugne ich nicht, den Dumas mit seinen drei Musketieren zu besitzen, auch einige Maupassant, doch halte ich diese Bücher nicht für verderblich. — Unsere Mutter aber bitten wir», schloß der Vater, «bei der nächsten Aufwartung auf das ganz Unliterarische zu sehen. Lieber noch das tollste Berlinisch, aber keine illegitimen Bücherentleihungen mehr!»

Der gute, ahnungslose Vater! Hätte er gewußt, daß sein eifrigster illegitimer Bücherentleiher in der Gestalt seines Sohnes Hans vor ihm stand! Zu jener Zeit war ich nämlich der ewig gleichen Kost der Indianer- und Abenteuerbücher müde geworden. Kein Präriebrand konnte mich noch begeistern, kein Mustang war mir wild genug, mich zu erregen — und was die Lebensgefahr anbelangt, in der die Helden ständig schwebten, so hatte mich mein Vater von aller Angst um sie gründlich geheilt.

Als ich nämlich einst um einen Helden zitterte und nur noch um fünf Minuten Aufschub mit dem Zubettgehen bettelte, um doch noch zu erfahren, ob er leben oder sterben würde — da nahm Vater das Buch lächelnd in die Hand, wies auf das dicke Seitenpaket, das noch ungelesen vor mir lag, und sagte: «Noch zweihundertfünfzig Seiten — und der Held soll jetzt schon sterben? Was will denn der Verfasser auf den restlichen zweihundertfünfzig Seiten erzählen? Das Begräbnis?»

Dies leuchtete mir ein, so daß ich von Stund an, sobald mein Herz in Anteilnahme zu klopfen anfing, den restlichen Umfang des Buches abschätzte, und sofort war das Herz wieder ruhig!

Vielleicht war dies eine sehr nüchterne Weise, mich von meiner allmählich ausartenden Vorliebe für Abenteuergeschichten zu heilen. Aber sie half. Und nun suchte mein Geist andere Betätigungsfelder, und da ich Vaters literarischen Geschmack, seit er mir den Karl May verboten hatte, mißtraute, so ging ich auf eigene Faust in seiner Bibliothek auf Entdeckungsreisen. Übrigens Karl May — es ist mir heute noch unverständlich, warum mein sanfter, nicht gerne etwas verbietender Vater eine so tiefe Abneigung grade gegen diesen Autor hatte. Er war darin unerbittlich. Wir durften uns nie einen Karl May ausleihen, und als Onkel Albert dem Ede und mir ein paar Bände May geschenkt hatte, mußten wir sie beim Familienbuchhändler in schicklichere Lektüre umtauschen.

Vater hat damit nur erreicht, daß meine Liebe zu Karl May immer weiter unter der Asche schwelte. Als ich dann ein Mann geworden war und ein bißchen Geld hatte, habe ich mir alle fünfundsechzig Bände Karl May auf einmal gekauft. Während ich dies schreibe, stehen sie grüngolden aufmarschiert in der Höhe meines rechten Knöchels. Ich habe sie nun alle gelesen, nicht nur einmal, sondern mehrere Male. Jetzt bin ich gesättigt von Karl May, ich werde sie kaum wieder lesen. Aber nun schlüpft mein Ältester in den Ferien hier herauf und holt sich einen Band nach dem andern, bettelt vor dem Schlafengehen um fünf Minuten Aufschub — alles dasselbe und doch alles ganz anders. Denn ich hindere ihn nicht, ich raube ihm auch nicht die Illusion, der Held befinde sich wirklich in tödlicher Gefahr — ich will doch einmal gegen Vater recht behalten!

Wie gesagt: da die kommunen Abenteuerbücher schal geworden waren und Karl May mir nicht gereicht wurde, ging ich selbst auf Entdeckungsreisen. Was da offen in Vaters Regalen stand, reizte mich nicht so sehr. Aber es gab auch gewisse Kästen in den unteren Fächern dieser Regale ... Auf ihnen stand öfter der Name Frankreich, England, Amerika, vereinzelt auch Ungarn, Italien, Schweden, Norwegen ... Hier hatte Vater die Heftchen und Hefte der Universalbibliothek untergebracht, die sich in ihren Broschüren nur schlecht auf einem Bücherbrett ausnahmen.

Diese Kästen waren eine wahre Fundgrube für mich! Mit elf oder zwölf Jahren geriet ich auf Flaubert und Zola, auf Daudet und Maupassant! Das Erotische verstand ich nicht, darüber las ich hinweg, aber welch eine ungeahnte Welt eröffnete sich mir da! Ich hatte nie gedacht, daß Romane so sein könnten! Stücke aus dem Leben nämlich, wirkliches Leben, das sich jeden Augenblick auf dieser Erde abspielen konnte! Alles, was ich bisher gelesen hatte, und ich hatte es gläubig gelesen, hatte doch etwas Unwirkliches gehabt, es war mehr den Märchen meiner Kindheit als dem Leben verwandt gewesen. Es mußte sehr weit von der Luitpoldstraße entfernt spielen, um einen Schimmer von Glaubhaftigkeit zu bekommen.

Das hatte ich stets dunkel gefühlt, ohne es mir klarmachen zu können. Sie hatten nicht satt gemacht, weder Herz noch Hirn, diese Abenteuergeschichten! Aber das hier, diese neue Welt —! Ich muß es schon damals gefühlt haben, daß man so «möglich» schreiben müsse, um «wirklich» zu wirken. Diese Bücher gingen glatt in mich ein. Ich las jedes nicht nur einmal, ich las es mehrere Male. Daher kommt es wohl, da sie so fest in mir saßen, daß ich sie allmählich überwand. Zola ist mir heute unerträglich, Daudet scheint mir fade, Flaubert be-

148

wundere ich, aber ich habe meine Lektion von ihm gelernt und lese ihn nicht mehr — aber jeder dieser Autoren hat seine Spuren in mir hinterlassen.

Ich erinnere mich sehr wohl meiner Begeisterung, als ich Dumas' «Drei Musketiere» entdeckte. Das war auch eine Abenteuergeschichte, aber sie war nicht nur ausgedacht, sie war auch möglich.

Und dann, als mir im englischen Kasten Stevensons Schatzinsel in die Hände fiel! Als ich Charles Dickens entdeckte, dessen Copperfield ich heute noch wieder und wieder lese, immer mit dem alten Entzükken. Seite um Seite könnte ich füllen mit diesen Erinnerungen an die Bücher, die ich damals entdeckte, die immer weiter in mir leben! Und dann die Russen: Rodion Raskolnikoff, Die Brüder Karamasoff!

Meine Leser werden finden, daß ich etwas reichlich früh mit dieser Lektüre begann, meine Eltern hätten das auch gefunden. Es hätte meiner Mutter Herz erschreckt, ihren ältesten, ach so jungen Sohn über der Lektüre von Maupassants Frivolitäten zu finden. Das habe ich ahnungsvoller Knabe natürlich recht gut gewußt, und so las ich nur in diesen Reclam-Bändchen, wenn ich mich ganz sicher wußte, also am frühesten Morgen. Ich bin zeit meines Lebens ein schlechter Schläfer gewesen, und meist war ich schon als Junge vor vier Uhr wach. Dann schlich ich auf leisen nackten Sohlen in Vaters Zimmer und kehrte reich beladen in mein Bett zurück. Und las ... Und las ...

Später, als ich entdeckt hatte, daß mein Vater nie diese Kästen auf ihren Bestand kontrollierte — sie gehörten einer vergangenen Leseepoche von ihm an —, später wurde ich frecher: ich hielt mir unter der Matratze meines Bettes immer ein größeres Lager dieser Bände. Es war ein beruhigendes Gefühl, sich abends beim Einschlafen zu sagen, daß man für den kommenden Morgen bereits verproviantiert war. Heute hat meine gute Frau mich darüber aufgeklärt, daß diese stets unentdeckt gebliebene Schmökerbibliothek unter der Matratze den Reinmachekünsten des elterlichen Hauses kein gutes Zeugnis ausstelle: zu einem richtigen Bettmachen gehöre auch ein Wenden der Matratzen. Ich hoffe danach, daß dies heute in meinem eigenen Hause regelmäßig geschieht, aber ich sage noch in dieser Stunde Minna, Christa, Charlotte, und wie sie sonst alle hießen, meinen Segen und Dank, daß es im elterlichen Hause nicht geschehen ist!

Es konnte gar nicht anders sein: durch eine so intensive Leserei mußte die Schule zu kurz kommen. Meistens nahm ich nur ziemlich schläfrig am Unterricht teil, und wachte ich einmal auf, so dachte ich nur an das Gelesene oder wie es nun weitergehen würde. Einmal, ein einziges Mal winkte mir die Aussicht, daß ich durch meine Lektüre auch in der Schule Lorbeeren ernten konnte. Das war, als unser Geschichtslehrer vom Aufstand der Tiroler erzählte, wobei auch der Name Jürg Jenatsch fiel ... Ich horchte auf. Professor Friedrichs fragte, uns alle musternd: «Weiß vielleicht einer von euch, welcher Dichter uns diesen Aufstand geschildert hat —?»

Ich sah um mich, ich war der einzige, der es wußte. Stolz fuhr ich aus meiner Bank und schrie: «Cordinand Ferdinand Meyer!»

Ein brüllendes Gelächter war der Erfolg, den ich einheimste. Sogar

Professor Friedrichs lächelte milde. «Zwar nicht Cordinand Ferdinand» — neue Gelächtersalve —, «sondern Conrad Ferdinand Meyer.» Nun hieß ich eine Weile in der Klasse nur der Cordinand.

Also ich las und las. — Aber in unserer Familie war es so bestellt, daß man das Verbum «Lesen» in allen Formen konjugieren konnte, es stimmte immer. Ich lese, du lasest, er wird lesen, sie haben gelesen — immer stimmte es! Nur die Befehlsform anzuwenden war ganz unnötig: «Lies und Leset» brauchten nicht angewendet zu werden, wir taten es auch so.

Aber ich war ein reiner Waisenknabe in meinen Leseleistungen gegen meine Schwester Itzenplitz. Sie brach jeden Rekord im Lesen. Wenn ich morgens um vier Uhr in Vaters Arbeitszimmer schlich, um mich neu mit Lektüre zu verproviantieren, traf ich sie dort manchmal. Im Nachtgewand stand sie auf einem Stuhl, in der einen Hand hatte sie ein geöffnetes Buch, in der andern eine fast heruntergebrannte Kerze. Sie hatte es nicht so gut wie ich, ihr Schlafzimmer lag direkt neben dem der Eltern, und das verbot alles nächtliche Lesen, denn Mutter hatte feine Ohren. Wenn ich ihr aber vorschlug, sich doch wenigstens in einen Sessel zu setzen, sah sie mich nur bleich und fröstelrig über die Seiten ihres Buches weg an, sagte «Och!» und war wieder in ihre Lektüre versunken.

Als diese selbe Schwester einmal die Aufnahmeprüfung für das Gymnasium mit Glanz bestanden hatte, durfte sie zur Belohnung mit einer Tante nach Italien fahren. Am Tage vor der Abreise gab meine Mutter ihr streng auf, endlich ihren Koffer zu packen. Itzenplitz versprach es, aber kurz vor dem Abendessen fand Mutter sie verloren in einem Buch, in dem Koffer lagen nur ein paar vereinzelte Wäschestücke. Mutter war entrüstet, es gab eine tüchtige Abreibung, und Itzenplitz mußte ihr in die Hand versprechen, nicht eher wieder ein Buch anzurühren, bis der Koffer gepackt war.

Als aber Mutter um halb elf zum Gute-Nacht-Sagen zu ihr kam, fand sie ihre älteste Tochter auf dem Boden neben dem Koffer sitzen und *Zeitungen* lesen. Es waren uralte Zeitungen, es hatten Schuhe in sie eingepackt werden sollen. Aber ein Wort hatte die Aufmerksamkeit von Itzenplitz gefesselt, sie hatte zu lesen angefangen, und wenn sie erst im Lesen war, vergaß sie Zeit und Ort und alle zu packenden Koffer. In dieser Nacht flossen noch Tränen, und beinahe wäre die Italienreise am Einwickelpapier gescheitert. Die Mutter prophezeite ihrer Tochter düster, sie werde in ihrem Leben noch einmal an dieser elenden Leserei scheitern, sie werde alle guten Gelegenheiten darüber verpassen . . .

Itzenplitz ist nicht gescheitert (worüber sich niemand mehr freut als meine Mutter!), und ich glaube, sie hat auch nicht viel verpaßt, trotzdem sie sich nie des süßen Giftes starker Lektüre entwöhnt hat. Heute hat sie Mann und Kind, und wenn ich sie einmal besuche, geht Itzenplitz gleich in die Küche, um uns etwas Gutes zu kochen, denn sie weiß, wie verfressen ich bin. Nach einer Weile sagt dann mein geduldiger Schwager freundlich: «Ich glaube, wir müssen mal nach meiner Frau sehen . . .»

Und da sehen wir sie denn wirklich, sie steht am Herd, das Wasser kocht, aber Itzenplitz merkt es nicht. Sie hat in der einen Hand einen Löffel, in der andern ein Buch, aber nur das Buch fesselt sie. Noch heute bringt es Itzenplitz nicht über sich, mit einer Zeitung Feuer im Ofen zu entfachen, ohne diese Zeitung erst auf ihren Inhalt geprüft zu haben.

Das hat natürlich einige Unbequemlichkeiten im Haushalt zur Folge, aber mein Schwager ist nicht nur ein geduldiger, sondern auch ein weiser Mann. Er weiß, was unter den Schattenseiten einer Tugend zu verstehen ist. Denn Itzenplitz weiß alles, und sie hat immer etwas zu erzählen. Sie liest ein Kochbuch mit derselben Hingabe wie eine Abhandlung über den Meskalinrausch. Sie saugt aus jeder Blüte Honig, selbst aus den übelriechenden, wie Vater schon früher von ihr sagte.

Noch bleibt mir im Hinblick auf das Familiensteckenpferd von einer nicht sehr schönen Gewohnheit in unserm Hause zu sprechen: keines von uns suchte einen gewissen Ort auf, ohne sich vorher mit einem Buch zu bewaffnen. Wohl hatten wir in Berlin zwei solche stillen Stätten, aber da unser Haushalt, die dienstbaren Geister eingerechnet, acht Personen zählte, war doch stets Knappheit an passender Sitzgelegenheit. Wie oft wurde verzweifelt an einer Tür gerüttelt, flehentliche Bitten wurden geflüstert, Verwünschungen zum Himmel gesandt: alles umsonst. Jedes Familienmitglied huldigte dem Satz «J'y suis, j'y reste». Jedes wußte nur zu gut, daß der Bettler und Rüttler, war er erst drinnen und der andere draußen, mit derselben Beharrlichkeit weiter sitzen und weiter lesen würde.

Noch heute muß ich im Gedanken daran lächeln, wenn ich meinen Vater, im grauen Hausjäckchen, einen Band Reichsgerichtsentscheidungen unter dem Arm, an jenen Ort verschwinden sah. Denn Vater gab sich dort keineswegs nur entspannender Lektüre hin, es wurde dort ganz ernst gearbeitet. Waren die Verhältnisse unhaltbar geworden, so wurde, meist auf Mutters Anregung hin, die diesem Lesen am wenigsten frönte, ein Verbot erlassen, mit Büchern «dorthin» zu gehen. Aber es half meist nur wenig, da aus Sparsamkeitsgründen auf dem Klo zerschnittenes und gebündeltes Zeitungspapier hing. Es war ein reizvolles Spiel, diese Zeitungsstücke wieder zusammenzusetzen und zu versuchen, sie fortlaufend zu lesen. In leichter Abänderung eines ärztlichen Fachausdruckes hieß dieser Ort bei uns auch «locus minoris resistentiae».

(Ich möchte übrigens allen meinen Lesern, die mich etwa besuchen wollen oder eine Einladung an mich beabsichtigen, mitteilen, daß ich durch den Einfluß meiner Frau von dieser Art des Leselasters völlig geheilt bin.)

Außer dem Büchersteckenpferd ritt mein Vater aber noch ein zweites, das war die Musik. Die Musik, besonders in der Form des von ihm geübten Klavierspiels, war seine größte Freude, seine Entspannung, sein Trost, seine Gefährtin in einsamen Jahren. Mein Vater soll ein ausgezeichneter Klavierspieler gewesen sein, und Mutter, die eigentlich nur das übliche Klimpern der höheren Tochter gelernt hatte, entwickelte sich unter seiner Führung in den langen Jahren ihrer Ehe immer mehr, wenn sie auch Vater nie ganz erreichte.

Manchmal wurde er ungeduldig bei ihrem Vierhändig-Spielen. Ich sehe ihn noch, wie er den Kopf immer energischer hin und her bewegte, um ihr Tempo anzufeuern, wie er zu zählen anfing: «Eine, zwee, dreie, viere. Eine, zwee, dreie, viere ...», und wie meine Mutter sich bemühte, seinen Anforderungen gerecht zu werden, die Lippen fest geschlossen, ein leises Rot auf den Wangen.

Aber dann ihre Freude, wenn Vater nach einer Bachschen Fuge etwa anerkennend sagte: «Das hast du ganz großartig gespielt, Louise.»

Wie in allem, so wollte auch in der Musik meine Mutter teilhaben an dem, was ihn freute. Jahraus, jahrein, jeden Tag, ob Alltag, ob Sonntag, setzten sich meine Eltern nachmittags um fünf Uhr an den Flügel und spielten bis sechs vierhändig. Das war so unumstößlich, daß wir Kinder in diese Zeit schon ganz gewohnheitsmäßig unsere Abrechnungen untereinander legten, um diese Stunde waren wir vor Eingriffen von oben her sicher.

Der Flügel, ein echter Steinway, ein wahres Prachtexemplar, war weit über der sonstigen Lebenshaltung meines Vaters. Wie er zu ihm gekommen ist — denn er hat ihn schon als junger Assessor aus eigenen Mitteln gekauft —, ist auch eine Geschichte. Wie eben gesagt, war Vater damals Assessor in einem kleinen hannöverschen Landstädtchen. Die Gegend war damals von einer bösen Seuche ergriffen, die auch ich später einmal im Thüringischen erlebte: die Höfe brannten zu leicht. Schien eine Scheune baufällig, ein Wohnhaus eines andern Daches zu bedürfen, so brannte es dort über kurz oder lang, das war so sicher wie das Amen in der Kirche. Die Brandkassen mußten zahlen und zahlen, bis an die Grenze ihrer Leistungsfähigkeit. Hat sich eine solche Krankheit in einem Bezirk erst einmal eingefressen, so hilft nur Abschreckung durch Verhängen von drakonischen Strafen, durch Statuieren eines Exempels.

Aber ehe ein Exempel statuiert werden kann, muß ein Übeltäter gefaßt sein. Und die Brandstifter gingen zu jener, nun fast siebzig Jahre zurückliegenden Zeit mit der äußersten Gerissenheit vor. Die Brandkassen setzten eine Belohnung aus, sie verdoppelten, sie vervierfachten, bis sie die damals horrende Höhe von tausend Talern erreicht hatte, aber es blieb alles umsonst, kein Brandstifter wurde gefaßt ...

Nun gut, zu jener Zeit und in jener Gegend geht Vater spazieren. Er liebte sein ganzes Leben hindurch die weiten und besonders die einsamen Spaziergänge. Er hat immer all seinen Scharfsinn aufgewendet, um Wege zu finden, die niemand ging. Also auch an jenem Tage, einem drückend heißen Sommer- und Sonntage, geht mein Vater auf Feldrainen und Wiesenkanten fern allen Menschen auf dem flachen Lande spazieren. Allmählich wird das Licht der Sonne fahl, am Horizont türmt sich immer höher blauschwarzes Gewölk, in der Ferne fängt es an, erst leise, rasch immer lauter zu grummeln und zu brummeln. Vater sieht sich nach einem Unterkommen, das ihm vor dem aufziehenden Gewitter Schutz bietet, um. In der Ferne entdeckt er die Strohdächer eines einsam liegenden Gehöftes. Erst langsam, dann immer schneller schlägt er den Weg nach dem Hof ein.

Grade als das Gewitter mit dem ersten fürchterlichen Schlag über seinem Kopf losgebrochen ist, als die ersten Tropfen fallen, betritt Vater den Hof. Er hält sich nicht erst lange mit Umsehen auf, er öffnet die Tür und steht auf der Diele, dem «Pesel» des Hauses. Man kennt solchen Pesel. Er nimmt fast zwei Drittel des Hauses ein, links steht das Rindvieh, rechts die Pferde, darüber, durch eine Luke erreichbar, liegt der Heuboden. Im Hintergrund, nach dem Pesel zu offen, ist die Küche mit der Feuerstätte, daran erst schließen sich die wenigen Stuben des Hauses.

Auf diesen Pesel tritt als überraschender Gast mein Vater und bleibt erstarrt stehen. Denn auf dem Pesel stehen alle Hausgenossen mit Betten, Hausgerät, Kisten beladen. Zwei Mädchen halten die Kühe schon bereit, ein Bursche die Pferde — alle wenden Vater plötzlich erschreckte, starr werdende Gesichter zu. Und in eben diesem Augenblick erscheint auch in der Heubodenluke der Herr des Hofes, er ruft hinunter: «Jetzt brennt's all tüchtig!»

Mein Vater war in dem Augenblick eingetreten, als das Feuer angelegt war!

Es war — für alle — ein recht unangenehmer Moment, als dem Landwirt klar wurde, daß ein Besuch auf dem Pesel stand, und was für ein Besuch! Denn der Assessor des Amtsgerichts war wohlbekannt. Mein Vater versicherte uns, es sei eine der schlimmsten Minuten seines Lebens gewesen, und einen Augenblick habe er gezweifelt, ob er lebend den Pesel verlassen würde. Aber diese Minute ging vorüber, mein Vater war ein mutiger und energischer Mann, und die Leute, wenn sie auch Brandstifter waren, waren doch keine Mörder.

Mein Vater legte die Hand auf die Schulter des Mannes und erklärte ihn für verhaftet. Und ohne den Leuten erst Zeit zum Besinnen zu lassen, führte er den Verhafteten fort in die Stadt, durch Regen und Gewitter, von Blitzen umzuckt! Es ist wohl ein schlimmer Weg für alle beide gewesen, für den Führer wie für den Verhafteten. Denn mein Vater wußte wohl, wie Schweres dem Manne bevorstand, daß seine Strafe hart, sehr hart ausfallen würde, und der Mann wußte das auch. Er verlegte sich aufs Bitten und Flehen, es habe doch keiner gesehen als der Assessor, der Assesor wolle doch nicht Weib und Kind unglücklich machen. Mein Vater war ein sanfter und gütiger Mann, aber hier konnte es kein Schwanken geben, eine Pflicht mußte getan, eine Seuche ausgerottet werden ...

An die ausgesetzte Belohnung aber wird mein Vater auf diesem Wege kaum gedacht haben, zu viel anderes bewegte ihm Herz und Hirn. Vater war ein junger Mensch, in der Achtung vor dem Alter war er erzogen worden. Es ist schwer, gegen einen Alten hart zu sein, wenn man noch jung ist, ihn bitten zu hören und «Nein» zu sagen. Die Belohnung kam erst später, und es ist bezeichnend für Vaters wenig entwickelten Erwerbssinn, daß er sie lange nicht nehmen wollte. Erst als es ihm seine Vorgesetzten befahlen, tat er es. Und verwandelte das Geld in den Steinway-Flügel, der sein ganzes Leben hindurch seine größte, seine dauerndste Freude blieb.

Gelang es aber dem Vater, seiner Frau eine immer stärker werdende Neigung zur Musik einzuflößen, so hatte er mit uns Kindern weniger Glück. Jedes von uns bekam Klavierunterricht, und keines kam über die erbärmlichste Stümperei hinaus. (Außer Ede, von dem noch berichtet wird.) Was speziell mich anging, so war ich der größte Versager. Ich konnte nie einen Ton vom andern unterscheiden, und auf dringenden Wunsch des Gesanglehrers wurde ich vom Gesangunterricht für ewige Zeiten befreit, da, wenn ich nur zu singen anfing, die ganze Klasse schon aus dem Takt geriet. Wirklich habe ich auch heute noch keinen richtigen Ton in der Kehle, und ich pfeife zwar gerne, besonders Volkslieder, aber für mich ganz allein, fern allen Menschen. Ich möchte gerne in meinem Bett sterben . . .

Aber Vater gab so leicht den Mut nicht auf. Er war unermüdlich in seinen Versuchen, uns die Liebe zur Musik einzuimpfen. Nach dem Abendessen kam stets die ganze Familie in seinem Zimmer zusammen. Zuerst spielte uns Vater mit Mutter eine halbe Stunde lang etwas vor, dann wurde von ihm vorgelesen. Ich ruchloser Knabe habe diese Zeit des Vorspielens meist dazu benutzt, um noch unerledigte Schularbeiten zu machen. Das ging sehr gut, denn die Eltern kehrten uns am Flügel den Rücken. Man mußte nur auf den Moment passen, wenn das Stück zu Ende ging; hierin erwarb ich mir eine gewisse Routine, die mir noch heute beim Plattenwechsel zugute kommt.

Denn seit Vater tot ist, finde ich langsam einen Weg zur Musik. Solange er lebte, glaubte ich, musikalisch ein Idiot zu sein, außerdem konnte ich Musik «überhaupt nicht ausstehen». Das hängt damit zusammen, daß ich lange Jahre «böse» auf Vater war. Weil ich ihm zürnte, lehnte ich auch das, was er am meisten liebte, ab. Aber das ist ein trübes Kapitel, nur mit Schmerz und Reue denke ich daran zurück, will aber nichts darüber erzählen.

Vater wählte für dieses Vorspielen immer leichtere Musik, was er nämlich so leichter nannte: den Lohengrin, Schumann, Schubert, allenfalls auch noch den Freischütz. Ein Mann, der mehr von Musik versteht als ich, hat mir später einmal gesagt, daß Vater eigentlich gar nicht musikalisch gewesen sei, er sei mehr Mathematiker als Musikant gewesen. Wie in der Geometrie eine Figur konstruiert wird, so habe mein Vater in der Musik die Konstruktion, den kunstvollen Auf- und Abbau mehr geschätzt als den Klang, das eigentlich Musikhafte. Wie gesagt, davon verstehe ich nichts. Aber mir scheint doch, als wenn Vater für uns Kinder ein wenig gar zu schwierige Themen auswählte. Ich erinnere mich noch, daß ich einmal, bei meinen Schularbeiten sitzend, aufmerksamer als sonst ins Nebenzimmer lauschte, wo Vater und Mutter am Flügel saßen. Das gefiel sogar mir, was sie da spielten. «Heut hast du mal was Hübsches gespielt, Vater!» sagte ich nachher anerkennend.

«Was habe ich doch für einen Sohn!» rief Vater in komischer Verzweiflung und griff sich ins Haar. «Ich kann jahrelang das Herrlichste von Bach und Beethoven spielen, er hört es gar nicht. Hört es einfach

154

nicht!! Aber ich brauche nur einmal solch einen Schmarren von Suppé zu klimpern, und sofort ist er ganz Ohr! Es ist zum Verzweifeln!»

Als wir später in Leipzig wohnten, ging Vater jeden Freitagabend zur Motette in die Thomaskirche. Da er noch immer nicht die Hoffnung aufgegeben hatte, mich wenigstens ein bißchen zur Musik zu bekehren, mußte ich ihn oft begleiten.

In der Kirche war es ziemlich dunkel, denn am Freitagabend war nur «Probe», darum wurde wohl an Licht gespart. Nur des Dekorums halber sprach der Pastor nach der Motette ein kurzes Gebet.

Wir setzten uns auf eine der langen Kirchenbänke, meistens zu früh, denn Vater wollte nicht einen Ton versäumen. So sah ich sie denn alle ankommen, die sich an jedem Freitag hier versammelten, um sich den Gesang des Knabenchors anzuhören. Viele Gestalten kannte ich bald vom Ansehen, mit solcher Regelmäßigkeit kamen sie. Sie setzten sich immer auf die gleichen Plätze und blieben dort unbeweglich sitzen, in Erwartung des Orgelvorspiels. Es waren seltsame Gestalten darunter, verschollene Figuren, wie ausgelöschte Gesichter, schlecht und gut Gekleidete nebeneinander, aber kaum Jugend. Fast alles waren alte Leute, und das männliche Element überwog.

Ich erinnere mich noch an einen weißhaarigen Alten, der Sommer wie Winter in einer ganz verschossenen Samtjacke kam, aber Sommer wie Winter steckte eine Blume im Knopfloch dieser Jacke. Ein anderer Alter wurde von zwei greisen Mädchen eher hereingetragen als geführt. Sie setzten ihn auf seinen Platz und verließen dann immer sofort die Kirche. Aus welchen Stuben, aus welchen Lebensformen kamen sie da zusammen, einmal vereint unter Menschen, die das gleiche wie sie, diese alt gewordenen Einsamen, fühlten!

Dann setzte die Orgel ein, und sofort begann auch meine Angst. Ich sah nichts anderes mehr, ich konnte nichts hören von Orgel und Gesang, ich mußte immerzu Vater beobachten. Und richtig, nun war es wieder soweit: Vater weinte! Ich fand es ganz schrecklich, daß Vater weinte. Große blanke Tropfen rollten langsam seitlich seiner Nase herunter und verschwanden im Schnurrbart. Immer, wenn Vater die Motette hörte, mußte er weinen. Es war wohl Glück, das ihn weinen machte, es war Freude über dies reine Stück Schönheit, das der Erde noch geblieben ist.

Aber ich dummer Bengel fand es nur beschämend. Ich schämte mich Vaters, daß er so weinte. Ich hatte eine Todesangst, einer meiner Schulgefährten könne in der Kirche sein und könne mich sitzen sehen neben meinem Vater, der weinte! Ich wäre doch vor dem ganzen Gymnasium blamiert gewesen! Es beruhigte mich gar nicht, daß viele so weinten. Ich achtete auch nicht darauf, daß hier niemand die andern beobachtete, ich schämte mich nur und hoffte, es möchte doch bald zu Ende sein. Ich, mit dessen vielen Schwächen Vater eine so unendliche Geduld hatte, war so unduldsam gegen Vater!

Diese Besuche in der Motette nahmen mir den letzten Rest von Aufmerksamkeit für die Musik. Ich fand hundert Ausflüchte, um mich von diesen Freitagwegen zu drücken. Vater sah schließlich auch ein, daß ich unheilbar war, und bat nicht mehr um meine Begleitung.

Statt meiner nahm er meinen Bruder Ede mit. Siehe da! Ede hatte sich entwickelt, er war das einzige von Vaters Kindern geworden, das nicht ungern am Klavier saß, das auch einmal mit Vater ein Wort über Musik sprach. Danach sehnte sich Vater bestimmt, er wußte so viel von Musik, und wir andern Kinder wollten nie etwas davon hören. Und nun ging Ede mit Vater in die Motette.

Ich sah es, wir alle sahen es, der kleine, früher etwas ruppige und rüde Ede wurde immer mehr zum Liebling der Eltern. Und seltsam, wir neideten ihm das überhaupt nicht, wir fanden es ganz in der Ordnung. Denn Ede war nicht etwa durch betonte Musterhaftigkeit oder Schmeichelei zu dieser bevorzugten Stellung gekommen, sondern weil er sich genau so gab, wie er war. Und er war anständig und verläßlich. Er war gar kein Musterknabe, ja, er war nicht einmal ein so besonders guter Schüler, aber den Dummheiten, die er machte, fehlte so ganz der Zug Verhängnis und Unbegreiflichkeit, der meinen Torheiten anhaftete. Wenn meine Eltern Ede anschauten, so wußten sie: er wird seinen Weg machen, man kann ihn ruhig gewähren lassen. Sahen sie aber auf mich, mußten sie denken: hoffentlich wird mal etwas aus ihm, man wird sehr auf ihn aufpassen müssen.

Vor allem aber hatte nie jemand von uns drei andern Geschwistern das leiseste Neidgefühl auf Ede, weil wir sahen, er merkte seine Vorzugsstellung im Herzen der Eltern gar nicht. Er liebte uns alle so gleichmäßig und stark, daß er nie darauf kam, Liebe könne auch Unterschiede machen. Und wir liebten ihn ebenso wie die Eltern, auch in unsern Herzen nahm er eine Vorzugsstellung ein.

So hatte Vater spät noch einen Gefährten aus der jungen Generation gefunden. Die Schwestern gingen aus dem Haus, auch ich zog ins Weite. Ede blieb bei den Eltern, sie lebten sich ganz auf ihn ein. Vater empfand nicht einmal Betrübnis, als auch Ede schon früh erklärte, er wolle keinesfalls Jurist werden, sondern Arzt. Wenn Ede so sprach, war es in Ordnung, denn Ede wußte, was er wollte, ich aber wollte alle Tage etwas anderes. So wurde Ede die große Hoffnung der ganzen Familie. Ede war Vaters und Mutters Stolz ...

Dann kam der Weltkrieg, und Ede meldete sich, kaum daß er siebzehn geworden war, freiwillig. Er hat den ganzen Krieg an der Westfront mitgemacht, immer im flandrischen Dreck, immer im Grabenkrieg. Selten kam er auf Urlaub. Dann zeigten sich die Eltern voller Stolz mit ihrem jungen Offizier, voller Stolz und Bangen, denn die Verlustziffer der Regimenter in jenem Abschnitt war sehr hoch. Aber davon sprach Ede nicht, er sprach überhaupt nicht von draußen. Am liebsten erzählte er von der Zukunft. Er hatte während eines Urlaubs sein Notabitur gebaut, und später kam irgendeine Bestimmung, nach der er sich schon immatrikulieren lassen konnte. Er ging zur Universität und ließ sich bei der medizinischen Fakultät einschreiben.

Es war sein glücklichster Tag im ganzen Krieg. Er führte seine Eltern zu einem kleinen Essen in ein Weinrestaurant, und wenn das Essen auch nur dürftig war, seine Stimmung war so übermütig, daß er die bekümmerten, vom Krieg alt und grau gewordenen Eltern mitriß. Er spielte den Arzt, er hatte es schon geschafft, er war ein großer, berühmter Arzt geworden. Er ließ sich von Vater konsultieren. Er produzierte den blühendsten Blödsinn über Gallenleiden, erlaubte Vater sofort die längst verbotene lange Pfeife und versprach ihm neunundneunzig Lebensjahre. Er riß die Eltern so mit sich, daß auch sie daran glaubten, daß sie für gewiß ansahen, was er vor ihnen fabulierte, daß sie den Krieg im Schützengraben und das Trommelfeuer vergaßen, mit der langen, langen Todesangst um diesen Sohn.

Dann fuhr er wieder hinaus. Ich brachte ihn zur Bahn. Je mehr wir uns dem Bahnhof näherten, um so stiller wurde er. Da war schon der Urlauberzug, häßlich, verdreckt, heruntergekommen, wie damals 1918 alles aussah. Er nahm kurzen Abschied, saß dann still im Abteil, ohne den Kopf nach mir zu wenden. Vielleicht dachte er, ich sei schon gegangen. Ich sehe ihn da sitzen, eigentlich noch blutjung, einundzwanzig Jahre alt, und den vollen jugendlichen Mund, der doch schon fest geschlossen ist, mit den kleinen bitteren Falten der Enttäuschung im Winkel.

Plötzlich steht er auf, geht ans Fenster, sieht mich an, ernst. Dann sagt er: «Wenn etwas passiert — mit mir, denke daran, daß du den Eltern Freude machst, Hans. Denke daran!»

Der Zug fährt, er sieht mich fest an. Ohne Zittern und Zagen. Keiner von uns hat ihn je wiedergesehen. Er war der liebste Bruder, er war aber auch der anständigste Mann, den ich in meinem Leben getroffen habe. Die Eltern haben seinen Verlust nie verwunden . . .

Aber das alles war viel, viel später. Damals schien bei uns noch die Sonne. Wir waren noch Kinder, und wenn jetzt die Sonne nicht mehr scheint, so wird bald die winterliche Dunkelheit durch den Weihnachtsbaum erhellt werden. Überall, wo Kinder sind, ist das Weihnachtsfest schön, ich finde natürlich, zu Haus bei uns war es am allerschönsten! Das Hauptverdienst daran trägt sicher der Vater, er hatte eine so liebenswürdig geheimnisvolle Art, unsere Erwartung zu steigern, uns ein bißchen zu foppen und zu necken.

In Berlin halten die Weihnachtsbäume zeitig ihren Einzug auf Straßen und Plätzen. Dann fangen wir Kinder an, Vater zu drängen, daß er auch einen Baum besorgt. Zuerst verschanzt sich Vater dahinter, daß das überhaupt nicht seine Sache sei, sondern die des Weihnachtsmanns. Natürlich kommt er damit bei uns nicht mehr durch, selbst Ede glaubt nicht mehr an diese Figur, seit beim letzten Fest Herrn Markuleits, unseres Portiers, Schuhe unter Vaters umgedrehtem Gehpelz erkannt wurden. Nein, Vater soll machen und einen Baum kaufen. Auf dem Winterfeldtplatz gab es die schönsten.

Schließlich versprach Vater, sich umzusehen, in diesen Tagen habe er aber noch nicht recht Zeit dafür. Doch wir ließen nicht nach mit Drängen. Schließlich ging Vater, und wir alle erwarteten seine Rückkehr mit Spannung. Natürlich kam er leer zurück. Das hatten wir auch nicht anders erwartet, denn Vater kaufte nie etwas sofort. Er erkundigte sich erst überall, wo er es am billigsten bekäme. Aber Vater kam auch recht niedergedrückt heim: die Weihnachtsbäume waren in diesem Jahre unerschwinglich teuer! Er hatte uns doch recht verstanden, wir wollten wieder einen Baum vom Fußboden bis zur

Decke —? Nun also, so etwas hatte er sich schon gedacht, aber solche
Bäume gab es nicht unter neun Mark, und mehr als fünf wolle er
keinesfalls anlegen . . . Wenn wir uns freilich mit einem auf den
Tisch gestellten Bäumlein begnügen wollten —?

Wir schrien Protest. Es gelang dem Vater immer wieder, unsere
Leidenschaft und unsern Zweifel zu erregen, obwohl sich alljährlich
das gleiche Spiel wiederholte. Wir wußten ja, daß Vater wirklich *sehr*
sparsam war, es war ja möglich, daß Weihnachtsbäume in diesem
Jahre besonders teuer waren!

Von nun an kam Vater fast alltäglich mit neuen Geschichten über
Weihnachtsbäume heim. Und diese Geschichten klangen so echt, mit
ihren drastischen Berolinismen, daß wir immer sicherer wurden, Vater war wirklich auf der Suche nach einem Tannenbaum, hatte aber
noch keinen gefunden.

Er erzählte uns, wie er am Viktoria-Luise-Platz beinahe, beinahe
einen herrlichen Baum gekauft hatte, als er im letzten Augenblick
merkte, daß die meisten seiner Zweige nicht an ihm gewachsen, sondern in eingebohrte Löcher gesteckt waren. Vater berichtete von
windschiefen Tannenbäumen und von solchen, die jetzt schon nadel-
ten, und von krummen Bäumen. Am Bayrischen Platz hatte Vater
einen Baum fast schon gekauft, und der Händler waren nur noch
um fünfundzwanzig Pfennige auseinander, da war ein Wagen vorge-
fahren, eine Damenstimme hatte gerufen: «Den Baum will ich!»
und fast aus Vaters Händen wurde der Baum zum Wagen getragen.

Vater tat sehr geheimnisvoll wegen der Käuferin. Er ließ es für
möglich erscheinen, daß es vielleicht eine Prinzessin vom kaiserlichen
Hof gewesen sei, oder auch eine Hofdame, und er stellte uns vor, daß
nun vielleicht des Kronprinzen Kinder mit «unserer Tanne» Weihnachten feierten!

Das versetzte unserer Phantasie einen Schwung, aber es verhalf
uns immer noch nicht zu einer Tanne. Und das Fest zog näher und
näher. Unser Drängen wurde heftiger. Aber nun wurde Vater plötzlich gleichmütig: er habe diese ewige Lauferei nach Tannenbäumen
satt, sie würden auch noch immer teurer. Nein, nun werde er bis zum
24. Dezember warten, wenige Stunden vor dem Heiligen Abend gingen die Händler immer mit ihren Preisen herunter, um den Rest loszuwerden. Freilich riskiere man, daß dann alles fort sei, aber er, Vater, nehme lieber ein solches Risiko in den Kauf, als daß er Wucher-
preise zahle.

Wenn Vater so redete, schielte ich immer nach den Fältchen um
seine Augen. Sie waren im allgemeinen sichere Anzeiger für Ernst
oder Scherz. Aber Vater wußte selbst sehr gut, daß solche Anzeiger
in seinem Gesicht saßen, beherrschte oder verbarg sie — kurz, er
brachte uns alle in Unsicherheit. Wir suchten die ganze Wohnung ab,
wir stiegen auf den Boden und in den Keller, wir fanden keine Tanne, wir verzweifelten.

(Einmal ist es mir bei einer solchen Nachsuche geschehen, daß ich
auf Mutters Versteck stieß, in dem sie alle unsere Weihnachtsgeschen-

ke verheimlichte. Ich konnte meiner Neugierde nicht widerstehen und sah sie alle an. Ich habe nie ein kläglicheres, freudloseres Weihnachtsfest als dies erlebt. Ich mußte noch Freude und Überraschung heucheln, und dabei war mir zum Heulen zumute! Von da an habe ich in der Weihnachtszeit meine Augen hartnäckig von jedem Paket, es mochte das harmloseste sein, fortgewendet.)

Also war es ausgemacht und beschlossen, Vater würde den Baum erst wenige Stunden vor der Bescherung kaufen. Wir waren von Angst erfüllt. Mit Kummer sahen wir die Bestände an Weihnachtsbäumen dahinschwinden, wir flehten Vater an, aber Vater schien unerbittlich.

Dafür hatte er ein neues Spiel erfunden, er ließ uns unsere Geschenke raten. Jeder bekam ein Rätsel auf, wie dieses: «Es ist rund und aus Holz. Aber es ist auch eckig und aus Metall. Es ist neu und doch über tausend Jahre alt. Es ist leicht und doch schwer. Das bekommst du zu Weihnachten, Hans!»

Da konnte man lange raten! Mutter zwar schrie manchmal Weh und Ach. «Das ist zu leicht, Vater. Das muß er ja raten! Du nimmst ihm ja die Vorfreude!»

Aber Vater war seiner Sache sicher, und ich erinnere mich wirklich nicht eines einzigen Males, daß ich ein Geschenk erraten hätte.

Unter all diesen Vorbereitungen nahte das Fest. Am 24. Dezember stand Vater ungewohnt früh auf und zog sich mit Mutter ins Weihnachtszimmer, wie nun sein Arbeitszimmer hieß, zurück. Über Weihnachten ruhte alle Arbeit bei ihm. Da wollte er seine Familie ganz für sich haben. Für alle Fälle versuchten wir die Schlüssellöcher, trotzdem wir Vaters Vorsicht kannten: er verhängte sie immer zuerst. Geheimnisvoll verdeckte Gegenstände wurden durch die Wohnung getragen. Alle lächelten, sogar die meist brummige Minna.

Der Vormittag ging für uns Kinder noch so einigermaßen hin. Meist waren wir mit unsern Geschenken für Eltern und Geschwister noch nicht fertig. Mit Eifer wurde laubgesägt, kerbgeschnitzt, spruchgebrannt, gehäkelt und gestickt, und was es da alles sonst noch für Beschäftigungen gab, durch die man in damaligen Zeiten die Wohnungen immer mit Scheuel und Greuel anfüllte.

Zum Mittagessen gab es immer Rindfleisch mit Brühkartoffeln. Mutter vertrat den Standpunkt, daß wir uns noch früh genug den Magen verderben würden und vorher nicht einfach genug essen könnten. Nach dem Essen aber stieg unsere Spannung so sehr, daß wir eine Pest wurden, aus lauter Kribbligkeit und Erwartung brachen ständig Streitigkeiten zwischen uns aus. Schließlich jagte uns Vater auf die Straße mit dem Machtwort, nicht vor sechs Uhr nach Haus zu kommen, eher fange die Bescherung doch nicht an.

Meist trennten wir vier Geschwister uns sofort, wenn wir auf die Straße kamen. Die Schwestern gingen für sich, und ich machte mich mit Ede auf, um die schon hundertmal besichtigten Schaufenster der Spielwarenläden noch einmal anzusehen. Da stellten wir dann fest, was mittlerweile aus den Schaufenstern genommen war, und machten Pläne für das, was wir uns zum nächsten Weihnachtsfest wünschen wollten. Aber die Zeit wurde uns sehr lang, es schien überhaupt nicht dunkel werden zu wollen, und sonst kam die Dämmerung immer so schnell!

Wir gingen und gingen, aber die Zeit verging nicht. Dann kamen wir auf das Spiel, auf den Granitplatten des Bürgersteigs so zu gehen, daß nie auf eine Ritze getreten wurde. Auch durfte man auf jeden Stein nur einmal treten. Gelang es, so bis zur nächsten Straßenecke zu kommen, so wurde ein Lieblingswunsch erfüllt. Dies war also unser Orakel, und es war gar nicht so leicht! Denn manche Steine waren für unsere Kinderbeine sehr breit, auch verlangten entgegenkommende Erwachsene, daß wir ihnen den Weg frei machten, und neben den Granitplatten lag Kleinpflaster — dann ade Lieblingswunsch!

Schließlich war es doch dämmrig geworden. Wir warteten so lange, bis in irgendeinem Fenster der erste Baum brannte, dann stürzten wir nach Haus mit dem Geschrei: «Die Weihnachtsbäume brennen schon überall! Warum geht's denn bei uns noch nicht los?!»

Meist waren die Schwestern kurz vor uns eingetroffen oder kamen gleich hinterher, und meist waren die Eltern dann auch soweit, und wir brauchten nicht länger am Spieße zu zappeln, wie Vater das nannte.

Ich erinnere mich aber auch, daß ich einmal direkt vor der Bescherung noch zu einem Kaufmann in die Martin-Luther-Straße geschickt wurde, um Tomatenmark einzukaufen. Tomatenmark, oder wie man damals noch sagte: Tomatenpüree war zu jener Zeit noch eine teure Sache. Es wurde in kurzen gedrungenen Flaschen verkauft, und die Flasche kostete eine Mark.

Ich bekam also eine Mark in die Hand gedrückt und zog los. Es war ein schneidend kalter Wintertag, und ich war schon von dem vorhergehenden Straßenlaufen ganz durchkältet, so lief ich, so rasch ich nur konnte, zum Kaufmann. Meine Hände waren starr, und die Flasche in ihnen, mit der ich aus dem Laden trat, schien sie noch mehr zu durchkälten. Ich klemmte sie also unter den Arm, steckte die Hände in die Manteltaschen und machte, daß ich nach Haus kam. Kurz vor dem Ziel aber geschah das Unglück: die Flasche glitt unter meinem Arm hervor, klax! machte sie, und ein blutroter Fleck breitete sich rasch auf dem Schnee aus. Ich stand angedonnert davor . . .

Nun waren die Eltern gar nicht «so», ein derartiger Unglücksfall hätte mir nicht mehr als einen leichten Vorwurf und die Mahnung, doch endlich etwas besser aufzupassen, eingetragen. Aber die Festvorfreude, die Ungeduld, schnell zur Bescherung zu kommen, oder auch der Frost in allen Gliedern — ich bin immer ein Frostpeter gewesen — müssen mich völlig verwirrt haben. Ich stand wie gelähmt vor dem roten Fleck im Schnee, bohrte die Knöchel in die Augen und fing jämmerlich an zu weinen.

Trotzdem es in dieser Stunde vor der Bescherung eigentlich alle eilig hatten, sammelte sich bald ein kleiner Kreis um mich, denn zuzusehen hat der Berliner immer Zeit. Vom milden Trost bis zur urwüchsigen Veräppelung fehlte mir bald nichts. Ich erinnere mich noch, daß mir ein besonders hartnäckiger Witzbold immer wieder die Hand auf den Kopf legte und mich zwingen wollte, das Zeug aufzulecken: «Freut sich Mutta doch, det de's wenigstens im Bauche hast!»

Wäre ich nicht so eng umstanden gewesen, hätte ich mich längst auf die Beine gemacht, aber so erschien die Situation ziemlich hoffnungslos.

Plötzlich fragte eine etwas schleppende Stimme: «Was heulste, Junge?»

Ein Mann drängte sich in den Kreis. Ich sah hoch und erkannte *ihn*, mein geheimes Idol! Er besah den roten Tümpel. «Tomatenpüree, was?» fragte er militärisch kurz. Ich nickte nur. «Kostet wieviel?» Ich schluchzte: «Eine Mark!»

«Hier hast 'ne Mark, Jung», sagte er. «Weil heute Weihnachten ist. Laß die Pulle aber nicht noch mal fallen!»

Und damit machte er mir den Weg frei, und ich schoß wie ein Pfeil, noch immer etwas schluchzend, in die Martin-Luther-Straße.

Der Gedanke, daß mir grade mein geheimes Idol diese Mark geschenkt hatte, machte mich so glücklich, daß darüber im Augenblick sogar die Festfreude zurücktrat. Ich liebte diesen Mann schon lange aus der Ferne, ich bewunderte ihn, trotzdem er zweifelsfrei ein Mann und kein Herr war, ein Unterschied, den wir Kinder sehr genau machen lernten. Er mußte in einem der Häuser in unserer Nähe wohnen, und wenn wir auf der Straße spielten, sah ich ihn im Sommer wie im Winter zwischen fünf und sechs Uhr vorübergehen. Dann sah ich ihn so lange an, wie es nur irgend ging.

Er trug eine Uniform, er war aber bestimmt nichts Militärisches, wahrscheinlich eher ein städtischer Beamter. Er ging ganz grade, den Kopf etwas im Nacken, und die Augen in dem fahlen Gesicht halb geschlossen. Mit diesen halb geschlossenen Augen und einer Miene gleichgültiger Kennerschaft musterte er alle vorübergehenden Mädchen und Frauen, und trotzdem ich noch ein völliges Kind war, merkte ich doch, daß dieses Mustern auf viele einen Eindruck machte. Sie drehten sich oft nach ihm um, er sich aber nie. Ich habe ihn auch nie mit einem weiblichen Wesen gesehen, er ging immer allein. Er wird wohl einer jener gewissenlosen Frauenjäger gewesen sein, die nur im Dunkeln auf Beute ausgehen, ein wahres Ekel.

Aber damals war er mein Idol, und zwar vor allem wegen seiner Kopfhaltung und der halb geschlossenen Lider. Zu einer gewissen Zeit war meine Bewunderung für ihn so sehr gestiegen, daß ich mir vor dem Spiegel diese Kopfhaltung und diesen Blick einübte. Das hatte seine gewissen Schwierigkeiten, denn wenn ich die Lider wirklich halb schloß, konnte ich mich im Spiegel nicht recht erkennen. Aber schließlich war ich mit dem Ergebnis meiner Übungen zufrieden und beschloß, damit vor ein größeres Publikum zu gehen.

Im Hause verbot sich das, Vater hielt etwas auf grade Haltung und offenen Blick. Auch ist die Familie ein schlechtes Publikum für außergewöhnliche Leistungen: der Prophet gilt nichts in seinem Vaterlande.

Also ging ich auf die Straße und promenierte dort auf und ab, in eben jener einstudierten Haltung: den Kopf zurückgelehnt und die Augen halb geschlossen, die Hände aber hatte ich auf den Rücken gelegt und stolzierte so auf und ab. Ich erregte nicht ganz das Aufsehen, das ich erwartet hatte. So verstärkte ich meine zuerst nur schüchtern angenommene Pose zur vollen Wirkung — und plötzlich schlug ein Herr auf meine Schulter: «Junge, schlaf nur nicht auf der Straße ein!» schrie er. «Mach gefälligst die Augen auf!»

Es war eine bittere Enttäuschung, und mit einem Schlage gab ich alle Versuche auf, ebenso dämonisch zu wirken wie jener Uniformierte. Aber meiner Verehrung für ihn tat dies keinen Eintrag, im Gegenteil, sie wurde eher noch glühender. Man kann sich danach denken, mit welchem Glück es mich erfüllte, daß grade mein Idol mir eine Mark geschenkt hatte. Ich flog wie von Engelfittichen getragen fort und heim. Ich nehme an, diesmal habe ich das Tomatenmark heil nach Haus gebracht, und die Bescherung konnte ihren Anfang nehmen.

Für die letzte Viertelstunde scheuchte Vater auch noch Mutter aus dem Weihnachtszimmer. Er baute ihr noch rasch seine Geschenke auf, auch war es sein eifersüchtig verteidigtes Vorrecht, die Lichter am Baum zu entzünden. In fliegender Hast warf Mutter sich in Gala, wobei sie noch uns auf Sauberkeit und Ordnung prüfte.

Nun versammelten wir uns schon alle erwartungsvoll auf dem Flur, die Herzen schlugen schneller, die Hoffnungen wurden immer ausschweifender. Ich ertappe mich dabei, daß ich vor lauter Aufregung die Fäuste fest geballt habe und immerzu vor mich hinflüstere: «Au Backe! Au Backe! Au Backe!» Auch Edes Lippen bewegten sich stumm, ich weiß schon, er sagt sich noch einmal das Weihnachtsgedicht auf, das er gleich wird deklamieren müssen . . . Nun, in diesem spannendsten Moment, werde ich von der Mutter in die Küche geschickt, um die alte Minna zur Eile anzutreiben. Christa ist längst hier . . .

Minna ist noch beim Haarmachen. Ihr dunkles spärliches Haar steht in lauter kurzen Mäuseschwänzchen steil vom Kopfe ab. Jedes Schwänzchen wird sorgfältig mit Ochsenpfotenfett, einer Stangenpomade, eingerieben. Ich flehe Minna an, sich zu beeilen, obwohl ich aus Erfahrung weiß, daß jedes Hetzen bei Minna nur die Wirkung hat, sie noch zu verlangsamen, und kehre zu Mutter zurück, um ihr Bericht zu erstatten. Mutter entscheidet, daß wir auf Minna warten müssen. Aus dem Bescherungszimmer klingt eine rauhe Stimme: «Seid ihr auch alle artig?»

Wir brüllen begeistert: «Ja!»

Die Stimme fragt weiter: «Habt ihr euch auch alle die Zähne geputzt?»

Wir brüllen ebenso begeistert: «Nein!»

Und die Stimme fragt zum dritten Male: «Seid ihr denn auch alle fertig?»

Wir brüllen eiligst wieder ein «Ja!», aber Mutter fügt hastig hinzu: «Wir müssen noch auf Minna warten!»

«Na, denn wartet man!» ruft die Stimme, und hinter der Tür wird es wieder still.

Aber der Geruch von brennenden Kerzen und Tannennadeln hat sich doch auf dem Flur verbreitet. Unsere Aufregung kann nun nicht mehr höher steigen. Ich tanze auf einem Bein wie ein Irrwisch umher,

Ede sieht bleich vor Aufregung aus. Plötzlich geht er, fast finster vor Entschlossenheit, auf Christa zu, nimmt ihre Hand und küßt sie! Christa wird puterrot und reißt ihm ihre Hand fort. Wir andern brechen in ein verblüfftes Lachen aus.

«Warum hast du das denn bloß gemacht, Ede?» ruft Mutter verwundert.

«Nur so!» antwortet er ohne alle Verlegenheit. «Irgend etwas muß man doch tun, und mir war grade so! Man wird ja verrückt vor lauter Warten!»

Nach diesen abgerissen hervorgestoßenen Sätzchen stellt er sich neben mich und haut mich mit der geballten Faust auf den Bizeps. Alle Vorbedingungen für die schönste Keilerei sind gegeben, aber . . .

Aber da erscheint endlich Minna! Ich finde, ihr glatt an den Schädel geschmiertes Haar sieht nicht anders aus als sonst, darum hätte sie uns wirklich nicht so lange warten lassen müssen!

Mutter ruft: «Vater, wir sind soweit!» und fast augenblicklich ertönt das silberne Bimmeln eines kleinen Glöckchens. Sofort nehmen wir Aufstellung, und zwar ist nach dem Alter anzutreten, was auch genau der Größe entspricht. Wir stehen hintereinander wie die Orgelpfeifen, nur die zu kurz geratene Minna zwischen Christa und der Mutter stört . . .

Die Tür zum Bescherungszimmer fliegt auf, eine strahlende Helligkeit begrüßt uns. Geführt von Ede rücken wir im Gänsemarsch ein. Vater, am Flügel sitzend, sieht uns mit einem glücklichen Lächeln entgegen.

Nach geheiligtem Gesetz dürfen wir weder rechts noch links schauen, wir haben schnurstracks auf den Baum loszumarschieren und vor ihm Aufstellung zu nehmen, nach dem Satz: erst kommt die Pflicht, dann das Vergnügen. Die Pflichterfüllung aber besteht darin, daß Vater nach einem kurzen Vorspiel das Lied «Stille Nacht, heilige Nacht» spielt, nun setzen wir ein, und es wird gesungen. Das heißt, wir sind natürlich nicht wir, ich brumme nur so mit, und auch das gebe ich gleich wieder auf: die klettern ja auf alle Gipfel!

Unterdes mustere ich den Baum. Jawohl, es ist doch wieder ein Weihnachtsbaum geworden, wie er sein soll, vom Fußboden bis zur Decke. Vater hat uns also doch wieder reingelegt, denn diesen Baum hat er bestimmt nicht erst in der letzten Stunde gekauft! Wo er ihn nur so lange versteckt haben mag?! Im nächsten Jahre falle ich aber bestimmt nicht wieder darauf rein!

Der Baum trägt all den bunten Schmuck, den wir seit unsern frühesten Kindertagen kennen, Gold und Silber, bunte Papierketten, allerlei geometrische Figuren in Rhombengestalt, Vielecke, bei denen jede Seite anders bunt ist, Erzeugnisse unserer Pappklebereien an langen Winterabenden. Dazu uralter wächserner Schmuck noch aus Vaters Elternhaus, zart bemalte Engelchen und vor allem ein Kanarienvogel in grünem Ring, den Mutter jedes Jahr von neuem verbannt wissen will, denn es fehlt ihm die ganze Hinterfront. Aber Vater besteht mit uns Kindern auf seiner Anwesenheit, er gehört zu unsern Weihnachten. Dazu aber trägt der Baum in Fülle bunte Zuckerringe und Brezeln, schwarze Schokoladenfiguren, vergoldete Nüsse. Siehe da, nichts ist vergessen, auch die traditionellen Knallbonbons entdecke ich, mit denen wir bei der Baumplünderung Silvesterabend das neue Jahr einschießen werden!

Der Gesang ist beendet, Vater tritt in unsern Kreis und sagt ermunternd: «Nun los, Ede, nur Mut!»

Und Ede fängt nach kurzem Räuspern an, sein Weihnachtsgedicht aufzusagen. Es dauert nicht lange, und nun bin ich daran. Mein Teil ist die Weihnachtsgeschichte: «Es begab sich aber zu der Zeit, daß ein Gebot von dem Kaiser Augustus ausging, daß alle Welt geschätzet würde . . .» Ich weiß eigentlich gar nicht, wieso gerade ich immer dazu kam, an der Weihnachtsgeschichte kleben zu bleiben, die andern hatten es mit ihren kürzeren Verschen viel bequemer. Die Annahme, daß meine Eltern schon damals erkannt hatten, ich eigne mich mehr für Prosa als für Lyrik, scheint mir doch etwas gewagt.

Ich erledigte meine Geschichte glatt, und nun sind die Schwestern dran. Gottlob gibt es auch bei ihnen keine Schwierigkeiten. Einmal nämlich war Fiete zu faul gewesen, ein Weihnachtsgedicht zu lernen, und hatte einfach das letzte in der Schule gelernte Gedicht als Ersatz geliefert. Es war das schöne Bürgersche «Lenore fuhr ums Morgenrot», worunter ich mir damals Lenore auf dem Wagen des Sonnengottes um das Morgenrot herumfahrend dachte. Aber so schön dies Gedicht auch sein mochte, es hatte einige Erregung, Tränen, Verzögerung der Bescherung gegeben . . . Gottlob war Heiliger Abend, an dem alles verziehen und vergeben wird!

Während die Schwestern aufsagen, schiele ich doch schon nach den Tischen. Ich möchte doch wenigstens sehen, wo mein Tisch steht, damit ich ihn nachher gleich finde. Im vorigen Jahr stand er beim Ofen. Aber beim ersten Umherschauen blendet mich eine solche Fülle von weißen Tischtüchern, Kerzchen, Bücherreihen, bunt lackiertem Zeug auf jedem Tisch, daß ich überhaupt keine Einzelheiten sehe. Und schon ist Vater hinter mir, dreht meinen Kopf wieder zum Baum und flüstert: «Willst du wohl mal nicht schielen! Alle Geschenke fliegen fort, wenn du schielst!»

Das glaubte ich nun freilich nicht mehr, aber es schien mir doch weise, Vaters Aufforderung zu folgen.

Gottlob ist Itzenplitz jetzt endlich auch fertig. Was hat sie eigentlich aufgesagt? Ich habe kein Wort gehört! Nun gehen wir bei allen umher, allen wünschen wir ein Fröhliches Weihnachtsfest, von den Eltern bekommen wir einen Kuß, und nun ertönt endlich, endlich, endlich der Ruf: «Und jetzt sucht sich jeder seinen Tisch!»

Einen Augenblick Verwirrung, Durcheinanderlaufen — und Stille! Tiefe Stille!

Jeder steht fast atemlos vor seinem Tisch. Noch wird nichts angefaßt, nur geschaut. Also, da ist er nun wirklich, der lang ersehnte Anker-Brückenbaukasten. Endlich werde ich Cäsar seine Brücke über den Rhein schlagen lassen können. Und da steht Hagenbecks «Leben mit meinen Tieren». Und daneben, wahrhaftig! ein Nansen, mein erster Nansen! Gott, ich werde zu lesen haben in diesen Weihnachtstagen . . . Und da, in runden Holzschachteln, römische Legionen, Germanen und wirklich auch griechische Streitwagen! Ich werde eine Schlacht schlagen können —! Ich atme tief auf! Gott, ist das alles schön! Sie sind alle so gut zu mir, und ich bin oft so ruppig! Aber von jetzt an wird alles ganz anders werden, ich will ihnen nur noch Freude machen! Und aufgeregt fange ich an, die Bleisoldaten Schicht für Schicht aus den Schachteln zu nehmen . . .

Die Stille im Bescherungszimmer ist einem freudigen Lärm gewichen, überall wird gezeigt, gerufen . . . Schon wird hin und her gelaufen, die Schwestern haben einen ersten Überblick gewonnen und sind nun neugierig . . . Vater und Mutter lassen sich bald an diesem, bald an jenem Tische sehen. Mutter besteht darauf, daß wir auch das «Nützliche» würdigen: neue Unterhosen oder einen Anzug. Aber das Nützliche ist uns egal, Unterhosen hätten wir sowieso haben müssen, Unterhosen sind nicht Weihnachten, aber Bleisoldaten sind es! Ein bunter Teller ist es, der überquillt von Süßigkeiten. Mit scharfem Blick mustere ich die Anzahl der Apfelsinen und Mandarinen auf dem Teller. Es sind beruhigend wenig, die Hauptsache besteht aus guter solider Leckerei zum Magenverderben. Und als Reserve ist da immer noch der Weihnachtsbaum mit seinem Behang. Es ist zwar verboten, an seine Süßigkeiten vor Silvester, vor der Plünderung zu gehen, aber jedes Stück kennt Vater doch nicht, und in der Weihnachtszeit sind alle Verbote gelockert.

Das Ergebnis war regelmäßig, da die Geschwister ebenso dachten, daß am Silvesterabend die Vorderseite des Baums einen freilich nur spärlichen Paradebehang aufwies. Die Rückseite aber war ratzekahl. Worüber sich Vater ebenso regelmäßig ärgerte, aber nur mäßig, nur weihnachtlich.

Plötzlich tönt ein verzweifeltes Schluchzen durch den Raum. Wir alle fahren hoch und starren. Es ist Christa, die zum erstenmal das Weihnachtsfest fern dem elterlichen Haus verlebt. Der Kummer und die Freude im Verein haben sie überwältigt . . .

«Ach, ich bin ja so unglücklich! Ach, wenn ich doch zu Haus sein könnte! Ach, Frau Rat, Sie meinen es ja so gut, und die Nachthemden sind viel zu schön für mich, aber wenn ich sie doch nur für fünf Minuten meiner Mutter zeigen könnte! Ach, ich habe ja alles gar nicht verdient! Nein, ich habe es nicht, Frau Rat! Den Saucenrest in der letzten Woche, den Frau Rat so gesucht hat, den habe ich genascht! Und zwei Kalbsbratenscheiben habe ich auch gegessen! Aber sonst nichts, sonst bestimmt nichts! Und nun soll ich wirklich das schöne Nachthemd anziehen — nein, ich bin ja so unglücklich!»

Das Schluchzen verlor sich in der Ferne, Mutter führte die Gebrochene in stillere, für Beichten geeignetere Räume ab.

Haben wir nun alles gesehen? Können wir nun anfangen mit Spielen und Naschen und Lesen? Nein, denn nun fängt die Bescherung noch einmal an! Wir haben ja so viele Tanten und Onkel: was die sich zum Weihnachtsfest für uns ausgedacht haben, liegt noch säuberlich verpackt in Paketen, wie sie der Postbote brachte, unter Vaters Schreibtisch. Wir versammeln uns um Vater, auch Mutter ist wieder da, die Mädchen sind in der Küche und legen die letzte Hand an das Abendessen, es fängt nun an die Bescherung nach der Bescherung, die Festfreude in der Festfreude.

Aber das geht nicht so schnell, denn bei Vater muß alles ordentlich zugehen, mit Bedächtigkeit. Er nimmt das erste Paket, er verkündet: «Von Tante Hermine und Onkel Peter», und vorsichtig fängt er an, den Bindfaden aufzuknoten. In diesem Hause darf nie ein Bindfaden aufgeschnitten werden, alles wird verknüppert, und sei es aus noch so vielen Enden gestückt, mit dicken Knoten verunziert. Zappelig sehen wir Kinder zu. Der Knoten will ja gar nicht aufgehen. Aber Vater hat die Ruhe, wenn wir sie nicht haben. Kunstvoll schlingt er jetzt aus dem abgelösten Bindfaden ein Gebilde, das wir den «Rettungsring» nennen. «Ede, den Bindfadenkasten», ruft Vater, und Ede trägt ihn herzu. Der Rettungsring wird zu andern schon gesammelten gelegt, bereit zur nächsten Benutzung. Das Packpapier wird methodisch zusammengelegt — und der darunter sichtbare Karton ist noch einmal verschnürt!

Wir Kinder verzweifeln fast vor Ungeduld. Nochmaliges Knüppern und Zusammenrollen. Nun aber wird der Deckel vom Karton abgenommen — und auf dem weißen, alles verhüllenden Seidenpapier liegt der Weihnachtsbrief.

Ein nochmaliger langer Aufenthalt, erst wird der Brief vorgelesen, ehe das Paket ausgepackt wird. Und manche Briefe sind sehr lang, fast ebenso lang wie langweilig, finden wenigstens wir Kinder.

Aber endlich ist es dann soweit. Es wird ausgepackt, es wird verteilt. Die einen freuen sich, die andern versuchen, ihre Enttäuschung zu verbergen. Es ist oft nicht leicht für die Onkel und Tanten, das Rechte zu treffen. Die uns länger nicht besucht haben, halten uns noch für die reinen Babies, sie haben keine Ahnung, wie wir zugenommen haben an Weisheit und Verstand . . .

Der leere Karton wird beiseite gesetzt, die Geschenke zu den Tischen getragen, und nun kommt ein neuer Karton an die Reihe.

«Von Onkel Albert!» verkündet der Vater.

So geht es langsam durch zehn oder zwölf Pakete, unsere Geduld wird auf eine harte Probe gestellt. Aber vielleicht ist es grade das, was Vater mit dieser übertriebenen Langsamkeit erreichen will: wir sollen warten lernen. «Kinder dürfen nicht gierig sein!» Dies war ein Fundamentalsatz unserer Erziehung. (Ich dachte damals oft, wenn ich ihn hörte: also dürfen die großen Leute gierig sein? Die haben's aber gut!) «Sei bloß nicht so gierig», diese Mahnung ist mir hundert-, tausendmal in meiner Jugend zugerufen worden.

Aber die Gierigste von uns allen war unbestreitbar unsere Schwester Fiete. Vor allem konnte sie sich nie vor Kuchen und süßen Speisen bezähmen. Wenn Mutter sie auf irgendeinen Besuch mitnahm, so gierte Fiete ewig nach dem Kuchen, und wenn sie nicht reden durfte, so bettelten ihre Augen so deutlich, daß sich jede Gastgeberin ihrer erbarmte.

Mutter war ganz verzweifelt darüber und beschloß, daß endlich ein Exempel statuiert werden müsse. Das Gieren müsse ein Ende nehmen. Also verabredete sie mit der nächsten Gastgeberin, bei der sie mit Fiete auftauchen wollte, daß Fiete unter keinen Umständen ein Stück Kuchen haben sollte. Sie müsse einsehen lernen, daß es auch einmal so gehe.

Auf dem Hinweg wurde Fiete wiederum eingeschärft, daß sie nicht betteln dürfe, keine Blicke zu werfen habe, daß sie ruhig sitzen solle, kurzum, daß sie musterhaft artig zu sein habe.

Es ging alles auch wunderbar, Fiete bekam keinen Kuchen und gierte doch nicht. Man stand auf, man sagte einander Lebewohl, man stand schon an der Tür, da machte Fiete kehrt, lief an den Kaffeetisch, pflanzte alle fünf Finger in die Torte und rief: «Adieu, Kuchen!»

Soviel über das Abgewöhnen kindlichen Gierens.

Schließlich ging auch das Pakete-Auspacken zu Ende. Unsere Tische konnten schon alle Geschenke nicht mehr fassen, sie wurden schon darunter gesetzt, und ganz ehrlich seufzte ich einmal: «Es ist ja alles viel zuviel!» Meine Eltern seufzten auch und dachten dasselbe. Es kam eben durch die ausgebreitete, geschenkfreudige Verwandtschaft. Die Eltern waren gar nicht für die übertriebene Schenkerei, sie hielten sich in ganz bestimmten Grenzen. Für jedes Kind hatte Vater eine Summe ausgeworfen, die Mutter bei ihren Einkäufen nicht überschreiten sollte, darauf sah Vater sehr.

Diese kleine Pedanterie Vaters hat einmal meinem Bruder Ede und mir ein ganzes Weihnachtsfest verdorben. Das kam so: Ich hatte mich dem Drama zugewendet und hatte mir ein Puppentheater gewünscht, mit der Dekoration zum Freischütz. Schon lange, ehe Weihnachten war, hatte ich mir ausgedacht, wie wunderbar ich die Wolfsschlucht ausstatten wollte. Der Mond sollte transparent gemacht werden und mittels einer hinter ihm angebrachten Kerze richtig scheinen, auch war bereits im voraus Magnesium für Blitze beschafft. Ede hatte sich Bleifiguren zum Robinson Crusoe gewünscht.

Schon beim Aufsagen der Gedichte hatte ich die ragende Proszeniumsumwand des Puppentheaters entdeckt, mein Herz war freudig bewegt. Sobald wir das «Aufsagen» hinter uns hatten, stürzte ich zu «meinem Theater». Jawohl, da war es, und grade die Dekoration zur Wolfsschlucht war aufgestellt. Ich betrachtete sie, starr vor Entzücken, sie übertraf alle meine Erwartungen!

Da aber war Vater hinter mir und sagte: «Nein, Hans, das ist nicht dein Tisch. Das ist Edes Tisch! Du bekommst den Robinson Crusoe!» Und als er mein bestürztes Gesicht sah, setzte er erklärend hinzu: «Sieh mal, Hans, du bist beim letzten Weihnachtsfest ein bißchen zu gut weggekommen und der Ede zu schlecht. Das Puppentheater ist viel teurer als die Bleifiguren, das muß also Ede bekommen . . .»

Und er führte mich von der Wolfsschlucht fort zu dem albernen Robinson.

Wie gesagt, ein völlig verdorbenes Fest! Wir Brüder konnten schlecht unsere Enttäuschung verbergen, wollten es wohl auch gar nicht und rührten unsere Geschenke überhaupt nicht an. Dafür schielten wir um so intensiver zum Tisch des andern. Mein guter Vater sah das wohl und fing an, sich erst gelinde, dann kräftig zu ärgern. Ein paar energische Scheltworte konnten unsere Festfreude auch nicht heben. Schließlich bekamen wir den dienstlichen Befehl, gefälligst nicht zu maulen, sondern mit unsern Geschenken zu spielen. Wir taten es mit so herausfordernder Lieblosigkeit, daß Vater uns zornentbrannt ins Bett steckte. Manchmal verlor eben auch er die Geduld — und hatte nun auch sein verdorbenes Fest!

Oft bin ich später gefragt worden, warum wir Brüder die Geschenke nicht einfach nach dem Fest untereinander austauschten. Aber wer so fragt, kennt unsern Vater nicht. Grade weil wir am Festabend gemuckst und getrotzt hatten, sah er darauf und kontrollierte es auch, daß nach seinem Befehl gehandelt wurde. So gütig und geduldig er auch war, so empfindlich war er doch auch gegen jede Auflehnung, und wo er gar etwas wie Gehorsamsverweigerung spürte, wurde er unerbittlich. Gehorsam mußte sein, das war ein Grundsatz bei ihm, an dem nicht gerüttelt werden durfte.

In solchen Fällen war er dann auch taub gegen alle Fürbitten der Mutter, die nach Frauenart nicht viel von Prinzipien hielt, sondern lebensklüger vom einzelnen Fall ausging. Für Vater war die Sache sehr einfach: ich hatte das vorige Mal zu viel bekommen, also bekam ich jetzt wenig, das mußte der Dümmste verstehen. Auf den Gedanken, daß es uns Kindern ganz gleich war, wieviel Geld ein Geschenk kostete, ist er leider nicht gekommen. Für Ede war das teuere Puppentheater nicht eine Mark wert, der Robinson aber viele hunderte, wenn man Freude überhaupt in Geld ausdrücken kann . . .

Es waren dies eben die Schattenseiten von Vaters großer Sparsamkeit und Genauigkeit. So kraß wie in diesem einen Falle haben wir sie freilich sonst nie zu fühlen bekommen. Aber ich weiß doch noch, daß es manchmal kleine Differenzen zwischen Vater und Mutter wegen des Haushaltsgeldes gab. Mutter war mit den Jahren eine wahre Künstlerin geworden, sich «einzurichten». Aber Vater hatte sich einen Jahresvoranschlag gemacht, in dem alles bis auf das kleinste berücksichtigt war, im Monat war soundso viel vom Gehalt zurückzulegen. Jede Nachforderung zwang ihn nun, seine Pläne umzustoßen, zur Bank zu gehen, vom «Ersparten» etwas abzuheben, alles Dinge, die ihn aufs äußerste beunruhigten. «Wir wollen doch vorwärtskommen», klagte er dann.

Wenn Mutter dann antwortete, so müßten wir eben auf Logierbesuch verzichten, blieb er dabei, es müsse sich doch einrichten lassen, wo sechs satt würden, fänden auch sieben ihr Brot, ein Satz, dessen Richtigkeit jede Hausfrau bezweifelt.

Wahrscheinlich infolge dieser genauen Rechnerei von Vater hatte sich bei uns Kindern der Mythos gebildet, Vater habe seit unserer Geburt jeden Pfennig für jedes einzelne von uns angeschrieben, und wer mehr als die andern bekommen habe, dem werde das dermaleinst vom Erbteil abgezogen. Dieses sagenhafte Kontobuch spielte in den Gesprächen und Gedanken von uns Kindern eine große Rolle. Es hatte aber sein Gutes: wir wurden nie neidisch aufeinander. Bekam Fiete ein neues Kleid und paradierte damit vor Itzenplitz, so sagte die nur wegwerfend: «Das wird dir ja doch von deinem Erbteil abgezogen!»

Fiete antwortete dann zwar: «Na laß doch! Das ist ja noch so lange hin!» aber es dämpfte doch den Stolz.

Natürlich hat dies sagenhafte Kontobuch nie existiert, trotzdem wir noch als große Menschen ein ganz klein bißchen daran glaubten und uns bei Vaters Tode danach umsahen. Vater hatte ganz im Gegenteil verfügt, daß wir Geschwister ganz gleichmäßig erben sollten, ohne Rücksicht darauf, was eines «vorweg» empfangen hätte. Aber an sich glaube ich noch heute: hätte Vater nur die nötige Zeit gehabt, er hätte ein solches Buch schon führen können. Er war dazu sehr wohl imstande. Nicht um uns am Ende Mehrsummen abzuziehen, sondern um der Gerechtigkeit willen. Keines von seinen Kindern sollte je denken, es habe etwas vor den andern voraus. —

Doch war dieses gar zu ausgerechnete Weihnachtsfest eine einzige Ausnahme unter vielen, vielen durch nichts getrübten. Wenn wir dann fertig beschert und ausgepackt hatten, ging es zum Essen. Wir Kinder freilich folgten an diesem Abend nur ungern dem Ruf zu Tisch, wir hätten viel lieber weiter mit unsern Spielsachen gespielt und unsern Hunger von den bunten Tellern gestillt.

Aber das wurde natürlich nicht geduldet. In weiser Voraussicht gab es am Heiligen Abend stets Heringssalat, Mutter meinte, vor soviel Süßigkeiten sei etwas Saures das Beste! Schließlich aßen wir doch alle mit gesundem Appetit von den vielen schönen Sachen, und die Begeisterung schlug hohe Wellen. Immerzu wurde davon gesprochen, was jeder von seinen Geschenken besonders mochte, ein Kind ließ kaum das andere zu Worte kommen, jedes wollte den Eltern etwas von seiner Freude erzählen.

Aber vor allem wurde Vater gefragt, was denn nun seine Rätsel zu bedeuten hätten, ich hatte die Lösung des meinen auf dem Tisch nicht finden können und bildete mir nun ein, Vater habe noch ein besonderes Geschenk in der Hinterhand.

«Das ist doch so leicht, Hans», sagte Vater. «Deine Zinnsoldaten sind eckig, aber die Schachtel um sie ist rund. Sie ist auch leicht, und die Soldaten sind schwer. Römische Legionäre hat es vor tausend Jahren gegeben, und doch besitzt du sie heute. — Na, das zu raten war doch wirklich kein Kunststück, Hans!»

Und das fand ich nun auch.

Dann kam noch der lange Abend, an dem wir bis zehn aufbleiben durften. Während wir uns mit unsern Sachen abgaben — Itzenplitz las natürlich schon, als müsse sie ihre sämtlichen Bücher noch an diesem Weihnachtsabend durchrasen — saß Vater am Flügel und spielte einiges von den neuen Noten durch, die Mutter ihm geschenkt hatte. Mutter aber erschien nur zu kurzen Besuchen im Bescherungszimmer, denn in der Küche wurde noch gewaltig gearbeitet. Die weihnachtliche Gans für den nächsten Tag wurde vorbereitet und überhaupt so viel wie möglich vorgekocht, denn die Mädchen sollten es in den beiden nächsten Tagen auch leichter haben.

Dann ging es ins Bett. Bücher mitzunehmen war verboten, aber irgendein besonders geliebtes Spielzeug durfte sich jedes auf den Stuhl vor seinem Bett stellen. Und dann das Erwachen am nächsten

169

Morgen! Dies Gefühl, aufzuwachen und zu wissen: heute ist wirklich Weihnachten. Wovon wir seit einem Vierteljahr geredet, auf was wir so lange schon gehofft hatten, nun war es wirklich da!

Noch im Hemd schlich man in die Weihnachtsstube, aber so früh man auch kam, meistens war schon ein anderes da. Da saß man denn, fror ein bißchen (denn es war noch nicht geheizt) und betrachtete mit ruhigem Besitzerstolz die neuen Schätze. Dazu wurde von den Tellern genascht; war man aber ganz schamlos, schlich man auch schon an die Rückseite des Baumes und schonte die eigenen Vorräte.

Am Vormittag dann ging das Besuchen los. Alle Jungen besuchten einander, alle Mädchen besuchten einander, es war ein ständiges Kommen und Gehen, ein ohrenbetäubendes Geschnatter. Offiziell erfolgten diese Besuche, um einander ein frohes Fest zu wünschen, in Wirklichkeit wurden die Geschenke angesehen, verglichen, gebilligt oder verworfen.

Der arme Vater aber war ohne bleibende Stätte. Er trug es mit Sanftmut und sah nur selten und kurz in seine Akten. Der zweite Weihnachtstag verlief schon nicht mehr ganz so ungetrübt, denn der Vormittag mußte den ersten Dankbriefen gewidmet werden. «Man kann nicht früh genug damit anfangen», sagte Vater mahnend. «Sie haben euch ja pünktlich zum Weihnachtsfest die Pakete gesandt, nun dankt ihnen auch pünktlich und wünscht ihnen Glück zum neuen Jahr!»

Diese Dankbriefe waren eine schreckliche Quälerei. Wir erfuhren es wieder einmal, daß es kein ganz reines Glück auf Erden gebe; zehn bis zwölf Pakete bekommen zu haben, war sehr angenehm gewesen, aber nun bedeutet das für jeden von uns zehn bis zwölf Dankbriefe! Ich entwickelte hohe Fähigkeiten, meine Buchstaben sehr groß zu schreiben. Auch schrieb ich der ganzen Verwandtschaft den gleichen Brief, immer von der Besorgnis erfüllt, sie könnten es doch merken. Ich hatte so eine Idee, die Onkel und Tanten tauschten diese wertvollen Schriftstücke untereinander aus!

Mutter

Ob einer eine glückliche oder traurige Kindheit erlebt, liegt nicht immer nur an ihm allein. Hier ist nicht jeder seines Glückes Schmied. Eltern und Umwelt können viel dazutun und davon wegnehmen. Bei mir waren alle Vorbedingungen für die glücklichste Jugendzeit gegeben: ich hatte die liebevollsten Eltern von der Welt, gutartige Geschwister, und ich war doch ein griesgrämiger verstimmter Bengel, der sich gerne absonderte. Das lag an mir allein. Mutter aber, die einen sanften und freundlichen Charakter hatte, wäre für eine schöne Kindheit vorausbestimmt gewesen und hatte sie doch nie. Aber das lag nicht an ihr, das lag an ihrem Pflegevater!

Ich habe es schon erzählt, daß Großmutter nach dem Tode ihres Mannes meine Mutter aus dem Hause geben mußte. Sie kam zu Onkel Pfeifer, der ein Witwer war, er hatte einmal eine Schwester Großmutters geheiratet. Eine andere, unverheiratet gebliebene Schwester von Großmutter führte nun dem Witwer den Haushalt. Onkel Pfeifer — er wurde bei uns nie anders genannt, ich weiß heute noch nicht seinen Vornamen — war kein schlechter Mann, aber er war ein launischer Mann, und das ist fast ebenso schlimm. Er hatte nie Kinder gehabt, er hatte auch keine Vorliebe für Kinder — und das ist fast noch schlimmer. Er war aber auch seit vielen Jahren und Jahrzehnten Notar und Justizrat in dem kleinen Landstädtchen, er kannte alles und alle, er wußte alle Geheimnisse, und so beherrschte er alle — und das war das Allerschlimmste!

Im Grunde habe ich den Eindruck, daß der Onkel Pfeifer — ich habe ihn noch persönlich kennengelernt — gar kein schlimmer Mensch war. Im Grunde ist er wohl sogar eine Mimose gewesen, aber er hat sich sein Leben lang mit Drachenblut ernährt, und eine mit Drachenblut ernährte Mimose ist etwas Fürchterliches! Er war immer beleidigt und verstand nie, daß andere beleidigt sein konnten. Er redete allen in alles hinein — vertrug aber nicht die geringste Einmischung in seine eigenen Angelegenheiten. Er hatte das Beste, und er wußte alles — aber die andern hatten nichts, wußten nichts, konnten nichts! Er liebte es, sich Späßchen mit andern zu erlauben, und recht derbe oft dazu — war aber ohne allen Humor, wenn nur der kleinste Spaß mit ihm gemacht wurde. Er war nachtragend auf Jahre hinaus — verachtete aber andere, die nicht sofort bereit waren, zu vergeben und zu vergessen. Er hielt die Italiener für ein entartetes Volk, weil sie Tomaten aßen und noch dazu roh! Er war der Ansicht, daß Stiefeletten mit Gummizug die einzige anständige Fußbekleidung für Herren seien — kurz, er war ein Menschenalter hindurch nicht aus seinem verschollenen Städtchen herausgekommen. Er war der Nabel der Welt, leider ein zu Entzündungen neigender Nabel. Und, wie gesagt, eine mit Drachenblut genährte Mimose — ich finde keinen besseren Vergleich.

Und nun wurde er noch Pflegevater von Mutter. Er nahm sie, die damals acht Jahre alt war, bei der Hand und führte die Verschüchterte, Verängstigte, vom Tode ihres Vaters und von der Trennung von Mutter und Geschwistern noch Mitgenommene an der Hand durch die Stadt zu der Höheren Töchterschule von Fräulein Mittenzwey. Er brachte sie während des Unterrichts in die vollbesetzte Klasse und sprach: «Hier habt ihr das kleine Gewackel!»

Dann ging er, sich den Bauch vor Lachen haltend. Meine Mutter freilich lachte nicht, sondern weinte, denn die Klasse begrüßte sie mit Hallo! Diese Neue hatte sofort ihren Spitznamen weg, noch nach Jahren mußte sie oft wegwerfend hören: «Ach, du bist nur das kleine Gewackel!»

Der Onkel ging heim oder auf sein Büro, was weiß ich, und weil ihm ein Scherz so gut gelungen war, versuchte er es gleich mit einem zweiten. Er hielt ein altes, ihm wohlbekanntes Fräulein an und flüsterte ihm zu: «Fräulein Kirchhoff, die Jacke, die Sie da anhaben, ist aber gestohlen! Die kenn' ich! In zehn Minuten ist sie auf meinem Büro!»

Und er machte, daß er weiterkam, wieder sich vor Lachen schüttelnd. Jetzt begnügte er sich damit, erst einmal hinter jedem jungen weiblichen Wesen zu flüstern: «Fräulein, es blitzt!», was immer einen

171

kleinen Schreckensschrei zur Folge hatte. Denn damals trugen die Damen noch lange Röcke, die hinten zugemacht wurden. Manchmal sprangen die Knöpfe auf oder waren nicht ordentlich geschlossen, dann «blitzte» der weiße Unterrock durch.

Kurz vor seinem Büro ging der Onkel dann noch in eine Weinhandlung und bestellte auf Rechnung von Herrn Stadtrat Bösicke, zu dem er für diesen Abend eingeladen war, zwanzig Flaschen vom besten Burgunder. Denn Herr Bösicke war bekannt dafür, daß er seinen Gästen nur mäßige Weine zu trinken gab, und der Onkel meinte, der Stadtrat werde ihm dankbar für den Hinweis sein, daß seine Gäste auch Besseres zu schätzen wußten. Aber darin irrte der Onkel . . .

Dann verschwand Herr Notar Pfeifer auf seinem Büro und herrschte tyrannisch über seine Klienten, die genau das zu tun hatten, was er wollte, sonst führte er ihre Prozesse schlecht. Und er war mit den Klienten böse, wenn sie nicht folgsam waren, und er war mit den Richtern böse, wenn ihr Urteilsspruch anders ausfiel, als er erwartete, und er war mit der Tante böse, wenn Fleisch auf den Tisch kam und er hatte sich auf Fisch gefreut (in der ganzen Stadt gab es an dem Tage keine Fische, aber das war ihm egal, er war doch böse!). Und mit Mutter war er überhaupt immer böse . . .

Es war wirklich seltsam, daß dieser Mann bei alledem ein ausgesprochen gutherziger Mann war, er war bloß von einer krankhaften Empfindlichkeit. Er lernte meine Mutter aufrichtig lieben, er tat alles für sie, was man für Kinder tun kann — natürlich nach seinem Kopf! —, aber er war der Alpdruck ihrer ganzen Kinderjahre, er machte ihr das Leben zur Hölle. Mutter hatte immer Angst vor ihm, sie wußte nie, was Onkel übelnahm und was ihm gefallen würde (er wußte es ja selbst nicht!). Sie hatte ein kleines liebebedürftiges Herz, sie sehnte sich nach ihrer immer freundlichen Mutter, nach den Geschwistern — aber schon daß sie sich sehnte, daß sie Heimweh hatte, war schon wieder eine Beleidigung! Der Onkel und sein Haus waren hundertmal besser als die jämmerliche Rübekuhle zu Celle, in der die Großmutter nun wohnte — was hatte sie sich da zu sehnen!

Mutter versuchte es mit Freundinnen — aber das hatte auch bald ein Ende. Mutter sagte: «Onkel, ich bin zu Gustchen Fröbel eingeladen. Darf ich nicht mal ohne Schürze zur Gesellschaft gehen? Alle andern Kinder haben keine um!»

Worauf der Onkel sagte: «Liebes Kind, ich würde es dir ja gerne erlauben, aber es wäre gegen mein Prinzip. Meine Mutter hat auch immer eine Schürze umgehabt — und was soll überhaupt die ganze Besucherei?! Einladen in mein Haus darfst du die Kinder doch nicht. Du bist schon allein laut genug und machst alles kaputt, und überhaupt ist es bei uns am allerschönsten!»

Mutter hätte ja nun die Schürze bei Fröbels heimlich abbinden können, aber das wagte sie nicht. Im Städtchen kam immer alles herum, und außerdem war der Onkel sehr wohl imstande, plötzlich als Revisor auf der Kindergesellschaft zu erscheinen! So ging sie nur selten zu den andern, und bald, als das große Unglück passiert war,

172

hörte es mit allen Besuchen und mit allen Spielen bei andern Kindern überhaupt auf.

Das große Unglück aber kam so: Mutter war in allen Schulfächern die Erste, nur im Turnen war sie ein völliger Versager. Das wußten ihre Mitschülerinnen sehr wohl, und als Mutter bei einer Kindergesellschaft «dran» war beim Pfänderspiel, war für sie ein Stuhl auf den Tisch gestellt und auf den Stuhl noch eine Fußbank. Mutter sollte diesen Turm ersteigen und von seiner Zinne ein Gedicht aufsagen. Sie klomm mit Zittern und Zagen, sie wußte, es würde schiefgehen, aber konnte sie sich weigern—?! Und schon ging es schief! Mutter stürzte mit ihrem Turm in einen großen Spiegel, der natürlich in Scherben ging. Sie zerschnitt sich das Gesicht, die Kinder schrien schrecklich, Große liefen herbei, hoben Mutter auf. Als sie sie aber näher betrachteten, sahen sie, daß Mutter nicht einmal im Gesicht am schlimmsten verletzt war, sondern daß eine Pulsader am Arm zerschnitten war.

Der Arm wurde notdürftig abgebunden, und es wurde zum Arzt geschickt. Alles zitterte, aber nicht so sehr um das Leben meiner Mutter als vor dem Zorn von Justizrat Pfeifer. Der Arzt — es gab nur einen — war über Land zu einer Geburt, er wurde erst spät zurückerwartet. Da Eile not tat, wurde ein mutiger Assessor ermittelt, der bei mancher Paukerei das Nähen von Schnittwunden gesehen und am eigenen Leibe erlebt hatte. Er nähte Mutters Wunde, mit einer richtigen Nähnadel und mit richtigem Zwirn, von Asepsis keine Spur! Natürlich eiterte jeder Faden prompt heraus, meine Mutter muß einiges an Schmerzen ausgestanden haben!

Aber das war nicht das Schlimmste. Das Schlimmste war der Onkel, der zur Strafe — was hatte die Unselige eigentlich verbrochen? — auf den Glockenschlag ein Vierteljahr lang nicht ein einziges Wort mit ihr sprach! Wie er aber mit den Gastgebern und dem so unbedacht hilfreichen Assessor abrechnete, entzieht sich — gottlob! — meiner Kenntnis! Aber abgerechnet hat er mit ihnen, das ist sicher!

So lebte denn Mutter ganz allein in dem großen Hause bei den beiden alten Leuten. Zum Glück war ein Garten dahinter, und wenn es auch nur ein sehr gebändigter Garten war, in dem sie nie vom Wege gehen, nie eine Blume abbrechen durfte, so gab er doch ein wenig Licht und das Gefühl größerer Freiheit. Nach vielem Betteln erreichte Mutter, daß ihr Tante ein Springseil schenkte, trotz vieler Bedenken wegen des Anstandes und der Wildheit. Das Springseil war Mutters ganze Freude, aber eines Tages war es verschwunden, irgendwie verlegt oder verloren!

Mutter bekam es nach endlosem, aber vergeblichem Suchen mit der Angst, sicher würde sie von dem Onkel oder der Tante nach dem Springseil gefragt werden — und wenn sie gestehen mußte, daß sie es verloren hatte, würden die Folgen fürchterlich sein! Trotzdem Mutter nie Geld haben durfte, besaß sie doch in aller Heimlichkeit einen Groschen, den ihr der Arzt wegen mutigen Verhaltens beim Zahnziehen geschenkt hatte. Nach schweren Kämpfen entschloß sich Mutter, so kühn zu sein und ein neues Seil zu kaufen. Sie schlich sich aus dem

Garten ins Städtchen, was natürlich streng verboten war, und verlangte beim Kaufmann ein Springseil.

Aber hier ergab sich eine neue Schwierigkeit. Es gab wohl Springseile, aber nur mit roten Griffen, und Mutter hatte doch eines mit grünen Griffen besessen! Mutter zögerte lange, aber schließlich entschloß sie sich: ein Springseil war besser als keines, und so kaufte sie es. Sie benutzte es nur vorsichtig und in einigem Abstand vom Hause, grade nur so, daß man von der Veranda noch sehen konnte, sie hatte eines, und kein Vorzeigen verlangte!

Aber nun geschah das Allerschrecklichste: Mutter fand ihr altes Seil mit den grünen Griffen wieder! Was sollte sie nun tun? Wie sollte sie dem gestrengen Onkel den Besitz von zwei Springseilen erklären? Mutter versuchte es mit dem Verstecken, aber kein Versteck erschien ihr sicher genug. Endlich entschloß sie sich, das verräterische Springseil aus der Welt zu schaffen, diesen Zeugen ihrer Schandtat zu ermorden oder vielmehr zu ertränken!

Wieder schlich sie in die Stadt und warf das Seil, als niemand in der Nähe war, in die Helde, ein Flüßchen, das die Stadt durchschleicht. Aber o Entsetzen! Das Seil ging nicht unter, das Seil schwamm! Wenn es nun aufgefischt wurde, wenn nach dem Verlierer gefahndet wurde, wenn der Polizist zum Onkel kam (Onkel hatte immer so viel mit dem Polizisten zu tun!), wenn der Onkel das Wort «Springseil» hörte, wenn er sie dazurief: sie würde sich ja beim ersten Worte schon verraten! Nächtelang schlief Mutter nicht vor Angst!

Vielleicht scheint es manchem Leser auf der einen Seite etwas töricht von meiner Mutter, nicht zu wissen, daß aus Hanf und Holz bestehende Seile schwimmen können, auf der andern Seite aber ein bißchen sehr findig, gleich an die Helde als Grabstätte des Seils zu denken. Darum sei gesagt, daß Mutter auf die besagte Helde von anderer Seite hingewiesen war, mit einem gewissen Nachdruck sogar, und daß sie dieses Flüßchen schon öfter in Gebrauch genommen hatte.

Zu den meiner Mutter völlig verhaßten Bräuchen des Hauses Pfeifer gehörte es auch, daß ihr jeden Morgen in die Schule eine trockene, möglichst altbackene Semmel mitgegeben wurde. Aus irgendwelchen Gründen, die mir völlig undurchsichtig sind, wurde das für ein besonders gesundes Frühstück gehalten – für die Jugend natürlich. Ich nehme an, der Onkel Pfeifer hat besser gefrühstückt. Mutter haßte diese trockenen Semmeln, sie waren zäh wie Schuhleder. In der Schule waren sie nicht loszuwerden, so brachte sie die Semmeln wieder nach Haus und versteckte sie oben auf ihrem Kleiderschrank. Jeden Tag kam eine neue hinzu, und mit der Zeit wurden es ziemlich viele. Mit der Zeit entdeckte sie auch die Tante und war entsetzt über diese Heimlichkeiten und solchen Ungehorsam!

Nach eingehender Beratung bekam Mutter nun diese uralten Dinger als Abendbrot, in Milch eingeweicht, was wieder außerordentlich gesund und bekömmlich war, meiner Mutter Neigung zu diesen Brötchen aber nicht vermehrte. Jeden Abend saß sie mit Tränen vor dem blauen Schüsselchen, in dem sie aufgeweicht waren, würgte und

174

schluckte und durfte doch nicht eher aufhören, bis sie aufgegessen waren.

Ein Gedanke allein tröstete die Mutter: die Semmeln mußten eines Tages alle sein. Das war nun freilich ein Fehlschluß, denn wie stand es mit dem Morgensemmeln in der Schule —? Die abendlichen Exerzitien hatten Mutters Vorliebe für diese Kost nicht gesteigert, sie mochte die Dinger weder trocken noch eingeweicht essen, wiederum brachte Mutter die Semmeln nach Haus. Da der Kleiderschrank versagt hatte, war sie auf die Suche nach einem neuen, ganz sicheren Versteck gegangen und hatte auch eines gefunden: sie legte die Semmeln in eine unbenutzte Kommodenschublade des Gastzimmers.

Aber eines Tages sollte die Unbenutzte doch benutzt werden, die Semmeln wurden wiederum entdeckt, und das Entsetzen über eine so hartnäckige Unfolgsamkeit war noch größer! Eine nie endende Schar blauer Milchschüsselchen winkte der Mutter, die Abendmahlzeiten waren völlig trostlos und der Widerwille gegen die Morgensemmeln ganz unüberwindlich. Aus eigener Kraft hätte sich Mutter aus dieser schrecklichen Lage nie befreien können, dazu war sie schon viel zu verängstigt. Aber da war ein altes mürrisches Wesen im Hause, fast stumm, das seit Urzeiten die Zimmer reinmachte, kochte, mit einem ausdruckslosen Holzgesicht alle Launen des Onkels ertrug und überhaupt eine noch etwas herbere Ausgabe unserer alten Minna gewesen zu sein scheint.

Dies alte Mädchen tat eines Tages, als selbst sie Hartgewöhnte den Jammer nicht mehr ansehen konnte, den Mund auf und sprach zu meiner Mutter: «Süh mal süh, Lowising! Wenn du zur Schule gehst, da mußt du doch über die Helde. Und wenn du was nicht essen kannst, so kuckst du übers Geländer. So sicher wie ein Kleiderschrank oder eine Kommode ist die Helde immer.»

Trotzdem dies Orakel etwas delphisch klang (was übrigens alle guten Orakel tun müssen), verstand Mutter den Rat, und es gab von nun an keine trockenen Frühstückssemmeln mehr. Und später, wie schon berichtet, war eine Zuflucht für Springseile mit falschen Handgriffen schon bekannt.

Mutter erinnert sich, in ihrer ganzen Kinderzeit nur noch einmal Geld besessen zu haben, wahrscheinlich von einem Ferienbesuch in der Rübekuhle her, und zwar die stattliche Summe von fünf Pfennigen. Tagelang beschäftigte sie der Gedanke, wie sie dieses Kapital anlegen sollte, denn es mußte rasch aus dem Hause, soviel war klar. Wurde es bei ihr gefunden, so gab es nicht nur ein Strafgericht für sie, sondern auch einen strengen Brief an die Mutter in der Rübekuhle, und das durfte nie geschehen!

Nach langem Schwanken entschloß sich Mutter für einen Windbeutel, ein mit Schlagsahne gefülltes Gebäck, das in jenen guten Zeiten noch für fünf Pfennige zu erwerben war. Kaum ward dieser Entschluß gefaßt, so wurde auch die Sehnsucht nach dem Windbeutel übermächtig in Mutter. Schnell huschte sie zum Bäcker, kaufte den Windbeutel, war auch schon wieder im Garten, versteckte sich hinter den Stachelbeeren und aß ihn auf.

Wie er ihr geschmeckt hat, dessen erinnert sich Mutter nicht mehr, aber das weiß sie noch genau, daß sie viele Wochen hindurch in einer ständigen Angst lebte, ihre Schandtat könne ans Licht kommen. Sie war so unbesonnen gewesen, zum Bäcker der Familie zu gehen, und wenn sie nun mit Onkel und Tante beim Spaziergang am Laden vorüberkam und der Bäcker grüßte höflich und wechselte wohl auch ein paar Worte mit dem allmächtigen Justizrat, so las sie schon immer die Frage auf seinen Lippen: «Nun, Lowise, wie hat dir denn mein Windbeutel geschmeckt?»

Diese Spaziergänge mit Onkel und Tante waren etwas ganz Fürchterliches. Meist ging der Onkel voran, gemessenen Schrittes, denn er war klein und recht rundlichen Leibes. An seiner Rockklappe trug er einen Knipser, mit dem er seinen Panamahut, sobald die letzten Häuser der Stadt vorüberwaren, vor der Brust hängend festknipste. Der Onkel hatte dazu ein — leicht schwitzendes — Löwenhaupt mit einer gewaltigen grauen Mähne. Mit dröhnender Stimme sprach er fast jeden Vorübergehenden an und sagte ihm etwas, meist nichts Angenehmes.

Ihm folgten seine beiden kleinen Weiblein. Kamen sie in die Nähe der kleinen Badeanstalt, so fragte der Onkel, der stark kurzsichtig war, unbekümmert um etwaiges Publikum: «Louise, baden die Mannsen oder die Weibsen?»

«Die Männer, Onkel Pfeifer!» sagte die Mutter.

«Dann Augen links weg!» kommandierte der Onkel und achtete genau darauf, daß der Befehl auch befolgt wurde.

Manchmal überkam es dann den Onkel, hinter seinen beiden Weibern zu gehen und aufzupassen, ob sie auch schicklich schritten! Die Tante ging hierbei keineswegs leer aus, mal trug sie ihren Spitzenschal zu faltig, mal wirbelte sie zuviel Staub auf, aber der Haupttext wurde doch stets meiner Mutter gelesen: «Louise, geh grade! — Louise, schlenkere nicht so mit den Armen! — Louise, mach die Augen auf, eben bist du an einen Stein gestoßen!»

So ging es unermüdlich, und zwar mit lautester Stimme, ob nun Leute vorübergingen oder nicht. Es war das reine Spießrutenlaufen. Die Gesichter der Entgegenkommenden fingen schon an zu schmunzeln, wenn sie den stadtbekannten Tyrannen in Ausübung seiner Herrscherrechte sahen, verdüsterten sich aber oft auch sehr rasch, wenn sie im Vorbeigehen einen kleinen Stich abbekamen.

Nach Ansicht des Onkels hatte Mutter vor allem eine verhängnisvolle Neigung, den rechten Fuß einwärts zu setzen. «Du gehst ja schon wieder über den großen rechten Zeh, Louise!» rief dann der Onkel entrüstet. «Ich habe es dir schon hundertmal gesagt... aber warte...»

Und der Onkel fing an, schallend nach einer selbsterfundenen Melodie zu singen: «Der rechte Fuß geht einwärts — bei einer gewissen Person! Der rechte Fuß geht einwärts — bei einer gewissen Person!»

Weiter ging es nie, aber meiner Mutter genügte schon dies vollkommen. Sie wußte manchmal wirklich nicht mehr, wie sie weitergehen sollte, jede Bewegung, die sie machte, war falsch — am liebsten hätte sie sich auf den Weg hingesetzt und wäre keinen Schritt weitergegangen. Am schlimmsten aber wurde es, wenn der Onkel neben ihr herging und ihr ausmalte, wie in Kürze ihr rechter Fuß operiert werden würde. Er ersparte ihr keine blutige Einzelheit, sprach vom Knochendurchsägen, Nähen (Mutter in bester Erinnerung), Messern und ähnlichem.

Schließlich kam man dann doch zur Fischerhütte, *dem* Ausflugslokal des Städtchens. Da mußte Mutter dann die ganze Zeit sittsam auf einem Stühlchen sitzen und nähen, sticken oder stricken, während ihre Schulkameradinnen in nächster Nähe lustig schreiend herumspielten und nur manchmal halb mit Mitleid, halb mit Spott auf das kleine Gewackel blickten. Das waren dann bittere Stunden, und sicher hat Mutter da oft gedacht: Warum haben die's so gut und ich gar nicht? Warum dürfen die alles tun und ich nie was? – Fragen, auf die natürlich keine Antwort zu finden war. Daß Mutter dabei aber nicht verbitterte, sondern immer sanft und freundlich blieb und nicht einmal die Lebensfreude verlor, das war bestimmt kein Verdienst des Onkels.

Am nächsten Tag in der Schule wurde dann Mutter noch weidlich von ihren Kameradinnen aufgezogen wegen ihres Musterdaseins. Kinder sind ja grausam, sie dachten nie daran, daß Mutter so sein mußte, daß sie sehr gerne anders gewesen wäre. Mutter hatte keine Freundin in der Schule, sie durfte ja keine haben, der Onkel wollte es nicht. Und Mutter mußte immer die Klassenerste sein, der Onkel wollte es so. Einmal, ein einziges Mal hatte Mutter in der Schule gelacht und war darum drei Plätze runtergekommen, dem Onkel schien der Weltuntergang nahe zu sein, so stellte er sich an.

Da Mutter häufig wegen Krankheit fehlen mußte, war es gar nicht einmal so leicht, diesen ersten Platz ständig zu behaupten, sie war so oft «nicht dagewesen»! Im allgemeinen brauchte sie das Versäumte nur aus den Büchern nachzulernen. Aber da war zum Beispiel der Religionsunterricht, der an dem Institut des Fräulein Mittenzwey für die höheren Töchter der besseren Stände in etwas seltsamer Weise gegeben wurde. Im allgemeinen beschränkte er sich auf so unentbehrliches Wissensgut wie das Aufsagen der Bücher Alten und Neuen Testamentes vorwärts und rückwärts, und zwar ohne Stottern und Atemholen. Auch mußten die Schülerinnen die Stämme Israels, die vier großen und zwölf kleinen Propheten ebenso runterrasseln können wie die zwölf Söhne Jacobs und die zwölf Jünger Christi.

Fräulein Mittenzwey war sehr streng, besonders den Religionsunterricht kontrollierte sie häufig, und die Lehrerinnen wurden dabei ebenso nach den fünf Hauptstücken gefragt wie die Schülerinnen. Genau wie die wurden sie erbarmungslos abgekanzelt, wenn sie einmal stockten. Eine besondere Spezialität von Fräulein Mittenzwey aber war es, richtige Reihen von Fragen und Antworten einzupauken, die immer in der gleichen Reihenfolge abgefragt wurden. Dies war nicht leicht nachzulernen, denn es fand sich nirgendwo aufgeschrieben, war ein Originalgewächs von Fräulein Mittenzwey. Als Mutter einmal gefehlt hatte, hörte sie bei ihrer Wiederkunft dies Frage- und Antwortspiel:

«Warum mußte Jesus Christus als Mensch geboren werden?»
«Um die Menschen zu erlösen!»
«Warum müssen die Menschen erlöst werden?»
«Wegen der Erbse!»

Mutter erschien das vollkommen rätselhaft, aber zu fragen wagte sie nicht, und als sie selbst dabei herankam, antwortete auch sie nach kurzem Zögern: «Wegen der Erbse!»

Da nickte Fräulein Mittenzwey befriedigt!

Mutter grübelte lange über dieser Erbse. Irgendwie schien sie ihr mit jener Erbse zusammenzuhängen, auf der die Prinzessin in dem Andersenschen Märchen liegt, aber ganz klar wurde es ihr nicht. Schließlich spielten ja auch Apfel und Taube recht rätselhafte Rollen im Religionsunterricht. Erst viel später ist es meiner Mutter klargeworden, daß die Erbse die Erbsünde war.

Ja, meine Mutter war viel krank, und vor allem hatte sie es mit dem Halse zu tun. Ein Arzt wurde für so etwas nicht bemüht. Ein probates Hausmittel war es, um den Hals ein Stück Speck zu wickeln, das unbedingt so lange liegen bleiben mußte, bis die Halsschmerzen fort waren. Unterdes fing der Speck lustig zu riechen an, aber das half ihm gar nichts, liegen bleiben mußte er! Nach kurzer Zeit verbot sich ein Schulbesuch schon aus geruchlichen Gründen.

Dann kam die Tante auf die Idee, daß Mutter zu wenig Unterwäsche trage (Tante hätte die Unterwäsche von jungen Damen heutiger Tage sehen sollen!). Es wurden sofort dicke flanellene Unterhosen angeschafft und Mutter angezogen, sie reichten ihr bis über die Knie und hatten unten eine schöne rote Häkelkante. Aber sie kratzten auch, Mutter fand es unmöglich, sie zu tragen. Ich nehme an, dies war zu einer Zeit, da Mutter schon sehr eingelebt bei Onkel Pfeifer war, sonst könnte ich die Vermessenheit ihres Handelns nicht verstehen. Auf dem Schulweg kam Mutter nämlich an einer Scheune vorbei, und in diese Scheune schlüpfte sie nun regelmäßig und zog die kratzigen Dinger aus. Und Onkel und Tante gerieten in die lebhafteste Verwunderung, daß Mutter sich in den schönen warmen Flanellbuxen noch häufiger erkältete!

Schließlich wurde doch der Arzt gerufen. Er erklärte Mutter für bleichsüchtig und verordnete Eisen, Lebertran und Solbäder. Das Eisenpräparat zu nehmen ging noch an, es war irgendwie mit Rotwein gekreuzt oder schmeckte doch so. Der Lebertran aber war schlimm, und Mutter mußte dreimal am Tage je drei Teelöffel von ihm nehmen. Onkel Pfeifer war natürlich entrüstet, daß Mutter das teure Zeug nicht mit Begeisterung nahm, sondern sich nach jedem Löffel schüttelte. Da erfand der Onkel, daß Mutter nach jedem Löffel dreimal um den Eßtisch laufen mußte, um ihr das Schütteln abzugewöhnen! Und das mußte sie auch tun, wenn Gäste am Tisch waren, ja, Onkel führte sogar noch Besucher extra zu dieser Schau, um ihnen zu zeigen, wie seine Pflegetochter Lebertran einnahm!

Das Schlimmste aber war das Bad! Onkel besaß zwar ein Badezimmer, aber es war ein nie benutzter, eiskalter, feuchter Raum, vollgestellt mit altem Gerümpel. Die gekachelte Wanne war in den Boden

178

eingelassen, und das warme Wasser mußte aus der Küche herzuge-
tragen werden. Aber es gab nie genug warmes Wasser, oder es wurde
in dieser Grabkammer sofort kalt. Meine Mutter mußte eine Viertelstunde in diesem Bad aushalten, sie wurde sofort blau und klapperte
mit den Zähnen und allen Knochen! Aber Solbäder waren ja gesund,
der Doktor hatte es selbst gesagt! Der einzige Trost war, daß Mutter
hinterher sofort in ihr Bett durfte und belegte Brote bekam, die sie
sonst nie kriegte!

Und die Jahre gingen dahin, und Mutter wurde über alledem achtzehn, und alles schien nie ein Ende nehmen zu wollen. Da kam Vater
als Amtsgerichtsrat in die kleine Stadt, er war sechsunddreißig Jahre
alt und noch immer Junggeselle. Die beiden lernten sich kennen, und
sie heirateten sich, unter ausdrücklicher Billigung von Onkel Pfeifer.
Denn Vater war eine Partie, und Mutter war eine Partie, und da so
Partie zu Partie kam, war alles in bester Ordnung.

Es war aber auch wirklich alles in bester Ordnung: Vater nahm
Mutter und führte sie aus der Enge in die Weite. Sie, die stets für
andere hatte dasein müssen, die nie etwas Eigenes hatte sein und besitzen dürfen, lehrte er, ein Mensch zu werden. Er hatte nie Launen,
er wurde selten ungeduldig. Zu Anfang wollte der Haushalt gar nicht
recht gehen, Mutter konnte nicht selbständig arbeiten, sie wagte nie
einem Mädchen ein Wort zu sagen . . .

Aber Vater machte ihr Mut, er half ihr, er tröstete sie, er lobte sie,
er lächelte über Mißgeschicke, er tadelte nie . . . Er machte einen Menschen aus Mutter, aus ihr, die fast ein Automat geworden wäre . . .

Heute ist meine Mutter über achtzig Jahre alt und Vater schon lange tot. Aber wenn von Vater gesprochen wird, so sagt sie heute noch:
«Alles, was ich bin, was ich für euch Kinder tun konnte, ist immer von
Vater gekommen. Ich glaube, einen Menschen wie Vater wird es nie
wieder geben . . .»

Und oft glaube ich das auch.

Wandervogel

Einmal in meiner Schulzeit habe ich auch eine Ferienreise ohne Eltern
und Geschwister gemacht: ich zog mit andern Wandervögeln nach dem
schönen Holland . . .

Heute weiß man es kaum noch, was in jenen ersten Tagen nach der
Jahrhundertwende der «Wandervogel» bedeutete. Er war eine Gründung der Jugend, und er war eine Gründung, die eine Auflehnung
gegen das Alter und Bürgertum, gegen Kastengeist und Muckerei bedeutete. Das stand nicht in seinen Vereinssatzungen, die nur besagten,
daß der Wandervogel Schülerwanderungen betreibe, aber das war die
Idee, die hinter diesen Wanderungen steckte.

Man gab sich herrlich frei und unbekümmert. Je wilder die Tracht,
je rauher die Sitten, um so besser! Man spottete über Spaziergänge,
man ging auf Fahrt, man verachtete Fremdwörter, Tabak, Alkohol,
Poussieren, man erneuerte den Fahrenden Schüler. Wie dieser zog

man mit Mandoline und Gitarre, der Klampfe, durch die Lande. Man entdeckte neu den unendlichen Reichtum der Volkslieder und sang und spielte sie den Bauern des Abends vor, ehe man zu ihnen ins Heu kroch. Denn es wurde nie in eine Wirtschaft gegangen, es wurde in Ställen und auf Scheunen übernachtet, zur Sonnenwende sprang man durchs Feuer, denn auch Mädchen gab es im Wandervogel. Zwar wurden sie von den echtesten Wandervögeln nur mit Zweifeln angeschaut und nie auf große Fahrt mitgenommen, aber zum Singen, Essenkochen und Strümpfestopfen waren sie doch manchmal ganz brauchbar.

In einer verpimpelten Zeit war es ein Stolz, bedürfnislos zu sein. Man verachtete die warme Unterwäsche, man ging auch winters mit nackten Knien und kochte das Essen, meist der Schlangenfraß genannt, in großen Kesseln auf dem offenen Lagerfeuer.

Es war selbstverständlich, daß viele Eltern und die meisten Lehrer Zeter und Mordio schrien über einen solchen Verein, der ihren Kindern nur Roheit, Sittenlosigkeit und Verlotterung beibringe. An vielen Lehranstalten wurde es den Schülern verboten, ein Wandervogel zu sein. Aber das half gar nichts. Der Wandervogel breitete sich trotzdem aus, und die Verbote mußten wieder aufgehoben werden, zumal sich ihm nie etwas Schlimmes nachweisen ließ.

Sicher übertrieben es viele. Wie die Nagelschuhe nicht derb genug, die Tracht nicht genialisch genug, die Sprache nicht rauh genug sein konnte, so konnten die Taten oft nicht herausfordernd genug gegen alle alte Sitte gerichtet sein. Aber das war nur die Reaktion der Jugend gegen das Alter, das jeden frischen Luftzug von ihr fernhalten wollte, und eine Reaktion schlägt zuerst immer nach der andern Seite aus. Bald schon erschien etwas so Herrliches wie der Zupfgeigenhansl, damals noch ein ganz dünnes Bändchen, aber mit seinen fast verschollen gewesenen Volksliedern eine Neuentdeckung.

Wie ausgerechnet ich schwächlicher Knabe, allem Rauhen abhold, dazu kam, Mitglied des Wandervogels zu werden, ist mir nicht mehr erinnerlich, vermutlich wird mich ein Klassenkamerad auf eine Sonntagsfahrt mitgenommen haben. Es wird mir dann gefallen haben, und ich bin öfter mitgezogen, bis ich Mitglied war. Daß es mir aber gefiel, ist eigentlich ein wahres Wunder, denn ich war durch ständiges Kranksein so verpimpelt wie kaum einer. Dazu war ich noch krankhaft schüchtern und überaus empfindlich gegen alles Laute: ich gehörte bestimmt nicht zu dem Most, der sich absurd gebärdet. So recht warm sind die andern, die echten, auch nie mit mir geworden. Ich lief eben so mit. Aus mir nicht mehr erinnerlichen Gründen wurde ich «Esau» getauft, vielleicht grade darum, weil ich nicht «rauh» war.

Daß mir die Eltern eine Teilnahme bei diesem Verein gestatteten, wundert mich heute noch. Denn ich bin dem Wandervogel beigetreten, als er noch ganz klein war und von allen Seiten gegen ihn Sturm gelaufen wurde. Vermutlich hatten sie keine Ahnung von der Gefährlichkeit dieser Gründung, und ich hütete mich wohl, ihnen Näheres zu erzählen. Ich ging eben am Sonntag oder, wenn es hochkam, vom Sonnabendmittag bis Sonntagabend auf Fahrt — was Mutter nur

«Tour» nannte, oder sie fragte mich auch: «Gehst du Sonntag wieder spazieren, Junge?», was mich zwar mit tiefer Empörung erfüllte, aber beruhigend ungefährlich klang.

In meiner Klasse gab es nur noch einen außer mir, der Wandervogel war. Er hieß Brumbach, wurde Pietsch genannt und war der schlechteste Schüler von uns allen, während ich doch wenigstens gute Mittelware abgab. Von den Klassenkameraden wurden wir beide nur mit verachtungsvollem Mitleid angesehen, wir hießen «die Wilden», wurden den Lehrern aber nie verraten.

Nun ist es aber von einer Sonntagsfahrt bis zu einer fünfwöchigen Ferienfahrt noch ein großer Schritt, noch dazu ins «Ausland», und meine Eltern sahen doch recht bedenklich darein, als ich zuerst mit meiner Bitte herausrückte. Ich bin aber zeit meines Lebens ein rechter Bohrer gewesen; wenn ich etwas wollte, ließ ich nicht nach, weder im Guten noch im Schlimmen. Ich stellte den Eltern beweglich vor, wie billig ich ihnen kommen würde, und billig sollte die Reise wirklich sein, denn für die ganzen fünf Wochen sollten mit dem Fahrgeld auf der Bahn nur achtzehn Mark gebraucht werden. Das erschien selbst in den damaligen «goldenen Zeiten» fast unmöglich. (Es erwies sich dann auch rasch als unmöglich.) Grade diese Billigkeit aber war es, die besonders meine Mutter schreckte, sie sah mich schon völlig verhungert nach Haus kommen. Schließlich hatte ich die Eltern aber doch so weit, daß sie sich den «Führer» der Hollandfahrt einmal kommen ließen.

Dieser Führer war wie die meisten Führer beim Wandervogel ein Student, noch kein älterer, sondern erst etwa zwanzig Jahre alt. Das kam mir mit meinen dreizehn oder vierzehn Jahren natürlich als ein sehr reifes Alter vor, meinen Eltern freilich weniger. Aber Herr Scharf, der mit Übersetzung seines Namens ins Lateinische bei uns nur Acer hieß, machte mit seinem frischen, sehr blonden Wesen auf die Eltern doch den besten Eindruck. Meiner Mutter gab er die beruhigendsten Erklärungen über unsere Ernährung, meines Vaters Sorgen wegen der Finanzen wußte er ebenso zu zerstreuen.

Nach einer dreitägigen Bedenkzeit gab Vater sein Ja, und ich stürzte mit Pietsch, der auch mitmachte, zu Acer und brachte ihm meinen Fahrtenanteil von achtzehn Mark. Mit welchen Gefühlen mich meine Eltern dann eines frühen Morgens losziehen sahen, einen geschwollenen Rucksack auf dem Buckel, dem noch eine Zeltplane aufgeschnallt war, weiß ich nicht zu sagen. Ich hatte keine Gedanken für die Gefühle meiner Eltern, ich ging auf Hollandfahrt! Der Rucksack hatte etwa die Hälfte meines Körpergewichts, ich schwankte wie ein Reis im Winde, wenn er mir aufgeschnallt wurde. Aber das war «zünftig», und «Zünftigsein» war das große Ideal des Wandervogels!

Es ist nun nicht meine Absicht, hier eine Schilderung jener Hollandfahrt zu geben. Aus Gründen, die am Schluß dieses Abschnitts erzählt werden, ist diese Reise auch in ein etwas ungewisses, fieberisches Licht getaucht, und vieles habe ich einfach vergessen. Aber manche Bilder stehen doch recht deutlich vor mir und scheinen mir des Erzählens wert.

So gleich dies erste, als am fünften oder sechsten Tage der Fahrt

Acer uns um sich versammelte und die etwas bestürzende Eröffnung machte, daß unser Reisegeld bereits vollkommen alle sei! Wir hatten weder Geld für unser Leben in den nächsten vier Wochen, noch für die Rückreise! Unser Führer war mit einem zu gläubigen Optimismus an die Sache herangegangen. Schon die Eisenbahnfahrt bis Essen hatte die Hälfte unserer Barschaft verschlungen; in den ersten Tagen, da sich alles noch nicht eingespielt hatte, war ein wenig aus dem Vollen gelebt worden, kurz, wir waren pleite, und es erhob sich die schwerwiegende Frage: Was nun tun?

Wenn ich eben gesagt habe, unser Führer habe uns um sich versammelt, so bitte ich das nicht wörtlich zu nehmen. Draußen war tiefe Nacht und Dunkelheit. Ein ergiebiger Regen fiel auf die Dachpfannen über uns, denn wir lagen in der Scheune eines Bauern. Aber doch schon eines holländischen Bauern, denn am Tage zuvor hatten wir die Grenze überschritten. Eine Auseinandersetzung in völliger Dunkelheit, in warmes Stroh eingebettet, das Trommeln des Regens über der Nase, kann nie einen sehr heftigen Charakter annehmen. Wir waren den ganzen Tag durch Regen marschiert und fühlten uns zum erstenmal seit fünfzehn Stunden wieder warm und behaglich. Da konnte die Nachricht, wir seien völlig ohne Geld für die weitere Reise, wohl überraschend, aber keineswegs bestürzend wirken.

Es war bezeichnend, daß niemand von uns auch nur daran dachte, unserm trefflichen Acer wegen seiner schwachen Rechenkünste Vorwürfe zu machen. Das war eben Schicksal, daß unser Geld alle war, kein Wort blieb darüber zu verlieren. Auch der Gedanke zurückzufahren kam uns nicht. Er verbot sich auch schon darum, weil wir kein Geld zu dieser Rückreise hatten. Die Bahn nimmt zwar jedes Schlachtschaf ohne Zahlung von Reisegebührnissen an und erhebt sie erst vom Empfänger, uns aber unter Nachnahme den lieben Eltern zuzuleiten, hätte sie bestimmt abgelehnt.

Es gab also nur eine Frage zu diskutieren: Wie setzen wir ohne Geld unsere Fahrt genau nach dem Programm fort, haben nicht nur zu leben auf ihr, sondern verdienen auch noch das Geld für die Rückreise? Es war wirklich eine knifflige Frage, denn auch mithelfende Erntearbeit beim Bauern verbot sich, weil wir nicht weilen, sondern wandern mußten. Nun hatte zwar jeder von uns noch ein kleines Taschengeld für sich im Beutel, aber auch das hatte der fürsorgliche Acer im voraus auf fünf Mark höchstens festgesetzt, um Völlerei zu verhüten. Wer etwa doch mehr bei sich hatte, aus eigenem Entschluß oder durch die Fürsorglichkeit seiner Eltern, hütete sich wohl, dies zu gestehen. Außerdem hätten uns alle zusammengeworfenen Taschengelder kaum eine Woche weitergeholfen.

Ich war der Jüngsten einer in dieser Versammlung von vierzehn Fahrtgenossen, und da auch beim vorurteilslosen Wandervogel der Ältere selbstverständliche Vorrechte vor dem Jüngeren hat, so hütete ich meine Zunge und hörte mir schweigend den Meinungsstreit der Alten an. Er wogte lange. «Wanze» und besonders «Säugling» wußten viel zu sagen, aber es kam nichts Besonderes dabei heraus. Nach einer Stunde war man noch nicht weiter als zu Anfang: die Fahrt sollte gemacht werden, aber wovon —? Einige der Übermüdeten waren schon eingeschlafen und röchelten friedlich im Stroh voll stillem Vertrauen, der kommende Tag werde schon für das Seinige sorgen. Mich hielten meine wunden Füße noch wach.

Das Gespräch war allmählich versickert. Unserm hellen, vergnügten Führer Acer waren nun doch wohl leise Bedenken aufgestiegen, wie er die ihm anvertrauten Dreizehn gut durch die nächsten Wochen und heil nach Haus kriegen solle. Alles war nun doch einmal im Leben nicht mit Vergnügtheit zu schaffen. In die Stille hinein fing eine Klampfe an zu summen, und nun sang einer, sang und spielte das alte schöne Lied:

«Ade zur guten Nacht,
Jetzt wird's der Schluß gemacht,
Da muß ich scheiden!
Im Sommer blüht's der Klee,
Im Winter schneit's der Schnee,
Da kehr ich wieder!»

Ich weiß nicht, war der Sänger ein Spötter und sang alle unsere Fahrtenhoffnungen zur Ruh, oder meinte er es ehrlich und wünschte uns nur gute Nacht. Jedenfalls kam mir über den Gesang ein Gedanke, und leise sagte ich, als es wieder stille geworden war: «Du, Acer, ich weiß was!»

«Wer ist denn das? Du, Esau, nicht wahr? Alle mal herhören, der Esau weiß was!»

Es raschelte überall um mich im Stroh, und der Säugling, der mich nicht ausstehen konnte und mir das auch von Anfang der Fahrt an deutlich genug zu verstehen gab, sagte höhnend: «Kinder, geht schlafen! Der Esau weiß was, und was der weiß, das wissen wir andern doch schon im Schlaf!»

Ich aber sammelte meinen Mut, denn eigentlich war es ja Vermessenheit, im Rat der Großen zu sprechen. «Ich hab' gedacht, Acer, wie wäre das, wenn wir es mit Konzerten versuchten? Ich meine natürlich nicht richtige Konzerte, aber wenn wir morgens und besonders abends in den Dörfern und kleinen Städten den Leuten etwas vorspielten und sängen? Heute haben uns doch auch ein paar ganz von selbst Brot und Wurst geschenkt, und gestern haben wir uns Kohl holen dürfen, so viel wir wollten, ganz ohne darum zu bitten.»

«Seht den Fresser!» spottete wieder der Säugling, der am dicksten und größten von uns allen war, ein rechtes Riesenbaby, und darum wurde er auch so genannt, wie er genannt wurde: der Säugling! «Aber mit dem Fressen ist es nicht getan, Esau, denn wir brauchen Geld, sprich Moneten, Hartgeld, Silber, Moos, Kies, wenn du das besser verstehst.»

«Das weiß ich auch!» sagte ich. «Aber bisher haben wir auch noch nicht gebeten. Wenn wir aber nach unserer Musik einen Teller herumgehen lassen . . .»

«Einen Teller! Wir sind doch nicht die Bremer Stadtmusikanten!»

«Oder meinethalben auch einen Hut. Es stehen doch immer so viele um uns herum, vielleicht gibt der eine oder andere doch was.»

Ein langes, nachdenkliches Schweigen entstand. Dann begann die Klampfe wieder zu brummen und die Stimme zu singen:

> «Nach Süden nun sich lenken
> Die Vöglein allzumal.
> Viel tausend Wanderer schwenken
> Die Hüt' im Morgenstrahl.
> Das sein's die Herren Studenten,
> Zum Tor hinaus es geht,
> Auf ihren Instrumenten
> Sie blasen's zum Valet!»

Lang gedehnt: «Zum Valet!» Und nun triumphierend, rasch, den Bürger daheim auf der Ofenbank verspottend:

> «Beatus ille homo
> Qui sedet in sua domo
> Et sedet post fornacem
> Et habet bonam pacem!»

Wir hatten's schließlich alle mitgesungen, dies fröhlich spottende Auszugslied der deutschen Studenten aus der Stadt Prag, begeistert, froh, unbekümmert ...

Dann, als es stille geworden war, sagte Acer: «Das war nicht so dumm von dem Esau. Die Holländer gefallen mir. Vielleicht sitzt ihnen das Geld locker; sie haben was Großzügiges. Versuchen können wir es jedenfalls. Und wir sind was ganz Neues für sie, solche wie uns haben sie noch nie gesehen. Gute Nacht, alle!»

«Gute Nacht!» riefen auch wir.

Und nun raschelte überall das Stroh vom Sich-Einkuscheln, wir hörten wieder den Regen so nah gegen das Dach schlagen, und langsam wurden die Gedanken undeutlich, und wir schliefen ein.

Als wir aber am nächsten Morgen erwachten, schien schon die Sonne, unter uns im Stall machte das Vieh seinen fröhlichen Futterlärm, die Milcheimer klapperten, und wir liefen lachend zum Brunnen. Ein bißchen Brot hatten wir noch, aber das verschlug nichts gegen den gewaltigen Jugendhunger der Vierzehn. Darum, als wir gewaschen und angezogen waren, zogen wir mit unsern Instrumenten vor das weitläufige Bauernhaus — das auch wie frisch gewaschen aussah — stimmten und fingen an zu singen:

> «Bin ein fahrender Gesell,
> Habe keine Sorgen.
> Labt mich heut der Felsenquell,
> Tut es Rheinwein morgen.
> Bin ein Ritter lobesam,
> Reit auf Schusters Rappen,
> Führ den lockern Zeisighahn
> und den Spruch im Wappen:

Lustig Blut und leichter Sinn,
Futsch ist futsch und hin ist hin . . .»

Als wir aber zu den Zeilen kamen:

«Was ich heut nicht zahlen kann,
Zahlen will ich's künftig,
Darum schreibt's mit Kreide an,
Wirtin denkt vernünftig!»

— da sangen wir diese Strophe mit solcher Überzeugung und Kraft,
daß immer mehr Köpfe aus den Fenstern fuhren und vergnügt lachend auf uns sahen. Der Bauersmann selbst aber, ein kurzer, unter-
setzter Mann mit einem vergnügten roten Gesicht, trat aus der Tür,
seinen Jüngsten auf dem Arm, und nickte uns freundlich zu.

Jetzt wäre nun alles in schönster Ordnung gewesen und wir hätten
unsern Wunsch nach ein bißchen Frühstück (und nicht nur ein bißchen!) mit einiger Aussicht auf Erhörung vortragen können, wenn nur
einer von uns ein einziges Wort Holländisch gewußt hätte. Ja, auch in
dieser Hinsicht war die Reise nicht grade aufs beste vorbereitet, besaßen wir doch nicht einmal ein holländisches Wörterbüchlein! Da
aber alle freundlich aufmunternd zu uns hinsahen, griffen wir in der
Verlegenheit wiederum zu den Instrumenten und fingen an mit:
«Wohlauf, die Luft geht frisch und rein . . .»

Wir sangen und sangen und beteten um Erlösung — da kam eine
Magd aus dem Kuhstall vorüber und trug an einer Holzstange zwei
gefüllte Milcheimer in das Haus. Schon lief Pietsch, unser Spaß-
macher, ihr nach, deutete mit dem Finger auf die schäumende Milch,
hielt den Finger in den weit geöffneten Mund und faßte sofort nach
seinem Bauch, den er mit kläglicher Miene schüttelte.

Da verzogen sich alle Gesichter zu einem breiten, verständnisvol-
len Grinsen, der Hausherr aber lachte am meisten und rief der Magd
ein paar Worte zu.

Mit noch besserem Mut sangen wir immer weiter, bis dieselbe
Magd zu uns kam und uns winkte, ihr zu folgen. Sie führte uns aber
in eine lange Küche, die ganz mit blauweißen Fliesen gekachelt war.
An dem Rand der Kachelung aber lief ein Bildstreifen um, auf dem
viele blaue Windmühlen in weißem Grund zu sehen waren, und
blaue Kühe mit blauen kleinen Mädchen als Hüterinnen, die trugen
blaue große Schuten auf dem Kopf und hatten blaue Holzschuhe an
blauen Füßen.

Mit roten Ziegelsteinen war der Boden der Küche ausgelegt, die
Steine aber waren mit dem weißesten feinsten Sand bestreut. Da
mußten wir an einem langen, blank gescheuerten Holztisch Platz nehmen, und auf dem Tisch standen große Terrinen mit Milchgrütze, die
mit Zucker und Zimt zu bestreuen und mit ausgelassener Butter zu
übergießen war. Als wir die aber mit dem besten Appetit gegessen
hatten, trugen die Mädchen Körbe mit allerlei Brot heran. Zum ersten
Male schmeckten wir das niederländische Korinthenbrot, das mehr
aus Korinthen als aus Teig besteht, eine wahre Leckerei für die her-

anwachsende Jugend! Wer davon genug hatte, versuchte das Schwarzbrot, das wirklich ganz schwarz und sehr grob war und ähnlich wie Pumpernickel schmeckte. Dazu gab es die herrlichste frische Butter und Edamer Käse in roten Kugeln oder weißen Broten. Kleine scharfe Fischlein kamen auch auf den Tisch, und zum Schluß, als wir schon völlig satt zu sein glaubten, erschienen auf großen Schüsseln frisch gebratene Schollen, die in gelbem Fett schwammen.

Da fingen wir noch einmal mit Essen an!

Schließlich standen wir auf. Wir waren aber so schwer und warm geworden, daß wir uns nur vorsichtig bewegten. Noch einmal versammelten wir uns vor dem Haus auf dem Hof, jetzt schon die schweren Rucksäcke auf dem Rücken, und noch einmal sangen wir. Was wir aber zum Abschied gesungen haben, das weiß ich noch heute, und ich setze das ganze Lied hierher, weil es eines meiner liebsten ist. Ich hatte so lange nicht mehr daran gedacht, aber nun, da ich mich dieses sonnigen Morgens erinnerte, fand ich es wieder in mir, ganz heil, kein Wort war vergessen. Dieses Lied aber, das wir wohl wegen seines plattdeutschen Wortlautes sangen, da wir meinten, unsere Wirte verstünden es besser, heißt so:

«Dat du min Leevsten büst,
Dat du wohl weeßt,
Kumm bi de Nacht, kumm bi de Nacht,
Segg, wo du heeßt! —
Kumm du um Mitternacht,
Kumm du Klock een,
Vader slöpt, Moder slöpt,
Ick slaap alleen! —
Klopp an de Kamerdör,
Fat an de Klink,
Vader meent, Moder meent,
Dat deit de Wind!»

Mein Herz wußte damals noch nichts von einer Liebsten, aber schon ergriff mich die traurige Schwermut dieses holsteinischen Liedes.

Auch damals standen wir eine Weile still, als die letzten Töne verklungen waren, und auch unsere Hörer am Haus waren still. Dann aber zogen wir unsere Hüte zum Abschiedsgruß, Acer aber trat zum Bauern und zog mit einer komischen Gebärde der Wehmut sein mageres Beutelchen. Wir erschraken alle sehr. Aber schon winkte der Bauer lachend ab, und lachend faßte Acer seine Hand und schüttelte sie. Lachend warfen wir unsere Hüte hoch, und lachend marschierten wir auf die Straße, die vom Regen frisch gewaschene Straße, die unter unsern Füßen dröhnte, wie eine gute Straße beim Wandern dröhnen muß.

«So!» sagte Acer befriedigt, als er uns wieder erreicht hatte. «Das hätte ja großartig geklappt. Seid ihr auch so satt wie ich —?!»

Wir bejahten es, vor Vergnügen lachend.

«Und wenn es nun noch mit dem Geld klappt, sind wir aus allen Sorgen heraus.»

«Ja», sagte der Säugling. «Aber Esau darf nicht wieder mitsingen. Er quietscht wie eine ungeölte Tür und stört uns alle.»

Leider stimmten ihm die meisten zu, und so wurde mir von Acer jedes Mitsingen verboten, und ein Musikinstrument konnte ich erst recht nicht spielen. «Bewege nur den Mund, als ob du mitsingst», sagte Acer, und ich war tief betrübt, denn ich sang diese Lieder auch gerne. Zum ersten Male bedauerte ich es aufrichtig, daß ich nicht singen konnte.

«Er braucht ja nicht so dabeizustehen», fing wieder der Säugling an. «Er kann ja was tun. Er kann ja das Geld einsammeln!»

Es war ganz klar, der Zorn des Säuglings auf mich hatte noch zugenommen, seit ich gestern abend einen guten Rat gegeben hatte. Ich war gar nicht für Sammeln, aber sehr für Mitsingen. Doch wurde ich überstimmt, und so kam es, daß ich mit dem Hute in der Hand durch Holland zog . . .

Die kleine Stadt Appingedam war es, in der wir unser erstes Mittagkonzert abhielten. Singend waren wir in sie eingezogen; die Mandolinen klirrten, und die Klampfen brummten und summten, als wir im flotten Schritt zum Marktplatz zogen. Viel Volk folgte uns. Und noch mehr Volk sammelte sich um uns, als wir am Stadtbrunnen standen und sangen. Eng umdrängt sangen wir, ich aber bewegte nur den Mund und sang nicht.

Dann gab mir Acer einen Stoß und flüsterte «Los!». Da nahm ich meinen Filzhut vom Kopf, ein tolles grünes Hütchen, von dem ich einen Teil der Krempe abgeschnitten hatte, weil sie mir immer in die Augen hing. Ich drehte das Dings um, und mit dem Mute der Verzweiflung hielt ich es dem ersten besten unter die Nase. Es war aber eine erste beste, und sie starrte mich erst ganz verblüfft an. Dann aber wurde sie mindestens ebenso verlegen, wie ich war, suchte eifrig in ihrer Tasche und ließ ein Geldstück in meinen Hut fallen, ein Zehn-Cent-Stück, sah ich, soweit war ich des Holländischen schon mächtig.

Ein Anfang war gemacht, und nun ging es viel leichter. Einer muß nur etwas vormachen, und schon tun ihm die andern es nach. Es klapperte und klimperte in meinem Hut, viel Kupfer, aber auch manchmal Silber. Ich sah es mit Freude. — — Oft sprachen mich auch Herren an — in den Städten gab es viele, die Deutsch konnten —, erkundigten sich nach unserm Woher und Wohin und fragten wohl auch «Studenten?», was mich sehr stolz machte, denn ich war ja erst dreizehn! Dann antwortete ich ihm «Fahrende Schüler», denn ihm zu erklären, was ein «Wandervogel» war, wäre zu weitläufig gewesen. Ich mußte ja kassieren, die Augen meiner Kameraden ruhten auf mir, und auch in Holland gab es die Sorte, die sich gerne drückt, wenn es ans Zahlen geht.

Sie sangen und sangen, bis ich meine Runde gemacht hatte, dann marschierten wir wieder mit Jubel, aber noch mit stillem, aus dem Städtchen hinaus. Nein, in Appingedam haben wir nicht gegessen, und der Stadt Appingedam haben wir nichts zu verdienen gegeben, obwohl sie uns als erste von allen niederländischen Städten so reich beschenkt hat! Wir scheuten uns doch, vor den Augen der Städter unsern Verdienst nachzuzählen, diesmal wollte auch ich nicht «gierig» aussehen.

Ich marschierte neben Acer, den Hut an zwei zusammengeklappten Krempen in der Hand. Und der Hut war schwer! Man fühlte richtig, daß etwas in ihm drin war!

Als wir aber nach draußen ins Freie kamen, da hielt uns nichts mehr, wir warfen uns in den Straßengraben und schrien: «Zählen, Acer, zählen!»

Da wurde gezählt, und es wurde ermittelt, daß wir mit einer halben Stunde Gesang siebenundzwanzig Gulden und zweiundsechzig Cent verdient hatte, und der holländische Gulden war mehr wert als die Mark!

Wir sahen uns erleichtert in die strahlenden Gesichter, und selbst der Säugling hatte nichts zu bekritteln.

«Wenn das so weitergeht, kommen wir mit mehr Geld nach Haus, als wir mitgenommen haben!» rief einer.

«Sachte! Nur sachte!» mahnte der plötzlich wirtschaftlich gewordene Acer. «Wir müssen zuerst das Geld für die Heimreise zurücklegen. Und wenn wir gut verdienen, fahren wir mit einem Dampfer über den Zuidersee, statt ihn zu umwandern. Dadurch sparen wir drei Tage, und die bleiben wir in Amsterdam, was auch eine Masse Geld kostet . . .»

Aber mit dem Sorgen war es wirklich vorbei. Die Lebensmittel waren so billig, und wie oft bekamen wir sie noch geschenkt! Wirklich, diese Holländer waren ein großzügiges Volk! Acer hatte die richtige Witterung gehabt, kaum einer hatte Bedenken, sich vierzehn Fresser an den Tisch zu laden. Und mit unsern Konzerten ging es weiter gut. Wir verdienten viel Geld, haben es freilich auch alles wieder ausgegeben und sind nicht als reiche Leute nach Haus zurückgekehrt.

Vater freilich, als ich ihm später von unsern Konzerten und meinem Geldsammeln erzählte, wiegte den Kopf bedenklich hin und her. Es ging ihm doch etwas wider die Ehre, daß sein ältester Sohn wie ein Bettelmusikant mit dem Hut in der Hand auf öffentlichen Straßen und Plätzen kassiert hatte! Aber schließlich lächelte er doch. Es schien ihm vielleicht ganz gut, daß der ewige Träumer mal etwas vom wirklichen Leben zu schmecken bekommen hatte! Wie oft sagten Eltern und Geschwister von mir, wenn ich nicht antwortete auf ihre Fragen: Sehet, da kommt der Träumer!

Ich habe auf dieser Fahrt nichts von schönen Gebäuden, von Museen und Bildern gesehen, an denen die Niederlande doch so reich sind. Ohne jede Last von Schulwissen wanderten wir und ohne allen Bildungsdrang. Unsere Augen waren für diese Art Schönheit noch nicht geöffnet, und der vergnügte Acer war wohl auch nicht der Mann dazu, sie uns aufzutun. An nichts der Art erinnere ich mich.

Aber ich sehe die niedrigen holländischen Häuschen noch deutlich vor mir, schön rosa und bläulich und grünlich getüncht, die innen und außen so unglaublich sauber waren. Und ich weiß noch, wie die Holzschuhe mit ihren aufgebogenen Spitzen, zogen wir sehr frühe durch ein Dorf, alle frisch gescheuert vor den Türen standen, erst die großen der Eltern, dann klein und immer kleiner werdend die Schuhe der Kinder. Ich meine noch das fröhliche, trockene Klappern all dieser Schuhe zu hören, wenn die Kinder aus der Schule kamen.

Und ich sehe noch die weißen weiten Kopfhauben, die die Gesichter der Frauen und Mädchen wie ein Rahmen umgaben, und den silbernen Kopfschmuck, der, je näher wir der See kamen, um so häufiger glatt wie eine aufgeklappte Muschel die beiden Scheitel der Frauen bedeckte. Ich erinnere mich auch der endlosen breiten Landstraße, die fast siebzig Kilometer lang fast ohne einen Knick von Groningen nach Leeuwarden führt, auf der wir marschierten und marschierten, zwei Tage lang ... Und ich höre wieder die uralten hohen Pappeln über uns rauschen auf dieser Straße, und sehe sie klein und eng werden zehn Kilometer vor uns, und so fleißig wir marschieren, wir erreichen nie diese kleine enge Stelle, sie rückt immer weiter. Wir aber wandern im Troß, mit uns zieht ein ganzes Volk, zu den Märkten und von den Märkten, und wir lachen über die kleinen Wägelchen, auf denen ein Mann vor einem Korb Kohl oder Gurken sitzt, und zwei Hunde ziehen ihn im Galopp auf der ebenen, glatten Straße, zwei wohlgenährte, vergnügte Hunde, die nichts mit unsern jämmerlichen Ziehhunden gemein haben.

Auch sehe ich mich wieder auf dem Käsemarkt zu Edam stehen und mit Staunen auf die Gebirge von Käse schauen, die dort aufgetürmt sind, weit über mannshohe Pyramiden aus roten Kugeln und wahre Bastionen aus gelben Käseleibern. Der ganze Markt riecht scharf und doch angenehm nach diesen Käsen, und wenn ein Händler kommt und prüfend vor einem Haufen stehenbleibt, so greift der Verkäufer rasch eine Kugel aus der Pyramide, setzt einen Bohrer an und bohrt ein Loch bis in die Mitte der Kugel. Die mit dem Bohrer gefaßte Kostprobe bietet er dem Händler, der nun kostet und schmeckt, ob der Käse auch bis innen reif ist. Wir erfahren, daß diese angebohrten Käse zum Schluß des Marktes für ein paar Cent zu kaufen sind, und erwerben viele. So essen wir doch auch einmal Edamer Käse mit Löchern, was nicht viele getan haben.

Aber beim Erinnern überfällt mich ein anderer Duft, und ich denke an die großen Hyazinthenfelder längs der graden Pappelallee, an diese Felder, die so ungewohnt lila und rosa und cremefarben sind und einen fast betäubenden Duft zu uns senden.

Wir sind reich, wir können unser Programm glatt durchführen, wir brauchen nicht um den Zuidersee herumzulaufen, wir fahren von Harlingen nach Helder mit einem kleinen Dampfer. Als wir aber dort die richtige See erblickt und in ihr gebadet haben, werfen wir unser Programm völlig um. Wir verzichten auf die Städte des Binnenlandes, wir können uns vom Meer nicht mehr trennen, wir beschließen, bis zur Höhe von Amsterdam immer an der See entlangzuwandern.

Nur in kleinen Tagesmärschen rücken wir vor, der Hauptteil des Tages gehört dem Baden und der Sonne. Am Abend schlagen wir das Zelt ganz am Dünenfuß auf, oder lieber noch ein Stück die Düne hinauf, denn in der ersten Nacht geschah es uns Unerfahrenen, daß uns die Flut aus unserm Schlafe weckte. Es gab einen überstürzten Aufbruch in dunkelster Nacht, meine Uhr mußte ich aus dem Wasser fischen, der Abbruch des Zeltes war schwierig, und manch gutes Stück bedeckte die Flut oder verdarb es. Am nächsten Tag aber gab es ein emsiges Trocknen an der Sonne. Seitdem sind wir vorsichtig geworden.

Immer stiller und großartiger wird die Einsamkeit, in die wir eindringen. Immer wilder, höher, zerrissener werden die Dünen, jetzt sind es schon wahre Berge, und in vielen Ketten liegen sie hintereinander! Nur Sand und See und Sonne und darüber die Möwen! Es ist eine Lust zu leben, zu baden, sich wieder an der Sonne trocknen zu lassen und wieder ins Wasser zu springen. Manchen Tag sehen wir nicht einen Menschen. Das Besorgen von Essen und besonders von Trinkwasser macht immer mehr Schwierigkeiten. Mit dem frühesten müssen vier Mann über den breiten Dünensaum landeinwärts wandern, bis sie einen Ort finden, wo Lebensmittel gekauft, Wasser geholt wird. Wir haben uns einen Wassersack angeschafft. Es ist schweres Tragen über die hundert Meter hohen Dünen, durch den losen Sand auf und ab. Erst gegen Mittag kommen die vier wieder zu uns, dann fängt das Essenkochen an, dann hat die Sonne auch schon das gesammelte Treibholz getrocknet.

Acer hatte bestimmt, daß ich zum Wasserholen nicht mitzugehen brauche, ich schien ihm zu schwächlich dafür. Da ich nun weder Essen kochen kann, noch Kartoffeln so schälen, daß die Schale nicht dicker wurde als der Kern, bin ich ein recht unbrauchbares Mitglied unserer Gesellschaft. Das wird mir manchmal auch recht deutlich zu verstehen gegeben, am deutlichsten aber vom Säugling.

An einem Schicksalstag hatten die Essenholer grüne Bohnen mitgebracht. Sie waren geschnitzelt und dann mit Fleisch und Kartoffeln in den großen Kessel geworfen. Das Feuer brannte lustig, Treibholz lag genug zum Nachlegen bereit, und Acer sah seine Gesellen prüfend an, wen er als Feuermann am Kessel zurücklassen sollte.

Da rief der Säugling: «Hör mal, Acer, wir finden alle, jetzt ist auch mal der Esau dran! Immer drückt er sich von allem! Das Essen ist fertig, er braucht nur nachzulegen, daß der Topf am Kochen bleibt. Dabei kann er doch wirklich nichts verderben!»

Acer fand das auch, und so sah ich die andern bald den Strand entlangstürmen, immer auf dem festen, vom Seewasser bespülten Streifen. Sie hatten eine weite Entdeckungsreise vor, sie wollten nach Strandgut suchen. Strandgut übte auf uns alle immer einen großen Reiz aus, und wenn es nur ein paar angeschwemmte, vom Salzwasser ungenießbare Apfelsinen waren oder ein Flasche, die nichts enthielt, aber so leicht eine Flaschenpost hätte sein können!

Ich sah ihnen nach, langsam wurden ihre Gestalten kleiner und waren plötzlich hinter einer weit vorspringenden Dünennase verschwunden.

Ich setzte mich in den Sand, nahe am Feuer. Eigentlich war es mir ganz recht, daß ich einmal allein geblieben war. In den letzten Tagen war mir gar nicht gut, ich hatte ewig Kopfschmerzen, manchmal wurde mir schwindlig, ich war überzeugt, daß ich Fieber hatte. Den andern hatte ich nichts davon gesagt, ich empfand es schon bitter genug, daß ich ihnen durch Ungeschicklichkeit und Schwäche eine ewige Last war. Was sollten sie erst mit einem kranken Esau anfangen —? In einigen Tagen waren wir in Amsterdam, und von da sollte es rasch zur deutschen Grenze gehen, in zehn Tagen würden wir wieder zu Haus sein. Bis dahin würde ich es schon durchhalten.

Ich griff nach dem Treibholz und legte nach. Ein großes Stück ließ sich nur mühsam unter den Kessel zwängen, ich brauchte ein wenig Gewalt, und schon kippte der Kessel und ergoß seinen Inhalt mit breitem Strom über den Sand. Etwas verwirrt starrte ich darauf. Zuerst begriff ich den vollen Umfang des angerichteten Schadens noch nicht. Dann wurde mir langsam klar, daß dort das Mittagessen von vierzehn sehr hungrigen Jungens im Sande lag und daß es in mindestens zehn Kilometer Umkreis kein Dorf gab, aus dem Ersatz zu holen war!

Das brachte Leben in mich! Ich sprang auf und lief zu dem Wassersack. Aber der Wassersack war leer. Ich erinnerte mich, daß schon heute früh gesagt worden war, das Wasser sei knapp, Trinkwasser gebe es erst wieder zum Abend, alles Wasser müsse zum Kochen genommen werden.

Langsam ging ich zum Kessel. Ich hatte meine Sache fürwahr trefflich gemacht: der Kessel war vollständig leer, auch nicht ein Tropfen Wasser war mehr in ihm. Aber etwas mußte geschehen, ich konnte hier nicht tatenlos sitzen und die Rückkehr von dreizehn wilden Barbaren abwarten, mit einem leergelaufenen Kessel!

Ich schaufelte alles, was im Sande lag, Bohnen, Kartoffeln, Fleisch mit sehr viel Sand in eine Zeltplane und ging damit zur See hinunter. Hier wusch ich alles mit Seewasser, so gut es eben ging, spülte den Sand ab und füllte das Verbliebene wieder in den Kessel. Vieles war fortgeschwemmt, aber was jetzt im Kessel lag, sah immer noch recht stattlich aus. Vor allem setzte ich meine Hoffnung auf das Fleisch. Fleisch war immer gut, und am Fleisch wenigstens fehlte nichts. Ich brachte den Kessel wieder aufs Feuer und füllte ihn mit Hilfe eines Kochgeschirrs neu mit Wasser. Mit Seewasser natürlich, denn anderes hatte ich nicht.

Nun hielt ich das Feuer mit mehr Aufmerksamkeit in Gang, und bald kochte es recht vertrauenerweckend im Kessel, und es sah auch nicht anders aus als vor dem Unfall. Meine Hoffnung wuchs, ungeschoren durchzukommen. Als dann die Kartoffeln weich zu werden schienen, holte ich mir meinen Löffel und kostete, banger Vorahnungen voll.

Teufel! dachte ich, Teufel! daß es ein bißchen versalzen schmecken würde, das hatte ich mir schon gedacht, aber dies schmeckte nicht versalzen, dies schmeckte rundheraus gallenbitter, dies war auch für den hungrigsten Menschen nicht genießbar. Ich wagte nicht, einen zweiten Löffel zu kosten, hockte mich vor dem Kessel nieder und betrachtete melancholisch den Dampf, der vom Mittagessen der Vierzehn aufstieg.

Allmählich aber regten sich meine Lebensgeister wieder. Es mußte einen Ausweg geben, ich mußte das Essen doch noch genießbar machen! In meinem wirklich fiebrigen Kopf — ich glaubte damals von mir selbst, ich hätte einen leichten Sonnenstich — regten sich Ideen. Da waren zum Beispiel Plus und Minus, sie hoben einander auf. Und da gab es Weiß und Schwarz, wenn man sie aber mischte, wurde daraus ein sanftes Grau. Und solche Gegensätze waren eben auch Salz und Zucker, durch eine Zuckerbeigabe mußte sich doch das Zuviel an Salz aufheben lassen! Ich hatte Zucker im Rucksack, eigentlich alle hatten Zucker im Rucksack, privaten Zucker heißt das. Wir liebten alle das Süße, und der uns aus allgemeinen Mitteln gespendete Morgenkaffee bedurfte stets eines privaten Nachsüßens.

Ich ging zuerst an meinen Rucksack und schüttete fast zwei Pfund Zucker in den Kessel. Ich rührte um und kostete: grauenvoll! Ich ging an Pietschens Rucksack und beraubte ihn. Dann kam Acer daran, dann die Wanze — was soll ich viel erzählen, ich beraubte, innerer Hoffnung voll, alle Rucksäcke ihres Zuckers, zuallerletzt den vom Säugling. Ich tat gewöhnlichen Zucker, Stückenzucker, Kandiszucker in den Kessel, und das Resultat war: noch grauenvoller! Dann sank ich in den Sand und erwartete apathisch mein unvermeidliches Schicksal. Ich hatte getan, was ich tun konnte, nun war die Reihe an den andern!

Sie kamen herangestürmt, braun und nackt und wild und so hungrig! Sie waren in der allerbesten Laune und überschütteten mich lachend mit ihren Erlebnissen, während sie die Eßschalen holten. Acer schwang den großen Auffüllöffel und rief: «Ran, wer Kohldampf hat! Es riecht großartig!»

Und er kellte auf, während ich das frohe Bild der erwartungsvoll herandrängenden Hungernden mit meinen Blicken verschlang: in einer Minute würde es nicht mehr froh sein! Und dabei noch immer diese wahnsinnige Hoffnung, wie ein Stoßgebet zu meinem guten Engel: sie sollen es nicht schmecken! Sie dürfen es nicht schmecken!

Und sie hoben die Hände zum lecker bereiteten Mahle . . . Und sie ließen sie so rasch wieder sinken . . . Dreizehn Löffel klapperten gegen die Ränder von dreizehn Eßgeschirren, dreizehn Augenpaare starrten mich düster an . . .

«Esau!» sagte Acer mit unheilverkündender Stimme, «was in aller Welt hast du mit unserm Essen angestellt —?!!»

Also denn los! Nun half nichts mehr. Ich erzählte alles, erzählte es so kurz wie möglich, und sie saßen stumm dabei, ihre dampfenden Kochgeschirre vor sich, und starrten mich nur an, ohne ein einziges Wort, ohne einen Zwischenruf. Nur als ich von dem Zuckerraub berichtete, ging eine kurze Bewegung durch alle, wie wenn ein erster Windstoß vor dem Gewitter durch die Baumkronen fährt.

Ich hatte geredet, und noch immer sprach niemand ein Wort. Dann nahm Acer seine Eßschale, drehte sie um und ließ den Inhalt in den Sand fließen. Und die andern zwölf folgten seinem Beispiel.

«Esau!» sprach Acer dann. «Ich habe dich in Schutz genommen, aber du bist wirklich zu gar nichts zu gebrauchen! Du bist kein Mensch, du bist ein Trottel!» Und zu den andern: «Also packt möglichst schnell zusammen. Wir haben vierzehn Kilometer bis zum nächsten Dorf. So lange müßt ihr euch mit euerm Hunger und euerm Durst einrichten. Los!»

An diesen Marsch über den glutheißen Strand werde ich mein Lebtag denken! Noch nie hatte die Sonne so heiß geschienen, noch nie hatte das Licht auf den weißen Dünen so sehr geblendet. Und immer zur Rechten das Meer, mit seinem ewigen sinnlosen Gebrüll, das nach was klang und gar nichts bedeutete, dieses Meer, das so gallenbitter schmeckte! Ich zuckelte hinter den andern drein, zusammenbrechend unter der Last meiner Selbstvorwürfe, und niemand sah sich nach mir um, und niemand sprach mit mir ein Wort. Aber jedesmal, wenn jemand vorne über den verdammten Durst schimpfte, zuckte ich zusammen und kam mir wie ein Verbrecher vor. Der Kopf brummte mir stärker als je, und wenn das Licht stark blendete, wußte ich gar nicht mehr, wo ich ging. Es war mir, als schelte auch das Meer mich, dieses völlig versalzene Meer!

Nun, wir sind schließlich doch zu einem Dorf gekommen. Da war es schon dunkel geworden. Und wir haben gegessen und getrunken, aber ich blieb der Ausgestoßene. Auch am andern Morgen, als die Gefährten sich schon besserer Laune erhoben, wurde noch immer nicht mit mir gesprochen, ich war Luft für sie. Wir traten wieder die Wanderung am Strande an, der Wassersack wanderte gefüllt mit uns, ebenso der Proviant. Dann wurde das Essen vorbereitet, in den Kessel getan, Pietsch zum Koch bestimmt, und alle stürmten zum Baden.

Ich sah zweifelnd von Pietsch zu den Badenden. Schließlich fragte ich: «Bist du mir auch so böse, Pietsch?»

«Geh man zum Baden!» sagte Pietsch. «Ich kann dich hier nicht brauchen.»

So ging ich den andern nach, die noch unschlüssig am Strande standen, bei meinem Annähern aber ins Wasser liefen. Nur Acer ging von den Badenden fort, den Dünen zu. Ich wäre ihm gerne gefolgt, aber ich fürchtete eine zweite Zurückweisung, und so ging ich ins Wasser. Ich konnte damals noch nicht schwimmen, aber das Schwimmen hätte mir auch wenig genutzt. Niemand konnte hier seine Schwimmkünste ausüben, der Wellenschlag war viel zu stark. Man hatte zu tun, daß man auf den Beinen blieb.

Langsam folgte ich den andern, mir war gar nicht sehr nach Baden zumute. Aber ich durfte mich nicht von ihnen absondern. Ich näherte mich ihnen, aber auch sie näherten sich mir. Ich hatte so etwas noch nie erlebt, darum blieb ich bis zum letzten Augenblick ahnungslos. Plötzlich — sie hatten einen förmlichen Ring um mich gebildet — rief Säugling: «Jetzt wollen wir ihm salzige Suppe zu schmecken geben!» — und alle stürzten auf mich!

In einem Moment war ich untergetaucht, und kaum erschien mein Kopf wieder über dem Wasser, ergriff ihn schon eine andere Hand, und ich verschwand von neuem in den Fluten. Erst ließ ich es mir fast gutwillig gefallen, selbst überzeugt, ich hätte solches Einsalzen verdient. Als mir aber die Luft immer knapper wurde, als sie mich gar nicht mehr aus dem Wasser hochkommen ließen, als ich erst drei, vier, sechs Schlucke von dem gallenbitterenWasser genommen hatte, kam Todesangst über mich. Ich stieß mit Händen und Füßen um mich, ich versuchte, mich an ihnen festzukrallen, aber das machte sie nur noch wilder —!

Wie lange das alles gedauert haben mag, davon habe ich natürlich keine Ahnung — mir ist es wie eine Ewigkeit vorgekommen. Es werden aber wohl nur ein paar Minuten gewesen sein, aber auch ein versalzenes Bohnengericht ist mit ein paar Minuten echter Todesangst zu teuer bezahlt! Schließlich ließen fast alle von mir ab, nur Säugling tauchte mich immer noch wieder, trotzdem ich nur noch taumelte und sichtlich nicht mehr ganz bei Besinnung war.

(Ich habe mein ganzes Leben hindurch solche Menschen getroffen, die mich instinktiv haßten, oft noch ehe sie mich überhaupt kannten. Es ist die alte Geschichte von dem Urhaß, der zwischen dem einen und dem andern Samen eingesetzt ist. Ich habe ihnen diesen Haß aber immer redlich zurückgezahlt!)

Schließlich rief Acers Stimme befehlend vom Strande her: «Nun ist's genug, Säugling! Bring ihn 'raus!»

Ich wurde an den Strand geschleppt und vor meinen Häuptling hingelegt, und das erste, was ich tat, als ich mich wieder ein bißchen rühren konnte, war, daß ich einige Liter Seewasser erbrach. Acer blickte ein wenig zweifelhaft auf mich und half mir fast liebevoll zur Kochstelle zurück. Ich nehme an, er hatte kein ganz reines Gewissen, daß er diese Taucherei durch sein Entfernen stillschweigend gebilligt hatte. Ich muß auch sagen, daß für alle andern — bis auf den Säugling natürlich — das versalzene Mittagessen mit dieser Taucherei endgültig vergeben und vergessen war. Sogar Anspielungen darauf waren verpönt, und fing Säugling doch einmal wieder davon an, hieß es sofort: «Halt's Maul, Säugling!»

Ja, sie waren genauso freundschaftlich und voller Hilfsbereitschaft für mich wie vorher. Sie waren die besten Jungen von der Welt, sie konnten wütend werden über ein verdorbenes Mittagessen und einen Durstmarsch, aber sie trugen nichts nach!

Und als in den nächsten Tagen allmählich klar wurde, daß ich wirklich krank war, taten sie alles, um mir das Leben zu erleichtern. Sie schleppten meinen Rucksack, schließlich schleppten sie mich selbst, viele, viele Dutzende von Kilometern entlang, endlose Straßen, jetzt meist im Regen. Ich habe wenig Erinnerungen an diese Zeit. Jetzt hatte ich schon viel Fieber und war oft so weit weg, daß ich die Stimmen der andern nur wie durch eine Wand hörte.

Von Amsterdam weiß ich gar nichts mehr, obwohl wir dort drei Tage blieben, und der Rest des Rückweges bis Wesel ist nur ein feuriger Nebel. Doch ich erinnere mich noch, daß ich einmal unter einem Wegweiser im Regen saß und Acer flehentlich bat, mich hier doch sitzen zu lassen. Ich weiß bestimmt, ich saß in einer großen Pfütze und aus irgendwelchen Gründen fand ich das angenehm. Vielleicht kühlte sie. Und wieder feuriger Nebel.

Aber sie haben mir nie mit einem Wort zu verstehen gegeben, welche Last ich für sie war, wie sehr ich ihnen ihre Ferienfahrt verdarb. Sicher hat dabei auch der Gedanke mitgespielt, sie hätten mich durch ihre übertriebene Taucherei krank gemacht, denn das glaubten sie alle. Aber auch ohne das wären sie so anständig gewesen. Sie legten ihre letzten Kröten zusammen, um mich und Acer in der zweiten Klasse eines Schnellzuges vorauszuschicken, und fuhren unter Wanzes Kommando in der vierten Klasse eines Personenzuges hinterher. Gute Jungens —!

Acer fuhr mich in einer Droschke nach Haus, brachte mich die Treppe hinauf, legte meinen Rucksack neben mich, klingelte, sprach: «Na, erhol dich schön, Esau!», und verschwand eilig treppab. Ich verstehe vollkommen, daß er eine gewisse Scheu vor der ersten Aussprache mit meinen Eltern hatte, vor den unvermeidlichen Erklärungen und Vorwürfen — für den ersten Augenblick genügte ich als Tatsache vollkommen!

Ich war etwas klarer in dieser Viertelstunde. Unter Außerachtlassung meines Rucksackes stolzierte ich in Vaters Arbeitszimmer, wo beide Eltern waren, setzte mich auf einen Stuhl, starrte sie an, sprach: «Ich glaube, ich habe einen Sonnenstich!» worauf ich prompt ohne Besinnung vom Stuhle fiel. Ich hatte aber keinen Sonnenstich, ich hatte den Typhus!

Auch als ich wieder nach recht langer Zeit gesund geworden war, nahm ich meine Tätigkeit im Wandervogel nicht mehr auf. Aber nicht etwa wegen eines Verbotes meiner Eltern, sondern darum, weil mir die andern böse waren, ernstlich und unversöhnlich böse. Ich hatte sie mit meiner Ungeschicklichkeit gequält. Ich war hilflos gewesen. Ich hatte ewig wunde Füße gehabt. Ich hatte nie so viel laufen können, wie die Jungen gerne gewollt hätten. Ich habe nicht singen können, und ich habe ihnen das Essen versalzen. Ich war ihnen durch zehn Tage eine Last und eine Angst. Und all das hatten sie mir großzügig verziehen und waren meine guten Kameraden geblieben.

Aber daß ich den Typhus bekommen hatte, das verziehen sie mir nicht! Ich hatte dasselbe Wasser mit ihnen getrunken, und sie hatten keinen Typhus bekommen, ich aber hatte ihn bekommen!

Ich hatte ihre Ferienreise geschändet, ich hatte eine Untersuchung über sie heraufbeschworen, ich hatte der Wandervogelbewegung geschadet, ich hatte ihren geliebten Führer zum Austritt aus dem Wandervogel gezwungen. Es war reine Bosheit von mir, es war einfach unverzeihlich. Ich war kein Wandervogel mehr . . .

Ein Jahr später hat mich Acer auf der Straße getroffen und mich angehalten. «Na, Esau, wieder in Ordnung?»

«Danke, Acer!» antwortete ich. «Wie du siehst. Ich habe sogar schon wieder Haare auf dem Kopf. Vom Typhus gehen einem nämlich die Haare aus.»

«Mensch, Esau!» rief Acer entrüstet. «Du hast doch keinen Typhus gehabt! Erzähl mir doch bloß so was nicht! Dann hätten doch wir alle den Typhus kriegen müssen! Nein, sie haben dem Wandervogel was auswischen wollen, und da haben sie dich fein dazu gebraucht, diese fetten Bürger! Und du bist noch so ein Kamel, daß du ihnen alles glaubst! Du weißt doch, Esau, du bist immer ein Kamel gewesen, die ganze Fahrt lang . . .»

Ihr ewigen Götter! Mein weiser Rat, Konzerte zu geben, hatte ihnen erst die ganze Fahrt möglich gemacht — und nun war ich immer ein Kamel! Was ist Ruhm, was ist Verdienst — ihr ewigen Götter!

Onkel und Tanten

Vater hatte einen starken Familiensinn und erwartete von uns Kindern, daß wir uns genau wie er mit Interesse, Ehrfurcht und Liebe der Kenntnis unserer weitverzweigten Verwandtschaft widmeten. Bei meiner Schwester Itzenplitz hatte mein Vater da auch Glück. Sie hatte eine starke mathematische Begabung (die mir ganz abging), und ich behaupte heute noch, daß man, um sich in verwickelten Verwandtschaftsverhältnissen zurechtzufinden, abstrakt denken muß.

Fiete und Ede waren auf diesem Gebiet normal begabt, sie behielten wenigstens, was ihnen öfter erzählt wurde. Ich aber war wieder einmal ein völliger Versager. Fragte Vater mich: «Hans, wie sind wir mit Tante Wike verwandt?», so erinnerte ich mich vielleicht dunkel, von Tante Wike gehört zu haben, mußte aber bekennen, ohne jede Ahnung zu sein, wie es mit der Berechtigung ihrer Tanten-Ansprüche aussah.

Dann sagte Vater geduldig: «Hans, paß doch nur einmal auf! Es ist ganz einfach. Deine Urgroßmutter und Tante Wikes Mutter waren rechte Kusinen, es ist also ein Verwandtschaftsverhältnis welchen Grades? Aufsteigend oder absteigend?»

Ich verharrte in muffigem Schweigen. Hätte Vater mich aber gefragt: «Du erinnerst dich doch an die Tante mit den weißen Handschuhen?», so hätte ich sofort Bescheid gewußt. Ich hätte sofort an eine alte, hagere, weißhaarige Dame gedacht, die in dem Städtchen Aurich wohnte und die so fein war, daß sie nur leise lispelnd mit stets gesenkten Augen sprach und tags wie nachts weiße Handschuhe trug. War es Winter und es mußte Torf im Ofen nachgelegt werden, so öffnete sie das Fenster und schüttelte eine Glocke, worauf das Mädchen aus dem Haus von Tante Wikens Bruder gegenüber kam und nachlegte. Denn Tante Wike war nicht wohlhabend genug, sich selbst ein Mädchen zu halten, aber zu fein, Torf nachzulegen. Lieber fror sie.

Die Frau ihres Bruders aber betrachtete Tante Wike zeit ihres Lebens mit einer Mischung von Vorsicht und Mißtrauen, denn sie war «butenländisch», eine Ausländerin, nämlich aus dem Hannöverschen, das zwar an Ostfriesland grenzt, von den echten Friesen aber so sehr als Ausland angesehen wurde wie etwa die westindischen Inseln oder Liberia.

Am Tage, als ihr Bruder dieses fremde Weib an den Traualtar führte, schrieb Tante Wike in ihr sonst so wortreich geführtes Tagebuch: «O du armes Ostfriesland!» Ich hoffe, es hat sie später ein wenig beruhigt, daß diese Ehe des Bruders kinderlos blieb, so daß weiterreichende böse Folgen für Ostfriesland nicht eintraten.

Gleich bei der Hochzeitstafel hatte übrigens die neue Schwägerin der Tante Wike sofort ihre volle Minderwertigkeit bewiesen. Es war über «Granat» geredet worden, wie man dorten die Nordseekrabben nennt, und die «Neue» hatte gewagt, ein schüchternes Wort für die Ostseekrabben zu sprechen: sie habe sie doch recht wohlschmeckend gefunden. Worauf Tante Wike, in berechtigter Verteidigung heimatlicher Belange, sich majestätisch aufrichtete und mit dem Satz: «Das ist alles borer Unsinn! Nur Granat ist eßbar!» die Schwägerin zum Verstummen brachte.

Bekanntlich oder auch nicht bekannt ist der echte Ostfriese an drei Eigenschaften zu erkennen: er kennt keine Berge, er streicht sich Butter auf den Napfkuchen, und er läßt alle Türen hinter sich offen. Tante Wike war eine echte Ostfriesin, und so kannte sie nicht nur keine Berge, sondern lehnte auch derartige vermessene Ausbuchtungen der Erdoberfläche als völlig unschicklich ab. Nun kam die neue Schwägerin leider auf die Idee, im Garten des Mannes eine Laube erbauen zu lassen, und um einen wirkungsvollen Überblick über den umliegenden flachen Teller zu bekommen, gab sie dem Gärtner den Auftrag, Erde heranzukarren und einen Hügel aufzuschütten, auf dem die Laube errichtet werden sollte. Diese Vermessenheit erregte bei allen in Aurich Kopfschütteln, Tante Wike aber war einfach empört. Sie weigerte sich ihr ganzes Leben hindurch, diesen Berg zu erklimmen, und behauptete, als sich bei ihrem Bruder schon im frühen Alter von neunzig Jahren die Anzeichen eines beginnenden Herzleidens einstellten, das komme alles nur von dieser ewigen Bergsteigerei! Ich bin selbst noch in jenen Garten geführt und aufgefordert worden, dies achte Weltwunder zu bestaunen. Ich muß aber gestehen, ohne mit der Nase darauf gestoßen zu werden, hätte ich die Niveaudifferenz kaum bemerkt!

Ja, für solche Geschichten — Dönekens nannten wir sie zu Haus — hatte ich Sinn. Sie hafteten sofort in mir, aber im übrigen war die Verwandtschaft — sehr zu Vaters Betrübnis — mir Hebuka. Wie oft hat er, wenn irgendein Besuch in Aussicht stand, mit mir vorher genau eingeübt, wie das Verwandtschaftsverhältnis zusammenhing, wollte er mich dann aber stolz seinem Besuch zur Parade vorführen, versagte ich immer. Und doch hoffte Vater stets von neuem ...

Übrigens waren diese Verwandtschaftsbesuche in Berlin — trotz allen Familiensinns von Vater — oft eine rechte Heimsuchung! Wir hatten kein Fremdenzimmer, und so machte die Unterbringung in unserer Wohnung immer Schwierigkeiten. Ins Hotel zu gehen, wäre nie in Frage gekommen, auch bei recht begüterten Verwandten nicht, das wäre eine Kränkung der Verwandtschaft gewesen! Sie kamen angemeldet, und sie kamen ohne Anmeldung, sie wollten nicht nur schlafen und essen, sie wollten auch Berlin ansehen. Sie kamen aus der Provinz, und sie wollten viel Neues sehen, möglichst alles, was es in Berlin zu sehen gab.

Vater war viel zu beschäftigt, um solche Bärenführerdienste leisten zu können, allenfalls führte er die Besucher einmal abends in den Wintergarten oder in den Zirkus. Mutter aber hatte mit der Mehrarbeit durch den Besuch so viel zu tun, daß sie sich nur für Stunden frei machen konnte. So wurden wir Kinder befohlen, der Tante aus Ülzen oder dem Onkel aus Leer die Herrlichkeiten der Kaiserstadt vorzuführen, was manchmal nicht ganz einfach war. Denn fast alle unsere Besucher waren gegen «das Preußische» sehr kritisch eingestellt und gaben dieser Kritik sofort an Ort und Stelle laut und deutlich ihren Ausdruck.

In Vaters Haus hatten wir nie etwas davon gehört, daß die Hannoveraner mit den Preußen nicht einverstanden waren. Vater war wohl dem Geburtsort nach auch Hannoveraner, der Abstammung nach freilich Friese. Denn mein Großvater war in Ostfriesland geboren, das damals preußisch war, dann aber im bunten Wechsel seines gar nicht so langen Lebens holländisch, westfälisch, wiederum preußisch, hannöversch und endlich zum dritten und letzten Male preußisch wurde. Daher ist es wohl gekommen, daß diese Dinge bei Vater nie ein Problem wurden, er hat immer deutsch empfunden. Als im Jahre 1866 die Annexion Hannovers durch Preußen ausgesprochen und auf öffentlichem Markte in Nienburg verlesen wurde, hat mein Vater ganz naiv mit den preußischen Besatzungstruppen Hurra gerufen, was ihm viele Ohrfeigen seiner Mitbürger eingetragen hat. Ein Jahr später gab es dann für Vater neue Schwierigkeiten in Schulpforta, wo ihn die preußischen Mitschüler als Hannoveraner nicht für voll ansehen wollten.

Wir Heutigen haben keine Ahnung mehr davon, mit welcher Erbitterung die Kleinstaaterei untereinander ausgefochten wurde, wie groß der Haß der einzelnen «Staatsanhänger» untereinander war und wie wenige erst «deutsch» empfanden. Bismarck war der Teufel für jeden braven Hannoveraner, und ich erinnere mich sehr wohl, wie einer meiner Onkel bei einem Ausflug angesichts eines Bismarckturms stolz zu meinem Vater sagte: «Wenn du hingehen willst und ihn anbeten, bitte! *Ich* tue es nicht!» Worauf Vater nur stumm errötete.

War so oft der harmloseste Onkel- und Tantenbesuch voller Klippen, so erwies sich doch einmal ein hoher, sehr berühmter Besuch als lange nicht so gefahrvoll, wie die Eltern gedacht hatten. Zu den Mitschülern meines Vaters in Pforta hatte auch ein Junge gehört, der später sehr hoch gestiegen und schließlich sogar Minister geworden war. Das Zusammengehörigkeitsgefühl der alten Schüler aus Pforta ist stets sehr groß gewesen. Sie schreiben einander, sie besuchen einander, und in größeren Städten, wo viele von ihnen sitzen, kommen sie regelmäßig zusammen, um alte Schulerinnerungen auszutauschen. Das waren die sogenannten Pförtnerabende, zu denen Vater auch ging. Als ich noch kleiner war, hat mich das übrigens auf den Verdacht gebracht, daß Vater früher so etwas wie ein Portier gewesen sei. Ich schämte mich dessen sehr, wagte aber nie, mit jemandem davon zu reden, aus Angst, mein Verdacht könne voll bestätigt werden...

Auch mit diesem hohen Tier war die Verbindung nie ganz abgerissen, und eines Tages hörten wir, daß er uns mit seiner Frau besuchen wollte — wir wohnten damals schon in Leipzig. Des ganzen Hauses bemächtigte sich eine ungeheure Aufregung. Gewaltig wurde gebraten, gebacken und gekocht, Mutter fand keines ihrer Tischtücher gut genug, und es wurde feierlich ohne Rücksicht auf die Kosten ein Damasttischtuch gekauft, das heute noch lebt und Ministertuch heißt. Wir Kinder wurden ganz ungewöhnlich geschrubbt, gestriegelt und gebürstet, bekamen unsere besten Sachen an und wurden dringend ermahnt, nicht unaufgefordert zu sprechen, gradezusitzen und nicht die Ellbogen aufzustützen. Kurz, es war ein Aufstand, als handele es sich um einen wichtigen Lebensabschnitt! Und dabei wollten zwei alte Freunde nur von ihren Schulerinnerungen plaudern!

Vater war noch der Ruhigste von uns allen, aber auch er hatte sorgenvolle Konferenzen mit seinem Weinhändler, und der Anmarsch von Flaschen war beträchtlich. (Es stellte sich dann heraus, daß der hohe Freund am liebsten nur Wasser trank, und da auch Vater ein Wassertrinker war, so wanderten die Flaschen ungekränkt wieder in den Keller, erfüllten dann aber doch nach Jahren bei den Hochzeiten meiner Schwestern ihren Zweck.)

Ich muß offen gestehen, daß der hohe Herr mich gewaltig enttäuschte. Weder trug er eine Uniform, noch hatte er seine Orden und Abzeichen angelegt, sondern er war bloß mit einem schlicht bürgerlichen «Pfeffer-und-Salz»-Anzug bekleidet, in dem er noch dazu durch seine ungewöhnliche Länge und Magerkeit schlaksig wirkte.

Das Mittagsmahl verlief sehr feierlich. Die Freunde sprachen miteinander, aber etwas gezwungen. Über vierzig Jahre waren seit ihrer Schulzeit vergangen, die weißhaarig Gewordenen hätten einander kaum wiedererkannt. Und die Frauen versuchten wenigstens, miteinander zu reden. Da aber die hohe Frau durchaus von Hauswirtschaft und Dienstboten sprechen wollte, Mutter aber Besseres bieten zu müssen meinte und immer wieder von dem neuesten Roman und dem modernen Drama anfing, bekam das Gespräch etwas Unstetes, Flatterhaftes. Wir Kinder sagten gar nichts, wir stützten auch die Ellbogen nicht auf und hielten uns grade — es war wirklich eine höchst langweilige, steife Angelegenheit, nicht der geringsten Aufregung wert!

Das ging so bis zur Speise, deren Art mir nicht mehr erinnerlich ist. Doch wurde in einem Henkeltöpfchen dazu Sauce gereicht, die wir zu Haus übrigens Tunke oder Beiguß zu nennen hatten. (Vater war Mitglied des Deutschen Sprachvereins.) Wir sahen gespannt zu, wie die Frau Minister ihre Speise nahm, jede Bewegung von ihr wurde durch uns Kinder mit Luchsaugen belauert. Man denke doch, die hohe Dame hatte schon bei Kaisers am Tisch gegessen, und das sogar häufig!

Nun kam die Sauce (Tunke!) daran, und unvermeidlich bildete sich an ihrem Ausguß (Schnauze wage ich in so feiner Gesellschaft nicht zu sagen) das bekannte Tröpfchen, das aufs Ministertuch zu laufen drohte. Wir sahen alle aufmerksam hin, in uns allen erhob sich die stumme Frage: Wie löst man in wirklich ganz feinen Kreisen dies Problem?

Unser Gast mochte all diese Blicke auf sich fühlen, unsere Erwartung spüren. Einen Augenblick zögerte sie . . . Dann hob sie den

Zeigefinger, wischte den Tropfen ab, steckte den Zeigefinger in den Mund und leckte ihn ab. «So macht man es bei uns zu Hause», sagte sie lächelnd zu Mutter.

Worauf das Eis gebrochen war. Wir alle lächelten, wir rückten auf den Stühlen hin und her, ich stützte den Ellbogen auf, die Unterhaltung der alten Herren bekam Schwung, die Hausfrauen einigten sich auf die Dienstbotenfrage. Die erstaunliche Entdeckung war gemacht, daß auch Minister Menschen waren und wie Menschen dachten und handelten.

Und doch war ich in meinem Innern nicht ganz zufrieden. Ich fand, die Exzellenzenfrau hatte sich um eine klare Entscheidung gedrückt. Bei ihnen zu Haus machte man es so, aber wie machte man es bei Kaisers? Unmöglich zu denken, daß man dort den Tropfen ableckte, aber ebenso unmöglich, ihn sich aufs kaiserliche Tischtuch tropfend vorzustellen! Ich hätte es so gerne gewußt ... Und nun ist es zu spät, Erkundigungen einzuziehen, ich werde es nie wissen!

Doch wollte ich von Tanten und Onkeln reden und war bei der Tante Wike, als ich ganz unvermutet erst in Berliner, dann in Minister-Besuche geriet. Der Bruder jener Tante Wike nun, der eine Butenländische zur Frau nahm, war Onkel Cyriak, ein Landarzt. Und er war zu seiner Zeit ein sehr bekannter Landarzt, seinen neunzigsten Geburtstag feierte die ganze deutsche Ärzteschaft mit und sandte Deputationen zu ihm. Denn er war nicht nur der Nestor der deutschen Ärzte, sondern er praktizierte auch noch immer, unverwüstlich, trotz aller Jungen!

Und wie praktizierte der Alte! In der Hauptsache hatte er Landpraxis, und jeden Tag bestieg er seinen Gaul und ritt bei Sturm, Schnee, Kälte, Hitze, meilenweit über Land. (Es hieß, er ritte jedes Jahr einen Gaul zuschanden, was nun freilich seinen Reitkünsten kein gutes Zeugnis ausstellt!) Wen er unterwegs traf, der bekam gleich kostenlos eine Konsultation.

«Na, wie geht's?» ruft der Onkel Cyriak zum Bauern in seinem Wagen hinüber.

«Na, immer so das gleiche, Herr Sanitätsrat!»

«Hefft Ji noch von dat Smerkrom?»

«Ja.»

«Na, denn smert man wieder! Tjüs!» Und weiter ritt der Onkel. Einmal wurde er im Winter sehr weit über Land gerufen. Er ritt zu einem Kanal, dort erwartete ihn eine Schute. Das Pferd wurde in einen Stall gestellt, und der Onkel bestieg die Schute. Dort stand ein Stuhl auf dem Deck, der Onkel setzte sich auf den Stuhl und wickelte sich in eine Decke. Lange, lange wurde die Schute getreidelt, dabei passierte aber das Unglück, daß sie gegen irgendein Hindernis stieß. Sie schlug um, und Stuhl, Onkel und Decke fielen in den winterlichen Kanal.

Nun wurde alles schön wieder herausgefischt, der Stuhl in die Schute gesetzt, der Onkel nahm Platz und wickelte sich von neuem in die Decke, in die nasse natürlich, denn eine andere gab es nicht. Worauf die Reise ohne andere Unfälle weiterging.

Nach dem Krankenbesuch wurde die Rückfahrt in der gleichen Weise vorgenommen, sie hatte aber den Vorteil, daß diesmal die Schute nicht kippte und daß die nasse Decke durch eine trockene ersetzt worden war. Die «Butenländische» war entsetzt, als ihr Mann nach Haus kam, er glich eher einem Eiszapfen als einem Manne! Sie wollte ihren Cyriak durchaus ins Bett stecken! Er aber wollte nicht mehr als trockene Wäsche und heißen Tee bewilligen. «Und dann gehen wir gleich ins Konzert. Es wäre doch schade, wenn wir unsere Karten verfallen ließen!»

Damals war Onkel Cyriak achtundachtzig Jahre alt, und in nicht minderer Rüstigkeit feierte er seinen neunzigsten Geburtstag. Alle Verwandtschaft war da, auch meine Eltern, Deputationen der Ärzteschaft, die dankbaren Patienten, die Mitbürger. Viele Reden wurden gehalten, aber noch viel mehr wurde getrunken. Und mit allen stieß Onkel Cyriak an, das ließ er sich nicht nehmen. Dann wurde gegessen, und beim Essen wurde wiederum getrunken. Die schon städtisch entarteten Neffen und Nichten schlugen einen kleinen Spaziergang vor, nur um aus der Nähe der Flaschen zu kommen.

Der Onkel stimmte begeistert zu, machte den Führer, und so wurde aus dem kleinen ein großer Spaziergang. Er führte schließlich zu einer Stelle, die auf allen Seiten von hohen Deichen umgeben war. Nach der See zu hat man die weiteste Sicht, nach dem Lande hin schaut man in die Fenster der Fischerhäuser, die eng an den Deich geschmiegt liegen. Bei solchem guten Ausblick war es doch verwunderlich, daß Onkel Cyriak nirgends zu sehen war. Es wurde geschaut und geschaut, aber der Jubilar war nirgends zu entdecken. Bis man ins Fenster des Kruges sah: an der Theke stand der Jubilar und kippte ein paar zum Abgewöhnen!

Wenn ich nicht irre (ich verbitte mir aber von vornherein alle aufklärenden Briefe aus der Verwandtschaft!), wenn ich mich also nicht irre, entstammte Tante Gustchen dem gleichen dauerhaften Zweig der Familie, soweit man einem Zweig entstammen kann. In ihrer Jugend war sie berühmt gewesen ob ihres Gesanges. Sie hatte sechs Schwestern besessen, und ihr Vaterhaus hatte in der ganzen Stadt nur das Haus mit den sieben singenden Töchtern geheißen. Aber während sich ihre Schwestern Männer ersangen, war Tante Gustchen sitzengeblieben und legte sich nun aufs Schrullige, wodurch sie mit der Zeit noch eine leidliche zweite Berühmtheit gewann.

Sie behauptete ständig, schwer krank zu sein, vor allem litt sie an Kopfschmerzen. Dies teilte sie ihrer Umwelt dadurch mit, daß sie ihr Kopfschmerzentuch trug, ein einstens weiß gewesenes Gewebe, das längst alle Farbe und Struktur verloren hatte. Es wurde um die Schläfen geschlungen und hatte am Hinterkopf zwei lange, trübselig herabhängende Zipfel. Ein Ausläufer dieses Tuches ging aber auch unter das Kinn (Kombinationen zwischen Zahn- und Kopfschmerzen traten gelegentlich auch auf und mußten gebührend stärker bedauert werden!), und unter dem Kinn hingen wieder zwei graue Zipfel.

Es war streng verboten, mit Tante Gustchen über anderes als ihre

Kopfschmerzen zu reden, wenn sie dieses Tuch trug. Wer das nicht beachtete, gegen den konnte sie recht giftig werden. Wurde es mit den Schmerzen zu schlimm, so legte sich Tante Gustchen ins Bett, und dann hing an ihrer Tür ein Zettel: «Ich liege im Bett und bitte, nicht zu klingeln. Der Schlüssel liegt unter der Matte.»

Dann nahm jeder, der kam, sei es nun der Briefträger, der Bäcker oder ein Besuch, unter der Matte den Türschlüssel hervor und erledigte, ohne sich um Tante Gustchen zu kümmern, in der Wohnung, was er wollte.

Manchmal kam es auch vor, daß aus der Wohnung trotz des Zettels lautes Klavierspiel tönte. Dann war mein Vater gekommen, der in seinen Junggesellenjahren mit ihr oft vierhändig spielte. Vor der Musik hielten auch ihre Kopfschmerzen nicht stand. Mißtraute dann aber jemand, das Klavierspielen hörend, den Worten des Zettels und klingelte doch, so fuhr sie giftig an die Türe, rief: «Kannst du denn nicht lesen, daß ich im Bett liege —?» und schlug die Tür zu, dem andern die Benutzung des Schlüssels freistellend. Und wieder erklangen irgendwelche träumerische Melodien von Schubert oder Schumann.

Am giftigsten aber wurde die Tante, wenn jemand anders behauptete, auch krank zu sein. Sie sah das als einen frevelhaften Eingriff in ihre wohlerworbenen Rechte an. Sie war *die* Kranke in der Familie! Sie hatte jede Krankheit schon gehabt, und jede schlimmer als jede andere! Als ihre Nichte Frieda ihr erstes Kind bekommen hatte, ging sie triumphierend zu Tante Gustchen und berichtete ihr das Genaueste von der Entbindung. Der Tante Gesicht wurde immer länger und saurer, als sie die Einzelheiten hörte, von schrecklichen Schmerzen einiges hören mußte. Als aber die Nichte schloß: «Siehst du, Tante Gustchen, *die* Krankheit hast du nun doch noch nicht gehabt! Oder doch —?» da setzte sie die freche Sünderin vor die Türe!

Eines Tages kam Tante Gustchen dann zu dieser Nichte Frieda, die ihr Liebling war, legte ihr Silber auf den Tisch des Hauses und sagte mit Grabesstimme: «Nimm's hin — du erbst es ja doch! Aber das Monogramm darfst du noch nicht ändern!»

Man befragte sie voll Teilnahme, warum sie denn jetzt schon ihre Habe verteile, und sie erklärte kummervoll: «Ich habe heute nacht geträumt, ich sterbe dieses Jahr noch.»

«Ach, Tante Gustchen, das stimmt sicher nicht! Wie war denn der Traum?»

«Ja, ich träumte, ich ging in der Eilenriede spazieren. Da kroch mir ein Käfer über den Weg, er hatte auf jedem Flügel eine 9, und eine Stimme aus dem Himmel sprach dazu: Ssängkangtssäng! Ssängkangtssäng! Und wir haben 1899, und ich werde fünfundfünfzig Jahre alt, also muß ich sterben!»

Vergeblich wurde ihr vorgestellt, der liebe Gott werde doch mit Tante Gustchen nicht Französisch sprechen, und noch dazu so schlechtes Französisch! Es half alles nichts, Tante Gustchen war entschlossen, Gottes Stimme zu folgen und noch in diesem Jahre zu sterben.

Um sie nur zu beruhigen, nahm die Nichte Frieda das Silberzeug. Ja, sie benutzte es schließlich auch, und als einige Monate hingegangen waren, ließ sie auch das Monogramm ändern, denn sie dachte: geschenkt ist geschenkt.

Aber am Heiligen Abend des Jahres 1899 erscheint plötzlich Tante Gustchen bei ihr, und statt ein Geschenk zu bringen, fordert sie ihr Silber zurück: «Es scheint ja nun doch, als sollte ich dieses Jahr noch nicht sterben, und morgen bekomme ich Besuch, da brauche ich mein Silber. Also, liebe Frieda, gib es mir wieder!»

Die liebe Frieda versuchte es erst mit Ausflüchten, mußte dann aber gestehen, daß sie das Monogramm geändert hatte. Tante Gustchen war empört: die Nichte hatte also auf ihren Tod spekuliert! Also war sie gar keine liebe Nichte, sondern eine Erbschleicherin! Tante Gustchen nahm ihr Silberzeug und rauschte ab. Die Nichte Frieda aber sah es nie wieder. Jemand anders in der Familie hat's schließlich geerbt, mit Friedas Monogramm.

Nachweisbar ist Tante Gustchen in ihrem langen Leben nur zweimal krank gewesen. Das eine Mal hatte sie sich auf der Straße bei Glatteis das Bein gebrochen, sie war sofort ins Krankenhaus gebracht worden. Dies Ereignis teilte sie meinem Vater brieflich mit dem Zusatz mit: «Gelobt sei Gott! Ich hatte grade saubere Wäsche an!»

Das andere Mal hatte es Tante Gustchen mit dem Magen. Sie kam wieder ins Krankenhaus und wurde auf eine Probediät von Weißbrot und Tee gesetzt. Aber sie vereitelte die ärztlichen Bemühungen. Sie bestellte bei ihren Besucherinnen, alten Weiblein ihres Schlages, was sie gerne aß: Linsensuppe und Gänseschwarzsauer. Das wurde dann der Heimlichkeit wegen in weiten Steinkruken gebracht und in den Efeu unter ihrem Fenster gehängt. Diese kombinierte Diät ist ihr aber ausgezeichnet bekommen, sie blühte sichtlich auf, und die Ärzte waren sehr stolz auf ihren Heilerfolg. Wozu sie innerlich geschmunzelt haben mag, äußerlich blieb sie ineinemweg beim Klagen.

Tante Gustchen war überhaupt sehr für gutes Essen, wenn sie es bei andern bekam. Mußte sie es aus eigenen Mitteln bestreiten, so nahm sie auch mit dem Einfachsten vorlieb. Sie bekam etwa irgendwo bei Freunden einen Sahnenreis zu essen, der sie begeisterte. Sofort ließ sie sich das Rezept geben und lud ihre Nichten zu einem großen Festschmaus ein. Der Reis aber schmeckte unbefriedigend, er schmeckte genau wie gewöhnlicher Milchreis. Tante Gustchen blieb steif und fest dabei, sie habe ihn genau nach dem Rezept gemacht. Ihr müsse mit Vorbedacht ein falsches Rezept gegeben worden sein, um die Geheimnisse des wahrhaften Sahnenreises nicht zu enthüllen. Erst durch hartnäckiges Befragen bekam man heraus, daß sie statt acht Eiern nur eines und statt Sahne einfache Milch genommen hatte. Ich nehme an, Tante Gustchen hat die Ersatzrezepte des Weltkrieges vorausgeahnt.

Als die besagte Nichte Frieda bei der Tante in Gnaden war, wurde sie deswegen noch lange nicht sehr höflich von ihr behandelt. Im Gegenteil, die Nichte war immer der Blitzableiter aller schlechten Launen der Tante. Einmal klagte sie das zu einer Freundin, und da diese Freundin die Tochter eines Jugendgespielen von Tante Gustchen war, verabredeten die beiden, sie wollten den nächsten Besuch bei der Tante gemeinsam machen. Tante Gustchen begrüßte auch die Tochter des Jugendgespielen mit Rührung, sie schwelgte in Erinnerungen. Schließlich zieht das junge Mädchen ein Bild aus der Tasche und zeigt es der Tante: «Das ist mein Vater!»

Tante Gustchen betrachtet das Bild, nickt energisch mit dem Kopf und sagt: «Ja, das ist er! Er sah immer etwas simpel aus!»

Und gab das Bild zurück.

Bei der Nichte Frieda fand sich die Tante auch trotz ihres Geizes bereit, die Hochzeit auszurichten. Damit es aber nicht zu teuer wurde, ging sie nicht mit zur Trauung, sondern wirtschaftete selbst in der Küche. Da klingelt es, sie denkt, es ist der Konditor, der Torte und Eis bringt. Aber es ist ein Freund, der sie auf der Durchreise besuchen will. Tante Gustchen sagt bedauernd: «Das tut mir aber furchtbar leid, ich habe heute grade Hochzeit!»

«Was?!» ruft der Freund schaudernd. «Du, Gustchen —!» schlägt die Tür zu und verschwindet auf Nimmerwiedersehen.

Bei dieser Hochzeit gab es auch Hähnchen, die sich Tante Gustchen durch Verbindungen vom Lande besorgt hatte, sehr billig. Aber auch diesen billigen Preis erlegte Tante Gustchen nicht so ohne weiteres. Lange wurde sie wegen des Geldes gemahnt, immer wußte sie neue Ausflüchte. Aber da man ihren Geiz kannte, ließ man schon aus Grundsatz nicht nach, und schließlich mußte Tante Gustchen blechen. Sie legte das Geld hin und sagte wehmütig: «Teure Hähnchen!»

Tante Gustchen hatte auch den Tick, immer die modernsten Errungenschaften in ihrer Wohnung haben zu müssen. Als das Gas aufkam, mußte sie eine Wohnung mit Gas haben, und als das elektrische Licht eingeführt wurde, zog sie wieder um. Das war um so seltsamer, als sie diese Erfindungen der Neuzeit nie in Benutzung nahm. Bis zu ihrem Lebensende hat sie nur die Petroleumlampe benutzt. Auf ihr kochte sie auch, unter Verschmähung des Gasherdes, ihre frugalen Mahlzeiten, zum Beispiel den Fisch und den Tee. In das Teewasser kam dann noch das weich zu kochende Ei, so sparte sie Kalorien.

Aber diese Leidenschaft brachte es mit sich, daß Tante Gustchen ständig umzog. Doch auch diese Umzüge hatten billig zu sein, die Tante war außerordentlich findig in der Ermittlung von billigen Umzugskräften. Einmal zog sie mit den Kellnern vom Zoologischen Garten um — Tante Gustchen wohnte in der Stadt Hannover. Da dieser Umzug aber nur in den Mittag- und Abendpausen der Kellner geschehen konnte, erfolgte er gewissermaßen auf Raten. Eines Mittags hatten die Kellner sich in der Zeit versehen, mußten eiligst zurück in ihren Zoo und ließen die Tante auf offener Straße mit Kisten und Kasten stehen. Sie hielt da auch geduldig bis zum Abend aus — der Umzug war ja so billig! Hinterher stellte sich heraus, daß ein Gutteil ihrer Sachen unauffindbar verschwunden war.

Manchmal mußte die Tante auch etwas schenken, zum Beispiel meiner Schwester Fiete, deren Patentante sie war. Eigentlich erkannte Tante Gustchen diese Patenschaft überhaupt nicht an. Sie sei, als Fiete getauft wurde, auf der Reise nach Amerika zu ihrem Bruder

Kaspar gewesen und hätte nicht gedacht, daß Fiete nicht auf ihren Namen Auguste getauft wurde. Das gelte also nicht. Aber einmal kam dann doch ein Geschenk, ein recht schäbiges Mäntelchen, das auch noch zu klein war. Dazu schrieb Tante Gustchen meinen Eltern: «Ada sagt ja, ich muß mal was schenken, aber ärgern tut man sich doch!»

Überhaupt fehlt ihren Geschenken immer was: ein Teppich hatte Motten, der Silberlöffel war gelötet und brach immer wieder entzwei, und die Kuckucksuhr schlug den ganzen Tag nicht, holte um Mitternacht aber alle ausgelassenen Schläge gewissenhaft nach.

Beschäftigt war Tante Gustchen immer, sie hatte an sieben Tagen der Woche nur sieben Kränzchen: das Schwesternkränzchen, das kleine Kusinenkränzchen und das große Kusinenkränzchen, das Missionskränzchen, das Bibelkränzchen und das Stick-, Flick- und Näh-kränzchen. Da hatte sie immer ihr «Tun», bis sie rum war. Aber es war doch immer ein «Dliebliches Beisammensein» gewesen.

Mutter war mit meinen beiden Schwestern auch einmal in Hannover zu Besuch, und keines dieser sieben Kränzchen wurde ihnen erlassen. Für meine Schwestern muß es eine wahre Folter gewesen sein. Vielleicht hatte Tante Gustchen etwas von diesem stummen Protest gespürt, denn eines Tages sagte sie beim Heimweg tröstend: «Djä, morgen gehter djä nun mit eurer Mutter nach dem alten Kenäl. Da kommt die Dlährerin mit. Da könnter euch möl wieder gastig (geistig) unterhalten. Ihr hungert gewiß schon danach.»

Die Schwestern wehrten bescheiden mit Och und Wieso ab, worauf Tante Gustchen ganz zufrieden schloß: «Na dja, djätzt sind djä Färien, da ist dso etwas nich nötig!»

Mir hat Tante Gustchen zur Konfirmation ein Buch mit Goldschnitt geschenkt, das vom Benehmen des reinen Jünglings handelt. Leider ist mir daraus nur in Erinnerung geblieben, daß der reine Jüngling am Sonntag auch reine Wäsche anziehen müsse . . . Na djä . . .

Tante Gustchen hatte eine sehr eindrucksvolle Art, bei Tisch zu beten. Sie fing ganz hoch an, gewissermaßen auf dem Dach, stieg dann langsam Stockwerk um Stockwerk hinab bis in den Keller, worauf sie sich mit einem immer wieder überraschenden, kühnen Schwung zurück aufs Dach begab, um sofort wieder den Weg in den Keller aufzunehmen. Es klang, als sänge sie. Geschrieben sieht das etwa so aus:

```
Komm        Du!        Und segne
   Herr, Dje-   unser            was du uns
      su, sa        Gast                   bescheret hast.
```

Und der zweite Vers:

```
Bist du        So hat's        Du bist das              Äämen!
   ba uns         nicht Not         wahre Dläbensbrot!
```

Das war äußerst wirkungsvoll, meine Schwestern fanden aber nach einiger Zeit, Tante Gustchen könne ihnen doch einmal aus ihrem reichen Schatz an Gebeten ein anderes preisgeben. Tante Gustchen wollte lange nichts davon wissen, schließlich gab sie doch nach und versprach ein neues . . . Die Schwestern waren äußerst gespannt . . .

Aber das neue Tischgebet war nur eine Variation des alten. Tante Gustchen betete die beiden ersten Zeilen genau wie sonst, schloß dann fest den Mund und sprach die beiden letzten Zeilen still für sich, mit einem vorwurfsvollen Blick auf die beiden bösen Nichten. Dann war sie wieder auf dem Dach angelangt und rief hell und hoch: «Äämen!!!»

Einmal hat sich mein armer Vater erweichen lassen und hat Tante Gustchen auf eine kleine Harzreise mitgenommen, die er mit Mutter machte. Die Parteien trafen sich in Braunschweig, und es erregte sofort die äußerste Besorgnis der Eltern, daß Tante Gustchen keinerlei Gepäck mit sich führte, und es sollte doch mehrmals übernachtet werden! Fragen wollten sie nicht gerne, denn Tante Gustchen war damals schon stocktaub und gab ihre manchmal recht offenen Erläuterungen mit Stentorstimme ab. Mutter konnte aber am nächsten Morgen Vater beruhigen: Tante Gustchen hatte doch Gepäck mit. Mutter hatte die Tante im Negligé gesehen. Unter dem Rock trug die Tante um den Leib ein Band, an welchem nach den verschiedenen Himmelsrichtungen Bürste, Kamm, Seife und Waschlappen, ja, auch die Zahnbürste befestigt waren: Omnia mea mecum porto.

Übrigens fällt mir jetzt wieder ein, daß Tante Gustchen in Braunschweig doch mit einem Gepäckstück erschien, nämlich mit einem umfangreichen Kuchenpaket. Sie drückte es ohne Umstände meiner schon belasteten Mutter in die Hände: «Den Kuchen ißt du ja doch! Ich kenn' dich doch!»

Nachher aber wachte die Tante mit Argwohn darüber, daß Mutter nicht «naschte», sondern daß der Kuchen für sie blieb.

In Treseburg war alles mit Ausflüglern überfüllt, nur mit Mühe fanden die drei einen freien Tisch in einer Wirtschaft, und noch größere Mühe machte es, dem überbeschäftigten Kellner eine Speisekarte abzulisten. Alles war gestrichen, es gab nur noch Rindfleisch mit Rosinensauce. Tante Gustchen besichtigte die Karte lange, dann äußerte sie laut und deutlich: «Was, nur Rindfleisch mit Rosinensauce? Auf Rindfleisch mit Rosinensauce hab' ich kein Genieß! Kommt, Kinder!»

Erhob sich und segelte unter allgemeiner Heiterkeit hinaus. Meinem lieben Vater waren solche öffentlichen Szenen immer sehr peinlich. Aus Vorsicht forderte er nun bei der nächsten Wirtschaft zur Besichtigung und Besprechung der ausgehängten Speisekarte auf.

Aber alle Vorsicht nützte meinem Vater gar nichts. Sie hatten an einem sehr heißen Tag den Brocken erstiegen, auf dem es von Menschen wimmelte. Ans Geländer gelehnt, besichtigten sie noch nicht so sehr die Fernsicht, als daß sie den Schweiß von der Stirne trockneten. Da ließ sich plötzlich Tante Gustchen, die durch ihre Taubheit jedes Gefühl für die Lautstärke der eigenen Stimme verloren hatte, schallend vernehmen: «Ich schwitze so! Heute ziehe ich aber meine Flanellhosen aus!»

Vater bekam auf einem unerforschlichen Wege noch auf dem Brokken ein Telegramm, das die Eltern leiderleider zu sofortigem Abbruch der sooo schönen Reise zwang.

Pechvogel

Vielleicht hat mein Leser, der bis hierher dem Kreuz und Quer meiner Erinnerungen gefolgt ist, schon hinreichend den Eindruck gewonnen, daß in meiner frühen Jugend mir das Glück nicht grade nachgelaufen ist, und er meint, ich habe schon genug und übergenug Beweise davon gegeben. Und doch kann ich der Versuchung nicht widerstehen, beinahe am Schluß dieser Niederschrift noch einmal zurückzuschauen und mir und andern durch einen kurzen Überblick zu beweisen, wie das Unheil mit kleinen lächerlichen Unfällen, mit Krankheiten und schließlich einem großen Unglücksfall immer wieder bestimmend in mein Leben eingriff, meine Eltern in steter Sorge um mich hielt und auch redliche Anstrengungen von mir boshaft vereitelte.

Ich erstrebe dabei keine Vollständigkeit. Meine Mutter hat mir erzählt, daß ich bis zu meinem sechzehnten Lebensjahre eigentlich alljährlich einmal lebensgefährlich krank gewesen sei, von kleinerem Mißgeschick zu schweigen. Gottlob habe ich vieles davon vergessen, und so wird es mir um so leichter, eine gewisse Auswahl zu treffen, um zu zeigen, daß ich ein geborener Pechvogel war. — Freilich würde auch dieser Beweis, daß es geborene Pechvögel gibt — denn daran zweifelt wohl kaum jemand —, sinnlos sein, wenn mir nicht mein ganzes spätere Leben gezeigt hätte, daß dies Pech von einem bestimmten Zeitpunkt an aufhörte. Das Unglück hatte alles getan, mich trübe und mißvergnügt zu machen, meinen Anstrengungen den Mut zu nehmen und in mir einen gewissen Fatalismus zu erzeugen, der auch das Widrigste mit der Apathie eines abgetriebenen Packesels hinnahm.

Als dies erreicht schien, verließ es mich, langsam, kaum merklich zuerst kehrte mir der Mut zurück, und wenn ich heute zurückschaue, scheint es mir ein anderer, allerdings nahe verwandter Junge zu sein, der dies alles nicht so sehr ertrug, als vielmehr überdauerte. Mit einem fast belustigten Gefühl kann ich die trübe Miene dieses Jungen betrachten, ich weiß heute: es führte alles doch zu einem guten Ende!

So kommt es, daß ich heute dies Trübe auch nur in einem heiteren Lichte schildern kann. Gelegentlich der Sommerreisen mit meinen Eltern habe ich des beängstigenden Gefühls gedacht, es müsse noch einen andern Jungen geben wie ich, in derselben Stadt wie ich, in der gleichen Haut wie ich, eigentlich genau wie ich — und doch ganz, ganz anders!

Es hat sich nun herausgestellt, daß es diesen Jungen wirklich gab. Es gab den Jungen, der alles so schwer nahm und immer dachte: mir geht doch alles schief, ich habe nie Glück, und es gab den andern, gewissermaßen amüsiert zuschauenden Jungen, der sagte: du nimmst aber eigentlich alles fürchterlich tragisch! Warte nur, es kommt noch anders. Und da es mittlerweile wirklich anders gekommen ist, habe ich fast nur vom Gesichtspunkte dieses zweiten Jungen aus erzählen können.

Ich bin in der seinerzeit durch ihre theologische Fakultät und besonders eifriges Biertrinken ihrer Studenten berühmten Universitätsstadt Greifswald geboren. Allerdings gerate ich noch heute in eine gewisse Erregung, wenn man mich als Pommern anspricht. Itzenplitz ist in Hannover geboren, Fiete in Beuthen, Ede in Berlin und ich also in Greifswald, wir wären ja ein seltsames Stammgemisch in einer Familie, wenn der Geburtsort entscheidend wäre. Nein, wir sind von beiden Eltern her allesamt Hannoveraner, oder genauer vom Vater her auch noch Ostfriesen, was eigentlich noch feiner als das Hannöversche ist. Denn Hannoveraner gibt es viele, Friesen aber nur wenige. Außerdem aber bin ich schon mit fünf Jahren aus Greifswald fortgekommen, so daß meine Erinnerungen an diese Stadt und damit an Pommern nur dürftig sind.

Zu einer dieser wenigen Erinnerungen gehört die sehr deutliche, daß ich im Treppenhaus unserer Wohnung am Karlsplatz stehe. Sie lag im ersten Stock. Ich habe den Kopf zwischen den Stäben des Geländers hindurchgezwängt und schaue aufmerksam in das Erdgeschoß hinunter, das mit roten Fliesen belegt unter mir liegt.

Ich warte gespannt darauf, daß jemand da unten durchgeht, denn ich bin fest entschlossen, diesem Jemand, wer es auch sei, auf den Kopf zu spucken. Ich weiß nicht mehr, aus welchen Gründen ich zu diesem Entschluß gekommen bin, genug, er ist da und er wird ausgeführt werden! Jetzt geht die Tür nach der Straße, und ich sehe, daß Vater hereinkommt. Aber Vater kommt nicht allein, er bringt einen andern Herrn mit. Das kann meinen Entschluß nicht ins Wanken bringen: als die beiden Herren unter mir durchgehen, um den Treppenfuß zu erreichen, spucke ich alles, was ich durch längeres Bemühen in meinem Munde gesammelt habe, auf sie hinunter.

Es muß wie ein immerhin nicht ganz leichter Regenfall gewesen sein, denn sie hielten sofort inne und starrten etwas fassungslos zu mir empor.

«Du, Hans —?!» rief Vater, vor Staunen noch nicht ganz empört. «Was fällt dir denn in aller Welt ein?! Warte nur —!»

Und er fing an, mit bedauernden Worten zu seinem Begleiter, die Treppen hinaufzueilen.

Aber grade nicht zu warten, bin ich fest entschlossen. Die Tür zu unserer Wohnung steht weit offen; ehe die beiden oben sind, werde ich hindurchschlüpfen, sie hinter mir zuschlagen und ein Versteck hinter den Mänteln des Kleiderschranks beziehen. Das alles ist bereits genau überlegt.

Ich will den Kopf aus den Geländerstäben herausziehen, aber, komme es nun von der Eile oder von meiner Ungeschicklichkeit, der Kopf, der so leicht hineinrutschte, will nicht wieder hinaus! Ich ver-

doppele meine Anstrengungen, umsonst, der Kopf sitzt wie eingezwängt, ich mag an ihm zerren, so viel ich will!

Da sind auch schon die Rächer, zur Flucht ist es zu spät, und so
stimme ich für alle Fälle ein klägliches Geheul an. Denn einmal bekomme ich den Kopf nicht frei, zum andern droht mir Strafe.

«Komm sofort hervor, Hans!» ruft Vater zornig. «Was ist dir nur
eingefallen, auf uns herunterzuspucken! Sie müssen wirklich entschuldigen, Herr Kollege! Ich weiß nicht, was in den Jungen gefahren
ist! — Du sollst vorkommen, Hans!!»

Aber meine Versuche sind nur noch schwächlich. Ich weiß doch
schon: aus eigener Kraft schaffe ich es nicht. Ich muß alles vom Vater
erwarten, den ich eben angespuckt habe.

«Hans, gib dir Mühe!» Das klingt schon drohender.

«Ich kann doch nicht!» heule ich und bemühe mich stärker.

«Hans!» droht Vater voll Entschlossenheit. «Du kommst jetzt hervor, oder es gibt Klapse!»

«Ich weiß nicht», sagt der Kollege nun zweifelnd. «Es sieht wirklich
aus, als sei der Kopf zu dick für den Zwischenraum!»

«Der Kopf ist hineingegangen, also muß er herausgehen», erklärt
Vater mit Nachdruck und hat einen Fundamentalsatz der Logik für
sich. Aber leider sollte ich ihm bald beweisen, daß es bei mir nicht
nach der Logik ging.

«Wenn wir ziehen würden?» schlug der Besucher vor.

Also zogen sie. Die Stäbe des Geländers waren von einem überaus fleißigen Drechsler gearbeitet worden, der die im Grundprinzip
bestehende Schaftform mit vielen kugligen und ringförmigen Gebilden unterbrochen hatte. Besonders die Ringe hatten sehr scharfe Kan-
ten, und mein verstärktes Gebrüll bewies bald, daß meinem Kopf
unverzierte Schäfte lieber gewesen wären.

Die beiden Herrn zogen mit Eifer, ich brüllte stärker und stark.
Im Hintergrund hatte sich fragendes, klagendes, ratendes Weiber-
volk aus unserer Wohnung eingefunden, darunter Mutter und die
Schwestern.

«Er hat auf uns 'runtergespuckt!» rief Vater empört zur Mutter
und zog noch stärker. Ich schrie gellend.

(Noch heute bin ich der Ansicht, daß das etwas übertriebene Ab-
stehen meiner Ohren in diesem Abenteuer seinen Ursprung hat. Bis
zu den Ohren ließ der Kopf sich ziehen, aber die Ohrmuscheln sperr-
ten sich, als seien sie aus Eisen!)

Vater war überzeugt davon, daß ich dem Herausgezogenwerden
widerstrebte, um meiner Strafe zu entgehen, und zog immer stärker.
Schließlich überließ er das Schulterziehen dem Gast und ergriff mich
an den Beinen: horizontal, einem Engel gleich, schwebte ich über der
Erde, und mein Gebrüll war einfach fürchterlich.

Das ganze Haus lief zusammen, ja, sogar in den Nachbarhäusern
hatte sich die Kunde verbreitet, der Junge vom Landrichter habe sich
eingeklemmt, und Bekannte wie Freunde dienten Vater mit guten
Ratschlägen, die ihn nur noch nervöser machten. Schließlich kam auch
Vater zu der Überzeugung, daß hier die Logik nicht ausreiche, und

gab erschöpft den Kampf auf. Nun brüllte ich kniend ins Treppenhaus hinab.

Aber jetzt trat Mutter in Tätigkeit. Sie war dafür, mich — ohne
Rücksicht auf die voraufgegangene Spuckerei — erst einmal zu beruhigen. In der Ruhe werde mein Kopf schon abschwellen und ich
aus eigener Kraft aus der Vergatterung finden. Sie versuchte es mit
guten Worten, dann mit Versprechungen, schließlich mit Schokolade.
Vater stand — ein stummer, aber schreiender Protest — dabei.

Ich aber brüllte nur noch heftiger, wenn das nach den vorange-
gangenen sehr beträchtlichen Leistungen überhaupt noch möglich war.
Denn nun war ich fest überzeugt, daß ich nie wieder aus diesen Stäben befreit werden würde, daß ich mein ganzes Leben lang auf die
roten Fliesen des Erdgeschosses werde hinabstarren müssen, und ich
verweigerte sogar die geliebte Schokolade, weil mir schien, Mutter
wolle mich an eine Ernährung durch Gitterstäbe gewöhnen.

Ich weiß nicht mehr, von wem endlich der weise Vorschlag kam,
einen Stab des Gitters herauszusägen. Mein Vater hatte juristische
Bedenken, zum mindesten müsse der Hausbesitzer erst befragt werden. Der Kollege warf ein, daß Gefahr im Verzuge liege, es seien
schon krampfartige Zustände bei mir erkennbar. Auch brüllte ich so
erregend, daß eine ernstliche Störung der Hausruhe vorliege, die jeden hindere, seinen Geschäften nachzugehen.

Vater war nicht nur Jurist, sondern auch Sparer, er mußte erst wissen, wie hoch er vom Wirt für diese Beschädigung des Treppenhau-
ses in Anspruch genommen werde. (Ob Vater gesonnen war, mich
bei zu hohen Ansprüchen erst einmal stecken zu lassen, weiß ich
nicht.)

Die Herren waren noch in ihrer wegen meines Gebrülls notwendig
lauten Debatte, als der von meiner Mutter herbeigeholte Hauswirt,
mit einer Stichsäge in der Hand, erschien. Lächelnd fuhr er über meinem Kopf mit der Säge hin und wider, ein Knacks, er bog die Stange
zur Seite und, von hilfreichen Händen hervorgezogen, saß ich inmit-
ten einer beträchtlichen Menschenansammlung, von der ich bisher
nur notdürftig die Schuhe sowie die Rock- und Hosenkanten hatte
sehen können. Völlig verbrüllt und verschmiert blickte ich blöde lächelnd in lauter freundlich lächelnde Gesichter — mit einem Schlage
war mein Gebrüll verstummt.

Dann sammelte ich mich, streckte die Hand zur Mutter aus und
verlangte: «Meine 'Lade, Mutti!»

Mein Vater, noch des Spuckens eingedenk, machte eine abwehrende Bewegung, aber es war schon zu spät: ich hatte die Schokolade und aß sie auch schon. Daß hiernach an irgendein Strafgericht
nicht mehr zu denken war, versteht sich.

Ich meine, das eben erzählte Erlebnis ist so eindrucksvoll und einzig, daß es unverwechselbar erscheint. Ja, es gehört so bevorzugt zu
dem Schatz meiner frühesten Kindheitserinnerungen, daß ich heute
noch manchmal träume, ich säße mit dem Kopf in was fest. Ich er-
dulde dann schwere Angst, aber keine Macht kann mich befreien.
Bis mich dann schließlich das Erwachen doch befreit.

Wer beschreibt nun mein Erstaunen, als ich nach meines Vaters Tode dies gleiche Erlebnis in den von ihm aufgezeichneten eigenen Kindheitserinnerungen fand, diesmal in Nienburg an der Weser beheimatet und rund vierzig Jahre früher als das meine datiert! Es war genau der gleiche Hergang geschildert, nur daß Vater sich nicht — wie selbstverständlich — des Spuckens halber in diese Lage begeben hatte, sondern zu einem Überblick aus der Vogelperspektive.

Da es nun sehr unwahrscheinlich ist, daß Vater wie Sohn im gleichen Kindesalter das gleiche ungewöhnliche Erlebnis gehabt haben sollen, erhebt sich die schwerwiegende Frage: Hat der Sohn beim Vater, hat der Vater beim Sohn Anleihen gemacht?

Nach der ganzen Wesensart meines Vaters möchte ich es für ausgeschlossen halten, daß er sich bewußt seiner Entlehnung bei mir — und noch dazu ohne mein Einverständnis — schuldig gemacht haben sollte. So frei er auch bei seinen mündlichen Erzählungen mit den Tatsachen umging — ich erinnere nur an die Boviste —, so gewissenhaft war er allem Geschriebenen gegenüber. Wie er seine Buchstaben bis ins höchste Alter langsam, mit einer fast pedantischen Deutlichkeit mehr zeichnete als schrieb, so genau nahm er es auch mit dem Inhalt des Geschriebenen.

Objektiv ist die Annahme viel einleuchtender, daß ich die Geschichte in meinen Kindertagen öfter von ihm gehört und so unbewußt in den Schatz meiner eigenen Erfahrungen eingereiht habe. Subjektiv muß ich gegen diese Annahme aufs lebhafteste protestieren. Dies Erlebnis ist ausschließlich das meine, mit der größten Deutlichkeit befindet es sich in mir, sehe ich doch noch das gelbe gedrechselte Holz der Gitterstäbe vor mir, das von Lack glänzte, und habe ich doch noch deutlich nicht nur die blaue Schürze unseres Hauswirts, der ein Böttchermeister war, vor Augen, sondern auch seine buntgestreiften Pantoffeln, in denen der Fuß nur halb steckte, so daß ich hinten die grobe graue Wollsocke sehe, die schlecht angezogen war, so daß die Strümpfe an der Hacke beutelten! (Ich möchte den sehen, der in einem Satz mehr Beweismaterial beibringt!)

Nein, dies Erlebnis ist mein klares Eigentum, es gehört mir, fast zu sehr, wie ich schon sagte, denn es beunruhigt dann und wann sogar meine Träume. Ich bedaure, daß dies Rätsel, das sich durch Vaters eigene Aufzeichnungen eingestellt hat, nicht mehr gelöst werden kann, aber dies Rätsel kann mich nicht verwirren: ich allein habe gespuckt, festgesessen, Fledermausohren und Schokolade bekommen und bin freigesägt worden!

Da ich von jeher besonders ungeschickt war, hatte ich es in diesen frühen Jahren überhaupt besonders eifrig damit, mich in gefährliche Situationen zu begeben. Auf dem Höfchen hinter dem Hause hatten wir Kinder einen Sandhaufen und über dem Sandhaufen breitete eine junge Blutbuche ihre Zweige aus, der Liebling unseres böttchernden Hausherrn. Als ich eines Tages der Alleinherrscher dieses Sandhaufens war, kam ich auf die Idee, ich müsse unbedingt sofort die Blutbuche ersteigen.

Ohne Verzug schleppte ich von dem Warenlager des Wirts an Bütten und Baljen herbei, was meinen Kräften angemessen war, baute daraus einen Turm und erklimmte mit seiner Hilfe den untersten Ast der Blutbuche. Hier saß ich — wieder einmal — angenehm erhöht über meiner Umwelt und schaukelte mich mit dem Zweig, erst sachte, dann stärker. Aber die Buche war noch sehr jung, der Zweig gab nach, brach, und ich stürzte, aber weich, denn ich fiel auf den Sandhaufen.

Verblüfft starrte ich zu meinem Zweig empor und bemerkte mit Schrecken, daß er jetzt kläglich herabhing. So unbedenklich ich vor kurzem gespuckt hatte, so unheilschwanger erschien mir jetzt dieser gebrochene Zweig. Ich eilte ins Haus, schlich mich unbemerkt zu Mutters Nähkasten und kehrte mit einem Zwirnstern bewaffnet an die Stätte meiner Schandtat zurück.

Ich war völlig überzeugt, daß Vaters Entschädigungszahlungen für diesen gebrochenen Ast den Ruin meiner Familie herbeiführen mußten. Ich erkletterte wieder meinen Büttenturm und machte mich daran, den Zweig mit Zwirn an den Baum zu heften. Aber im Eifer dieser Beschäftigung beachtete ich nicht, daß mein Unterbau auf Sand gegründet war: er kam ins Rutschen, und ich stürzte zum zweitenmal, diesmal aber so ungeschickt, daß ich mir an dem Rand einer Balje einige Schneidezähne ausschlug.

Mein mörderisches Geschrei, als ich Blut fließen sah, lockte nicht nur Mutter, sondern auch den Meister herbei. Mein Erstaunen war grenzenlos, als ich nicht wegen des abgebrochenen Zweiges gescholten, sondern herzlich bedauert und getröstet wurde, auch vom Böttcher. Ich fand es sehr verwirrend für ein Kind, zu wissen, welche seiner Untaten schwer bewertet wurden und welche Untaten gar keine waren.

In meiner Erinnerung ist es direkt danach, daß ich an der Hand unseres Mädchens auf Besorgungen gehe. Es muß aber doch — als Erholungspause für meine Familie — einige Zeit vergangen sein, denn es ist ein grauer kalter Wintertag. Es wird nicht mehr auf dem Sandhaufen gespielt, sondern jetzt schlittere ich auf dem Eis des Rinnsteins, während Marie-Sophie-Helene, meine Hand haltend, auf der Kante des Bürgersteigs geht. Aber der mir von ihr gegebene Halt muß doch unzureichend gewesen sein, denn plötzlich stürze ich, und da ich grundsätzlich nie einfach wie andere Kinder falle, so schlage ich mit der Stirn gegen den scharfkantigen Bordstein und verliere das Bewußtsein. Ich wurde blutend heimgetragen, meine liebe Mutter seufzte. Vater war auf dem Gericht, ein Arzt wurde geholt, und ich wurde genäht.

Hiernach sah ich schon nicht mehr ganz frisch aus; so neu ich auch noch war, wirkte ich doch schon stark lädiert, mit abstehenden roten Ohren, ausgeschlagenen Vorderzähnen und einer breiten roten Narbe über die Stirn. (Die Wunde hatte selbstverständlich nicht so geheilt wie bei andern Kindern, sondern sich erst mal entzündet.) Nein, ich wirkte nicht schön, aber mich störte das wenig.

Denn nun war der Frühling gekommen, und ich widme mich mit Schwestern, Freunden, Bekannten und auch Unbekannten auf dem

Karlsplatz dem erregenden Murmelspiel. Muß ich es noch extra sagen, daß ich ein schlechter Murmelspieler war, vielleicht der schlechteste von ganz Greifswald —?! In diesem Frühjahr war ich von Haus aus recht gut mit Murmeln ausgestattet, ich besaß ihrer viele in allen Arten und Größen, von der einfachen Tonkugel an über «echte Marmeln» bis zu blanken Eisenkugeln, ja, bis zu der großen Kristallkugel, die in ihrer Mitte einen schneeweißen Eisbären trägt. Diese Kristallkugel liebe ich über alles.

Aber auch die vollste Kiste hat einen Boden, und wenn man immer nur aus ihr nimmt, erreicht man schließlich diesen Boden. Mein Murmelbeutel wird leerer und leerer. Ich sehe sie alle dahinschwinden, eine nach der andern, die Tonkugeln, die echten Marmeln, die silberglänzenden Eisenkugeln, die Glaskugeln mit den bunten gedrehten Stäben in der Mitte. Mit der Durchsicht meiner Bestände abends im Bett werde ich immer schneller fertig, und mit Neid sehe ich auf die Beutel meiner Schwestern, die durch das Spiel nicht leerer, sondern voller werden.

Schließlich kommt die Stunde, da ich die Kristallkugel mit dem Eisbären wagen muß, will ich überhaupt noch mitspielen. Erregende lange Verhandlungen gehen voraus. Auch von der Gegenpartei wird diese Kugel hoch bewertet, wenn auch nicht ganz so hoch wie von mir. Schließlich kommt eine Einigung zustande: jetzt habe ich die Gelegenheit, durch einen Wurf mit dem Eisbären fast alles Verlorene wiederzugewinnen.

Viele Kinder umstehen uns, es ist ein wichtiger Moment. Ich weiß, was auf dem Spiele steht, und wie selten im Leben reiße ich alle meine Kräfte zusammen. Diesmal muß es mir gelingen, dieses Mal werde ich Glück haben . . .

Eine atemlose Stille herrscht unter den Zuschauern, selten wechseln solche Vermögen durch einen Wurf ihren Besitzer. Mein Gegner, wohl zwei oder drei Jahre älter als ich, tritt aufgeregt von einem Fuß auf den andern, beobachtet mich dabei aber scharf. Ich ziele genau nach der kleinen Erdhöhlung, in die meine Kugel fallen muß, ich strecke den Arm, ich werfe schon —

Da ruft mein Gegner: «Kuckt mal, der Storch mit dem Frosch!» Mein Kopf fährt zum Himmel, und weit vom Ziel rollt meine Kugel . . .

«Das gilt nicht!» schreie ich zornig.

Und: «Verloren!» schreit er.

«Das war Betrug!» rufe ich, denn es gab natürlich gar keinen Storch mit einem Frosch. «Es gilt nicht!»

Und ich stürze mich auf die Kugel und nehme sie fest in die Hand.

Mein Gegner überfällt mich und sucht mir die Hand aufzubrechen. Die Ansichten der Zuschauer sind geteilt, aber doch überwiegen die, welche der Meinung sind, im Spiel (noch nicht in der Liebe) sei jede List erlaubt. Doch halten sie sich der nun beginnenden kriegerischen Auseinandersetzung fern.

Mein Gegner braucht auch keine Hilfstruppen, mein Kampf ist aussichtslos. Er ist soviel stärker und kampferprobter als ich bleiches

Krankengemüse. Mit einem Arm wehrt er gelassen meine Schläge ab und konzentriert sich nur darauf, mit den Nägeln der andern meine Hand aufzuzwicken. Ich sehe ein, daß die Kristallkugel mit dem Eisbären für mich verloren ist. Aber wenn ich sie nicht habe, er soll sie auch nicht bekommen, dieser Betrüger, der! Ich sehe nahe bei mir die gähnende Abflußöffnung des Rinnsteins. Mit letzter Kraft reiße ich meine Hand frei und schleudere die Kugel mit Wucht in die . . .

Denkste! sagt heute der Berliner. Denn so nahe mir auch die Öffnung ist, ich habe vorbeigetroffen. Die Kugel prallt stark gegen das Pflaster, zerspringt, und die eine scharfkantige Hälfte fliegt mir direkt ins Gesicht, grade unter das Auge, wo sie einen tiefen Schnitt hinterläßt.

Wieder einmal werde ich blutend nach Haus geführt, wieder einmal werde ich genäht, wieder einmal sehe ich noch dramatischer aus. «Unser geschundener Raubritter», sagte mein Vater seufzend, wenn sein Blick auf mir ruhte, und dieser Titel ist mir in meiner ganzen Jugend treu geblieben.

Aber man beachte doch auch, in welch wirkungsvoller Steigerung mich die Unfälle heimsuchten! Den festgeklemmten Kopf trug mir eine reine Frechheit ein, die Strafe war milde im Hinblick auf das Vergehen. Sehr viel schmerzhafter schon mit einem zerschlagenen Kiefer wurde ich für das an sich löbliche Vorhaben bestraft, einen angerichteten Schaden durch das Anheften eines Zweiges wieder gutzumachen. Am schärfsten aber fiel die Strafe für den Kampf aus, den ich gutgläubig für mein Recht unternahm. Ich verlor nicht nur den geliebten Gegenstand, nein, dieser geliebte Gegenstand übernahm noch in geplatztem Zustand die Rolle des Strafrichters, bedrohte mich mit dem Verlust des Auges und verwundete mich empfindlich!

Wer da noch an einen Zufall glauben will, dem ist nicht zu helfen! *Ich* war schon früh davon überzeugt, daß die Bosheit in eigener Gestalt an meiner Wiege einen giftigen Spruch gemurmelt habe, dem ich verhaftet war für und für! Hat man denn je schon davon gehört, daß eine auf ein Pflaster springende Glaskugel wie ein reißendes Tier auf den Werfer zurückfährt?! Ich nicht, von andern nämlich, bei mir halte ich freilich alles für möglich.

Wie ich eben schon sagte, habe ich reichlich fünf Jahre meines Lebens in Greifswald verbracht, aber die ganze Ausbeute dieser fünf Jahre sind die wenigen eben erzählten Erinnerungen. Sonst ist nichts mehr da, keine Erinnerung an die Wohnung, an Eltern, Gespielen, Straßen, Häuser — alles fort, nur diese paar unangenehmen Erinnerungen! Und da behaupten die Leute, das menschliche Hirn sei so glücklich organisiert, daß es Unheil leichter vergesse als gute Stunden! Bei mir nicht! Bei mir jedenfalls nicht!

Ich überspringe nun ganze neun Jahre, nicht, weil es mir an Stoff gebräche — ich glaube, dem Leser in früheren Abschnitten schon genug berichtet zu haben —, sondern weil ich an den frühesten Anfang das Ende dieser Jugendzeit anschließen will. Wie der Anfang, so das Ende, dieser Satz bewahrheitete sich auch an mir. Ich bin nun vierzehn und ziere die Obertertia des Bismarck-Gymnasiums zu Berlin.

Aber Vater hat das Ziel seiner Jugendwünsche erreicht und ist zum Reichsgerichtsrat ernannt worden. Ostern werden wir nach Leipzig übersiedeln, aber das ganze Vierteljahr, das wir noch in Berlin sind, hat etwas Provisorisches, eine fast unerträglich verlängerte Abschiedsstimmung belastet uns alle.

So erfreulich nun diese Versetzung auch ist, so gespannt wir Kinder dem neuen Leben in Leipzig entgegenschauen, mancherlei Schwierigkeiten sind noch zu überwinden, ehe wir fahren können. Da bin zum Beispiel ich. Wie gesagt, ich gehe auf das Bismarck-Gymnasium, und in Leipzig gibt es das Königin-Carola-Gymnasium, das ich ab Ostern besuchen werde, dies scheint ganz einfach. Aber es ist gar nicht einfach, denn in Leipzig wird in die höhere Klasse zu Ostern versetzt, während ich in Berlin eine Obertertia besuchte, die zu Michaelis in die Sekunda aufrückt. Es handelt sich also bei mir darum, ob ich ein halbes Jahr verlieren oder gewinnen werde, ob ich einen Sprung vorwärts tue oder zurücksinke und altes Wissen sechs Monate hindurch wiederkäue.

Vater war natürlich für Springen. Meine Lehrer machten etwas bedenkliche Gesichter und sprachen von Lücken in meinem Wissen, vor allem, was Geometrie und Algebra betraf. Vater hatte eine ernste Aussprache mit mir und bat mich um meine offene Meinung. Ob ich es mir denn zutraue, schon zu Ostern die Aufnahmeprüfung für die Untersekunda zu bestehen? Er wolle mich ja nicht drängen, aber immerhin finde er ... ich als sein Sohn ... offener Kopf ... ein Vierteljahr eben mal ganz ernsthaft büffeln ... ein halbes Jahr früher auf die Universität ... ja, Vater ging so weit, an ein weit zurückliegendes, halb vergessenes Erlebnis zu erinnern, als mir nämlich der Besuch einer Anstalt für geistig zurückgebliebene Kinder empfohlen worden war. Hier habe ich doch einmal Gelegenheit zu beweisen, daß ich nicht zurückgeblieben, sondern daß ich geistig voraus sei! Im übrigen lege er die Sache natürlich ganz in meine Hände, er dränge mich nicht, und wenn es mir eben Spaß mache, ein halbes Jahr länger als nötig auf die Penne zu gehen, er sei damit einverstanden.

Einer so wirkungsvollen Ansprache von Gleich zu Gleich konnte der Sohn natürlich nicht widerstehen. Ich traute mir alles zu, war bereit, ein halbes Jahr zu überspringen, und wurde vom Bismarck-Gymnasium ab- und dafür im Institut von Herrn Doktor Dackelmann angemeldet. Hätte ich geahnt, was mir dort bevorstand, so hätte ich mir den Fall ein wenig besser überlegt. Das Institut von Doktor Dackelmann war nämlich das, was man eine «Presse» nennt, hier wird in harte Köpfe, an denen Lehrer üblichen Schlages verzweifeln, grade so viel Wissen gepreßt, daß eine bestimmte Prüfung bestanden werden kann.

Dabei ist die Kenntnis der Lehrer dieses Institutes, was für eine bestimmte Prüfung verlangt wird, erstaunlich. Sie kennen nicht nur den Wissensstoff im allgemeinen, nein, sie sind auch über die Spezialitäten jeder Anstalt genau unterrichtet: in Gotha sitzt ein Professor, der unerbittlich ist, wenn der Prüfling beim zweiten Aorist versagt, und in Merseburg sitzt ein Deutschlehrer, der verlangt, daß man den Geßler-Monolog, das Lied von der Glocke und den Gang zum Eisenhammer auswendig weiß. In Leipzig hingegen, am Königin-Carola-Gymnasium, waren die ersten einhundertfünfunddreißig Hexameter der Odyssee Pflicht. Genau dies verlangte Wissen wurde den Prüflingen eingetrichtert, ohne jeden Zusammenhang. Der Ehrgeiz des Institutes ging dahin, daß der Prüfling sein Examen bestand, was nachher mit ihm wurde, war ihm gleichgültig.

In diese Presse geriet ich nun, und zwar hatte mein Vater, um es auch gut zu machen, mich für den Einzelunterricht angemeldet. Fünf Stunden am Vormittag und drei Stunden am Nachmittag saß ich als einziges Opfer meiner Lehrer da. Es gab kein Abirren der Gedanken mehr, nie war ein anderer «dran», acht Stunden am Tage lang. Die Lehrer wechselten stündlich, ich aber konnte nicht wechseln, ich hatte immer da zu sein, und wie da zu sein!

Und wenn ich dann erschöpft nach Hause wankte, steckten in meiner Mappe soviel Aufgaben, die morgen früh in meinem Hirn anwesend zu sein hatten, daß ich wußte, es würde ziemlich tief in der Nacht sein, ehe ich Schluß machen konnte.

Bis dahin hatte ich einer ziemlich laxen Auffassung von Schule und Schularbeiten gehuldigt. Es war gar nicht so schlimm, wenn man einmal beim Träumen erwischt wurde und eine schlechte Zensur bekam. Es war auch nicht gefährlich, wenn Hausarbeiten gelegentlich mit einem «Mangelhaft» oder «Ungenügend» zensiert wurden. Die Zeiten waren vorbei, da ich regelmäßig mit Mutter meine Schularbeiten machen mußte, und auch Vater bekam nur noch selten und nur auf sehr dringendes Verlangen meine Schulhefte zu sehen. Ich hatte mich selbständig gemacht. Im allgemeinen genügte es vollkommen, wenn ich mich im letzten Vierteljahr etwas auf die Hosen setzte; wurde ich nicht als Fünfter versetzt, so als Zehnter oder Fünfzehnter, die Hauptsache war, ich wurde versetzt.

Aber was war ein solches sanftes Büffeln im letzten Vierteljahr gegen das, was mir nun zugemutet wurde! Mein Kopf fing rasch zu rauchen an. Dabei war es nun nicht etwa so, daß man angeschnauzt oder getadelt wurde, daß der Lehrer die Geduld verlor, losbrüllte oder Strafarbeiten gab. Im Gegenteil — geduldigere Lehrer habe ich nie gefunden — sie brauchten ihre Geduld aber auch redlich bei den meist überharten Köpfen, die ihr stündliches Brot waren. Mit einer Langmut sondergleichen übten sie immer dasselbe, zehnmal, zwanzigmal, wenn es sein mußte, auch hundertmal, bis auch der vernageltste Schädel dessen überdrüssig wurde und lieber das Richtige sagte, statt es immer wieder anzuhören. Dann kam doch wenigstens wieder etwas Neues, das allerdings auch sofort auf die gleiche Weise eingetrichtert wurde.

Ich stand unter der besonderen Obhut von Doktor Dackelmann, dem eine gewisse Schärfe nicht abzusprechen war. Er war ein kleiner, dicker, recht schmieriger Mann, der eine Neigung zum Prusten hatte. Er verschmähte grundsätzlich den erhöhten Platz des Lehrers. Er setzte sich neben mich auf dieselbe Schulbank, denn ich wurde immer in einem großen, leer hallenden Klassenzimmer unterrichtet, und so war ich immer der «Letzte»! Denn daß Doktor Dackelmann, der neben mir aus dem gleichen Buch lernte, der Erste war, daran konnte kein Zweifel sein.

«Fallada!» sagte er und prustete. «Fallada! Nomen est omen, Namen werden zu Schicksalen. Eines Tages wirst du fallen und daliegen. Aber nicht in dieser Prüfung, so wahr mir Gott helfe, nicht in dieser Prüfung, und wenn ich noch in deine letzte Gehirnzelle ein Gerundivum pressen muß! Hätte ich Ursache, dich mit jenen — Holzböcken zu vergleichen, die, schon bebartet und der Einberufung zum Militärdienst gewärtig, noch einen letzten verzweifelten Versuch machen, die Einjährig-Freiwilligen-Prüfung zu bestehen, ich würde still leiden und schweigen. Aber du, ein offener Kopf — und hier haben wir also nun ein «ut» mit dem Indikativ! Eheu te miserum! Si tacuisses!»

Und ich wahrhaft Elender wußte, daß er mich nun zwei Stunden lang damit schinden würde, daß «ut» den Konjunktiv zur Folge hat, und morgen wiederum und sofort, bis es saß, saß, saß, eisern saß. Und sobald dieser erstrebte Zustand eingetreten sein würde, würde er mir die Ausnahmen beibringen, wo «ut» doch den Indikativ regierte, und eine Wirrnis würde sich in meinem Schädel ausbreiten, und die Ausnahmen würden die Regel überwuchern. Aber Gottvater gleich würde er seine Feste errichten in meinem Kopf und würde nicht eher ruhen, bis sich die Wasser über der Feste (nämlich die Regel) von den Wassern unter der Feste (also den Ausnahmen) geschieden hatten. Und währenddem würde er ununterbrochen von meinem offenen Kopf reden und von den Holzköpfen der andern, und dabei wußte ich doch auf das genaueste, daß er den andern von meinem Holzkopf sprach und ihre hellen Schädel pries!

Ganz anders war Herr Muthesius, ein langer, ernster, schwärzlicher Mann, der vom vielen Schreiben an der Tafel stets kreidige Ärmel hatte. Ihm war die weitaus schwierigere Aufgabe zugefallen, mich in Mathematik zu unterrichten, ein Gebiet, für das ich zweifellos minderbegabt bin. Das hatte er schnell erkannt, es war schlechterdings unmöglich, mir beizubringen, daß der oder jener geometrische Beweis zwingend war, daß es neben ihm keine andere Möglichkeit gab. In hellen Augenblicken konnte ich einsehen, daß der Beweis «stimmte», aber selbst in diesen Momenten der Erleuchtung bestand für mich immer noch der Zweifel, ob nicht vielleicht doch ein gegenteiliger Beweis noch zwingender sein könnte.

So beschränkte sich Herr Muthesius nur darauf, mir die einzelnen Beweise einzupauken. Ich mußte sie mechanisch auswendig lernen, ohne alle Rücksicht darauf, ob ich sie begriffen hatte oder nicht. Dieses Auswendiglernen aber geschah auf eine erregende, fast wilde Art. Handelte es sich um leichtere Fälle, so schlug Herr Muthesius, auf dem Katheder über mir sitzend, nur den Takt zu den Formeln mit einem sehr breiten Lineal, skandierte damit mein Gestammel.

War der Fall aber ernster, so forderte mich der Lehrer auf, hinter ihm im Takt die Bänke des Schulzimmers zu umwandeln, wobei er wild mit dem Fuß aufstampfte und das Lineal in gleichem Rhythmus wie einen Taktstock auf und ab stieß. Ich sehe ihn noch vor mir, sein schwarzer Rock mit Kreideflecken war ruckweise bewegt, sein Fuß stampfte, seine Stimme fing an zu dröhnen. Die a^2 und b^2, die $a + b$ und $a - b$ bekamen Leben. Unwillkürlich fing auch ich an, mit dem Fuße zu stampfen, jedes Plus bekam seinen Tritt und jedes Minus; auch schrie ich genau wie er.

Wie viele Stunden sind wir an den grauen, trostlosen Winternachmittagen so stampfend um die Schulbänke gewandert! Das Gas war noch nicht angezündet, vom Fußboden, auf dem sie geschlafen hatte, schien die Dunkelheit aufzusteigen, schon versanken unsere Knie in ihr. Dann stieg sie langsam höher an uns, bis sie die Hände und zuletzt das Gesicht auslöschte. Aber immer weiter stampften und memorierten wir, $a + b$ und $a - b$ . . . O Gott, ich habe keine Freunde mehr, keine Eltern, kein Heim. Keine Geschwister. Auch an eine Prüfung ist nicht zu denken. Denn eine Prüfung wäre das Ende von diesem hier, und dies hier hat nie ein Ende! Dies ist Selbstzweck, hier zu marschieren, mit einem wilden, fast kriegerischen Stampfen, Stunde um Stunde, ein Leben lang, bis das Hirn zu dampfen anfängt, die ganze Welt versinkt, das Ich ausgelöscht ist, und nichts bleibt als $a^2 + 2ab + b^2$! Heiliger Bimbam! (Mit einem Fußtritt auf dem Bam!)

In meiner letzten Stunde bei ihm gab mir Herr Muthesius noch einen wertvollen Wink.

«Hören Sie», sagte er. «Hören Sie, Dings . . .»

(Herr Muthesius bestand nämlich darauf, alle seine Schüler, ungeachtet ihres Alters, mit «Sie» anzureden. Nicht als ob er damit eine besondere Achtung ausdrücken wollte, sondern einfach nur darum, weil er zu faul war, sich zu merken, welche Schüler mit «Du» und welche mit «Sie» anzureden waren. Wie er sich auch keinen Namen merkte, sondern alle gleichmäßig mit dem Sammelnamen «Dings» rief.)

«Hören Sie, Dings!» sagte Herr Muthesius, «Sie werden da zu Leipzig von einem Professor in Mathematik geprüft werden, der helle ist, dem machen Sie nicht fünf Minuten lang vor, daß Sie auch nur ein bißchen von Mathese kapiert haben, Dings! Halten Sie sich an das Eingepaukte, ich warne Sie, und wenn Sie was nicht wissen, so faseln Sie nicht, sondern sagen offen, davon weiß ich nichts, das hat mir der Muthesius nicht eingetrichtert. Da war ich nicht da, da habe ich grade Rotlauf gehabt, alles besser als faseln. Und kommen Sie dann doch ins Gedränge, dann fragen Sie ihn listig nach Houston Stewart Chamberlain. Haben Sie von dem Menschen schon mal gehört? Nicht? Natürlich nicht! Wie sollten Sie auch, Dings?! Der Mann hat ein Buch geschrieben, ‹Die Grundlagen des 20. Jahrhunderts›, das ist sein Steckenpferd. Wenn Sie ihn darauf zu reden bringen, dann sind Sie gerettet, Sie könnten noch unwissender sein, als Sie sind!»

Damit schied Herr Muthesius von mir, und nie wieder habe ich von ihm gehört. Manchmal muß ich heute noch an ihn denken und dann zerbreche ich mir den Kopf, ob ein solcher Mann wie andere Menschen leben kann, vielleicht sogar Frau und Kinder hat, wer ihm seinen schwarzen Rock ausbürstet, ob er irgendwelche Leidenschaften hat, ob er gerne Bier trinkt, was er ißt? Aber alle diese Fragen bleiben ohne Antwort. Ich kann mir Herrn Muthesius nicht anders vorstellen, als daß er immer noch, zeitlos, ja ewig, durch ein immer dunkler werdendes Schulzimmer stampft, mit dem Lineal skandierend: a + b und a — b — bis in alle Ewigkeit!

Und nun ist ein strahlender Apriltag, kurz vor dem Osterfest. Ich steige die breiten Stufen des Königin-Carola-Gymnasiums hinunter, und unten steht Vater und sieht mir sehr erwartungsvoll entgegen. Ich bemühe mich, möglichst langsam zu gehen. Ich lege mein Gesicht in ernste Falten und verrate nichts von der freudigen Erregung, die mich erfüllt. Im Gegenteil, ich gebe mir Mühe, möglichst griesgrämig und verdrossen auszusehen.

Aber ich muß ein sehr schlechter Schauspieler sein, denn Vaters erwartungsvolles Gesicht verwandelt sich in ein zufrieden lächelndes.

«Also bestanden, Hans? Bestanden?!» sagt er glücklich.

«I wo, Vater!» versuche ich noch. «Durchgefallen mit Pauken und Trompeten!»

«Erzähl keine Geschichten!» lacht Vater. «Ich kenn doch deine Augen! War's schwer?»

«Nicht die Bohne!» lache ich. «Wen Dackelmann in seinen Klauen gehabt hat, für den ist so was ein Kinderspiel! In allem habe ich glänzend abgeschnitten, sogar in Mathese!»

«Mathematik!» verbesserte mich Vater, der selbst in Augenblicken solch freudiger Erregung unsere saloppe Schülersprache ablehnt. «Also Untersekundaner, Hans, ein halbes Jahr vor der Zeit! Du schlägst deinen Vater!» Aber er lächelt vergnügt, und plötzlich sagt er, ganz überraschend: «Wünsch dir was, Hans! Du kannst dir wirklich was Ordentliches, Großes wünschen. Heute spare ich nicht!»

«Was Ordentliches, was Großes, Vater, das wirklich viel kostet?» frage ich nachdenklich.

«Ja, meinethalben auch, was viel kostet!» sagt Vater. «Weißt du denn gleich was, so aus dem Handgelenk?»

«Natürlich!» sage ich, denn das scheint mir ja nun doch etwas lächerlich, daß man nicht Wünsche in beliebiger Menge und Art zu jeder Zeit bereit haben sollte. «Komm mal mit, Vater. Ich will dir was zeigen!»

«Was willst du mir denn zeigen? Zuerst müssen wir an Doktor Dackelmann telegrafieren!»

«Können wir auch! Auf dem Weg kommen wir an einem Postamt vorbei.»

«Wie du schon Bescheid weißt, hier in Leipzig!» wundert sich Vater.

«Das ist doch dein Verdienst, Vater», sage ich. «Du hast doch die Querstraßen von der Zeitzer mit uns geübt.»

Und ich wiederhole Vaters Merksatz, uns vorsorglich eingeübt:

«Aho! Sido! Sophiechen Körner schenkt Arndts Werke an Moltke für den Kronprinzen!»

Das heißt ins Verständliche übersetzt: die Zeitzer Straße wird der

Reihe nach von folgenden Querstraßen durchschnitten: Albertstraße, Hohe Straße, Sidonienstraße, Sophienstraße, Körnerstraße, Schenkendorfstraße, Arndtstraße, Moltkestraße, Kronprinzenstraße.

Vater hatte eine wahre Leidenschaft für solche kleinen Gedächtnishilfen. In Fällen wie dieser nahm ich sie auch ganz willig an, bei seinen Zahlenhilfen freilich streikte ich. Wenn durchaus nicht in meinem Schädel haften wollte, daß die Schlacht bei Ägospotami 405 vor Christi Geburt stattgefunden hat, schlug Vater mir etwa folgende Hilfe vor: «Das ist doch ganz einfach, Hans! Ihr seid 4 Geschwister, ist die erste 4. Es gibt kein weiteres, macht die 0. Wenn es aber noch ein weiteres gegeben hätte, wäret ihr 5. Also 405!»

Das überzeugte mich nie. Ich fand, ich konnte ebensogut sagen: Unsere Familie besteht aus sechsen, gibt 6. Kommt Großmutter dazu, macht 7. Weiter niemand mehr, ist 0. Also fand die Schlacht bei Ägospotami 670 vor Christi Geburt statt. Kam ich Vater aber so, wurde er meist etwas ärgerlich. Dann sagte er nur kurz: «Ach, du bist ein alter Dröhnbartel!»

In diesem Falle aber hatte ich seinem «Aho! Sido!» Anerkennung gezollt, das steigerte noch seine gute Stimmung. «Also, was ist es denn, Hans? Du machst mich ganz neugierig!»

«Du wirst schon sehen, Vater!» sagte ich vorwärtsdrängend. Und vorbereitend: «Aber ich glaube, es kostet vielleicht bestimmt sogar etwas über hundert Mark!»

Nun wurde Vater doch etwas bedenklich. «Ich kann mir gar nicht denken», sagte er fast unzufrieden, «daß ein Junge wie du, der alles hat, sich gleich etwas für über hundert Mark wünschen kann!»

Damit schwieg er etwas pikiert, und wir traten in das Postamt ein.

Vater überlegte lange, was er telegrafieren solle: daß ich die Prüfung «glänzend» oder daß ich sie «gut» bestanden hätte. Immerhin lag erst nur mein Bericht vor. Es gelang mir aber, Vater völlig davon zu überzeugen, daß ich «glänzend» bestanden hatte, was übrigens auch der Wahrheit entsprach.

Dann wanderten wir weiter, bis ich vor einem großen Schaufenster haltmachte. «Da!!» sagte ich und zeigte mit dem Finger.

«Ein Fahrrad!» rief Vater verblüfft. «Ja, kannst du denn radeln?!»

Ich hätte ja nun meinem Vater die Geschichte jenes Knaben erzählen können, der seinen Vater fragte, ob er baden dürfe, und der die Antwort bekam: «Ja, aber erst, wenn du schwimmen kannst!» Doch konnte ich wirklich schon radeln. Ich hatte es in Berlin gelernt, auf Rädern anderer Jungens, in aller Heimlichkeit. Heimlich aus bekannten Gründen, denn sonst wäre mir das Radeln-Lernen nie erlaubt worden. Es war aber, mich selbst überraschend, gut gegangen. Einige auf den Knien zerrissene Strümpfe und durchgescheuerte Handflächen hatte allein ein großer Kohlenwagen verschuldet, der zwei Tage unabgeladen in der Luitpoldstraße gestanden hatte. Dieser Wagen hatte eine magische Anziehungskraft auf mich ausgeübt: ich konnte ganz auf der andern Straßenseite radeln, unentrinnbar lockte er mich an sich, bis ich in seinen Rädern, einmal auch unter ihm landete!

Aber das waren längst abgetane Dinge, heute war ich ein perfekter

Radler und konnte mit Stolz antworten: «Ob ich radeln kann, Vater? Natürlich kann ich radeln! Alle Jungen können radeln!»

Vater war mehr geneigt, bei diesem Thema zu bleiben, statt sich auf den Radankauf zu konzentrieren. «Wo hast du denn das Radeln gelernt, Hans?» fragte er.

«In Berlin doch!» antwortete ich unschuldig. «Schon endlos lange. Lange vor Dackelmanns Zeit. Außerdem braucht man Radeln gar nicht zu lernen. Radeln kann man gleich. Man setzt sich eben drauf und fährt los.»

Und ich sah dem Vater bieder ins Auge.

«So!» sagte der trocken. «Und du hast uns nie etwas von dieser deiner neuen Kunst erzählt, Hans? Seltsam, o wie so seltsam! Sonst bist du eigentlich nicht so zurückhaltend im Rühmen deiner Künste, Hans!»

Vater betrachtete mich mit einem hellen, recht spöttischen Lächeln.

«Och . . .» antwortete ich, reichlich verlegen. «So'n Dreck! Das ist doch gar keine Kunst!»

«Nun», meinte der Vater. «Heut ist ein besonderer Tag, und so will ich nicht weiter in dich drängen. Ich glaube mich freilich zu erinnern, daß vor einigen Monaten deine Mutter über einen ungewöhnlich starken Strumpfverschleiß bei dir klagte. Vielleicht erzähltest du uns etwas vom Weitspringen beim Turnunterricht, bei dem du so leicht hinfielst —? Aber da täuscht mich wohl mein Gedächtnis, nicht wahr, Hans?»

Ich zog es vor, zu schweigen.

«Nun, du hast recht, wir reden nicht mehr davon. Der Himmel hat dich als perfekten Radler erschaffen. Das stimmt doch, Hans?»

«Jawohl, Vater, das stimmt!»

«Nun wohl, mein Sohn, hier ist eine stille Straße, und so wirst du nun erst einmal eine kleine Prüfung ablegen vor mir und dem Händler. Erst dann wird zum Ankauf geschritten. Du kommst heute aus den Prüfungen nicht heraus, Hans!»

«Und diese bestehe ich noch glänzender, Vater!»

Und so war es wirklich. Eine Viertelstunde später radelte ich an Vaters Seite nach Haus, bewies meine Meisterschaft durch ein unwahrscheinlich langsames Tempo, bekanntlich das schwierigste beim Radeln. Ich rede immerzu, alle Schleusen sind geöffnet. Ich bin selig vor Glück. Das Rad hat einhundertfünfunddreißig Mark gekostet, Vater hat mir etwas Solides, etwas fürs Leben gekauft. Nur die krumm nach unten gebogene Lenkstange hat er abgelehnt.

«Nein, nein, ich kenne das! Die sitzen so wie Affen auf dem Rade. Ich möchte dich doch nicht in dieser Richtung ermuntern, Hans, ich gebe noch immer nicht die Hoffnung auf, daß du dich mit den Jahren zum Menschen entwickelst.»

Wenn Vater so neckte, war er immer allerbester Stimmung.

Mein Erwachen am nächsten Morgen war köstlich. Ich kam aus tiefstem Traum, der, kaum hatte ich die Augen geöffnet, schon rasch entschwand, aber im Schwinden das Gefühl hinterließ, als habe ich in der Nacht Schönstes erlebt. Es war noch sehr früh. Im Hause schlief alles, auch die Stadt um das Haus herum schlief noch, nur zeitige Vögel lärmten in dem Garten schon.

Plötzlich wird es mir klar, daß wir einen Garten haben! Wir wohnen nicht mehr in Berlin, wir sind in Leipzig, aus der Veranda unserer neuen Wohnung steigt man über ein paar Stufen in den Garten hinab. Und in diesem Garten blüht schon einiges: Krokus, Leberblümchen, Schneeglöckchen. Schon wird der Rasen grün, denn es ist Frühling, das Osterfest ist nahe — und es sind Ferien. Es sind ganz richtige Ferien, ohne alle Schularbeiten, Faulferien, denn ich habe gestern meine Prüfung mit Glanz bestanden! Ich habe einen Sprung über ein halbes Jahr getan, ich bin Untersekundaner!

Ein stolzes Gefühl erfüllt mich, ich habe etwas geschafft, trotzdem Doktor Dackelmann im stillen mich für einen Holzkopf hält! Aber ich habe es erreicht! Es gibt keinen Zweifel daran, es gibt einen handgreiflichen Beweis dafür, ein Rad, ein Herrenfahrrad, das nagelneu unten im Keller steht!

Ein überströmendes Glücksgefühl, wie selten gespürt, erfüllt mich: Frühling und Ferien und Osternähe, Untersekundaner und Fahrrad, es ist fast zu viel! Ich dehne und recke mich, mein Gähnen ist fast ein Schluchzen!

Es leidet mich nicht mehr im Bett. Leise stehe ich auf, leise, um niemanden zu stören. Ich wasche mich mit einer ganz ungewohnten Flüchtigkeit, ziehe aber immerhin doch meinen Sonntagsanzug an, und nun schleiche ich in den Keller.

Da steht es! Es ist ein Rad der Marke Brennabor mit Torpedo-Freilauf und Rücktritt. Vater ist großzügig gewesen, er hat nicht nur das beste Rad im Laden gekauft, er hat mir auch noch einen Fahrradständer und eine Azetylenlampe dazu spendiert. Ich betrachte mein Rad mit verliebten Augen, ich drehe die Pedale, das Hinterrad saust so schnell, daß man die Speichen nicht mehr sieht! Nun drücke ich auf ein Pedal, und plötzlich steht das Rad; fast ohne Übergang ist aus der raschesten Bewegung völlige Ruhe geworden. Großartig!

Ich schleiche wieder nach oben, ich unterziehe Mutters Nähschrank einer Prüfung und entdecke ein Handtuch, das mir das Stopfen nicht mehr zu lohnen scheint. Ich nehme es an mich, klaue noch aus Mutters Nähmaschine eine Flasche Öl (reines Knochenöl), und wieder unten angelangt mache ich mich daran, das schon spiegelnde Rad zu noch höherem Glanze aufzupolieren und jeder schon vom Händler geölten Stelle noch ein paar Tropfen Öl zu versetzen.

Als ich damit fertig bin, ist es nicht mehr ganz früh, aber immerhin noch früh. Ich höre die Mädchen oben langsam mit dem Reinmachen der Wohnung beginnen. Ich überlege, was ich nun anfangen soll. An solch einem glücklichen ersten Ferientag muß ich doch etwas ganz Besonderes beginnen! Mir fällt Onkel Achim ein, der in einem Leipziger Vorort wohnt. Er hat sich vor ein paar Tagen mit der Tante zu einem kurzen Besuch in dieser neuen Wohnung sehen lassen, heute früh werde ich diesen Besuch erwidern — per Rad.

Noch einmal steige ich nach oben. Von der alten Minna, die unsere Übersiedlung von Berlin nach Leipzig nicht ganz ohne Bedenken mitgemacht hat, verlange ich ortsüblich «zwei Bemmen». Damit versetze ich sie ein wenig in Ärger, denn Minna ist schon böse mit den Leipzigern, weil sie nicht Berlinisch reden und weil sie alles falsch aussprechen. Neulich hat ihr doch ein Schutzmann wahrhaftig gesagt, sie solle nicht in die weiche, sondern in die harte P-Bahn einsteigen. Die Leute hier sind wirklich zu albern. Ein bißchen Anstellen ist immer schön, aber was zuviel ist, ist zuviel!

Während Minna so nach ihrer Art vor sich hinbrummt und mir statt Bemmen echt berlinische Stullen schmiert, sieht und hört uns die neue Leipziger Perle neugierig zu. Sie ist noch sehr jung, aber stattlich gebaut und hört auf den Namen Albine. Ihr Haar ist etwas rötlich und ihre Haut sehr weiß. Mir gefällt Albine, einmal aus allgemeinen, noch nicht genau definierten Gründen, dann aber auch, weil sie sehr höflich zu mir ist und mich mit «Sie» und «Junger Herr» anspricht.

Ich wende mich an sie. «Wissen Sie eigentlich, Albine, was für eine Schülermütze die Carolaner tragen?»

«Aber ja doch, junger Herr! Weinrot mit silbernen Streifen. Das ist die schickste Mütze von Leipzig!»

Ich habe es natürlich längst gewußt, aber es ist immer gut, ein bevorstehendes Glück auch aus anderm Munde bestätigt zu hören. In Berlin hat es keine bunten Schülermützen gegeben.

Minna sagt empört: «Was das nun wieder für ein Quatsch ist: bunte Schülermützen! Bloß damit sich alle Schulen gut voneinander kennen und sich schön verkloppen können!»

«Sekundaner kloppen sich nicht mehr, Minna!» sage ich hoheitsvoll, wickle unter ihren argwöhnischen Blicken (Wo willst du denn schon so früh hin, Hans?!) die Stullen in Butterbrotpapier, rufe: «Ich bin nicht zum Frühstück hier. Ich radele zu Onkel Achim!» und verschwinde rasch, ehe Minna Widerspruch erheben kann, aus der Küche.

Die aus Vaters Zimmer bereits organisierte Karte studiere ich genau. Jawohl, ich brauche nur die Kronprinzenstraße hinunterzufahren, dann komme ich in einen Wald oder doch Park, und nun, fast immer der Pleiße folgend, fahre ich durchs Grüne — wenigstens auf der Karte grün, an den Bäumen gibt's noch keines! — bis ziemlich vor des Onkels Haus.

Es ist recht frisch draußen, trotzdem die Sonne scheint. Die Straßen sind noch leer, um diese Morgenstunde wirken sie weiter und aufgeräumter als am Tage. Es gibt eigentlich nur Zeitungs- und Semmeljungen sowie Milchmädchen auf ihnen. Und dann gibt es jetzt mich, der stolz auf einem Rade fährt! Ich fahre ganz behaglich, ich eile nicht, es ist grade erst sechs Uhr. Schließlich sehe ich sogar ein, daß ich dem Onkel kaum vor sieben meinen Antrittsbesuch machen kann.

Bald bin ich im Walde — es ist wirklich eher Wald als Park — und nun fahre ich auf einem schönen, hellen Radfahrerweg an der Pleiße entlang. Es gibt da viele Häuschen, an denen umgestürzte Boote liegen, noch heute werde ich mit Ede hierherkommen und Rudern lernen. Leipzig gefällt mir erst einmal natürlich viel besser als Berlin. Als ich zu einem Lokal komme, das «Der Wassergott» heißt, lehne ich mein Rad gegen eine Bank, gehe auf und ab, um ein bißchen wärmer zu werden, und esse meine Brote. Dann fahre ich wieder weiter, aber ich muß noch ein paarmal unterwegs Station machen, sonst komme ich zu früh zum Onkel.

Es ist ein paar Minuten nach sieben Uhr, als ich an der Tür des Vorgärtchens klingele. Onkel Achim sieht höchstpersönlich aus einem Fenster heraus. «Was —? Du, Hans —?» fragt er ziemlich erstaunt. «Ist was Besonderes los?»

«Gar nichts!» rief ich, nun doch etwas verlegen, zurück. «Ich wollte euch nur mal besuchen . . . Ich habe nämlich ein neues Rad . . .»

Aber den Onkel scheint das Rad nicht sehr zu interessieren. «Na, denn komm rein, mein Sohn!» sagt er, in sein Schicksal ergeben. «Viel Zeit habe ich aber nicht mehr, ich muß um halb neun in der Stadt sein!»

Ich gehe also hinein und begrüße die Tante und den Onkel. Ich werde aufgefordert, am Frühstückstisch Platz zu nehmen. Aber ich kann hier nicht sitzen. Ich kann unmöglich in diesem Zimmer sitzen. Denn alle Wände sind mit Reiseerinnerungen behängt. Der Onkel ist weit in der Welt herumgekommen, er hatte eine Plantage in Brasilien, eine Farm in Deutsch-Ostafrika. Auf bunten Wandteppichen hängt ein halbes Völkerkundemuseum an der Wand.

Umsonst werde ich mehrfach aufgefordert, mit zu frühstücken. Ich habe keine Ruhe dafür. Schließlich sagt der Onkel lachend: «Nun, Hans, wenn du nicht frühstücken willst, so rauch wenigstens eine Zigarette. Du rauchst doch natürlich?»

«Natürlich!» lüge ich und nehme eine Zigarette aus dem dargereichten Etui. In Wahrheit habe ich noch nie geraucht, ich bin noch nicht einmal auf den Gedanken gekommen, daß ich rauchen könnte. Und mit einer plötzlichen Gedankenverbindung, um mein reifes Alter zu beweisen, sage ich: «Ich habe gestern übrigens meine Aufnahmeprüfung zur Sekunda bestanden. Darum hat Vater mir das neue Rad geschenkt.»

«Soso . . .» sagt der Onkel ziemlich gleichgültig. «Das ist ja recht erfreulich. Aber jetzt muß ich los. Sage deiner Tante Adieu, Hans, und bringe mich bis zum Bahnhof.»

Also muß ich dieses Zimmer schon wieder verlassen, aber selbst ich finde, daß ich recht deutlich dazu aufgefordert bin. (Erst später erfuhr ich, daß Onkel und Tante Besuche verabscheuten, besonders aber Verwandtenbesuche! Sie blieben am liebsten «für sich!») Aber daß ich wieder auf die Straße komme, hat auf der andern Seite den Vorteil, daß ich mich unbemerkt der Zigarette entledigen kann. Es ist mir doch ziemlich komisch, der Magen macht fahrstuhlartige Bewegungen nach oben, und im Kopf ziehen Schleier. Kaum habe ich den Onkel im Bahnhof verschwinden sehen, so muß ich in ein Gebüsch und gebe meine Bemmen wieder von mir. «Nie wieder!» denke ich. «Dies Rauchen ist ja einfach ekelhaft!» (Noch ahne ich nicht, als ich meinen Magen so gründlich entleere, daß mir diese Zigarette das Leben gerettet hat!)

Dann fahre ich recht erleichtert, mit freierem Kopfe, wieder dem häuslichen Herde zu. Die Übelkeit ist geschwunden, schon beginne ich, mich auf mein Frühstück zu freuen. Diesmal fahre ich nicht durch das Gehölz, sondern durch manchmal recht langweilige Vorstadtstraßen, mit rüttelndem Kopfsteinpflaster. Schließlich tauchen weit gestreckte Baulichkeiten zu meiner Rechten auf, aus einem Schild sehe ich, daß dies der Städtische Schlachthof ist.

Die Straßen sind hier fast leer, es sind glatte Asphaltstraßen. Unwillkürlich beginne ich rascher und rascher zu treten, ich fliege nur so dahin! Der Rausch der Schnelligkeit, die Freude über das schöne flinke Rad bezaubern mich immer mehr, in kurzem Bogen, ganz schräg liegend, sause ich um die Ecke und sehe direkt vor mir einen Fleischerwagen, dessen beide Braune auf mich zu galoppieren!

Ob ich noch versucht habe zu bremsen, weiß ich nicht mehr. Ich weiß überhaupt lange gar nichts mehr. Ich sehe nur noch zwei braune Pferdebrüste, die hoch, hoch sich über mir erheben, und lange Pferdebeine, mit blinkenden Hufeisen, und die Beine werden auf mich zu immer länger, immer länger . . .

Wie gesagt, aus Eigenem kann ich über meine nächste Ferienzeit nur wenig berichten. Es geschah, was immer geschieht: überraschend schnell sammelte sich viel Volks, das umherstand. Ein Schutzmann teilte die Massen, beugte sich zu mir und versuchte zu erkunden, wer ich sei. Doch soll ich ihm, nach Namen und Anschrift befragt, die klare Antwort «Drei Jahre» gegeben haben, eine Auskunft, die auch mit meinem Alter in sichtlichem Widerspruch stand. Aber es zeigte sich wieder, wie vorteilhaft es ist, einen sehr ordentlichen Vater zu haben: auf dem Leipziger Stadtplan in meiner Tasche standen Name und Adresse. Von einer mitleidigen Seele wurde eine Matratze gespendet und ich erst einmal aus der Morgenkälte in einen Laden getragen, dessen Besitzer nicht ganz so mitleidig war, sondern heftig protestierte, weil ich ihm durch übermäßiges Bluten nicht nur den Laden beschmutze, sondern auch die Kundschaft verjage . . . Denn ich blutete wirklich sehr. Ein Huf hatte mich direkt im Munde getroffen, die Lippe war zerrissen, die Zähne fehlten zum Teil, zum Teil standen sie wie Kraut und Rüben, und was da sonst noch los war, mußte erst erst später zeigen . . .

(Später zeigte sich, daß ich beim Durcheinander meines Sturzes auch einen Teil der Deichsel, wenn auch nur einen minimalen, gekostet hatte. Sie trennte sich nur sehr allmählich und unter Schmerzen von mir.)

Ein Schutzmann hielt vor dem Laden Wacht, ein zweiter Schutzmann eilte zu meinen Eltern, um sie auf den Schreck in der Morgenstunde vorzubereiten. Unterdes kam ein Krankenwagen und lud mich ein. Bruder Ede erlebte die Ankunft dieses Wagens vor der Eltern Haus und eilte aufgeregt zu ihnen: «Jetzt bringen sie den Hans! Vater, Mutter, jetzt bringen sie ihn! Ein bißchen lebt er noch!»

Unter Leitung eines Arztes wurde ich langsam meiner Hüllen entledigt. Besonderen Eindruck hat mir — aber erst sehr viel später! — gemacht, daß mir die Wäsche einfach vom Leibe geschnitten wurde, da ich bei jeder Bewegung ächzte und stöhnte. Eine Gehirnerschütterung war zweifellos da, wie schwer, würde sich später zeigen. Die Verletzungen am Munde waren «nicht schlimm, sahen nur schlimm aus». Ein Fuß war gebrochen.

Aber als nun die Wäsche von meinem Leib gestreift war, sah der Arzt meine Eltern nur mit einem langen, bedeutungsvollen Blick an: genau über den Leib lief wie ein Feuermal eine Radspur. Sie erklärte nun auch mein ständiges Blutbrechen. Ich hatte nicht nur Blut aus der Mundwunde verschluckt, auch mein Magen blutete, entweder war er geplatzt oder gerissen — auch das würde sich später weisen.

Wieder wurde ein Krankenwagen bestellt und ich in eine Klinik gefahren . . .

Ich habe dort lange, lange gelegen, über ein Vierteljahr. Aber ich will keine Krankengeschichte erzählen, fast jeder weiß derartiges aus Eigenem zu berichten. Ich erwähne es darum auch nur kurz, daß ich lange Zeit hungern und dürsten mußte; ich war zu schwach zum Operieren, der Magen mußte stillgelegt werden, also bekam ich nichts zu essen und zu trinken. Statt dessen qualvolle Salzwassereinspritzungen. Und als der Magen notdürftig wieder heil war, bekam ich durch Unachtsamkeit etwas Falsches zu essen, und wieder fing das Bluten und Hungern und Dürsten an!

Als ich nach Wochen leidlich repariert wieder nach Haus kam, war ich nur noch ein bleiches Gespenst. Auf einem Fuß hinkte ich — noch viele Monate lang — und im Munde trug ich ein künstliches Gestänge, an dem jeder mir noch verbliebene Zahn mit Draht angehängt war. Jeden Tag erschien der Zahnarzt, ein echter Leipziger mit Namen Tritsche, und zog und drückte und schraubte, um «Kraut und Rüben» wieder in Richtung zu bringen. Nie war das angenehm, oft fürchterlich. Übrigens ist dies der Zahnarzt, der mir als Zahnpflegemittel ein Präparat namens «Bäbbe Goh» empfahl, von dem wir noch nie gehört hatten. Erst als mein Vater laut und deutlich in der Drogerie «Bäbbe Goh!» verlangte, erhielt er Pebeco!

Aber, wie schon früher gesagt, ich war damals fast Fatalist, ich nahm auch dies hin, wie ich anderes hingenommen hatte. Es war nun einmal so, daß ich ausgesprochenes Pech im Leben hatte, damit mußte ich mich eben abfinden. Am Anfang Frühling, Ferien, Untersekunda, neues Rad. Am Ende: Winter, Nacharbeiten in der Schule, doch nur Obertertia, das zertrümmerte Rad war verschwunden, und es gab keinerlei Aussicht auf ein neues. Ja, alle Anstrengungen bei Herrn Dr. Dackelmann waren nun doch umsonst gewesen. Umsonst hatte ich den Verdacht eines Holzkopfes durch übermäßiges Büffeln zu zerstreuen versucht. Umsonst war ich an vielen Winternachmittagen hinter Herrn Muthesius durch das dunkelnde Schulzimmer gestampft. Umsonst hatte ich die Prüfung «glänzend» bestanden. Ich kam nicht in die Untersekunda, ich wurde in die Obertertia gesetzt. Ich hatte kein halbes Jahr übersprungen, ich hatte eines verloren!

Alles wurde dadurch anders. Ich bekam andere Freunde, andere Lehrer. Mein lange hinkendes Bein schloß mich nicht nur von aller körperlichen Betätigung, sondern auch von der Tanzstunde aus. So habe ich auch nie Tanzen gelernt. Ich denke manchmal, mein ganzes

Leben wäre anders verlaufen, wenn ich hätte tanzen können. So geriet ich immer mehr in eine Isolierung, ich hatte so vieles nicht mit den anderen gemeinsam.

Und auf der andern Seite, wenn ich trübe werden wollte über mein «Pech», sagte ich mir wieder: Was für einen Dusel hast du gehabt! Hättest du vom Frühstück beim Onkel Achim mitgegessen, hättest du keine Zigarette geraucht, du wärest wohl draufgegangen . . .

Viel Pech freilich, aber auch Glück im Pech, sehr viel Glück. Und heute möchte ich eigentlich sagen: im ganzen genommen hat es sich bei mir — wie bei den meisten Menschen — ausgeglichen, Pech und Glück halten sich heute die Waage. Nein, das ist sehr ungerecht: die Schale des Glücks ist viel stärker gefüllt, tief hängt sie herab. Pech ist heute nur noch die Würze des Glücks!

Gärung

Ehe ich von diesen Aufzeichnungen scheide, will ich noch kurz jener Übergangszeit gedenken, da meine früheste Jugend von mir Abschied nahm. Wie auch die Übergangszeiten draußen in der Natur war diese Epoche bei mir wechselvoll, ohne ersichtliche Übergänge. Bald stürmt es, es ist kalt und nun fällt Schnee. Die Sonne kommt durch die Wolken, der Schnee zergeht, und schon wieder ziehen dunkle Wolken auf. Ein eisiger Wind erhebt sich und jagt Regenschauer gegen die Fenster . . .

So war auch ich damals. Ich war trübe, verdrossen, mundfaul, und dann sprang ich auf, mit einer übermäßigen Neigung zu kalbern und vor allem zu necken. Ich stellte Edes Geduld auf eine harte Probe, und zu meinen Schwestern benahm ich mich so, daß Vater mir dringend die Lektüre der Jean Paulschen «Flegeljahre» empfahl. Ich zog einen Fluntsch. Das Buch hatte ich längst beim Stöbern in seiner Bücherei entdeckt und als «überspannten Mist» verworfen. (Wie manche auf Granit gegründete Ansicht meiner Jugend, habe ich auch diese sehr bald verworfen!)

Aber wie ich meinen Mitmenschen eine Last war, wurde ich mir selbst zur Not. Wie ich mit meinen zu rasch wachsenden Beinen und Armen nichts anzufangen wußte, wie sie mir überall im Wege waren, so war ich mir selbst im Wege. Manchmal sah ich mich lange im Spiegel an. Bei der Betrachtung meines Gesichtes schien es mir dann, als sei dies ein falsches Gesicht, als müsse ich in Wirklichkeit ganz, ganz anders aussehen! Dann stiegen aus schon überwunden geglaubten Zeiten alte, schon traumhaft gewordene Erinnerungen auf an ein Ich, das ich auch war, aber anders, und vergingen wieder, wobei sie einen Nachgeschmack von bitterer Trauer hinterließen.

Betrachtete ich mich aber nach dem Baden im Spiegel, so konnte eine Art Identitätsrausch über mich kommen. Hundertmal sagte ich mir vor: Das bin ich! Ich! Ich! Hans Fallada! Das bin ich! — Und dann warf ich mich wohl auch hin und heulte vor trunkenem Glück, daß es «Ich» gab, daß ich «Ich» war, und wußte doch nicht, wieso das schwer Erträgliche ein Glück war . . .

Aus dem Besitz meines Vaters habe ich sechs Leinwandmappen bekommen, sie enthalten Hefte aus den ersten Jahrgängen der Münchner Zeitschrift «Jugend». Es sind die Jahrgänge 1896 bis 1899, die Zeit ist unvorstellbar weit her. Ich erinnere mich, damals wurde in dieser Zeitschrift zu einer Sammlung für einen jungen Dichter aufgerufen, der am Verhungern war. Ich erinnere mich auch, daß die Sammlung lächerlich kleine Summen erbrachte: einmal zwölf Mark, ein anderes Mal zwanzig Mark. Dieser Dichter hieß und heißt Knut Hamsun. Er ist in den fünfundvierzig Jahren seitdem ein großer Dichter geworden, er ist weit über alle heute Lebenden hinausgewachsen. Aber damals hatte er schon «Hunger» und «Mysterien» geschrieben . . .

An dieses alles in der Zeitschrift erinnere ich mich und an vieles andere noch, aber ich sehe nicht in sie hinein. Ich habe die Mappen nun schon Jahre in meinem Besitz, aber seit jener Jugendzeit habe ich nie wieder in sie hineingesehen. Ich scheue mich vor ihnen. Auch würde ich die Blätter, die mir am lebhaftesten in Erinnerung sind, nicht in ihnen finden. Sie fehlen. Ich weiß, sie fehlen — alle.

Es waren schwarz-weiß, meist nur in den Umrißlinien gezeichnete Akte darauf, und in jener Zeit damals kam ich nun auf die Idee, mich morgens zeitig in Vaters Zimmer zu stehlen, solche Blätter aus den Heften herauszureißen und sie in aller Stille und mit großem Fleiß rosa auszutuschen. Ich erinnere mich aber nicht mehr, was ich dabei empfand. Es werden auch noch keine deutlichen, in Worten ausdrückbaren Gefühle gewesen sein. Es war nur Rauch, die Glut glimmte noch im Verborgenen.

Ja, etwas Neues schien in mein Leben gekommen zu sein, aber es war nichts Gutes, es war eher etwas Quälendes. Ich war hellhörig geworden, wenn gewisse Schulkameraden miteinander flüsterten. Aber ich verzog mein Gesicht nicht. Ich ging nicht auf so etwas ein, so etwas war längst erledigt für mich, so etwas kannte ich schon lange — so tat ich wenigstens. Aber ich sah eifrig im Konversationslexikon nach und versuchte zu verstehen — und dann klappte ich das Buch eilig wieder zu.

Ich war erschrocken über das, was ich gelesen hatte. Dann war also alles ganz anders, als es mir erzählt worden war, die Lehrer wie die Eltern wie die Pastoren hatten gelogen —? Ganz glatt gelogen! Schon seit vielen Jahren! Immer! Die Welt wankte. Ich wollte nicht mehr wissen, mich ekelte schon vor dem, was ich wußte, und ich schlich doch wieder zu den Büchern. Warum sprachen die Eltern mit mir nie über so etwas! Sie mußten es doch wissen! Oder war es denkbar, daß sie es nicht wußten?

Ich erinnere mich noch an jenen Morgen, da ich hinter Vaters Bücherreihe «Die Entscheidungen des Reichsgerichts» eine rote Broschüre fand, die, glaube ich, den Titel trug «Wie erziehen wir unsern Sohn Benjamin?». Das Lesezeichen steckte an einer bestimmten Stelle, und ich las los. Und las. Und dann versteckte ich das Buch scheu an seinem alten Platz, ich schämte mich, daß Vater das gelesen hatte, und ich schämte mich noch mehr, daß ich wußte, Vater hatte dies gelesen . . .

Ich hatte meine schrecklich rosa angepinselten Weibsen — sie sahen wie Marzipanschweinchen aus — in einer blauen Mappe gesammelt, und diese Mappe hatte ich sehr gut in meinem verschlossenen Schreibsekretär versteckt. Aber an einem späten Abend — ich lag schon im Bett — kam Mutter zu mir in die Stube. Sie war sehr aufgeregt, sie weinte fast, sie drückte immer wieder meine Hände, sie sah mich immer wieder an. Und plötzlich legte sie diese blaue Mappe auf mein Bett und rief verzweifelt: «Und ich dachte, mein Junge wäre noch unschuldig!» Und lief weinend aus der Stube.

Ich weiß, es war eine verdammte Zeit. Die in Bigotterie und falscher Pfaffensittsamkeit aufgewachsenen Eltern waren ebenso hilflos wie ihre Kinder. Sie schämten sich genau wie diese, sie brachten kein Wort von alledem über die Lippen. Sie fühlten wohl, daß dies nicht richtig war, daß ihre Kinder Hilfe von ihnen erwarteten, daß die Kinder ohne diese Hilfe in Gefahr waren, von schlechten Gefährten und gemeinen Weibern das häßlich zu hören, was sie ihnen schön zu sagen hatten — aber sie konnten es nicht. Sie lasen Broschüren «Wie erziehe ich meinen Sohn Benjamin?», sie brachten es gerade noch fertig, durch das Hinwerfen der blauen Mappe zu verstehen zu geben: sie wußten alles. Aber dann liefen sie weinend aus dem Zimmer und riefen etwas von verlorener Unschuld!

Dies Wort traf mich wie ein Schlag. Ich hatte früher Dummheiten gemacht und war dafür bestraft worden, aber ich begriff sofort, daß dies etwas anderes war. Ich war nicht mehr ungezogen — jetzt war ich schuldig! Wenn ich nicht mehr unschuldig war, so war ich schuldig — das war doch klar! Ich verstand auch wohl, daß meine Schuld nicht darin bestand, daß ich Seiten aus Vaters Zeitschrift herausgerissen hatte, ja, nicht einmal das Antuschen war eine Schuld gewesen. Ich hatte mich viel tiefer verstrickt . . .

Ich begann, darüber nachzugrübeln. Soweit hatte Vater mir doch juristisches Denken beigebracht, daß ich wußte, Schuld setzte den Willen zur Schuld voraus. Man kann nicht ohne es zu wollen schuldig werden. Aber hatte ich all dies gewollt? Nicht das Tuschen und nicht das Schnüffeln nach Aufklärung, sondern diese innere Verfassung, diese qualvolle Unruhe, diese ahnende Unwissenheit, die ich doch so gerne wieder los werden wollte!

Ich fand keine Schuld. Ich hatte das alles nicht gewollt. Ich fand, früher war es viel besser gewesen. Ich hätte so gerne das Heut gegen das Gestern vertauscht! Nein, ich konnte keine bewußte Schuld finden . . .

Aber — und das war das Seltsame — im tiefsten Innern war ich doch von meiner Schuld überzeugt. Warum hatte ich denn auf die Gespräche der Schulkameraden so heimlich gelauscht? Warum nahm ich, wenn ich «Empfängnis» nachschlagen wollte, das Lexikon nicht mit derselben Offenheit vom Platz, wie wenn ich «Ecuador» nachsah? Ich war ganz instinktiv heimlich gewesen, aber so viel glaubte ich doch an die eingelernten Sprüche, daß, was das Licht des Tages scheut, was heimlich ist, auch schlecht sein muß. Warum hatte ich Vater nicht fragen können? Ich fragte ihn doch sonst nach allem! Warum wußte ich schon jetzt, daß Mutter morgen, daß sie nie wieder nach dieser Sache fragen würde? Es war eine heimliche Sache, auch für die Großen war sie heimlich . . .

Als ich dies dachte, ahnte ich plötzlich, daß gerade das den Unterschied zwischen groß und klein ausmachte, zwischen Erwachsenen und Kindern, daß die einen von der heimlichen Sache wußten, die andern aber nicht. Und daß ich jetzt zu den Großen gehörte, daß ich nie wieder ein Kind sein würde.

Da überfiel mich Angst. Ich wollte nicht. Allmählich war mein Kinderleben sicher geworden, ich kannte seine Grenzen, die Pflichten und die Freuden. Ich hatte mich in ihm bewegen gelernt, ohne allzu schmerzhaft anzustoßen. Und nun sollte alles wieder ungewiß werden! Nichts war mehr sicher, wenn man sich erst auf dieses Heimliche einließ. Die Eltern, alle Autorität stürzte von ihrem Thron, denn alle hatten falsch ausgesagt. Die Welt teilte sich verwirrend in zwei Hälften, und ob diese beiden Hälften gut oder böse zueinander standen, das war auch wieder ungewiß! Nein, ich wollte nicht! Ich hatte das nie gewollt! Ich war ohne Willen schuldig geworden, ich wollte zurück in die alte sichere Unschuld. Und ich nahm mir vor, nicht mehr zu schnüffeln, zu lauschen, zu tuschen — ich wollte nicht einmal mehr daran denken! Ich wollte zurück in die Gärten der Kindheit!

Aber mir erging es, wie es allen ergeht: sind diese Gartenpforten erst einmal zugefallen, öffnet sie kein Schlüssel mehr. Sie sind versunken, wahre Märchengärten — in guten Stunden sehen wir sie noch mit tausend Blüten winken und grüßen, aber sie bleiben unbetretbar für uns. Das Leben will keine Unschuld. Jedes Leben muß schuldig werden . . .

Da war Albine, Albine mit der weißen Haut und dem rötlichen Haar. Sie hatte mich oft lächelnd angesehen, aber ich hatte sie in all diesen Tagen der Verwirrung kaum beachtet. Wenn ich an ihr vorbeilief, sagte sie oft halblaut: «Junger Herr, ach, junger Herr . . .»

Und wenn ich zurückschaute, stand sie gegen die Wand gelehnt, sie hob die Arme, sie reckte und streckte sich, sie sah mir mit halb geschlossenen Lidern nach . . . Dann lief ich noch schneller . . . Einmal sagte sie auch ganz unvermittelt zu mir: «Ach, sind Sie dumm, junger Herr! Sind Sie aber dumm!»

Und dabei lächelte sie und zeigte mir ihre rote Zunge. Als ich aber durchaus von ihr erfahren wollte, warum ich denn so dumm sei, sagte sie plötzlich mürrisch: «Sie werden schon später daran denken . . .»

Und ging an ihre Arbeit.

Aber ich war gar nicht so dumm, wie Albine dachte, ich war schon lange auf den Gedanken gekommen, daß Albine mich gerne sah. Doch ich hatte Angst vor ihr, grade weil ich nicht wußte, was aus diesem Gernesehen alles werden konnte. Und dann habe ich mich stets vom Gelesenen beeinflussen lassen: immer wenn ich Albine sah, ging mir der Vers von Wilhelm Busch durch den Kopf: «Ein jeder Jüngling hat einmal 'nen Hang zum Küchenpersonal.» Und ich dachte, solch Hang sei etwas Minderwertiges . . .

Aber an einem Abend waren die Eltern im Theater. Ich lag schon im Bett, das Licht war gelöscht, und ich war grade beim Einschlafen, als die Tür leise, leise aufging. Ich lag lautlos und ich rührte mich auch nicht, als eine Stimme flüsterte: «Junger Herr? Junger Herr?»

Es war alles still, aber in der Stille fing mein Herz so zu klopfen an, vor Angst zu klopfen, daß ich meinte, die sachte näher Schleichende müsse es hören. Aber ich blieb weiter still liegen, und ich rührte mich auch noch nicht, als sie sich über mich beugte und mich leise ins Gesicht fragte: «Junger Herr, schlafen Sie schon?»

Dann, nach einer langen Pause der Angst (Angst, sie könnte gehen! Angst, sie könnte bleiben!) spürte ich ihren Mund. Da war es, als wüßte ich das alles schon seit eh und je, ich warf die Arme um ihren Nacken und flüsterte: «Bleibe, Albine, bleibe . . .»

Und nun waren die Kindergärten wirklich für mich verschlossen, aber es tat mir nicht mehr leid. Und ich war nicht mehr daheim bei uns im Hause meiner Eltern, ich war sehr weit von ihnen fortgegangen, und ich freute mich dessen . . .

INHALT

Festessen / 7

Prügel / 27

Penne / 43

Prozesse / 52

Reisevorbereitungen / 69

Familienfahrt / 83

Sommerfrische / 103

Großmutter / 122

Familienbräuche / 143

Mutter / 170

Wandervogel / 179

Onkel und Tanten / 196

Pechvogel / 207

Gärung / 227

Hans Fallada

Das vierte Buch wurde **Hans Falladas** größter Erfolg: 1932 erschien im Ernst Rowohlt Verlag «Kleiner Mann – was nun?». Nach jahrelanger Mittellosigkeit begann eine kurze Zeit des großen Geldes. Ab 1933 wurde es um Hans Fallada einsamer. Während Freunde und Kollegen emigrierten, glaubte er, vor den Nazis, wie er es nannte, einen «Knix» machen zu müssen, um weiterschreiben zu können. Als wollte er der wirklichen Welt entfliehen, schrieb er unermüdlich zahlreiche fesselnde Romane, wunderbare Kinderbücher und zarte Liebesgeschichten. Am 5. Februar 1947 starb Hans Fallada, körperlich zerrüttet, in Berlin.

Kleiner Mann – was nun?
Roman
(rororo 1)

Ein Mann will nach oben Roman
(rororo 1316)

Kleiner Mann, Großer Mann – alles vertauscht Ein heiterer Roman
(rororo 1244)

Wolf unter Wölfen Roman
(rororo 1057)

Der Trinker Roman
(rororo 333)

Jeder stirbt für sich allein
Roman
(rororo 671)

Wer einmal aus dem Blechnapf frißt Roman
(rororo 54)

Bauern, Bonzen und Bomben
Roman
(rororo 651)

Damals bei uns daheim
Erlebtes, Erfahrenes und Erfundenes
(rororo 136)

Heute bei uns zu Haus
Erfahrenes und Erfundenes
(rororo 232)

Süßmilch spricht Ein Abenteuer von Murr und Maxe
(rororo 5615)

Wir hatten mal ein Kind Eine Geschichte und Geschichten
(rororo 4571)

Zwei zarte Lämmchen weiß wie Schnee Eine kleine Liebesgeschichte
(rororo 13320)

Hans Fallada dargestellt von Jürgen Manthey
(bildmonographien 78)

rororo Literatur

Kurt Tucholsky

Kurt Tucholsky, 1890 in Berlin geboren, war einer der bestbekannten, bestgehaßten und bestbezahlten Publizisten der Weimarer Republik. «Tuchos» bissige Satiren, heitere Gedichte, ätzendscharfe Polemiken erschienen unter seinen Pseudonymen Ignaz Wrobel, Peter Panter, Theobald Tiger oder Kaspar Hauser vor allem in der «Weltbühne» – nicht zu vergessen seine zauberhaften Liebesgeschichten Schloß Gripsholm und Rheinsberg. Er haßte die Dumpfheit der deutschen Beamten, Soldaten, Politiker und besonders der deutschen Richter, und litt zugleich an ihr. Immer häufiger fuhr er nach Paris, um sich «von Deutschland auszuruhen», seit 1929 lebte er vornehmlich in Schweden. Die Nazis verbrannten seine Bücher und entzogen ihm die Staatsbürgerschaft. «Die Welt», schrieb Tucholsky, «für die wir gearbeitet haben und der wir angehören, existiert nicht mehr.»
Am 21. Dezember 1935 nahm er sich in Schweden das Leben.

Wenn die Igel in der Abendstunde
Gedichte, Lieder und Chansons
(rororo 5658)

Deutschland, Deutschland über alles
(rororo 4611)

Sprache ist eine Waffe
Sprachglossen
(rororo 12490)

Rheinsberg *Ein Bilderbuch für Verliebte und anderes*
(rororo 261)

Panter, Tiger & Co. *Eine Auswahl aus seinen Schriften und Gedichten*
(rororo 131)

Schloß Gripsholm *Eine Sommergeschichte*
(rororo 4)

Die Q-Tagebücher 1934 – 1935
(rororo 5604)

Briefe aus dem Schweigen 1932 –1935
(rororo 5410)

Unser ungelebtes Leben *Briefe an Mary*
(rororo 12752)

Gesammelte Werke *1907-1932*
Herausgegeben von Mary Gerold- Tucholsky und Fritz J. Raddatz
Kassette mit 10 Bänden
(rororo 12752)

Ein vollständiges Verzeichnis aller Bücher und Taschenbücher von Kurt Tucholsky finden Sie in der *Rowohlt Revue* – jedes Vierteljahr neu. Kostenlos in Ihrer Buchhandlung.

rororo Literatur

Wolfgang Borchert

Wolfgang Borcherts Stück «Draußen vor der Tür» wurde zum größten Nachkriegserfolg des deutschen Theaters. **Wolfgang Borchert** schrieb es 1947 wenige Monate vor seinem Tod innerhalb von acht Tagen nieder. 1921 in Hamburg geboren, absolvierte Borchert eine Buchhändlerlehre und nahm Schauspielunterricht. 1941 wurde er eingezogen und später wegen «Wehrkraftzersetzung» verurteilt. Seine Kurzgeschichten bewahren wie keine anderen die deutschen Erfahrungen der letzten Kriegsjahre und der Nachkriegszeit.

Draußen vor der Tür und ausgewählte Erzählungen *Mit einem Nachwort von Heinrich Böll*
(rororo 170)
«Die kleine Erzählung ‹Brot› und der Dialog Beckmanns mit dem Obersten allein weisen Borchert als einen Dichter aus, der unvergeßlich macht, was die Geschichte so gern vergißt: Die Reibung, die der Einzelne zu ertragen hat, indem er Geschichte macht und sie erlebt.» Aus dem Nachwort von Heinrich Böll

Die traurigen Geranien und andere Geschichten aus dem Nachlaß *Herausgegeben mit einem Nachwort von Peter Rühmkorf*
(rororo 975)
Borcherts Kurzgeschichten legen Zeugnis davon ab, mit welchem Einfühlungsvermögen Borchert über alle zeitbedingte Thematik hinaus seelische Katastrophen in beiläufigen Gesten anzudeuten vermochte.

Marius Müller-Westernhagen liest
Die Hundeblume. Nachts schlafen die Ratten doch. Die Küchenuhr. Schischyphusch
1 Toncassettte (90 Min.) im Schuber
(rororo Literatur für Kopfhörer 66011)

Wolfgang Borchert
dargestellt von Peter Rühmkorf
(rowohlts monographien 58)

Im Rowohlt Verlag sind lieferbar:

Das Gesamtwerk *Mit einem Nachwort von Bernhard Meyer-Marwitz*
352 Seiten. Gebunden.

Die Hundeblume. Nachts schlafen die Ratten doch *Limitierte und numerierte Ausgabe*
98 Seiten. Kartoniert.

«Bei Borchert wird nicht angeklagt – dieser Dichter weiß, daß niemand anzuklagen ist. Nur eines bleibt: fragen.» Alfred Andersch

rororo Literatur

Lebensläufe

Charlotte Chandler
Ich, Fellini Mit einem Vorwort von Billy Wilder
(rororo 13774)
«Ich habe nur ein Leben, und das habe ich dir erzählt. Dies ist mein Testament, denn mehr habe ich nicht zu sagen.» *F. Fellini zu C. Chandler*

Werner Fuld
Walter Benjamin
(rororo 12675)
«Ein Versuch, der angesichts der Bedeutung Benjamins wohl längst überfällig war.» *Die Presse, Wien*

Bernard Gavoty
Chopin
(rororo 12706)
«Ich selbst bin immer noch Pole genug, um gegen Chopin den Rest der Musik hinzugeben.» *Friedrich Nietzsche*

Virginia Harrard
Sieben Jahre Fülle *Leben mit Chagall*
(rororo 12364)

Ulrike Leonhardt
Prinz von Baden genannt Kaspar Hauser
(rororo 13039)
«Ulrike Leonhardt scheint das Geheimnis um Kaspar Hauser endgültig gelüftet zu haben.» *Süddeutsche Zeitung*

Linde Salber
Tausendundeine Frau *Die Geschichte der Anaïs Nin*
(rororo 13921)
«Mit leiser Ironie, einem lebhaften Temperament und großem analytischen Feingefühl.» *FAZ*

Donald A. Prater
Ein klingendes Glas. Das Leben Rainer Maria Rilkes
(rororo 12497)
In diesem Buch wird «ein Mosaik zusammengetragen, das als die genaueste Biographie gelten kann, die heute über Rilke zu schreiben möglich ist». *Neue Zürcher Zeitung*

Carola Stern
Der Text meines Herzens *Das Leben der Rahel Varnhagen*
(rororo 13901)
«Ich möchte mir Flügel wünschen» *Das Leben der Dorothea Schlegel*
336 Seiten. Gebunden

«Das Leben eines jeden Menschen ist ein von Gotteshand geschriebenes Märchen.»
Hans Christian Andersen

rororo Biographien